»Gerichtstag halten über uns selbst...«

Fritz Bauer Institut

Studien- und Dokumentationszentrum zur Geschichte und Wirkung des Holocaust

Jahrbuch 2001 zur Geschichte und Wirkung des Holocaust

»Gerichtstag halten über uns selbst…«

Geschichte und Wirkung des ersten Frankfurter Auschwitz-Prozesses

Herausgegeben im Auftrag des Fritz Bauer Instituts
von Irmtrud Wojak

Campus Verlag
Frankfurt/New York

Die Deutsche Bibliothek - CIP-Einheitsaufnahme

Ein Titeldatensatz für diese Publikation ist bei
Der Deutschen Bibliothek erhältlich
ISBN 3-593-36721-1

Umschlaggestaltung: conceptdesign, Offenbach
Umschlagsmotive: Hintergrund: Der ehemalige Häftling Paul Leo Seidel demonstriert anhand eines Modells die berüchtigte »Boger-Schaukel« (UPI Photo); links oben: Das Frankfurter Gericht zum Lokaltermin in Auschwitz, 17.12.1964 (Associated Press); rechts oben: Ein Angeklagter wird vor Beginn der Verhandlung von Polizeibeamten an einem Modell und einer Lagerskizze von Auschwitz vorbeigeführt, 3.4.1964 (dpa).
Redaktion: Irmtrud Wojak, Susanne Meinl
Satz: Ernst Karpf, Frankfurt am Main
Druck und Bindung: Druckhaus »Thomas Müntzer«, Bad Langensalza
Gedruckt auf säurefreiem und chlorfrei gebleichtem Papier
Printed in Germany

Inhalt

Einleitung

»Gerichtstag halten über uns selbst, über die gefährlichen Faktoren in unserer Geschichte«, das war das Anliegen des hessischen Generalstaatsanwalts Fritz Bauer, als er den Auschwitz-Prozess nach Frankfurt am Main holte. Das Strafverfahren gegen »Mulka und andere«, das zu Beginn der sechziger Jahre als »der große Auschwitz-Prozess« Eingang in die Zeitgeschichte fand, darf als der wohl bedeutendste Versuch der gesellschaftlichen Selbstaufklärung in den Bahnen des Rechts bezeichnet werden.

Das Jahrbuch 2001 des Fritz Bauer Institutes ist der Geschichte und Wirkungsgeschichte dieses Meilensteins der juristischen Aufarbeitung nationalsozialistischer Gewaltverbrechen in der Bundesrepublik gewidmet. In den Beiträgen von internationalen Wissenschaftlerinnen und Wissenschaftlern, die z. T. 1999 bei einem internationalen Forschungskolloquium des Fritz Bauer Institutes zu diesem Thema vorgestellt wurden, werden einige der Geschehnisse in Auschwitz rekonstruiert, die im Gerichtssaal zur Sprache kamen, einige der Protagonisten des Prozesses vorgestellt sowie Fragen nach den politischen, juristischen und kulturellen Auswirkungen des Verfahrens auf die deutsche Nachkriegsgesellschaft, nach seiner Rolle im Systemkonflikt des »Kalten Krieges« und nach seiner Vorbildfunktion für andere NS-Prozesse gestellt.

Ein zweiter Schwerpunkt befasst sich mit drei exemplarischen Prozessen in Israel, Australien und Großbritannien. Die Perspektive, der Blickwinkel hier ist ein anderer: Welchen Einfluss hatte das Tribunal gegen Adolf Eichmann auf die israelische Gesellschaft, welche Bedeutung für die Überlebenden, oder nahmen die im Prozess thematisierten Fakten keinen Einfluss auf das gesellschaftliche Selbstverständnis und die politische Entwicklung? Im Gegensatz zu Israel war Australien nicht nur geographisch weit entfernt von den Orten der Vernichtung. Zwar am Zweiten Weltkrieg beteiligt, brachte die Majorität der australischen Bevölkerung jedoch die Termini »Massenmord« und »Kriegsverbrechen« eher mit der Kriegsführung der Japaner im Pazifik in Verbindung. Um so schockierender und unverständlicher war es, als die Vernichtung der europäischen Juden in den achtziger Jahren auch den fünften Kontinent vor die Frage nach der eigenen Vergangenheit stellte und die Täter inmitten der australischen Gesellschaft lokalisiert wurden.

Immer wieder hatte es seit dem Tag der Befreiung von Auschwitz im Januar 1945 Bestrebungen gegeben, die Zahl der Toten herunterzurechnen, die Existenz der Gaskammern zu leugnen, die juristische Aufarbeitung des Unrechts zu torpedieren, die Opfer zu diskreditieren und im gleichen Atemzug auf die kommunistischen Verbrechen zu verweisen. Einer von ihnen, wohl der bekannteste und soweit man dieses Wort verwenden darf, derjenige mit der meisten Reputation unter den sogenannten Revisionisten, vor allem in Großbritannien und in den USA, ist der britische *Selfmade*-Historiker David Irving. Nachdem er von der amerikanischen Forscherin Deborah Lipstadt als »Holocaust Denyer« bezeichnet worden war, suchte Irving in seinem Heimatland einen politisch brisanten Verleumdungsprozess zu führen, der seine Gegner nicht nur mundtot machen, sondern vor allem beweisen sollte, dass Irvings revisionistische Sichtweise des Holocaust auf der »Wahrheit« beruhe.

Das Verfahren Irving versus Lipstadt war somit nicht nur Gerichtstag über die Geschichtsverfälschungen eines David Irving, sondern ähnlich wie der Auschwitz-Prozess auch ein Anlass für historische Forschungen. Die erstellten Gutachten in beiden Prozessen untersuchten Kernfragen der nationalsozialistischen Vernichtungspolitik, prominente Historiker traten in den Zeugenstand, wenig bekannte Dokumente und Fakten erreichten durch Veröffentlichung in Presse, Fernsehen und vor allem im Internet einen größeren Bekanntheitsgrad.

Ähnlich wie der Irving-Prozess in Großbritannien, wenngleich in einem anderen Rahmen, war der erste Frankfurter Auschwitz-Prozess nicht nur ein politisches und juristisches, sondern auch ein mediales Ereignis, das stärker noch als der Ulmer Einsatzgruppenprozess Ende der fünfziger Jahre die Mauer des Schweigens über den Völkermord im Osten einriss, die auch die (west-)deutsche Gesellschaft nach dem Ende der Nürnberger Tribunale, den ersten Verfahren gegen Massenmörder und Kriegsverbrecher in den Nachkriegsjahren, wieder errichtet hatte. Bekanntlich galt im Wirtschaftswunderland nicht die Mitgliedschaft in der

NSDAP, SS oder SA als karriereschädigend und stigmatisierend. Den Makel des politisch inopportunen trugen vielmehr Kommunisten, linke Sozialdemokraten, Emigranten, in einem Umfeld, das geprägt war vom Typus des anständigen »Mitläufers« und mediokren geistigen »Normalverbrauchers« mit wertekonservativ-christlicher Grundhaltung.

In dieser Gesellschaft des »Beschweigens«, in der nach der ersten Konfrontation mit den grauenhaften, in den Konzentrationslagern begangenen Verbrechen, um das Wissen über den Völkermord eine höchstens von Gerüchten aufgestörte Stille eingekehrt war, führten die Mitglieder der Konzentrationslager-SS, wie Karin Orth in ihrer Untersuchung die KZ-Kommandanten, ihren Stab und die Wachmannschaften nennt, ein unauffälliges bürgerliches Dasein. Die überwiegend aus Männern der sogenannten Kriegsjugendgeneration – der Jahrgänge ab 1902 – stammende Konzentrationslager-SS, die zumeist vor 1933 in die NSDAP und die SS eintrat, geriet in ihrer Mehrheit nach Kriegsende in alliierte Gefangenschaft, sofern sie nicht im In- und Ausland untertauchte. Von den westalliierten Militärrichtern wurden diese SS-Männer, trotz ihrer nicht ungeschickten, gegenüber der Siegermacht den Nimbus des persönlich »anständig gebliebenen« SS-Führers beschwörenden Verteidigungs- und Rechtfertigungsstrategien, nicht von ihrer Schuld und Verantwortung freigesprochen. Jeder fünfte Abteilungsleiter der Lager-SS und 39 Prozent der Kommandanten, die seit 1939 ein Konzentrationslager befehligt hatten, wurden zum Tode verurteilt und hingerichtet.

In den Augen der Weltöffentlichkeit verkörperten sie die Greueltaten, die von den Nationalsozialisten begangen wurden. Die Westalliierten entließen diese Männer – im Gegensatz zu den zahlreichen Schreibtischtätern in den Ministerien und Ämtern des »Dritten Reiches«, den Helfershelfern der zweiten und dritten Reihe oder den NS-Tätern, die ihre Verbrechen »im Osten« begangen hatten, gleich ob Deutsche oder Ukrainer, Letten, Litauer oder anderer mit den Deutschen kollaborierender Bevölkerungsgruppen – nicht bruchlos in die deutsche Nachkriegsgesellschaft. Wer von ihnen, zumindest die Deutschen, diese Phase der alliierten Militärgerichtsbarkeit überlebte, kehrte in die von außen nur wenig bedrohte Normalität seiner zumeist mittelständischen Existenz zurück. Denn die Mehrzahl der gegen die Konzentrationslager-SS eingeleiteten Verfahren wurde im Frühstadium eingestellt oder durch eine wenig aufklärungswillige Justiz verschleppt.

So lebten nach der Verurteilung und Hinrichtung des Lagerkommandanten von Auschwitz, Rudolf Höß, und der Verurteilung einzelner SS-

Führer in Polen, Angehörige der Lagerleitung und Wachmannschaften des KZ Auschwitz unauffällig inmitten der bundesrepublikanischen Gesellschaft, zumeist unter ihrem richtigen Namen, nunmehr seriöse Kaufleute, leitende Angestellte, Apotheker, Gastwirte, Pförtner, Handwerker, Fabrikarbeiter, fürsorgliche Lehrer und Krankenpfleger, wie die Staatsanwaltschaft in Frankfurt am Main bei ihren Ermittlungen feststellen konnte.

Einer von ihnen war der ehemalige Sanitätsdienstgrad Josef Klehr, verantwortlich für unzählige Morde durch das sogenannte »Abspritzen« der Häftlinge mit Phenolinjektionen. Anhand des Tonbandmitschnitts des Auschwitz-Prozesses, der im Rahmen eines Forschungsprojektes am Fritz Bauer Institut transkribiert und für eine Edition vorbereitet wird, analysiert Irmtrud Wojak am Beispiel des Angeklagten Klehr die spezifischen juristischen wie ethischen Problemstellungen des Prozesses. So erhielt nicht – wie man eigentlich erwarten könnte – der Adjutant von Lagerleiter Höß, Robert Mulka, der sadistische Leiter der Lager-Gestapo, Wilhelm Boger, oder der an den Selektionen beteiligte korrupte Apotheker Viktor Capesius die höchste Strafe, sondern der eigentlich subalterne Klehr. Das Gericht begründete seinen Urteilsspruch damit, dass Klehr eigenhändig mindestens 475 Menschen ausgesucht und selbst getötet habe – was den anderen Angeklagten in der Tat nicht nachzuweisen war. Ein Faktum aber blieb bei dieser Beurteilung unberücksichtigt: Klehr hatte ausschließlich Juden ermordet. Das Gesamtgeschehen der »Endlösung« wurde dadurch, wie Fritz Bauer formulierte, atomisiert. War nicht jeder der beteiligten Wachmannschaften vom Moment an, in dem er Auschwitz betrat, Täter im Rahmen eines systematisch betriebenen Massenmordes?

Auch im Frankfurter Auschwitz-Prozess stieß das Gericht trotz seines vorbildlichen Aufklärungswillens und menschlich höchst integren Verhaltens gegenüber den Opfern an die Grenzen der Rechtsprechung – zu einer Zeit, in der weite Bevölkerungskreise nicht die weitere Einleitung von NSG-Verfahren forderten, sondern ihr Ende, wie Marc von Miquel in seinem Beitrag über die Bedeutung des ersten Frankfurter Auschwitz-Prozesses für die damals höchst virulente Verjährungsdebatte berichtet.

Es ist signifikant für die Wahrnehmung des Prozessgeschehens, dass prominente bundesrepublikanische Politiker als Begründung ihrer Ablehnung einer weiteren juristischen Ahndung des Massenmords in den Konzentrationslagern nicht etwa erklärten, es sei Schicksal der Deutschen, weiter mit den Mulka und Stark zusammenzuleben, sondern abschreckende Exzesstäter wie den gelernten Metzger Kaduk als Personifizierung des SS-Täters für ihre Begründung wählten. Der Typus des ideologisch vorgeprägten Schreibtischtäters, der auch zum Zeitpunkt des Auschwitz-Prozesses unbehelligt in deutschen Amtsstuben saß oder gar zur ökonomischen oder politischen Elite der Bundesrepublik zählte, oder des verirrten, idealistischen Jünglings, dessen politischer Irrtum als läßliche Jugendsünde gehandelt und damit zur Personifizierung der HJ-Generation wurde, eigneten sich für die Beschwörung einer juristischen Normalität eben weniger.

Ein Jahr nach dem Ende des ersten Frankfurter Auschwitz-Prozesses forderte laut Meinungsumfragen bereits eine Mehrheit der bundesrepublikanischen Bevölkerung – 69 Prozent – ein Ende der Strafverfolgung; 1958, zu Beginn des »Ulmer Einsatzgruppenprozesses« hatten nur 34 Prozent für eine Verjährung gestimmt. Was war in den Jahren dazwischen geschehen? Hatten die Meldungen über die Greueltaten in Auschwitz, die in der Berichterstattung der Tagespresse dominierten, die Bevölkerung verschreckt? Konterkarierte die juristische Aufarbeitung die apologetischen Interessen von Seiten der Politik, Justiz und einem großen Bevölkerungsteil so nachhaltig, dass die unliebsame Diskussion mittels eines gesetzlichen Schlussstriches einfach beendet werden sollte? Wie Miquel aufzeigt, war es ein durchaus integrativer Diskurs, der durch seine Kompromisse den Opfern allerdings wenig gerecht wurde und vor allem den NS-Tätern über lange Jahre juristische Hintertürchen offenließ, wie die Niederschlagung des geplanten Verfahrens gegen Funktionäre des Reichssicherheitshauptamtes 1969 beweist. Hätte das Verfahren stattgefunden, dürfte es in Umfang und Dauer den Frankfurter Auschwitz-Prozess bei weitem übertroffen haben.

Überraschend wurde der erste Frankfurter Auschwitz-Prozess zu einer wichtigen Etappe auf dem Weg zur Überbrückung der Gegensätze zwischen Ost und West. Wie sehr das konkrete Prozessgeschehen vom System-Konflikt beeinflusst wurde, aber auch selbst Geschichte im Kalten Krieg machte, verdeutlichen die Beiträge von Sybille Steinbacher, Florian Schmaltz, Annette Rosskopf und Christian Dirks.

Im Dezember 1964 geschah, was vorher undenkbar schien: Zwanzig Jahre nach Ende der nationalsozialistischen Besatzungsherrschaft tagte ein deutsches Gericht in Polen – zu einem Zeitpunkt, als die Bundesrepublik noch nicht einmal eine Botschaft in Warschau unterhielt. Zur »richterlichen Augenscheinseinnahme« reiste ein Teil des Frankfurter

Gerichts nach Auschwitz, ein aufsehenerregender Vorgang, der von über 200 Journalisten aus aller Welt verfolgt wurde. Die als »Ortstermin« in die Geschichte des Prozesses eingegangene Reise der Gerichtsdelegation nach Polen war eine erste Konfrontation mit den NS-Verbrechen in Auschwitz und eine wichtige Etappe auf dem Weg zur deutsch-polnischen Aussöhnung. Ihre Bedeutung lag jedoch nicht nur in der für die justizielle Ahndung wichtigen Konkretisierung der Fakten, sondern auch in der nachhaltigen psychologischen Wirkung auf die Delegationsmitglieder, die erstmals konkret mit dem Ort Auschwitz und den eindringlichen Relikten des Völkermordes konfrontiert wurden. Mancher Verteidiger mag seine Mandanten nach der Reise mit anderen Augen betrachtet haben. Der damalige junge Staatsanwalt Gerhard Wiese zog später das Resümee, »das ganze mal vor Augen zu haben, war schon gut, und ich hätte gewünscht, das ganze Gericht hätte sich entschließen können, diese Reise zu machen.«

Dies galt insbesondere für den exponiertesten Vertreter der Verteidigung, Hans Laternser, der die Reise hinter den »Eisernen Vorhang«, nach Auschwitz, als »unzumutbar« abgelehnt hatte. Christian Dirks setzt sich in seinem Beitrag über die politische Vita von Hans Laternser mit einer der schillerndsten Personen der Zeitgeschichte im Bereich der Justiz auseinander, dessen Formulierung vom »Selekteur als Lebensretter« während des Auschwitz-Prozesses traurige Berühmtheit erlangte. Laternsers vehementes Eintreten für seine Mandanten, seine ubiquitäre Suche nach dem kommunistischen Weltfeind als Drahtzieher des Prozesses und sein mitleidloser Umgang mit den traumatisierten Zeugen, vor allem aus dem Ostblock, war schwer in Einklang zu bringen mit dem couragierten jungen Anwalt im »Dritten Reich«, dem Widerstandsfreunde wie Otto John nach 1945 nicht ganz zu Unrecht eine nicht-nationalsozialistische Haltung bestätigt hatten. Robert Kempner legte den Grundstein zu Laternsers erfolgreicher Nachkriegskarriere: Er holte den jungen eloquenten Anwalt nach Nürnberg, wo er im Prozess gegen den Generalstab und das OKW des Internationalen Militärtribunals als Verteidiger wirkte.

Die Nürnberger Prozesse waren nicht nur ein Schlüsselerlebnis für den seinerzeit 38jährigen Anwalt. Hier entwickelte er auch die im Frankfurter Auschwitz-Prozess durchgeführte Verteidigungsstrategie: Die Verantwortung für die NS-Verbrechen wurde auf die drei toten Hauptverantwortlichen Hitler – der die Juden *per se* zum Tode verurteilt habe –, Himmler und Heydrich abgewälzt, die im Frankfurter Prozess angeklagten SS-Offiziere mit akademischem Hintergrund als bloße Befehlsempfänger hingestellt.

Doch Laternser war gewissermaßen auch »Kronzeuge« jener Bevölkerungsteile der jungen Bundesrepublik, die die NSG-Prozesse vehement ablehnten und von einem vom Osten initiierten Schauprozess sprachen. Sprachrohr der Ewig-Gestrigen war Laternsers Freund Gerhard Frey, der sein Auftreten vor Gericht mit rechtsradikalen Propagandafanfaren unterstützte, wie Dirks eindrucksvoll belegt.

Dass Laternser im Gerichtssaal nicht den gewünschten Erfolg erzielte, lag nicht nur an der unwiderlegbaren Schuld seiner Mandanten, den eigenen Mißtönen und verbalen Peinlichkeiten: Im Nebenkläger Friedrich Karl Kaul hatte er seinen rhetorischen Meister gefunden. Die scharfsinnigen Repliken des DDR-Staranwalts ließen – wie es Zeitzeugen empfanden –, vergessen, mit welchem Auftrag Kaul nach Frankfurt gereist war, nämlich den Prozess zu einer Propagandaplattform für die DDR-Agitation gegen die »westdeutschen Monopolherren« und die neofaschistische Kontinuität in der Bundesrepublik umzufunktionieren. Annette Rosskopfs biographische Skizze ist dem Leben und Wirken Kauls gewidmet, eines Menschen, der durch seine farbige Persönlichkeit, sein weitgehend überzeugendes persönliches Auftreten und seine unorthodoxen Argumentationsstrategien so gar nicht dem verbreiteten Bild des typischen »Apparatschiks« entsprechen wollte.

Kaul, aus großbürgerlichem, jüdischem Elternhaus stammend, hatte für sein Engagement in der KPD im »Dritten Reich« einige Jahre im KZ Dachau gebüßt. 1946 aus der Emigration in die neugegründete DDR zurückgekehrt, machte Kaul, einer der wenigen DDR-Anwälte mit »Westzulassung«, in den fünfziger Jahre Furore als Verteidiger in Strafprozessen gegen Mitglieder der KPD. Nach dem Ausklingen dieser Prozesse fand Kaul ein neues Betätigungsfeld in einem politisch höchst brisanten Bereich der »geheimen Westarbeit der SED«. Diese von einer speziellen Kommission im DDR Politbüro unter der Leitung von Albert Norden durchgeführten Propagandafeldzüge, etwa gegen Hans Globke, Theodor Oberländer und die Bundeswehrspitze, hatten zum Ziel, die Bundesrepublik innen- wie außenpolitisch zu diskreditieren und zur Stabilisierung des eigenen Staates beizutragen. Schon vor dem Eichmann-Prozess hatte Kaul Walther Ulbricht vorgeschlagen, mit eigenem Material über die Verbrechen Eichmanns und seiner heutigen Komplizen im Bonner »Regime« an die Öffentlichkeit zu treten. Kauls Auftreten in Jerusalem scheiterte am Widerstand der israelischen Behörden – erfolgreicher war Kaul in seinem Unterfangen, in Frankfurt aufzutreten.

Die Vorbereitung und Durchführung der DDR-Nebenklage erreichte ihr Ziel nur teilweise, dennoch bleibt hervorzuheben, dass es Kaul war, der im Verfahren wesentliche Impulse setzen konnte, und auch, wenn die eigene Taktik bisweilen nicht aufging wie im Fall des von Kaul initiierten Gutachtens von Jürgen Kuczynski über »Die Verflechtung von sicherheitspolizeilichen und wirtschaftlichen Interessen bei der Errichtung und dem Betrieb des KZ Auschwitz und seiner Nebenlager«, das im Mittelpunkt des Beitrages von Florian Schmaltz steht.

Das im Zusammenhang mit der Kampagne gegen die westdeutsche Großindustrie, insbesondere gegen die I. G. Farben erarbeitete Gutachten des Historikers Prof. Dr. Jürgen Kuczynski gegen die »westdeutschen Monopolherren«, fand keinen Eingang in die Urteilsbegründung und doch war die Tatsache, dass es dem Gericht vorgetragen werden konnte, ein Novum in einem vom Ost-West-Konflikt tief geprägten juristischen Prozess.

Das im Spannungsfeld von Wissenschaft, Politik und Justiz entstandene Gutachten zur Rolle der I. G. Farben und des Konzentrationslagers Monowitz wurde zunächst auf Antrag von Laternser wegen »vermuteter Befangenheit« zurückgestellt, dann am 28. Verhandlungstag aber auf Antrag der Nebenkläger Kaul und Ormond und einiger liberaler Verteidiger gehalten. In seinem auf den Aussagen im I. G. Farben-Prozess basierenden Gutachten ging Kuczynski ausführlich auf die bis heute nicht zweifelsfrei geklärte Entstehungsgeschichte von Auschwitz und die im »herzlichen Einvernehmen« durchgeführte wirtschaftliche Kooperation zwischen SS und dem Konzern ein.

Kuczynski unterlief bei der Abfassung seines eindrucksvollen Gutachtens ein verhängnisvoller Lapsus, der zu einem erneuten Befangenheitsantrag führte, dem das Gericht statt gab. Damit war das Gutachten zwar für das weitere Verfahren gegenstandslos geworden, blieb aber gleichwohl nicht ohne Folgen: Kuczynskis Auftritt vor Gericht und die von ihm dargelegten Fakten führten dazu, dass die skandalöse Verleihung des Bundesverdienstkreuzes an das ehemalige Vorstandsmitglied der I. G. Farben, Heinrich Bütefisch, rückgängig gemacht wurde. Und damit war zumindest eine Teilintention der DDR-Kampagne von Erfolg gekrönt.

Eine Quellensicherung in buchstäblich letzter Minute sind die Interviews, die Alice von Plato im Rahmen eines die Tonbandedition begleitenden Forschungsprojektes erstellte. Sie interviewte die heute noch lebenden Zeugen des Prozesses, die im Laufe der Jahre in mehrfacher Form vom »Zeugen zum Zeitzeugen« wurden. Im Frankfurter Auschwitz-Prozess hatte die Anklage 356 Zeugen vorgeladen, die ehemals als Häftlinge in Auschwitz gewesen waren. Die überwiegende Mehrheit kam aus dem Ausland, wenige hatten nach dem Krieg in Deutschland gelebt. Nur einige von ihnen leben noch. Anhand von drei Beispielen, drei Männern aus Deutschland und Polen, schildert sie die Bedeutung der Zeugen für den Prozess, ihre Wahrnehmung des Gerichtsalltags, der Verhandlungsführung und der Urteilsfindung. Dabei läßt sie die durch den Verlust von Familie, Heimat und Besitz hoch traumatisierten Zeugen weitgehend für sich selbst sprechen, wie sie das Auftreten der Anwälte, insbesondere Laternsers, empfanden, die persönliche und auch körperliche Konfrontation mit den Peinigern von einst erlebten und welche Rolle der Prozess für ihr weiteres Leben spielte. »Und trage an der Verpflichtung, die seither auf mir lastet. Denn man soll aus Auschwitz Lehren ziehen – darauf immer wieder zu drängen, empfinden wir als unsere Aufgabe«, bekannte beispielsweise der wohl prominenteste Zeuge Hermann Langbein. Auch die hier befragten Zeugen empfanden es als Verpflichtung, trotz vorgerücktem Alter und Krankheit, noch einmal in Gedanken in den Gerichtssaal im Frankfurter Römer zurückzukehren und sich erneut mit Auschwitz auseinanderzusetzen.

»Auschwitz als Metapher des Bösen in unserer Zeit« forderte Mitte der sechziger Jahre nur wenige zeitgenössische (west-)deutsche Schriftstellerinnen und Schriftsteller zur Auseinandersetzung mit der eigenen Vergangenheit heraus: Mit den Texten von Martin Walser, Peter Weiss, Horst Krüger und Grete Weil als Wirkungsgeschichte des Frankfurter Auschwitz-Prozesses befassen sich die Beiträge von Timothy Boyd und Stephan Braese.

Wenige Monate nach dem Beginn des Prozesses, im Mai 1964 erschien in der *Zeit* ein Appell von Marcel Reich Ranicki an die deutschen Schriftstellerinnen und Schriftsteller, sich des Frankfurter Prozesses anzunehmen und Stellung zu beziehen: Daran könne man erkennen, ob sie »zu jenen zählen, die zudecken oder zu jenen, die aufdecken.« Es waren jedoch außer Horst Krüger nur wenige Autoren, die Reich-Ranickis Aufruf folgten und deren Texte bundesrepublikanische Literaturgeschichte schrieben: Martin Walser in dem Essay »Unser Auschwitz« und Peter Weiss, der den Auschwitz-Prozess in dem von Fritz Bauer mit angeregten Bühnenstück *Die Ermittlung* thematisierte, und für seine Eindrücke anlässlich seiner eigenen »Ortsbesichtigung« in Auschwitz im Winter 1964 in dem Essay »Meine Ortschaft« wiedergab. Grete Weil schließlich wird während eines Besuches in Mexiko, *in einem andern Land*, durch Schlüsselszenen, verbale Assoziationen – Signalwörter wie die »Schwarze Wand« – und Personentypen überfallartig mit Auschwitz konfrontiert.

Braese nähert sich Inhalt und Aussage der Texte über die Analyse der sprachlichen Inbesitznahme des Ortes, durch die gleichsam die immanente Distanzierung zwischen Prozessbetrachter, Zuschauern und den Tätern und ihren Exzesstaten aufgehoben wird. Auschwitz rückt aus der zeitlichen und geographischen Ferne und Vergangenheit in die bundesrepublikanische Wirklichkeit zurück, was auch Grete Weil erlebt, die das »deutsche Kollektiv« bei Besichtigung einer Ruinenstadt der Tolteken zu entdecken meint. Es ist die Perspektive der Betroffenen und doch Davongekommenen, die insbesondere Grete Weils und Alfred Anderschs Texte auszeichnet, doch im Gegensatz zum Theaterstück von Weiss und den Texten von Martin Walser nimmt das »deutsche Kollektiv« die Texte heute nur sehr selektiv wahr. Doch die deutschen Schriftsteller hatten sich der Herausforderung gestellt und auch dem Appell Fritz Bauers entsprochen, der anläßlich der Erstaufführung der *Ermittlung* im Württembergischen Staatstheater Stuttgart am 24. Oktober 1965 gefordert hatte, »Auschwitz im Alltag, in jeder Stunde zu widerstehen, jenem Auschwitz, das immer wieder, jeden Tag, jede Minute an uns herantritt, gegenüber *Nein* zu sagen – das war der Schrei unserer Staatsanwälte. Ich wünschte, dass der Dichter das in Worte fasste, so dass wir alle erfüllt und erschüttert werden und Auschwitz nun wirklich ein lebendiges Ereignis ist, das wir realisieren. (...) wir Juristen in Frankfurt haben erschreckt gerufen nach dem Dichter, der das ausspricht, was der Prozess auszusprechen nicht im Stande ist.«

Einer von denen, die Bauer angesprochen hatte, ist der von Timothy Boyd vorgestellte Schriftsteller Horst Krüger, der eigentlich wenig von dem Gerichtsverfahren erwartet hatte. Er fuhr hin, weil ihm »Auschwitz« wie »eine mythische Chiffre vom Tode« vorkam, eine »Metapher des Bösen in unserer Zeit«. Er wollte diesen »Spuk« entzaubern, indem er den Prozess mit eigenen Augen verfolgte. »Ich fahre zum Auschwitz-Prozess, um diesen Mythos in mir aufzuklären. Ich will nur dasitzen und zuhören, zusehen und beobachten.«

Dennoch wirkte sich der Prozess unmittelbar und entscheidend auf die literarische Entwicklung von Horst Krüger aus. Mitte der sechziger

Jahre zog Krüger im Alter von 45 Jahren von Baden-Baden nach Frankfurt am Main, um das Leben eines freischaffenden Schriftstellers zu beginnen. Am 27. Februar 1964, dem 20. Verhandlungstag, besuchte Krüger die Sitzungen im Römer zum ersten Mal. Was er dort an diesem Tag und bei weiteren Besuchen über den Zeitraum von vier Wochen zu sehen und zu hören bekam, forderte ihn zur Auseinandersetzung mit der eigenen Vergangenheit heraus, die er in der Erzählung *Das zerbrochene Haus* thematisiert.

Obwohl Krüger sich nicht im engeren Sinne zu den Tätern zählte, er war kein Mitglied der NSDAP gewesen, hatte regimekritische Flugblätter verteilt und war gegen Kriegsende desertiert, fühlte er sich den Angeklagten aufgrund seiner Herkunft doch näher verbunden: Krüger stammte, genau wie manche der Männer, die in Frankfurt unter Anklage standen, aus einer deutschen Beamtenfamilie. Er konnte sich ohne weiteres an die Begeisterung seiner Mutter bei der Lektüre von Hitlers *Mein Kampf* erinnern. In einer Prozess-Reportage, die Krüger in *Der Monat* veröffentlichte, berichtete er, wie sich seine Eindrücke beim Gerichtsverfahren mit prägnanten, aufstörenden Momenten der eigenen Vergangenheit in Alpträumen und Erinnerungsschüben vermengten. Er unternahm den Versuch, eine Geschichte seiner eigenen, zugeschütteten Vergangenheit zu schreiben, und verfasste ein Buch, dessen Aufdeckungskraft in historischer Rückschau einmalig bleibt. Vieles von dem, was Krüger schildert, hätte auch der Lebensbeichte des jungen, fast gleichaltrigen SS-Mannes Hans Stark entstammen können, der ähnlich wie Krüger in der kalten Atmosphäre einer an Pflichterfüllung und Gehorsam orientierten Umgebung aufwuchs.

Der Beitrag des Filmwissenschaftlers Ronny Loewy schließlich befasst sich mit dem weitgehend in Vergessenheit geratenen Kinofilm ZEUGIN AUS DER HÖLLE mit Irene Papas, Daniel Gélin und Heinz Drache, einem der wenigen Spielfilme der BRD, in denen der Holocaust als ein Problem der deutschen Nachkriegsgesellschaft in Erscheinung tritt – ohne dass der gerade zu Ende gegangene Frankfurter Auschwitz-Prozess namentlich genannt wird. Produziert vom Holocaust-Überlebenden Artur Brauner, schildert der Film die fiktive Geschichte der KZ-Überlebenden Lea Weiss, die Mitte der sechziger Jahre von einem Staatsanwalt der Zentralen Stelle in Ludwigsburg dazu veranlasst werden soll, im Prozess gegen einen an Selektionen und Menschenversuchen beteiligten KZ-Arzt auszusagen, der zu diesem Zeitpunkt eine prominente Stellung in der bundesrepublikanischen Gesellschaft einnimmt.

Ohne dass eine wortgetreue Wiedergabe der Zeugenaussagen im Auschwitz-Prozess stattfindet, greift der Film die Problematik der Opfer auf. Die gezeigten Schlüsselszenen verdeutlichen die psychische Belastung, die ihnen die Rekonstruktion der erfahrenen Leiden abverlangt, die Angst, sie im Prozess erneut zu durchleben und den Zweifel daran, dass das Gericht wirklich an ihren Erfahrungen interessiert war. Vom Anwalt des Angeklagten perfide drangsaliert, begeht Lea Weiss Selbstmord – was keine Parallele zur Realität darstellt, obwohl sich Motive aus dem Frankfurter Prozess in der Person der Lea Weiss und ihrer Geschichte durchaus wiederfinden. Ein auch heute noch sehenswerter Film mit mutigem Anspruch, der leider in seiner Zeit nicht den gewünschten Erfolg an den Kinokassen hatte.

Vom Film zurück zur Realität: »Es geschah in einem andern Land...« Das Christopher Marlow-Syndrom nennt Kathy Laster die australische Haltung gegenüber den Verbrechen des Holocaust. Dass diese zwar fernab in Europa geschehen waren, die Täter aber auch in Australien eine neue Heimat gefunden hatten, erregte nach Recherchen des Journalisten Mark Aarons in den achtziger Jahren großes Aufsehen. Von den ermittelten mutmaßlichen Beteiligten am Völkermord, die Dank der liberalen Einwanderungspolitik nach 1945 hatten einreisen können, wurden schließlich jedoch nur wenige vor Gericht gestellt. Der bekannteste Fall war der des Ukrainers Ivan Timofeyevich Polyukhovic, der sich an der Seite der Deutschen an der Ermordung der jüdischen Bevölkerung im Ghetto von Sernicki beteiligt hatte.

Vor den Augen der Weltöffentlichkeit wollte sich die australische Regierung durch ein Gerichtsverfahren der Kritik an ihrer Einwanderungspolitik stellen. Heraus kam ein Verfahren, bei dem die Wirkung auf das Ausland mehr zählte, als die juristische und historische Dimension, von Kathy Lester als »*Culture on Show*« definiert; die Resonanz im Inland war geprägt vom tiefen Kultur- und Mentalitätsunterschied zwischen der Alten Welt und dem fünften Kontinent, was sich im Prozess insofern manifestierte, als die von dem Angeklagten und den Zeugen verwendeten Begriffe rassistische Konnotationen transportierten, die dem australischen Beobachter, auch der Jury, in dieser Form fremd und unverständlich waren. Auch die juristische Prozedur war eine andere, wie die als Zeugen nach Australien geladenen Überlebenden erlebten: Auch wenn das Kreuzverhör eine obligatorische Methode angelsächsischer Prozessführung war, für die Zeugen war es eine unverständliche Situation, ihre eigenen Erlebnisse, Erfahrungen und Traumata immer wieder erzählen, rechtfertigen und neu erleiden zu müssen. Doch auch dies zählte zur von Kathy Laster beschriebenen »*Culture on Show*« und dem vielbeschworenen »*fair trial* … in einem andern Land«.

Der Welt ein anderes Schauspiel bot der Prozess David Irving versus Deborah Lipstadt, den Peter Longerich in seinem Beitrag »Der Holocaust vor Gericht« aus eigenem Erleben schildert. Der Historiker war einer von vier Gutachtern, die sich zu der wissenschaftlichen Reputation und David Irvings Darstellung des Holocaust sowie Hitlers Verantwortung an der »Endlösung« zu äußern hatten.

Auch hier wieder spielten die Zeugenaussagen, die Überlebende von Auschwitz im Prozess gegen Adolf Eichmann gemacht hatten, eine wichtige Rolle. Eine der Taktiken Irvings bestand darin, den wenigen Überlebenden der Sonderkommandos die Authentizität ihres Erlebens abzusprechen, zum einen seien sie durch ihre »schandbare Kollaboration« mit den Nazis automatisch »verloren«, andererseits während der schrecklichen Erlebnisse so traumatisiert, dass kein Wort ihrer Schilderungen wahr sein könne. Auch wenn auf die Aussagen des ersten Auschwitz-Prozesses kein Bezug genommen wurde, erinnerte doch so manches an das Frankfurter Gerichtsverfahren, vor allem der Umgang mit der Erinnerung der Überlebenden.

Die Urteilsverkündigung, zu der auch der israelische Botschafter in England angereist war, erwies sich als Erfolg der Beklagten. Richter Gray verkündete, David Irving sei ein Rassist, ein Antisemit, ein Holocaust-Leugner und absichtlicher Fälscher historischer Fakten, und:

»Nachdem ich alle die verschiedenen Argumente Irvings bedacht habe, mit denen er die konvergierende Evidenz der Verteidigung angegriffen hat, ist es meine Schlussfolgerung, dass kein objektiver, gerechter Historiker irgendeinen gerechtfertigten Zweifel daran haben kann, dass es Gaskammern in Auschwitz gab und dass sie vornehmlich dazu dienten, Hunderttausende Juden umzubringen.«*

Irmtrud Wojak und Susanne Meinl

* Zitate in alter Rechtschreibung sind nach den Regeln der neuen Rechtschreibung bearbeitet worden.

»Die Mauer des Schweigens durchbrochen«

Der erste Frankfurter Auschwitz-Prozess 1963-1965

Irmtrud Wojak

I.

Ein »Wendepunkt in der Erinnerung«, so hieß es vor kurzem in der Zeitschrift *Das Parlament*, sei das Verfahren gegen »Mulka u. a.« gewesen, das als der große Frankfurter Auschwitz-Prozess in die Geschichte der bundesdeutschen Nachkriegsjustiz eingegangen ist.[1] Schon früher bemerkte der Historiker Norbert Frei im Hinblick auf das »Interesse an einer kritischen Auseinandersetzung mit der NS-Vergangenheit«, nach dem Auschwitz-Prozess sei diesbezüglich nichts mehr so wie früher gewesen.[2] Während im Laufe der fünfziger Jahre die Bereitschaft, sich mit den Verbrechen auseinander zu setzen, nahezu auf Null gesunken sei und Mitte der fünfziger Jahre nahezu niemand mehr fürchten musste, weiterhin ob seiner NS-Vergangenheit behelligt zu werden«, stellte der Historiker fest: Der Auschwitz-Prozess markierte nicht erst den Wendepunkt, sondern war »im Grunde bereits die erste Frucht einer Veränderung des vergangenheitspolitischen Klimas.«[3]

Tatsächlich korrespondierte die wachsende Bereitschaft der Justiz zur Ahndung der NS-Verbrechen, die in der Einrichtung der *Zentralen Stelle der Landesjustizverwaltungen zur Aufarbeitung der nationalsozialistischen Gewaltverbrechen* in Ludwigsburg am Ende der fünfziger Jahre zum Ausdruck kam,[4] seit dem Eichmann-Prozess im Jahr 1961 mit einer wachsenden Bereitschaft der deutschen Öffentlichkeit, Kenntnis von dem Menschheitsverbrechen Auschwitz zu nehmen. Die Berichterstattung über den Eichmann-Prozess, bemerkte Barbara Distel, habe in Deutschland erstmals die Mauer des Schweigens durchbrochen.[5] In einer Phase allgemeiner Re-Politisierung zeigte sich, dass die »zunehmende Empfindlichkeit des Auslandes gegen Nazi-Funktionäre in demokratischen Positionen ihre Rückwirkung auf die Bundesrepublik« nicht verfehlte.[6] Parallel dazu scheinen die Debatte um die 1960 einsetzende Verjährung für Totschlagsverbrechen und die »Blutrichter«-Kampagne der DDR die kritische politische Öffentlichkeit zusehends alarmiert zu haben.[7]

Dabei war es kein Zufall, dass der Auschwitz-Prozess, der von Dezember 1963 bis August 1965 dauerte und 183 Verhandlungstage erforderte, überhaupt ins Rollen kam. In Anbetracht zunächst nur zögerlicher Ermittlungen der Stuttgarter Staatsanwaltschaft hatte der Generalsekretär des Internationalen Auschwitz-Komitees, Hermann Langbein, seit Frühjahr 1958 die Ermittlungsbehörde monatelang bedrängt, einen Haftbefehl gegen den ehemaligen SS-Oberscharführer Wilhelm Boger zu beantragen. Boger, der aus amerikanischer Internierungshaft geflohen war, gehörte zur sogenannten Politischen Abteilung des KZ Auschwitz und war den Überlebenden des Lagers nicht zuletzt als Erfinder der bei Verhören eingesetzten grausamen »Boger-Schaukel« in Erinnerung geblieben.[8] Der Zeuge Tadeusz Pazcula – der noch ausführlicher zu Wort kommen wird –, sagte in der Zeugenvernehmung vor dem Prozess aus, dass die Auschwitz-Häftlinge Wilhelm Boger »Tod« oder »Gorilla« genannt hatten.[9] Hermann Langbein, der ebenfalls Auschwitz überlebt hatte und sich an die Taten des Beschuldigten erinnerte, befürchtete, dass der ehemalige SS-Oberscharführer die Flucht ergreifen würde, wenn sich die Ermittlungen weiter hinzogen.[10] Er nannte der Staatsanwaltschaft weitere Zeugen, die Boger schwer belasteten, und schließlich wurde der Beschuldigte am 8. Oktober 1958 an seinem Arbeitsplatz verhaftet.[11] Die gerade neu eingerichtete *Zentrale Stelle* übernahm bald darauf das Ermittlungsverfahren, das in den folgenden Monaten auf weitere Angehörige der Politischen Abteilung des Lagers ausgedehnt wurde.[12]

Der hessische Generalstaatsanwalt Fritz Bauer holte den Komplex Auschwitz, wie das Verfahren in der Sprache der Juristen genannt wurde, vor das Frankfurter Landgericht. Thomas Gnielka, ein Korrespondent der *Frankfurter Rundschau*, hatte Bauer einen bisher unbekannten Aktenbestand aus Auschwitz übermittelt – den der Journalist im übrigen ebenfalls von einem ehemaligen Häftling erhalten hatte –, und der die Namen einer Fülle von Wachmännern enthielt, die Häftlinge angeblich »auf der Flucht erschossen« hatten.[13] Bauer übersandte das Material an den Bundesgerichtshof, der die Staatsanwaltschaft am Landgericht Frankfurt im April 1959 für alle in Auschwitz begangenen Straftaten für zuständig erklärte.[14] Die Vorbereitung des Prozesses sollte noch mehr als dreieinhalb Jahre in Anspruch nehmen. Bis zum Abschluss der Ermittlungen und der gerichtlichen Voruntersuchung im Oktober 1962 waren nahezu 1.500 Zeugen ausfindig gemacht worden, so viele wie in keinem anderen Verfahren zuvor.[15] In der Hauptverhandlung wurden 356 Zeugen, davon 168 aus Deutschland und 188 aus 17 außerdeutschen Ländern gehört.[16]

Das Auschwitz-Verfahren war zum damaligen Zeitpunkt das längste und umfangreichste Schwurgerichtsverfahren in der deutschen Justizgeschichte. Für die Richter war es eine Erleichterung, dass der größte Teil der Zeugenvernehmungen in der Hauptverhandlung auf Tonbändern aufgenommen werden konnte. Eine kurz zuvor gefallene Entscheidung des Bundesgerichtshofes erlaubte den Tonbandmitschnitt »zur Stützung des Gedächtnisses des Gerichts«, sofern die Zeugen jeweils vor ihrer Befragung der Aufnahme zustimmten.[17] Kaum ein Zeuge verwahrte sich dagegen, so dass heute rund 430 Stunden des Prozesses als Tonbandmitschnitt vorliegen. Obgleich offenbar die Absicht bestand, die Mitschnitte später zu löschen, sind diese auf Initiative der Organisationen ehemaliger Häftlinge erhalten geblieben. Die Tonbänder, so schrieb Hermann Langbein zurecht, vermitteln zwar nicht Gestik und Aussehen der Zeugen, aber doch ihre Stimme und Sprechweise, und nicht zuletzt die vielen beredten Pausen – »jene Minuten des Schweigens, in welchen in dem nüchternen Gerichtssaal Auschwitz am deutlichsten spürbar wurde.«[18]

Bisher nicht verifiziert ist die Aussage, dass etwa 20.000 Besucher, darunter viele Schulklassen, das Prozessgeschehen verfolgten, jedenfalls fand der Auschwitz-Prozess in der deutschen und internationalen Presse ständigen Widerhall.[19] Kurz nach dem Beginn des Prozesses wurde eine Ausstellung über das Konzentrationslager Auschwitz in der Frankfurter Paulskirche eröffnet.[20] Der Dramaturg Peter Weiss verfasste ein Bühnenstück, das in szenischen Aufzügen den Stoff des Verfahrens auf der Bühne wiedererstehen ließ und 1965 uraufgeführt wurde.[21] Über Jahre bestimmte der Prozess den beruflichen und privaten Alltag der beteiligten Staatsanwälte, Richter, Beisitzer, Verteidiger, Presseberichterstatter und der Polizeibeamten, die die Angeklagten während der Verhandlungen beaufsichtigten. Einige der Beteiligten wechselten nach dem emotional belastenden Prozess den Beruf. Während der Prozessdauer trafen bei der Staatsanwaltschaft und im Büro Fritz Bauers ungezählte Drohbriefe ein. Neue Aktenvorgänge wurden angelegt und in den Büros der Frankfurter Staatsanwaltschaft mit denkwürdigen Titeln versehen: »Zustimmende Zuschriften« und »Irre Zuschriften«.[22] Seit einer Morddrohung im Frühjahr 1964 mussten die Räume des Bürgerhauses Gallus, wohin das Gericht im April aus dem Frankfurter Römer umgezogen war, vor jedem Prozesstag nach Sprengkörpern durchsucht werden.

Auf der Anklagebank saßen 20 von ursprünglich 24 Angeklagten, als ranghöchste SS-Offiziere die beiden ehemaligen Adjutanten des Lagerkommandanten, Robert Mulka und Karl Höcker, daneben fünf Mitglieder der Lager-Gestapo, vier Aufseher, drei Sanitäter und drei KZ-Ärzte, der Lager-Apotheker, der Kleiderkammerverwalter und als einziger Funktionshäftling der Kapo Emil Bednarek.[23] Sie wurden beschuldigt, in den Jahren 1940 bis 1945 im Bereich des Konzentrationslagers Auschwitz »durch mehrere selbständige Handlungen teils allein, teils gemeinschaftlich mit anderen, aus Mordlust und sonst aus niederen Beweggründen, heimtückisch und grausam sowie teilweise mit gemeingefährlichen Mitteln (...) Menschen getötet zu haben.«[24] In allen Fällen lief die Anklage auf Mittäterschaft beim Mord hinaus, während der Eröffnungsbeschluss am 7. Oktober 1963 in elf Fällen wegen Täterschaft (Mordes) erging und in vierzehn Fällen wegen Beihilfe zum Mord (gegen zwei Angeklagte erging der Beschluss wegen Mordes und zugleich Beihilfe zum Mord). Die wegen Beihilfe Angeklagten wurden beschuldigt, »als Gehilfen bei der Begehung von Verbrechen durch Rat oder Tat wissentlich Hilfe geleistet zu haben«.[25]

Im Ergebnis befanden die Richter zehn Angeklagte der gemeinschaftlichen Beihilfe zum gemeinschaftlichen Mord schuldig, nach der Mindestzahl der Opfer, die der Begründung im Einzelfall zugrunde gelegt wurde, hatten sie Beihilfe zum Mord an 28.910 Menschen geleistet.[26] Ein Angeklagter wurde des gemeinschaftlichen Mordes in 342 Fällen für schuldig befunden, ein weiterer des Mordes in 14 Fällen und fünf Angeklagte wurden des Mordes und gemeinschaftlichen Mordes für schuldig befunden (sie hatten Beihilfe zum Mord an 11.990 Menschen geleistet und gemeinschaftlichen Mord an 3.282 Menschen, in 605 Fällen konnte der Mord als selbständige Tat nachgewiesen werden). Drei der Angeklagten wurden freigesprochen.[27]

Detaillierter als je bei den vorausgegangenen Verfahren in Deutschland wurde das Gesamtgeschehen der »Endlösung« im Auschwitz-Prozess anhand historischer Gutachten über die Organisation von SS und Polizei, die nationalsozialistische »Judenpolitik« von 1933 bis 1945 und den Aufbau der Konzentrationslager dargelegt.[28] Norbert Frei hat die besondere Bedeutung des Verfahrens für die Geschichtsschreibung der Bundesrepublik skizziert, die in dem Faktum besteht, dass in der Zeitgeschichte kein Fall bekannt ist, wo Gerichtsgutachten – wie sie für den

Frankfurter Prozess auf Initiative Fritz Bauers erstellt wurden – »von vergleichbar lang anhaltender Wirkung geblieben wären.«[29]

Faktum ist aber auch, dass die zu erhoffende zeitgeschichtliche Forschungswelle nach dem Prozess ausblieb und bis heute keine Monographie über den Lagerkomplex Auschwitz vorliegt.[30] Insofern ist Hermann Langbeins Aussage von 1965 auch 35 Jahre später trotz vieler Detailforschungen noch gültig: »Die Geschichte des Konzentrationslagers Auschwitz wurde noch nicht geschrieben.«[31] Und dies war – und ist – nicht das einzige Versäumnis. Erst eine jüngere Historikergeneration hat die Begegnung mit den Opfern gesucht und wurde dadurch auch für ihre wissenschaftliche Arbeit motiviert.[32] Sie setzte sich verstärkt seit den achtziger Jahre mit den Erfahrungen der Überlebenden auseinander und versuchte – bei allen Schwierigkeiten der Methode der *oral history* – ihre subjektive Wahrnehmung und Perspektive in die Erforschung des Terrorsystems der Konzentrationslager einzubeziehen.[33]

Wir stehen somit vor dem in gewisser Weise Paradox, dass gerade die Justizbehörden, die bei der Aufarbeitung der NS-Verbrechen eine ansonsten wenig rühmliche Rolle spielten, in den fünfziger und sechziger Jahren bei der Vorbereitung der Prozesse umfangreiches historisches Quellenmaterial zusammentrugen, das für die zeitgeschichtliche Forschung über das System der Konzentrationslager von großer Bedeutung und bei weitem noch nicht ausgewertet ist. Am Beginn einer zögerlichen Auseinandersetzung mit der NS-Vergangenheit waren es die Justizbehörden, die – abgesehen von den eigenen Aufzeichnungen und Berichten der KZ-Häftlinge – durch ihre Zeugenbefragungen die Erfahrung der Überlebenden erstmals dokumentierten. Dies gilt in besonderem Maße für das Auschwitz-Verfahren, das aufgrund des ungewöhnlichen Ablaufs der Hauptverhandlung insofern für die juristische Zeitgeschichte einen Wendepunkt markiert, aber auch für andere KZ-Prozesse.[34]

Die Ursache für das Interesse an den Aussagen der Überlebenden der Konzentrationslager war freilich rein juristischer Natur und keineswegs die zeithistorische Quellensicherung oder historische Erklärungssuche. In eben diesem Sinne erklärte Senatspräsident Hofmeyer in der Urteilsbegründung, dass es sich beim Auschwitz-Prozess um einen normalen Strafprozess handele. Das Gericht sei nicht berufen gewesen, die Vergangenheit zu bewältigen.[35] Nicht das mit dem Namen Auschwitz verbundene Menschheitsverbrechen, sondern die Auschwitz-Täter standen vor Gericht. Das Schwurgericht und in der Revision auch der Bundesgerichtshof verlangten den individuellen Tatnachweis, »da das Strafgesetzbuch Massenverbrechen nicht kennt. Das bedeutet, dass das Gericht sich auch insoweit bescheiden musste.«[36] Aus Mangel an den bei normalen Mordprozessen gegebenen Beweismitteln trugen allerdings die Zeugen den Hauptteil der Beweislast im Auschwitz-Prozess: »Außer wenigen und nicht sehr ergiebigen Urkunden standen dem Gericht zur Rekonstruktion der Taten der Angeklagten fast ausschließlich Zeugenaussagen zur Verfügung.«[37] Sie lieferten jene Details über das Handeln einzelner Mitglieder des Funktionsapparats in Auschwitz, ohne die ein individueller Schuldnachweis nicht möglich gewesen wäre.

Die ungeheure Zumutung, die darin bestand, dass die überlebenden Opfer – in einer Atmosphäre von anfänglicher Gleichgültigkeit, wenn nicht Ablehnung gegenüber ihrem Schicksal und vor einer Mauer des Schweigens seitens der Angeklagten – vor einem deutschen Gericht aussagten, durchbrach die Normalität des Gerichtsverfahrens. So wenig eine angemessene Bestrafung für die begangenen Verbrechen vorstellbar war, so sehr haben die Überlebenden von Auschwitz dazu beigetragen, dass dahinter als Hauptsache des Prozesses die zeitgeschichtliche Aufhellung stehen konnte. Erstmals schilderten die Überlebenden vor einer breiten deutschen Öffentlichkeit die an den Häftlingen begangenen Grausamkeiten, erstmals wurde die Unzahl der Toten der Anonymität entrissen, und das Einzelschicksal trat aus der täglichen »Routinearbeit der Mordmaschinerie«[38] hervor. Die Zeugen waren es, die die Mauer des Schweigens durchbrachen, jene psychologische »Sperre« (Kuby),[39] die bis heute in der Auffassung zum Ausdruck kommt, dass sich Auschwitz als Symbol für das Menschheitsverbrechen jeglichem Einfühlungsvermögen und jeglicher wissenschaftlichen Analyse entziehe.

Die Berichte der überlebenden Opfer lösten skeptische und distanzierte Reaktionen aus. Sie resultierten aus der detaillierten Rekonstruktion der begangenen Verbrechen, denn im Auschwitz-Prozess ging es nicht um die »Schreibtischtäter« oder um den »Verwaltungsmord«, sondern um die erstmals deutlich hervortretende Nähe der Handelnden zur Tat an eben jenem Ort, dessen Name zum Symbol für die grausame Vollstreckung der Vernichtungspolitik geworden ist.[40] In der Berichterstattung der deutschen Presse fanden diese Schilderungen nur in etwa einem Drittel der Beiträge Berücksichtigung, doch zweifellos war das Verhalten der Deutschen das während des Prozesses am häufigsten beleuchtete Thema.[41] Die Schuld und Mitschuld der ganzen Gesellschaft schien zum ersten Mal greifbar, und sie kam zwanzig Jahre nach dem

Geschehen endlich in der Frage zum Ausdruck, wie das Menschheitsverbrechen Auschwitz möglich geworden war.

Und doch kann im Gesamtkontext der juristischen Aufarbeitung der Gewaltverbrechen in den Konzentrationslagern, insbesondere der geplanten Vernichtung des europäischen Judentums, kaum von einem Wendepunkt die Rede sein. An einem ganz normalen Verhandlungstag im Auschwitz-Prozess, dem 8. Mai 1964, lässt sich im Gegenteil demonstrieren, dass diesbezüglich vieles blieb wie früher.

II.

Der 8. Mai 1964 war der 43. Verhandlungstag. Die Vernehmung der Angeklagten zu Beginn des Prozesses war früher als erwartet beendet worden, denn sie hatten nach eigener Aussage »nichts zu sagen«, »wussten nichts« oder »erinnerten sich nicht«.[42] Die Angeklagten, begründete der Vorsitzende Richter später die Beweisführung, »haben keinen Anhaltspunkt für die Erforschung der Wahrheit gegeben und im wesentlichen geschwiegen und zum großen Teil die Unwahrheit gesagt.«[43] Dies unterschied sie nicht von den Angeklagten in anderen Prozessen, hatte aber zur Folge, dass bis Ende Januar im Gerichtssaal von Auschwitz kaum die Rede war und vermutlich allein die überlebenden Opfer von der selbstbewusst zur Schau getragenen Zuversicht der Beschuldigten schockiert waren. Auch der ehemalige Sanitätsdienstgrad Josef Klehr – angeklagt wegen Mordes und gemeinschaftlicher Beihilfe zum Mord, hatte sich am Beginn der Hauptverhandlung dem stereotypen Leugnen seiner Kameraden aus der Waffen-SS angeschlossen.[44] In der Anklageschrift hieß es über ihn, der Angeschuldigte sei »im wesentlichen geständig. An Einzelfälle will er sich nicht mehr erinnern können. Bei Selektionen im Krankenbau habe er nur den Arzt begleitet. »[45]

War die Anhörung der Sachverständigen aus dem Institut für Zeitgeschichte im Februar 1964 bereits dazu angetan, diese Zuversicht zumindest in den Augen der Öffentlichkeit zu erschüttern, so veränderten die Zeugenaussagen der Überlebenden die Atmosphäre im Gerichtssaal grundlegend. Die 35 »Auschwitzer«, die bis zum 8. Mai 1964 befragt wurden, waren zum Teil lange im Lager gewesen. Sie kannten den SS-Apparat gut, da sie als Schreiber oder in anderen Funktionen bei SS-Dienststellen oder in den Krankenbauten des Lagers gearbeitet hatten.

Der 43. Verhandlungstag war der erste Prozesstag, der im Bürgerhaus

Gallus auf Tonband aufgezeichnet wurde, nachdem das Gericht zuvor im Frankfurter Römer getagt hatte. In einer vierstündigen Befragung wurde der Zeuge Dr. Tadeusz Paczula aus Polen über die Anschuldigungen gegen den Angeklagten Josef Klehr gehört.[46] Bernd Naumann berichtete darüber in der *Frankfurter Allgemeinen Zeitung*: »Auschwitz-Prozess, 43. Tag. Dr. Paczula, der Chirurg mit dem phänomenalen Gedächtnis wird zum zweiten Mal gehört. Der 44 Jahre alte Pole sagt die Häftlingsnummern seiner Lagerkameraden auf wie ein gut vorbereiteter Schüler Geschichtszahlen oder mathematische Formeln.« Der Zeuge meint, es »komme wohl vom täglichen Umgang mit Zahlen in Auschwitz; jedenfalls habe er ganz einfach die Fähigkeit, auch solche Dinge behalten zu können. Eine Einschränkung macht er nur für die Zeit, in der er zwischen 28 und 29 Kilogramm wog; da sei sein Gedächtnis geschwächt gewesen. Und auch als Typhuskranker habe er sich nichts mehr merken können.«[47]

Der ehemalige polnische Häftling, der nach dem Krieg Medizin studierte, war im Dezember 1940 als Widerstandskämpfer verhaftet und von der Gestapo in das Konzentrationslager verschleppt worden.[48] Vom Sommer 1942 bis in den Sommer 1944 führte er die Totenbücher der männlichen Häftlinge des Stammlagers Auschwitz. In der Zeugenvernehmung vor dem Prozess erklärte er, in den zwei Jahren etwa 130.000 Namen in die Bücher eingetragen zu haben, die schließlich einen solchen Umfang annahmen, dass er zum Transport einen Handwagen benutzen musste.[49] Bei Landgerichtsdirektor Hofmeyer löste die Zahl der Eintragungen Verwunderung aus, und er fragte in der Gerichtsverhandlung nach, warum Paczula nur 130.000 Tote verzeichnet habe. Der Zeuge erklärte dem Gericht daraufhin, dass nur die im Lager ums Leben gekommenen Häftlinge in die Sterbebücher eingetragen wurden: »Wer gleich nach der Ankunft vergast wurde – es waren Millionen – wurde nicht numeriert.«[50] Obwohl seine Tätigkeit Paczula zum Hauptzeugen der verübten Gräuel gemacht hatte, wurde er am 27. September 1944 als Mitstreiter für den »Endsieg« an die italienische Front geschickt. Er lief im Februar 1945 zu den Engländern über und kämpfte fortan im polnischen Korps gegen die Deutschen.[51]

Den Angeklagten Klehr bezeichnete Paczula als einen »Mann, dessen Fähigkeiten und Kenntnisse sehr begrenzt waren«.[52] Josef Klehr wurde 1904 in Langenau in Oberschlesien geboren.[53] Er besuchte die Volksschule und legte 1921 die Gesellenprüfung im Tischlerhandwerk ab. Nachdem er einige Jahre in Tischlereien gearbeitet hatte, fand er von

1934 bis Mitte 1938 eine Stelle als Pfleger in einer Heilanstalt, danach wurde er Hilfswachtmeister im Zuchthaus Wohlau. Klehr trat im Herbst 1932 der allgemeinen SS bei, im August 1939 wurde er zur Waffen-SS eingezogen und kam zu den Wachmannschaften der Konzentrationslager Buchenwald und Dachau. Dort wurde er als Sanitätsdienstgrad (SDG) eingesetzt und am 30. Januar 1941 zum SS-Unterscharführer befördert. Im Oktober 1941 wurde der Beschuldigte nach Auschwitz versetzt. In den Jahren 1941 bis 1944 war Klehr als Sanitätsdienstgrad und Leiter der sogenannten Vergasungskommandos in Auschwitz eingesetzt; ab Anfang 1942 war er längere Zeit der einzige SDG im Häftlingskrankenbau des Stammlagers. Am 1. Februar 1943 wurde Klehr zum SS-Oberscharführer befördert. In den letzten Monaten vor der Evakuierung von Auschwitz wurde er im Nebenlager Gleiwitz eingesetzt und begleitete im Januar 1945 einen der Todesmärsche der Häftlingskommandos zum Lager Groß-Rosen. Von dort wurde er in die Tschechoslowakei abkommandiert und geriet nach kurzem Fronteinsatz im Mai 1945 in Niederösterreich in amerikanische Gefangenschaft. Nach seiner Entlassung im März kehrte er zu seiner Familie nach Braunschweig zurück und übte seither in verschiedenen Firmen seinen Beruf als Tischler aus.[54] Im Urteil des Auschwitz-Prozesses wurde später zu Gunsten des Angeklagten berücksichtigt, dass er sich nach Kriegsende unauffällig geführt habe.[55]

Die Beschuldigungen gegen den Angeklagten Klehr kamen am 8. Mai 1964 im Auschwitz-Prozess zur Sprache. Sie betrafen unter anderem:[56] die Mitwirkung an Selektionen im Häftlingskrankenbau, eigenmächtige Selektionen und Tötungen von Häftlingen, die Mitwirkung bei der Massentötung der Juden, die mit den RSHA-Transporten nach Auschwitz deportiert wurden, die Mitwirkung bei der Tötung des jüdischen Sonderkommandos, »das in den Gaskammern von Birkenau die Leichen der getöteten Menschen aus den Gaskammern herausziehen und in den Verbrennungsöfen zu verbrennen hatte«,[57] und Einzeltötungen von Häftlingen durch Phenolinjektionen.

In der Zeugenbefragung im Prozess erinnerte sich Tadeusz Paczula an einen besonderen Tag in der Geschichte des Vernichtungslagers Auschwitz, denn der Heilige Abend des Jahres 1942 hatte für die Häftlinge hoffnungsvoll begonnen. Sie hatten mit Erleichterung erfahren, dass der Lagerarzt, der die Selektionen durchführte, in Urlaub war und das hatte sie in ihrer Überzeugung bestärkt, *»dass an diesem Tage kein Mensch eines unnatürlichen Todes sterben wird.«*[58] *»Ich berufe mich in diesem Punkt auf mein Erinnerungsvermögen«*, erklärte Paczula. *»Der*

Tag war sehr typisch. (...) Die anderen Selektionen, die jeden Tag stattfanden, die ließen uns irgendwie gleichgültig, die gehörten schon zur Tagesordnung, aber an diesem besonderen Tag waren wir (...) irgendwie erschüttert gerade durch diese besondere Situation.«[59] Landgerichtsdirektor Hofmeyer stimmte ihm zu: *»Ja, das ist richtig und das ist uns schon öfters gesagt worden«*, und er wollte Genaueres erfahren: *»Ich will nur jetzt wissen, von wem haben Sie gehört, daß der Klehr an diesem Tag etwa 200 Menschen ausgesondert hat?«*

»Wenn es sich um diese Zahl handelt,« antwortete Tadeusz Paczula, *»da kam sie zu mir in Form der Meldungen, die ich erhielt. (...) Was die Person anbetrifft (...) desjenigen, der eben getötet hatte, da betone ich noch mal, dass ich kein (...) Augenzeuge gewesen bin, dass ich das selbst nicht gesehen habe.«* Der Gerichtsvorsitzende, irritiert darüber, dass Paczula nicht Augenzeuge der Selektion war, versuchte zusammenzufassen: *»Nun, sagten Sie uns doch vorhin, Sie sind weder Augenzeuge gewesen bei der Arztvorstellung (...) im Block 28. (...) An diesem Tag. Wir sprechen jetzt nur von Weihnachten 1942. (...) Sie waren also nicht Zeuge von der Arztvorstellung. Sie waren nicht Zeuge von der Selektion des Klehr, und Sie waren nicht Zeuge von der Tötung der Leute. Sie haben alles nur von dritter Seite gehört.«*

Das Gericht benötigte die Zeugenaussage, um nachzuweisen, dass Klehr eigenmächtige Selektionen – »Arztvorstellungen«, wie es im Lagerjargon hieß – durchgeführt hatte. Das war auch Paczula klar, der nun versuchte zu erklären, warum er für diesen Beweis gar nicht Augenzeuge der Tat gewesen sein musste: *»Ich habe doch an diesem Tag dem Angeklagten Klehr gesagt, dass der Arzt nicht an dem Tag da ist.«* Wieder bemühte sich der Vorsitzende Richter um weitere Details: *»Ja, das ist richtig. Das haben Sie bisher noch nicht gesagt. Sie haben gesagt, es ist vorgekommen, dass das Telefon, durch das Telefon die Meldung kam: ›Der Arzt kommt heut' nicht‹. Aber für diesen Tag haben Sie nur gesagt: ›Der Lagerarzt war in Urlaub. (...) Und deshalb haben wir gehofft und gemeint, es käme nichts über uns.‹«*

Im weiteren Verlauf der Verhandlung wurde allmählich klar, dass der Lagerarzt Dr. Entress, also der unmittelbare Vorgesetzte Klehrs, »normalerweise« für die Selektionen im Häftlingskrankenbau verantwortlich war. Das Gericht musste also zunächst einmal die Kompetenzen aufklären. Paczula bestätigte Hofmeyers Ausführungen: *»An diesem Tag haben wir ebenfalls auf den Arzt ge- gewartet. Er kam sonst immer sehr pünktlich. (...) Und als er nicht kam, riefen wir das SS-Revier [an] und* *bekamen die Nachricht, dass der Arzt nicht kommt, weil er bereits im Urlaub sei. (...) Und von diesem Augenblick an herrschte die Stimmung, dass heute niemand stirbt.«*

Aber wie kann der Zeuge dann wissen, *»dass der Angeklagte Klehr trotzdem diese Selektionen durchgeführt hat«*, und dass der Arzt bereits in Urlaub war? Paczula erläutert, dass der Angeklagte spontan die Vertretung des Lagerarztes übernommen hat: *»Als ihm gemeldet wurde, als dem Angeklagten Klehr gemeldet wurde, dass der Arzt im Urlaub sei, hat er gesagt, (...) dass er die Arztvormeldung (...) übernimmt.«* Die Frage des Gerichtsvorsitzenden, ob der Zeuge dabei gewesen ist, als dem Angeklagten Klehr gemeldet wurde, dass der Arzt in Urlaub ist, liefert endlich den erforderlichen Tatbeweis. *»Das hab' ich ja selbst gemeldet«*, erklärt Paczula. Nochmals hakt Hofmeyer nach: »Das *haben Sie selbst gemeldet. Und Sie haben deshalb auch mit eigenen Ohren gehört, dass der Angeklagte Klehr gesagt hat, dann (...) mache ich die Arztvorstellung. (...) Das ist so gewesen.«* Die Dolmetscherin übersetzt für den Zeugen: *»Jawohl.«*

Im Urteil stellte das Gericht fest, dass der Angeklagte am 24. Dezember 1942 in Abwesenheit des Lagerarztes eigenmächtig tätig geworden war.[60] Er hatte bei der »Untersuchung« der sogenannten »Arztvorsteller«, bei der er gewöhnlich Dr. Entress assistierte, dreißig Häftlinge zur Tötung ausgewählt.[61] Anschließend ging er durch die Krankenblöcke 19, 20 und 21, suchte dort in den Krankenbetten mindestens 170 weitere Häftlinge aus und ließ sie zu den anderen auf Block 20 bringen, wo er sie eigenhändig durch Phenolinjektionen tötete. Die Tötungen in diesen Fällen erfüllten den Tatbestand des Mordes. Sie erfolgten aus niederen Beweggründen und waren grausam.[62] Das Gericht stellte fest, Klehr habe die in »Auschwitz herrschende allgemeine Mißachtung jüdischer Menschen, die ihren Grund in der allgemeinen nationalsozialistischen Politik gegenüber den Juden hatte, bewusst ausgenutzt, um seine niedrigen Instinkte zu befriedigen.«[63] Die Tötung am Heiligabend zeige besonders klar, dass es dem Angeklagten unnatürliche, sadistische Freude bereitete, jüdische Häftlinge durch Phenolinjektionen zu töten. »Irgendwelche Rechtfertigungs- und Schuldausschließungsgründe liegen nicht vor.«[64]

»Die Anzahl der von dem Angeklagten Klehr durch Phenolinjektionen eigenhändig getöteten Häftlinge, die vom Lagerarzt Dr. Entress zur Tötung bestimmt worden sind«, so lautete das Urteil, »konnte auch nicht annähernd festgestellt werden.«[65] Entgegen der Behauptung des

Beschuldigten, dass er an Weihnachten 1942 in Urlaub gewesen sei, kam das Gericht zu der Überzeugung, dass er am Heiligen Abend 1942 mindestens 200 kranke und schwache Häftlinge eigenhändig getötet hatte.[66] In der Gesamtbeurteilung der Taten des Angeklagten, der nach Aussage von Zeugen zwischen 10.000 und 30.000 Menschen umgebracht hatte,[67] kam das Gericht zu dem Schluss, dass er in mindestens 475 Fällen des Mordes und in sechs Fällen wegen gemeinschaftliche Beihilfe zum gemeinschaftlichen Mord zu verurteilen war. Bei den sechs Aktionen waren mindestens 1.980 Menschen zu Tode gekommen.[68] Für jeden der Morde erhielt er lebenslange Zuchthausstrafe und damit die höchste Strafe im Auschwitz-Prozess: Er wurde zu lebenslangem Zuchthaus und fünfzehn Jahren Zuchthaus verurteilt.[69]

Entsprechend der Morddefinitionen des Strafgesetzbuches (Mordlust und niedere Beweggründe) war die Strafzumessung eindeutig. Ein Faktum aber blieb in der Verhandlung und im Urteil unberücksichtigt, obwohl es immer wieder erwähnt wurde und obwohl gerade die Unzahl der Ermordeten, die am 8. Mai 1964 im Auschwitz-Prozess immer wieder zur Sprache kam, genau darauf hindeutete. Sowohl der Lagerarzt als auch Klehr selbst wählten bei den »Arztvorstellungen« ausschließlich Juden aus: »Nur jüdische Häftlinge wurden vom Lagerarzt zur Sonderbehandlung bestimmt und zwar, vor allem, solche die schwach aussahen (Muselmänner) oder eine Krankheit hatten, die eine baldige Wiederherstellung der Arbeitsfähigkeit des Häftlings (…) nicht erwarten ließ. Der Grund für die Tötung der schwachen und kranken jüdischen Häftlinge war, dass man sie als unnütze Esser loswerden wollte, da sie, weil man sie für den Arbeitseinsatz nicht mehr verwenden konnte, nicht mehr nützlich erschienen.«[70] Der Angeklagte wusste, so hieß es im Urteil, dass »die jüdischen Häftlinge nur deswegen getötet wurden, weil sie (…) nicht mehr nützlich erschienen. Er hat ihre Beseitigung für richtig gehalten und innerlich bejaht. Ihm bereitete es darüber hinaus unnatürliche Freude, die Häftlinge durch Phenolinjektionen töten zu können.«[71]

Klehr liebte es, nach der Selektion durch die Krankenblocks zu gehen, und er »wählte willkürlich jüdische Häftlinge aus, die ihm schwach erschienen, und brachte sie zu den im Block 28 wartenden Opfern oder sofort auf den Korridor von Block 20 (…). Die von ihm ausgewählten Häftlinge wurden dann von ihm durch Phenolinjektionen getötet.«[72] Auch unabhängig von den Selektionen ging Klehr durch die Blocks und »suchte kranke jüdische Häftlinge«.[73] Wenn er nicht sicher war, »ob ein Häftling Jude sei, fragte er ihn zunächst: ›Bist du Jude?‹ Bekam er eine bejahende Antwort, dann ließ er ihn auf Block 20 bringen«, um den Häftling zu töten.[74] So auch bei der Selektion am Weihnachtsabend 1942.

Als ein jüdischer Häftlingsarzt im Sommer 1942 sein Bett nicht vorschriftsmäßig gemacht hatte, meldete er ihn. Der Häftling wurde mit 14 Tagen Stehbunker bestraft. Tagsüber musste er im Häftlingskrankenbau arbeiten, schlief aber aus Übermüdung ein, wobei Klehr ihn überraschte. Er tötete ihn durch eine Phenolinjektion ins Herz.[75] Klehr selbst gab zu, während »seiner Zeit seien nur jüdische Häftlinge im HKB (Häftlingskrankenbau) zur Tötung mit Phenol oder zur Vergasung ausgewählt worden.«[76]

Doch das Massenverbrechen der »Endlösung der Judenfrage« war nicht justiziabel, denn – wie Hofmeyer erklärte – das Strafgesetzbuch kennt keine Massenverbrechen. Daran änderte auch das Auschwitz-Verfahren nichts. Im Urteil, das feststellte, dass der Grund für die Tötung der jüdischen Häftlinge auf der Hand liege, liest sich dies wie folgt:

»Die Tatsache, daß nur jüdische Häftlinge durch Phenol getötet worden sind, und dass es sich hierbei nur um kranke und schwache Häftlinge gehandelt hat, die nicht mehr als Arbeitskräfte eingesetzt werden konnten, und dass sonst keine anderen Gründe ersichtlich sind und auch vom Angeklagten Klehr nicht behauptet werden, beweist, dass man unnütze, überflüssige Esser loswerden wollte. Man hat die jüdischen Menschen, die an sich im Rahmen der ›Endlösung der Judenfrage‹ sowieso auf Befehl Hitlers liquidiert werden sollten, nur so lange am Leben gelassen, als sie noch Arbeit verrichten konnten. Es kann auch kein Zweifel bestehen, dass der Angeklagte Klehr den Grund für diese Tötungsaktion gekannt hat. (...) Ihm musste es daher klar sein, (...) dass die jüdischen Häftlinge nur aus Nützlichkeitserwägungen heraus (...) getötet worden sind, zumal ihm auch keine anderen Gründe für die Tötungsaktionen genannt worden sind. Er hat sich auch nicht darauf berufen, den Grund für die Tötungsaktionen nicht gekannt zu haben.«[77]

In der rechtlichen Würdigung der Taten war ausschlaggebend, dass Klehr aus Mordlust und niederen Beweggründen gehandelt hatte, insofern war er Mittäter und wurde in 475 Fällen wegen vorsätzlichen Mordes verurteilt. Die »Endlösung« wurde jedoch rechtlich nicht als *eine* Handlung im Sinne einer gleichartigen Idealkonkurrenz (§ 73 StGB) angesehen,[78] da der Vernichtungsprozess als Folge einer Vielzahl einzelner Willensbildungen, Entschlüsse und Taten in verschiedenen Ländern und an verschiedenen Orten, auch in Auschwitz bis hin zum Einschütten des

Zyklon B in die Gaskammern, betrachtet wurde.[79] Daher wurde Klehr in den sechs weiteren Fällen, die mindestens 1.980 Menschen das Leben gekostet hatten, als Mordgehilfe verurteilt.

Indem der Prozess das kollektive Geschehen durch Atomisierung und Parzellisierung privatisierte, zu diesem Ergebnis kam Fritz Bauer, habe er es entschärft.[80] Die Auflösung des Massenmords in Episoden sei eine Vergewaltigung des totalen Geschehens, das keine Summe von Einzelereignissen gewesen sei.[81] Die Tätigkeit »eines jeden Mitglieds eines Vernichtungslagers«, meinte Bauer, stelle vom Eintritt in das Lager, womit in aller Regel sofort die Kenntnis von dessen Aufgabe als Tötungsmaschinerie verbunden war, »bis zu seinem Ausscheiden eine natürliche Handlung dar (...). Er hat fortlaufend, ununterbrochen mitgewirkt.«[82] Das Gericht jedoch kam zu dem Ergebnis, dass Klehr sowohl als Mittäter wie als Gehilfe zu verurteilen war. Das Geschehen in den Vernichtungslagern wurde in selbständige Teilakte aufgelöst, die das Gesamtgeschehen der »Endlösung der Judenfrage« in den Hintergrund treten ließ.

III.

Seitens der Täter wurde die Mauer des Schweigens im Auschwitz-Prozess nicht durchbrochen. In Anbetracht der Verbrechen eines Josef Klehr auf ein erlösendes »es tut mir leid« seitens der Angeklagten zu hoffen, blieb ein vergeblicher Wunsch des hessischen Generalstaatsanwalts Fritz Bauer, der dies vermutlich geahnt hat. Auch Senatspräsident Hofmeyer formulierte diese Hoffnung, bevor er die Angeklagten zum Schlusswort aufforderte: »Es ist ein Recht, keine Pflicht. Aber jeder mag sich genau überlegen, ob er nicht in letzter Minute das Eis des Schweigens brechen will. Wir wären der Wahrheit ein gutes Stück näher gekommen, wenn Sie nicht so hartnäckig eine Mauer des Schweigens um sich errichtet hätten. Vielleicht ist es dem einen oder anderen von Ihnen während des Verfahrens deutlich geworden, daß es hier nicht um Rache geht, sondern um Sühne.«[83]

Als einziger der Angeklagten meldete sich Josef Klehr nach der Urteilsverkündung und der anschließenden Belehrung über die Rechtsmittel, die den Beschuldigten zur Verfügung standen, zu Wort und sagte, dass er die Strafe nicht annehme, er habe nur Befehle befolgt.[84] Die Mauer des Schweigens der Angeklagten stand auch weiterhin für die Kontinuität des Verdrängens und eine Selbstentlastung der Täter, Mittäter und

Gehilfen. Sie schoben die Verantwortung für die begangenen Verbrechen auf die Befehle von Hitler, Himmler und Heydrich ab, die auch im Urteil des Auschwitz-Prozesses als Hauptschuldige genannt wurden.

Die juristische und die historische Interpretation des NS-Systems, die dieser Rechtsprechung zugrunde lagen, beruhten auf der Rechtsauffassung, dass die Bundesrepublik Deutschland »infolge der Kontinuität in der Identität die Nachfolgerin des Deutsches Reiches« ist und die gleichen Strafgesetze hat.[85] Juristischer Wertmaßstab war das zur Tatzeit geltende Strafrecht des NS-Staats. Indem den Tätern vorgeworfen wurde, sie hätten geltendes Recht bewusst verletzt, wurden Unrecht, Schuld und Strafe aufgrund der im »Dritten Reich« bestehenden Rechtslage legitimiert.[86] In den Eröffnungsbeschluss des Auschwitz-Prozesses ging diese Auffassung mit der Formulierung ein, dass die Angeschuldigten an der Verwirklichung des Vernichtungsprogramms »in Kenntnis der Rechtswidrigkeit solcher Befehle« beteiligt waren.[87] Das galt auch für den Angeklagten Klehr, der nach Auffassung des Gerichts klar erkannt hatte, »dass die Tötung unschuldiger Menschen ein allgemeines Verbrechen war, und daß der ihm gegebene Befehl, dabei in der entsprechenden Weise mitzuwirken, ein allgemeines Verbrechen bewirkte« (§ 47 Militärstrafgesetzbuch; Ausführung eines Befehls in Dienstsachen).[88] Damit entfiel eine Bestrafung im Sinne der Radbruchschen Formel des »unrichtigen Rechts« des NS-Staates, denn die Geltung der willkürlichen Gesetze wurde nicht rückwirkend versagt.[89]

So fand zwar die Rechtsprechung des Bundesgerichtshofs 1965 in der rechtlichen Bewertung der Taten des angeklagten ehemaligen Adjutanten des Lagerkommandanten, Robert Mulka, wörtlichen Eingang in das Urteil des Auschwitz-Prozesses. Ganz im Sinne Fritz Bauers konstatierte das Gericht: »Im Bewußtsein der zivilisierten Völker besteht bei allen Unterschieden, die die (...) nationalen Rechtsordnungen im einzelnen aufweisen, ein gewisser Kernbereich des Rechts, der nach allgemeiner Rechtsüberzeugung von keinem Gesetz und keiner obrigkeitlichen Maßnahme verletzt werden darf.«[90] Das zentrale Problem der Verantwortung des Individuums, seine Pflicht zum Widerstand, die Bauer gegenüber schrankenloser staatlicher Macht statuiert sah, wurde jedoch in der Urteilsbegründung, die auf der Basis der ständigen Rechtsprechung des Bundesgerichtshofs nach der »inneren Willensrichtung während der Tatausübung« zu fragen hatte, nur unzureichend wahrgenommen: »Der Angeklagte Mulka war in diese[n] Apparat einbezogen worden. In Auschwitz war er ein Rad in der gesamten »Vernichtungsmaschinerie«, die durch das Zusammenwirken einer Vielzahl von Menschen »funktionierte«. (...) Wenn die RSHA-Transporte in Auschwitz ankamen, war das Schicksal der Deportierten bereits (...) besiegelt.«[91] Der Adjutant des Lagerkommandanten wurde wegen gemeinschaftlicher Beihilfe zum Mord zu 14 Jahren Zuchthaus verurteilt, denn er hatte »als williger Befehlsempfänger getreu seinem SS-Eid die befohlenen Handlungen geleistet, ohne dass ihm überhaupt der Gedanke gekommen wäre, seine Mitwirkung zu verweigern oder sich auf irgendeine Weise der Mitwirkung zu entziehen.«[92]

Die gesamte Problematik des Komplexes Beihilfe und Täterschaft wurde in diesem Urteil gegen einen der maßgeblichen Täter in Auschwitz, der für das Gericht zum Gehilfen geworden war, da er auf Befehl und getreu der nationalsozialistischen Ideologie Menschen selektiert hatte, weitgehend aus dem Blickfeld geräumt – nicht anders als im Falle Josef Klehrs. Obwohl er seine Funktionen »im Rahmen eines in Gang befindlichen Vernichtungsplanes« ausgeübt hatte, so erkannte das Gericht, »erschien es (...) doch erforderlich, auf nachdrückliche Strafen zu erkennen, um dem erheblichen Unrechtsgehalt der Taten gerecht zu werden.«[93] Die Motive des Gesetzgebers und die Praxis des Unrechts-Staats, die im Zusammenwirken von diskriminierender Gesetzgebung und ihrer willkürlichen Anwendung bestand, blieben unberücksichtigt.[94]

Bauer dagegen plädierte für die Anerkennung formaler Demokratieprinzipien und Handlungskonzepte, die den staatsrechtlichen Bruch zwischen dem NS-Staat und einem demokratischen Rechtsstaat als Zäsur zwischen zwei unterschiedlichen Systemen erkennen. Bei der Bewertung der Gewaltverbrechen in den Konzentrationslagern (wie auch bei der Bewertung der Justizverbrechen) insistierte er, dass der Begriff des gesetzlichen Unrechts nicht nur die objektive Seite des Tatgeschehens bezeichnete, sondern auch die subjektive Tatseite einschließen müsse. Damit ging er über die Position Radbruchs hinaus und erwog, »ob nicht die Bejahung eines durch keinen Gesetzgeber antastbaren Kernbereichs des Rechts – eines Minimum an Menschenrechten wie des Rechts auf Leben (...) – notwendigerweise auch die Bejahung eines Kernbereichs von Rechts- und Unrechtsbewusstsein bei einem jeden nach sich ziehen muß.«[95] Womit nun wiederum durchaus im Sinne Radbruchs gemeint war, dass Rechtsblindheit – und mangelndes Unrechtsbewusstsein der Täter – den Vorsatz nicht ausschließen.[96]

Die Anerkennung der Realität eines Unrechtstaates, die dieser Sichtweise zu Grunde liegt, war für Fritz Bauer die Voraussetzung, um die juristische Unterscheidung zwischen Täter- und Gehilfenschaft im Hinblick auf die Auschwitz-Täter als unmöglich zu verwerfen. »Sind diejenigen, die in Auschwitz waren,« fragte er, »dabei gewesen, weil sie selber Nazis waren oder nicht?« Und seine Antwort lautete: »In der Regel dürfte das zum Beispiel für die Auschwitz-Leute bejaht werden müssen. So hart es klingt, und ich weiß, so unangenehm das wahrscheinlich im Zuhörerkreis empfunden wird: Es gab ja in Deutschland nicht nur den Nazi Hitler und nicht nur den Nazi Himmler. Es gab Hunderttausende, Millionen anderer, die das, was geschehen ist, nicht nur durchgeführt haben, weil es befohlen war, sondern weil es ihre eigene Weltanschauung war, zu der sie sich aus freien Stücken bekannt haben. Und die Mehrzahl der SS war nicht bei der SS, weil sie gezwungen war, sondern sie war bei der SS, und sie war bei der Wachmannschaft im Lager Auschwitz und in Treblinka und Maidanek, und die Gestapo war in aller Regel bei den Einsatzgruppen, weil die Leute ihren eigenen Nationalsozialismus verwirklichten.«[97]

In der Diskussion um die Frage »Täterschaft oder Beihilfe« sowie der Argumentation im Sinne des »Befehlsnotstands« spielte die Selbstentlastung der deutschen Gesellschaft während des Auschwitz-Prozesses eine entscheidende Rolle. Die schon hinlänglich an anderen Verfahren, insbesondere den Einsatzgruppenprozessen, erprobte Kritik galt einem Prozess, in dem keine »Schreibtischtäter« angeklagt wurden. Nicht das Beschweigen der Erbauer der Mordmaschinerie des Vernichtungslagers stand zur Diskussion, sondern die Kritik galt der Bestrafung der Handlanger, des nur vermeintlich untergeordneten, banalen Personals.[98]

Bauers Interpretation des Unrechtsbewusstseins der NS-Täter auch auf der subjektiven Handlungsebene blieb in der Rechtsprechung jedoch weitgehend folgenlos. Im Gegensatz zur Tendenz der Rechtsprechung, die Einsatzgruppenkommandeure, administrative Leiter von Konzentrationslagern und am Anstaltsmord beteiligte Ärzte als bloße Gehilfen in einem ihnen fremden Geschehen zu qualifizieren, betrachtete er dies als nachträgliche Wunschvorstellung, nach der es im »totalitären Staat der Nazizeit (...) nur wenige Verantwortliche« gegeben habe.[99] Die Massenmorde in Auschwitz in einem Bereich außernormativer Normativität des »SS-Staates« anzusiedeln, mit dem die deutsche Gesellschaft nichts mehr zu tun hatte, war ihm fremd. Er erklärte stattdessen: »Das war keine fremde Tat, sondern die Täter waren überwiegend Menschen, die damals jedenfalls überzeugt waren, das Richtige zu tun, nämlich ihrer nationalsozialistischen Auffassung zum Sieg zu verhelfen. Das sind in meinen

Augen einfach Täter zusammen mit Hitler, Mitverschworene mit Hitler bei der ›Endlösung der Judenfrage‹, die sie für richtig hielten.«[100]

Anmerkungen

1 *Das Parlament*, Nr. 16 (16.4.1999), S. 5.

2 Norbert Frei, »Der Frankfurter Auschwitz-Prozess und die deutsche Zeitgeschichtsforschung«, in: Fritz Bauer Institut (Hg.), *Auschwitz: Geschichte, Rezeption und Wirkung. Jahrbuch 1996 zur Geschichte und Wirkung des Holocaust.* Frankfurt am Main, New York 1996, S. 123-138, hier S. 124.

3 Ebd., S. 126.

4 Willi Dreßen, »Die Zentrale Stelle der Landesjustizverwaltungen zur Aufklärung von NS-Verbrechen in Ludwigsburg«, in: *Dachauer Hefte*, H. 6: *Erinnern oder Verweigern – Das schwierige Thema Nationalsozialismus.* München 1994, S. 85-94, hier S. 88.

5 Vgl. Frei, »Der Frankfurter Auschwitz-Prozeß«, S. 127, weist darauf hin, dass es dem singulären Engagement des hessischen Generalstaatsanwalts Fritz Bauer zu verdanken ist, »wenn die Kontinuität justiziellen Ahndungswillens in der sogenannten ›Stille‹ der fünfziger Jahre nicht ganz und gar erstorben war.« Barbara Distel, »Das Zeugnis der Zurückgekehrten. Zur konfliktreichen Beziehung zwischen KZ-Überlebenden und Nachkriegsöffentlichkeit«, in: Ulrich Herbert, Karin Orth, Christoph Dieckmann (Hg.), *Die nationalsozialistischen Konzentrationslager. Entwicklung und Struktur.* 2 Bde., Göttingen 1998, S. 11-16, hier Bd. 1, S. 12.

6 Vgl. dazu den Beitrag von Marc von Miquel in diesem Band.

7 Klaus Bästlein, »›Nazi-Blutrichter als Stützen des Adenauer-Regimes‹. Die DDR-Kampagnen gegen NS-Richter und -Staatsanwälte, die Reaktionen der bundesdeutschen Justiz und ihre gescheiterte Selbstreinigung 1957-1968«, in: Helge Grabitz, Klaus Bästlein, Johannes Tuchel (Hg.), *Die Normalität des Verbrechens. Bilanz und Perspektiven der Forschung zu den nationalsozialistischen Gewaltverbrechen.* Festschrift für Wolfgang Scheffler zum 65. Geburtstag. Berlin 1994, S. 408-443, hier S. 414 ff.

8 Hermann Langbein, *Der Auschwitz Prozess. Eine Dokumentation.* 2 Bde., Wien 1965, Neuauflage Frankfurt am Main 1995, hier Bd. 1, S. 21 ff. (Aktenzeichen des Verfahrens beim Stuttgarter Landgericht: 16 Js 1273/58).

9 Zeugenvernehmung Dr. med. Tadeusz Paczula, 24.10.1959, StA LG Frankfurt am Main (StA LG Frankfurt), 4 Ks 2/63, Bl. 2561.

10 Langbein, *Der Auschwitz-Prozess*, Bd. 1, S. 21 ff.

11 Ebd., S. 25.

12 Ebd., S. 26 ff.

13 Ebd., S. 30 f. Langbein übergeht in seiner Vorgeschichte des Prozesses die Rolle Fritz Bauers und verweist auf die Vernehmung des Häftlings Emil Wulkan in Frankfurt am Main am 21.4.1959; er schreibt, die »Breslauer Dokumente« – Wulkan hatte sie 1945 in Breslau gefunden – seien der Oberstaatsanwaltschaft Frankfurt am Main übergeben worden, ebd., S. 31. Bauer dagegen sagte in einem Interview, dass Wulkan

selbst ihm die Dokumente übergeben hat; vgl. Fritz Bauer, »Zu den Naziverbrecher-Prozessen«, in: ders., *Die Humanität der Rechtsordnung. Ausgewählte Schriften.* Hg. v. Joachim Perels und Irmtrud Wojak. Frankfurt am Main, New York 1998, S. 101-117, hier S. 104.

14 Vgl. das Schreiben Bauers vom 15.2.1959, StA LG Frankfurt, 4 Ks 2/63, Bl. 10f. sowie die Entscheidung des BGH, StA LG Frankfurt, 4 Ks 2/63, Bl. 15 ff.

15 Langbein, *Der Auschwitz-Prozess,* Bd. 1, S. 12; Heinz Haueisen, »Auschwitz - eine Herausforderung«, in: Horst Henrichts, Karl Stephan (Hg.), *Ein Jahrhundert Frankfurter Justiz. Gerichtsgebäude A: 1889-1989.* Frankfurt am Main 1989 (Studien zur Frankfurter Geschichte, 27), S. 185-200, hier S. 193.

16 Der StA LG Frankfurt lagen abgesehen von den Zeugenaussagen die Akten der Kommandantur des KZ Auschwitz (Kommandanturbefehle), das *Bunkerbuch*, der in britischer Gefangenschaft verfaßte Bericht des Angeklagten Pery Broad, der Beschreibungen der Menschenversuche und der Selektionen im Häftlingskrankenbau enthält, die Aufzeichnungen des Lagerkommandanten Rudolf Höß sowie drei Sterbebücher aus dem KZ Auschwitz vor, die 56.000 Tote benannten.

17 *BGHSt*, Bd. 19 (1964), S. 195.

18 Langbein, *Der Auschwitz-Prozess*, Bd. 1, S. 16.

19 Zur Publizistik vgl. Jürgen Wilke u. a., *Holocaust und NS-Prozesse. Die Presseberichterstattung in Israel und Deutschland zwischen Aneignung und Abwehr.* Köln, Weimar, Wien, 1995; Devin O. Pendas, »›I didn't know what Auschwitz was‹: The Frankfurt Auschwitz Trial and the German Press 1963-1965«, in: *Yale Journal of Law & the Humanities*, Vol. 12 (2000), S. 397- 446.

20 Vgl. dazu Cornelia Brink, *Ikonen der Vernichtung. Öffentlicher Gebrauch von Fotografien aus nationalsozialistischen Konzentrationslagern nach 1945.* Berlin 1998 (Schriftenreihe des Fritz Bauer Instituts, Bd. 14), S. 124 ff.

21 Peter Weiss, *Die Ermittlung. Oratorium in 11 Gesängen.* Frankfurt am Main 1965.

22 StA LG Frankfurt, ohne Aktenzeichen.

23 Vgl. Langbein, *Der Auschwitz-Prozess*, Bd. 1, S. 33, und Henry Ormond, »Rückblick auf den Auschwitz-Prozess«, in: *Tribüne*, Jg. 3 (1964), H. 11, S. 1183-1190, hier S. 1183.

24 StA LG Frankfurt am Main: Strafsache gegen Baer u. a., Bd. 1, Anklageschrift, 16.4.1963, S. 14.

25 Vgl. LG Frankfurt, 3. Strafkammer, Eröffnungsbeschluß 4 Ks 2/63, Bd. 88, Bl. 17069-17103. Jürgen Baumann hat auf diesen Beschluß hingewiesen: »Warum Auschwitz-Prozesse?«, in: *Die politische Meinung*, Jg. 9 (1964), H. 98, S. 53-63, hier S. 54.

26 Vgl. StA LG Frankfurt, Urteil in der Strafsache gegen Mulka u. a., 4 Ks 2/63, S. 5 ff.

27 Ebd.; vgl. Irmtrud Wojak, »Die Verschmelzung von Geschichte und Kriminologie. Historische Gutachten im ersten Frankfurter Auschwitz-Prozess«, in: Norbert Frei, Dirk van Laak, Michael Stolleis (Hg.), *Geschichte vor Gericht. Historiker, Richter und die Suche nach Gerechtigkeit.* München 2000, S. 29-45, hier S. 33.

28 Helmut Krausnick, Martin Broszat und Hans Buchheim erstellten am Institut für Zeitgeschichte vier der Expertisen, die bis heute Standardwerke der historischen Forschung geblieben sind. Vgl. Hans Buchheim, Martin Broszat, Hans-Adolf Jacobsen, Helmut Krausnick (Hg.), *Anatomie des SS-Staates.* Bd. I und Bd. II. Olten und Freiburg im Breisgau 1965.

29 Frei, »Der Frankfurter Auschwitz-Prozess«, S. 131. Zu den Gutachten vgl. Wojak, »Die Verschmelzung von Geschichte und Kriminologie«.

30 Zuletzt erschienen in der Reihe *Darstellungen und Quellen zur Geschichte von Auschwitz*, die von Norbert Frei im Auftrag des Instituts für Zeitgeschichte unter dem Sammeltitel *Ausbeutung, Vernichtung, Öffentlichkeit* herausgegeben wird: *Standort- und Kommandanturbefehle des Konzentrationslagers Auschwitz. 1940-1945*. Hg. v. Norbert Frei. München 2000 (Bd. 1); Sybille Steinbacher, *»Musterstadt« Auschwitz. Germanisierungspolitik und Judenmord in Ostoberschlesien*. München 2000 (Bd. 2); Bernd C. Wagner, *IG Auschwitz. Zwangsarbeit und Vernichtung von Häftlingen des Lagers Monowitz 1941 – 1945*. München 2000 (Bd. 3); ders., *Gerüchte, Wissen, Verdrängung. Die IG Auschwitz und das Vernichtungslager Birkenau*. München 2000 (Bd. 4).

31 Langbein, *Der Auschwitz-Prozess*, Bd. 1, S. 19.

32 Vgl. Distel, »Zeugnis«, S. 13 f.

33 Vgl. ebd., S. 13 ff.

34 Vgl. Dreßen, »Die Zentrale Stelle der Landesjustizverwaltungen«, S. 89.

35 Vgl. Bernd Naumann, *Auschwitz. Bericht über die Strafsache gegen Mulka u. a. vor dem Schwurgericht Frankfurt*. Frankfurt am Main 1968, S. 274 und 277.

36 Ebd., S. 279.

37 Ebd., S. 276 ff.

38 Langbein, *Der Auschwitz-Prozess*, Bd. 1, S. 40.

39 Ernst Kuby, »Auschwitz und die Deutschen«, in: *das beste aus gestern und heute*, Jg. 3 (1963), H. 1, S. 7-9, hier S. 7.

40 Vgl. Bauer, »Zu den Naziverbrecher-Prozessen«, S. 109.

41 Wilke u. a. (Hg.), *Holocaust und NS-Prozesse*, S. 140.

42 Langbein, *Der Auschwitz-Prozess*, Bd. I, S. 39 und 42.

43 Naumann, *Auschwitz*, S. 278.

44 Langbein, *Der Auschwitz-Prozess*, Bd. I, S. 39.

45 Strafsache gegen Baer u. a., Anklageschrift, 16.4.1963, StA LG Frankfurt, 4 Js 444/59, S. 655.

46 Die Befragung wurde von der Dolmetscherin Wera Kapkajew übersetzt, die das Gericht für die Übersetzung der Aussagen in polnischer und tschechischer Sprache eingestellt hatte. Sie übersetzte nicht nur fließend und korrekt, sondern besaß auch die Gabe, wie Hermann Langbein später hervorhob, »Ton und Nuancen in einer Weise wiederzugeben, die dem Zuhörer den Eindruck vermittelt[e], den Zeugen selbst sprechen zu hören«. Vgl. Langbein, *Der Auschwitz-Prozess*, Bd. 1, S. 17. Wer die vielen Stunden der Zeugenbefragungen heute anhört, gewinnt einen Eindruck von der Souveränität, mit der Wera Kapkajew die schwierige und emotional belastende Aufgabe bewältigte.

47 Naumann, *Auschwitz*, S. 131 f.

48 Vgl. die Zeugenvernehmung Dr. med. Tadeusz Paczula, 22.10.1959, StA LG Frankfurt, 4 Ks 2/63, Bl. 2546.

49 Ebd., Bl. 2549 f.

50 Naumann, *Auschwitz*, S. 131.

51 Zeugenvernehmung Dr. med. Tadeusz Paczula, 22.10.1959, StA LG Frankfurt, 4 Ks 2/63, Bl. 2547.

52 Vgl. im folgenden für die Zitate (kursiv) den Tonbandmitschnitt des Auschwitz-Prozesses, 8. Mai 1964, Tonband 7 und 8, Hessisches Hauptstaatsarchiv (HHStA),

Wiesbaden. Berücksichtigt wurde die deutsche Übersetzung der Aussagen von Dr. Tadeusz Paczula (in der am Fritz Bauer Institut erstellten Transkription, CD-Nr. AP021 und AP022), hier CD-Nr. AP021. Vgl. Naumann, *Auschwitz*, S. 132; *Frankfurter Rundschau* (9.5.1964).

53 Vgl. im folgenden die Vernehmung von Josef Klehr am 24.5.1961 (Klehr befand sich seit 17.9.1960 in Untersuchungshaft), StA LG Frankfurt, 4 Ks 2/63, Bl. 8958 ff. sowie das Urteil in der Strafsache gegen Mulka u. a., StA LG Frankfurt, 4 Ks 2/63, S. 581-583.

54 Vernehmung von Josef Klehr am 24.5.1961, StA LG Frankfurt, 4 Ks 2/63, Bl. 8960. Langbein, *Der Auschwitz-Prozess*, S. 709.

55 Urteil in der Strafsache gegen Mulka u. a., StA LG Frankfurt, 4 Ks 2/63, S. 655.

56 Vgl. im Urteil den Abschnitt »Die Straftaten des Angeklagten Klehr«, ebd., S. 581 ff.

57 Ebd., S. 600.

58 Aussage Dr. Tadeusz Paczula im Prozess (in der am Fritz Bauer Institut erstellten Transkription): CD-Nr. AP021.

59 Vgl. im folgenden für die Zitate von Dr. Tadeusz Paczula und Hans Hofmeyer (in der am Fritz Bauer Institut erstellten Transkription): CD-Nr. AP022.

60 Urteil in der Strafsache gegen Mulka u. a., StA LG Frankfurt, 4 Ks 2/63, S. 618.

61 Ebd.

62 Ebd., S. 635.

63 Ebd., S. 637 f.

64 Ebd., S. 638.

65 Ebd., S. 609.

66 Ebd., S. 617 und 619.

67 Ebd., S. 609.

68 Ebd., S. 637 ff. und 650 ff.; vgl. Naumann, *Auschwitz*, S. 271.

69 Ebd., S. 655.

70 Ebd., S. 584 f.

71 Ebd., S. 588.

72 Ebd., S. 589.

73 Ebd., S. 590.

74 Ebd.

75 Ebd., S. 601f. und 631 f.

76 Ebd., S. 605 und 613.

77 Urteil in der Strafsache gegen Mulka u. a., StA LG Frankfurt, 4 Ks 2/63, S. 613.

78 Vgl. Fritz Bauer, »Ideal- oder Realkonkurrenz bei nationalsozialistischen Verbrechen?«, in: *Juristenzeitung*, Nr. 20 (1967), S. 625-628, hier S. 627.

79 Vgl. Bauer, »Im Namen des Volkes. Die strafrechtliche Bewältigung der Vergangenheit«, in: ders., *Humanität der Rechtsordnung*, S. 77-90, hier S. 133 f.; Urteil in der Strafsache gegen Mulka u. a., StA LG Frankfurt, 4 Ks 2/63, S. 137.

80 Bauer, »Im Namen des Volkes«, S. 84.

81 Ebd.

82 Bauer, »Ideal- oder Realkonkurrenz«, S. 628.

83 Naumann, *Auschwitz*, S. 261.

84 Langbein, *Der Auschwitz-Prozess*, S. 896.

85 Naumann, *Auschwitz*, S. 275 ff. Zur Problematik dieser Rechtsauffassung, Joachim Perels, »Die Restauration der Rechtslehre nach 1945«, in: Redaktion Kritische Justiz

(Hg.), *Die juristische Aufarbeitung des Unrechts-Staats*. Baden-Baden 1998, S. 237-264, hier S. 245 ff.

86 Vgl. Gerhard Werle, Thomas Wandres, *Auschwitz vor Gericht. Völkermord und bundesdeutsche Strafjustiz*. München 1995, S. 33.

87 Vgl. LG Frankfurt, 3. Strafkammer, Eröffnungsbeschluß 4 Js 444/59, S. 8 (4 Ks 2/63, Bl. 17075: Anschuldigung gegen Mulka).

88 Urteil in der Strafsache gegen Mulka u. a., StA LG Frankfurt, 4 Ks 2/63, S. 636.

89 Gustav Radbruch, »Gesetzliches Unrecht und übergesetzliches Recht«, in: *Süddeutsche Juristenzeitung*, Jg. 1 (1946), Nr. 5, S. 105-108, hier S. 107. Zur punktuellen Entlegitimierung der NS-Rechtsordnung im Sinne der Radbruchschen Formel vgl. Clea Laage, »Auseinandersetzung um gesetzliches Unrecht nach 1945«, in: Redaktion Kritische Justiz (Hg.), *Die juristische Aufarbeitung des Unrechts-Staats, S. 265-297, hier S. 269.*

90 Urteil in der Strafsache gegen Mulka u. a., StA LG Frankfurt, 4 Ks 2/63, S. 130 (unter Verweis auf BGHSt, 2/234).

91 Ebd., S. 138.

92 Ebd., S. 147.

93 Ebd., S. 655.

94 Vgl. Laage, »Auseinandersetzung um gesetzliches Unrecht nach 1945«, S. 280.

95 Perels, Wojak, »Motive im Denken und Handeln Fritz Bauers«, S. 22. Fritz Bauer, »Das ›gesetzliche Unrecht‹ des Nationalsozialismus und die deutsche Strafrechtspflege«, in: Arthur Kaufmann (Hg.), *Gedächtnisschrift für Gustav Radbruch*. Göttingen 1968, S. 302-307, hier S. 305.

96 Vgl. Gustav Radbruch, »Urteilsanmerkung«, in: *Süddeutsche Juristenzeitung*, Jg. 2 (1947), Sp. 634.

97 Bauer, »Zu den Naziverbrecher-Prozessen«, S. 110.

98 Vgl. Frei, »Der erste Frankfurter Auschwitz-Prozess«, S. 132.

99 Perels, Wojak, »Motive im Denken und Handeln Fritz Bauers«, S. 24.

100 Bauer, »Zu den Naziverbrecher-Prozessen«, S. 110.

SS-Täter vor Gericht

Die strafrechtliche Verfolgung der Konzentrationslager-SS nach Kriegsende

Karin Orth

Die öffentliche Beschäftigung und Auseinandersetzung mit dem Nationalsozialismus hat in den letzten Jahren nicht abgenommen, sondern an Intensität eher gewonnen. In den Debatten über das Buch von Daniel Jonah Goldhagen, *Hitlers willige Vollstrecker,*[1] und auch in der Auseinandersetzung über die Ausstellung des Hamburger Instituts für Sozialforschung, *Vernichtungskrieg. Verbrechen der Wehrmacht 1941 bis 1944*, ging es nicht nur, aber auch um die Frage nach Schuld und Verantwortung derjenigen Personen, die nationalsozialistische Gräueltaten verübten.[2]

Heute kreisen die Diskussionen um die Taten von Wehrmachtssoldaten und den »ganz gewöhnlichen Deutschen«, während die Öffentlichkeit lange Zeit in erster Linie das verbrecherische Handeln einer anderen Personengruppe zur Kenntnis genommen hatte: die Mordtätigkeit der SS. Und in der Tat sind zahlreiche Verbrechenskomplexe SS-Angehörigen anzulasten. Es waren Mitglieder der SS-Einsatzgruppen, der Waffen-SS oder der KZ-Wachmannschaften, die sich in hohem Maße an Verbrechen, insbesondere an der jüdischen Bevölkerung beteiligten. Obwohl die mörderische Tätigkeit dieser SS-Einheiten im kollektiven Gedächtnis verankert war und ist, so fehlen doch bis heute historisch-empirische Untersuchungen über die einzelnen Teilgruppen der SS. Die Kenntnisse über Herkunft, sozialstrukturelle Zusammensetzung und Entwicklung einzelner SS-Einheiten sind nach wie vor gering. Bislang war beispielsweise nur sehr wenig bekannt über diejenigen SS-Angehörigen, die in den Konzentrationslagern ihren Dienst verrichteten, obgleich doch die Konzentrationslager seit langem und zurecht als genuines Element des Nationalsozialismus gelten. Welche Personen organisierten und betrieben in den Konzentrationslagern – in verantwortlicher Position – das unmittelbare Morden? Aus welchen sozialen Schichten stammten sie, wie verlief ihre schulische und berufliche Ausbildung und wie gelangten sie in den KZ-Dienst?

Das Ende des Zweiten Weltkrieges brachte für die KZ-Häftlinge die lang ersehnte Befreiung. Was aber bedeutete der Zusammenbruch des Nationalsozialismus für ihre Peiniger? Wurden die ehemaligen KZ-Wärter bruchlos in die deutsche Gesellschaft integriert?

Die Konzentrationslager-SS

Der amerikanische Historiker Robert Louis Koehl hat in seiner Überblicksdarstellung über die Geschichte und Organisation der SS den Begriff der »Konzentrationslager-SS« geprägt. Der Begriff zielt auf eine Gruppierung innerhalb der Kommandanturstäbe der Konzentrationslager, die sich dadurch auszeichnete, daß sie konstant dort stationiert gewesen sei. Selbst in der Kriegszeit seien, so vermutete Koehl, die Mitglieder der »Konzentrationslager-SS« nicht zu den kämpfenden Verbänden der Waffen-SS versetzt worden.[3] Dies ist insofern beachtenswert, als während des gesamten Krieges, insbesondere jedoch im letzten Kriegsjahr, von einem regen Austausch zwischen den KZ-Wachtruppen und der Waffen-SS auszugehen ist. Die Untersuchungen von Miroslav Kárny, Heinz Boberach und Bertrand Perz belegen dies auf eindrückliche Weise.[4]

Um die These Koehls empirisch zu prüfen – und die eingangs gestellten Fragen zu beantworten –, habe ich für diejenigen Konzentrationslager, die der sogenannten Inspektion der Konzentrationslager unterstanden[5] (seit 1942 als Amtsgruppe D in das SS-Wirtschafts-Verwaltungshauptamt integriert), zwei Gruppen von SS-Führern untersucht, die in verantwortlicher Position in den Kommandanturstäben Dienst taten: zum einen die (auch zeitgenössisch) sogenannten Abteilungsleiter, die auf der Hierarchieebene direkt unter den Lagerkommandanten standen, zum zweiten die Kommandanten selbst. Zu den untersuchten Abteilungsleitern gehören:[6] der Adjutant, der Schutzhaft-, Arbeitseinsatz- und Verwaltungsführer sowie der Führer der Wachmannschaften und der Leiter der politischen Abteilung.[7]

Die Abteilungsleiter sind durch einige Gemeinsamkeiten charakterisiert: Sie verfügten über einen je eigenen Zuständigkeitsbereich im Lager, für den sie allein die Verantwortung trugen. Ihr Handeln – oder ihre Unterlassungen – hatten massive Auswirkungen auf die Haftbedingungen und damit auf die Chance der KZ-Häftlinge zu überleben. Die Abteilungsleiter waren zudem durch ihren Dienstrang und ihre Position auf einer Hierarchieebene anzusiedeln. Es handelte sich um SS-Führer (also Offiziere) im Dienstrang eines SS-Hauptsturmführers oder SS-Sturmbannführers.[8] Auch waren alle Abteilungsleiter zunächst dem Kommandanten gegenüber verantwortlich, der auch disziplinarisch ihr direkter Vorgesetzter war, darüber hinaus aber jeweils einer bestimmten SS-Dienststelle in der übergeordneten SS-Bürokratie (meist der Inspektion der Konzentrationslager) unterstellt, die die fachlichen Weisungen ausgab. Schließlich trugen die Abteilungsleiter in ihrer Abteilung des Kommandanturstabes Personalverantwortung für eine differierende Anzahl von SS-Führern, -Unterführern und -Männern.

Für die Abteilungsleiter lässt sich nachweisen, dass es sich tatsächlich um eine dauerhaft in den Konzentrationslagern der Inspektion der Konzentrationslager (IKL) bzw. Amtsgruppe D des SS-Wirtschafts-Verwaltungshauptamtes (WVHA) tätige Gruppe handelt. Denn die Rekonstruktion der Besetzung der Abteilungsleiter- und Kommandantenposten in allen Konzentrationslagern der IKL ergab, dass insgesamt lediglich etwa 320 SS-Führer zum Abteilungsleiter oder Lagerkommandanten aufstiegen.[9] Zum Vergleich und zur Einordnung dieser Angabe: Am 1. Januar 1943 taten schätzungsweise 2.600 SS-Angehörige Dienst in den bestehenden Kommandanturstäben.[10]

Zwei Jahre später, am 1. Januar 1945, umfasste die Lager-SS (inklusive der Wachmannschaften) knapp 36.500 Männer und rund 3.500 Frauen.[11] Diese Zahlen, also 2.600 bzw. 40.000, geben die Mitglieder der Kommandanturstäbe bzw. die der gesamten Lager-SS an einem Stichtag an, die anzunehmende und für die Wachmannschaften nachgewiesene Fluktuation ist in diesen Zahlen nicht berücksichtigt.

Nur in bestimmten Zeitphasen – zu nennen ist der Kriegsbeginn sowie die letzten Phase des Krieges – versetzte die IKL einzelne Abteilungsleiter oder Lagerkommandanten zeitweise oder dauerhaft an die Front. Die Mehrheit dieser Männer nahm man jedoch tatsächlich von der Rotation zwischen »innerer und äußerer Front« aus, also vom Austausch mit den kämpfenden Verbänden der SS, der für die KZ-Wachmannschaft charakteristisch ist. Auf den untersuchten Hierarchieebenen entspricht der von Koehl geprägte Begriff der historischen Realität: Die »Konzentrationslager-SS« kann als eine in vier Laufbahnmuster differenzierte nationalsozialistische Funktionselite charakterisiert werden. Der Zurechnung der Konzentrationslager-SS zu den »NS-Eliten« liegt eine Definition Ulrich Herberts zugrunde, nach der als Maßstab für die Beurteilung der Zugehörigkeit die Nähe zu der und die Verantwortung für die Terror- und Vernichtungspolitik des NS-Regimes anzusehen ist. Für die Konzentrationslager-SS trifft dies in hohem Maße zu.[12]

Die Analyse konturierte zudem eine »Kerngruppe« der Abteilungsleiter (bestehend aus den Adjutanten, den Schutzhaft- und Arbeitseinsatzführern sowie den Führern der Wachmannschaften), aus der die IKL seit Mitte der dreißiger Jahre die Mehrheit der Lagerkommandanten rekrutierte.[13]

Die Kommandanten und die Abteilungsleiter standen an der Spitze der Lager-SS: Ihr arbeitsteiliges und funktional differenziertes Zusammenwirken machte den Funktionszusammenhang eines Konzentrationslagers als Terror- und Unterdrückungsinstrument erst aus.

Die Sozialstruktur der Konzentrationslager-SS

Ein großer Teil der Mitglieder der Konzentrationslager-SS gehörte der sogenannten Kriegsjugendgeneration an.[14] Sie sind derjenigen Generation zuzurechnen, die den Ersten Weltkrieg nicht selbst erlebte, wohl aber mit seinem Mythos aufwuchs. Für einen Teil der männlichen Jugendlichen besaß dieser Mythos offenbar eine identitätsstiftende Funktion.[15]

Darüber hinaus ist festzuhalten, dass die untersuchten Personen überwiegend in mittelständischen Familien aufwuchsen. Sie schlossen die Schule mehrheitlich nach der Volks- oder Mittelschule ab, erlernten zu einem hohen Prozentsatz entweder einen kaufmännischen oder einen handwerklichen Beruf. Die untersuchten Männer stammten also nicht aus einem sozial deklassierten Herkunftsmilieu, sondern aus der Mitte der Weimarer Gesellschaft. Es handelte sich um Angehörige derjenigen sozialen Schichten, die von der ökonomischen, politischen und sozialen Krise der Weimarer Republik am schärfsten betroffen waren und die sich vom sozialen Abstieg bedroht sahen. Tatsächlich trafen die Auswirkungen der ökonomischen Krise partiell – aber keineswegs überproportional – sowohl die Abteilungsleiter als auch die Lagerkommandanten: Sie verloren zum Teil in den dreißiger Jahren kurzfristig oder dauerhaft ihren Arbeitsplatz.

Die Mitglieder der untersuchten Personengruppen knüpften in der Regel als Jugendliche oder junge Erwachsene Kontakte zu rechtsradikalen und völkischen Kreisen. Diese Verortung führte sie zu einem relativ frühen Zeitpunkt zur NSDAP, SA oder SS. Sie schlossen sich deutlich vor der »Machtergreifung« der nationalsozialistischen »Bewegung« an; im Durchschnitt waren sie bereits im September 1931 Mitglied der NSDAP. Nicht der frühe Zeitpunkt an sich ist bemerkenswert – schließlich zählte der Mittelstand zu den frühesten Anhängern der NSDAP –, sondern die Rückbindung des Alters an den Zeitpunkt ihres Eintrittes in die Partei und deren Gliederungen. Jeder zweite war in einem Lebensalter von Mitte 20 Mitglied der NSDAP und der SS.

Die SS bot ihnen kurz nach der »Machtergreifung« eine hauptamtliche Anstellung an – und damit die Chance, einer beruflich oftmals prekären Situation zu entgehen. Zugleich jedoch bedeutete dies die Möglichkeit, ihr Eintreten für die »Bewegung«, für die sie sich seit ihrer Jugend einsetzten, zu professionalisieren.

Erst aufgrund des politischen Machtwechsels konnten sie ihre politisch eher randständige und ihre beruflich häufig ungesicherte Lebenssituation verlassen. Sie ergriffen die Chance, ihr politisches Engagement mit einer Berufsperspektive und dem Nimbus des Soldatischen zu verbinden. Die hauptamtliche Anstellung bei der SS, die in der historischen Forschung als biographischer Zufall interpretiert wurde,[16] erweist sich aus der Kenntnis ihrer frühen Verortung innerhalb des völkischen Milieus nicht als Zufall, sondern als plausibel.

Platzierung innerhalb der SS

Die Mitglieder der Konzentrationslager-SS fanden in der Regel bis Mitte der dreißiger Jahre Zugang zur Lager-SS. Ausschlaggebend für ihre Kommandierung in die frühen Lager – nach Dachau, in die Lichtenburg, nach Esterwegen, Sulza oder nach Sachsenburg –, war häufig die enge dienstliche und »kameradschaftliche« Verbundenheit mit SS Führern, die bereits dort stationiert waren und sich bestrebt zeigten, frühere Untergebene und »Kameraden« zur Sicherung ihrer eigenen Machtposition nachzuholen.

Die späteren Abteilungsleiter und Lagerkommandanten versahen ihren Dienst zunächst in der Regel in der Wachtruppe. Nicht dies jedoch ist beachtenswert, teilten sie diese Tätigkeit doch Ende 1935 beispielsweise mit über 2.500 anderen SS-Männern,[17] sondern die Tatsache, dass sie rasch aufstiegen und mit der Errichtung und Expansion der nationalsozialistischen Konzentrationslager seit 1936 und in einem Lebensalter von Anfang bis Mitte 30 in die Führungspositionen der Kommandanturstäbe einrückten. Sie erwiesen sich als über dem Durchschnitt der Wachtruppe qualifiziert und/oder engagiert und knüpften darüber hinaus früh Kontakte zu denjenigen Personen, die über den dienstlichen Aufstieg entschieden: zu den Kommandanten, den Führern der Wachmannschaften (die in den Lagern der Vorkriegszeit eine ähnlich prominente Stellung wie die Kommandanten einnahmen) oder den Verantwortlichen in der übergeordneten Dienststelle der IKL. Durch ihren Aufstieg an die Spitze der Lager-SS gerieten sie in eine heraus gehobene Position, die sie in der Weimarer Republik aufgrund ihrer Herkunft, Ausbildung und intellektuellen Fähigkeiten nicht hätten einnehmen können. Sie waren allein aufgrund der veränderten Herrschaftsverhältnisse in die Lage versetzt worden, einen Offiziersrang einzunehmen (den sie mehrheitlich ohne jegliche Ausbildung oder Schulung erreichten) und eine ungeheure Machtposition zu etablieren. Diese jedoch beschränkte sich auf das Lagersystem. Mit Blick auf die SS als Gesamtorganisation ist zu betonen, daß die Mitglieder der Konzentrationslager-SS nahezu ausnahmslos – und bis Kriegsende – im unteren Drittel der SS-Führerhierarchie verblieben, also in wenig einflussreicher Position.

Das soziale Netz der Konzentrationslager-SS

Die Konzentrationslager-SS stellt eine neuartige »Berufsgruppe« dar. Seit Mitte der dreißiger Jahre wurden Dachau, Buchenwald sowie insbesondere Sachsenhausen und die seit 2. August 1938 in Oranienburg (und damit in unmittelbarer Nachbarschaft des KZ Sachsenhausen) ansässige IKL zu Zentren des Terrors und zugleich zum Sammelpunkt der Konzentrationslager-SS.[18] Die Mehrzahl der untersuchten Männer war zu diesem Zeitpunkt bereits zum Abteilungsleiter aufgestiegen. In den SS-Führerkorps der genannten KZ bildete sich ein feinmaschiges Netz dienstlich-fachlicher und persönlicher Beziehungen aus. Insbesondere die Patronageverhältnisse, die sich im Oranienburger SS-Führerkorps (das sich aus SS-Führern des KZ Sachsenhausen sowie der IKL zusammensetzte) seit Ende der dreißiger Jahre ausbildeten, erwiesen sich für die Stellenbesetzungspolitik der späteren Jahre als konstitutiv.

Integrale Bestandteile des auf vielfältige Weise verwobenen sozialen Netzes waren: persönliche Freundschaften, vor allem jedoch auch Querelen, ein an der Ideologie der »SS-Sippengemeinschaft« orientierter gesellschaftlicher Kontext sowie ein eigener sprachlicher »Code«. Die sich ausprägende »Lagersprache« konnte von den Mitgliedern der Lager-SS und den KZ-Häftlingen mühelos entschlüsselt werden, nicht aber von denjenigen, die außerhalb der Lagerwelt standen.

Im Kern jedoch wurde das Geflecht der Konzentrationslager-SS durch die gemeinsam verübten Verbrechen zusammengehalten: durch die gemeinsame dienstliche Sozialisation und Dienstausübung. Die arbeitsteilige Täterschaft schweisste die Gruppe als solche zusammen. Alle Mitglieder der Konzentrationslager-SS hatten eine Art Initiationsritus zu durchlaufen, der sie unempfindlich gegen ihre eigenen Gefühle – und die Qualen der Gefolterten – machen, vor allem jedoch in die Gruppe der Täter integrieren sollte. Durch die Praxis erwarben die Mitglieder der Konzentrationslager-SS ihr handlungsleitendes Wissen über die Behandlung der KZ-Häftlinge und die Führung eines Konzentrationslagers – und nicht durch die selten anberaumten »Weltanschaulichen Schulungen«. Die Konzentrationslager-SS entwickelte sich im Laufe der NS-Herrschaft zu einer »Expertengruppe« des Terrors: Ihr »Expertentum« bestand in der Fähigkeit und Bereitschaft, die Vernichtungspolitik des NS-Regimes in die Tat umzusetzen.

Darüber hinaus kann die Konzentrationslager-SS als *peergroup* beschrieben werden. Die SS-Männer orientierten ihr Handeln und ihr Verhalten an normativen Vorstellungen, wie ein SS-Führer zu sein und sich zu verhalten habe. Die geforderte und angestrebte, auch regelmäßig in den Personalberichten überprüfte »SS-mäßige Haltung« umfasste die gesamte Person: die »geordneten Familienverhältnisse« (also die »rassisch« und »weltanschaulich« passende Heirat und zahlreiche Nachkommenschaft), den »gesunden Menschenverstand« sowie das »tadellose Auftreten« im Kameradenkreis und den »strengen, aber gerechten« Umgang mit den SS-Unterführern und SS-Männern.

Das »kameradschaftliche« Verhältnis der SS-Führer untereinander, das durchaus nicht von persönlichen Konflikten und Querelen frei war, reduzierte sich nicht auf den Dienstbetrieb. Vielmehr gehörten gesellschaftliche und kulturelle Veranstaltungen wie »Kameradschaftsabende«, gemeinsame Theater- und Kinobesuche usw. sowie gesellschaftliche Konventionen zu elementaren Bestandteilen der SS-Gemeinschaft. Durch diese Aktivitäten waren die SS-Männer auf vielfältige Weise mit den Städten und Dörfern verbunden, in deren Nähe die Konzentrationslager errichtet worden waren.[19] Sie besuchten die Gastwirtschaften, Kinos und Schwimmbäder in der Umgebung, sie zeigten sich bei Paraden und Tanzveranstaltungen. Nicht selten wurden hier Kontakte und Freundschaften geschlossen, Heiraten angebahnt und geschlossen. Oftmals beurkundete das Standesamt des jeweiligen KZ die Trauungen, »SS-Kameraden« des Bräutigams fungierten als »Bürgen der Braut« für den obligatorischen Fragebogen des SS-Rasse- und Siedlungshauptamtes oder als Trauzeugen.

Die Ehefrauen der SS-Führer lebten in der Regel am Dienstort ihrer Männer. Ihnen kam innerhalb der SS-Gemeinschaft eine wichtige Funktion zu. Die SS-Siedlungen, innerhalb derer die SS-Führer und ihre Familien lebten, lagen meist nicht weit vom Schutzhaftlager entfernt, vielfach beschäftigten die SS-Familien Häftlinge als Dienstboten, Gärtner oder für sonstige Hilfsarbeiten.

Der familiäre und gesellschaftliche Kontext ermöglichte es auch, dass innerhalb der Konzentrationslager-SS verwandtschaftliche Beziehungen geknüpft werden konnten, was von der Reichsführung der SS nicht ungern registriert, möglicherweise sogar intendiert wurde. Die primäre Bedeutung des familiären und gesellschaftlichen Kontextes ist jedoch darin zu sehen, dass durch ihn »Normalität« suggeriert und Stabilität geschaffen wurde. Für die Mitglieder der Konzentrationslager-SS symbolisierten die Familien den Fortbestand des »deutschen Volkes«, für dessen Wohl sie nach Kriegsende behaupteten, ihren Dienst verrichtet zu haben.

Scheitern und »Zusammenbruch«

Die Mitglieder der Konzentrationslager-SS versuchten nahezu ausnahmslos bis zum »Zusammenbruch« ihrer Welt deren »Funktionieren« zu gewährleisten. Dass ihnen dies nicht gelang, lasteten sie – so kann man aus den Aussagen einiger Lagerkommandanten schließen – ihren Vorgesetzten, den anderen Kommandanten, ihren Untergebenen oder den KZ-Häftlingen an, in erster Linie jedoch den »Umständen« oder »dem Krieg«. Der Krieg erwies sich letztendlich, so deutet etwa Rudolf Höß seinen eigenen Lebensweg, als der »Stärkere«. Gegen ihn habe sich der »Wille« des einzelnen nicht durchsetzen können.[20] Noch in dieser Deutung blieben sie in der nationalsozialistischen Weltsicht verhaftet, die die Wirklichkeit nicht als Produkt des menschlichen Handelns interpretiert, sondern als Vollzug feststehender Lebensgesetze, als Sieg des Stärkeren über den Schwächeren.

Die Mitglieder der Konzentrationslager-SS bereiteten ihre Flucht gemeinsam vor. Zwei Fluchtrouten und Ziele lassen sich ausmachen: die »Alpenfestung« im Ausseer Land sowie die »Festung Nord« in Schleswig-Holstein.[21] Auch wenn sich aus den Quellen nicht rekonstruieren lässt, ob konkrete weiterführende Pläne mit diesen Zielen verbunden waren oder es sich lediglich um Trugbilder handelte, so wird doch zweierlei deutlich: zum einen, dass die Konzentrationslager-SS die Masse der KZ-Häftlinge seit März 1945 tatsächlich dorthin zu verschleppen suchte – um sie womöglich (zu welchem Zweck auch immer) dauerhaft in ihrer Gewalt zu behalten. Zum anderen lässt sich nachweisen, dass sich nahezu alle zu diesem Zeitpunkt noch amtierenden Kommandanten samt ihrer Kommandanturstäbe und ihrer Familien auf eine der beiden Fluchtrouten begaben. Die nördliche Fluchtroute hatte insofern eine besondere Bedeutung, als dieser auch die Amtsgruppe D des WVHA und andere zentrale Gruppierungen des Terrorapparates der SS folgten. Schleswig-Holstein wurde im Frühjahr 1945 zum Sammelpunkt der Spitzen des Reichssicherheitshauptamtes, des WVHA, der Gestapo und der Reichsführung der SS.[22] Nachweisbar ist, dass zumindest vier Lagerkommandanten Ende April oder Anfang Mai in Flensburg ein letztes Mal mit dem Reichsführer der SS Heinrich Himmler zusammentrafen. Vor Gericht und in Anbetracht ihrer Selbststilisierung zu idealen SS-Führern beschrieben sie das Zusammentreffen als Enttäuschung. Denn Himmler befahl nicht die von ihm selbst propagierte »Selbsthingabe für die Idee«, sondern empfahl ihnen, in der Wehrmacht unterzutauchen.[23] Mit dem »Zusammenbruch« ihrer Welt flüchteten die Mitglieder der Konzentrationslager-SS – in Schleswig-Holstein oder Süddeutschland –, versehen mit einem neuen Namen und gefälschten Papieren.

Alliierte Gefangenschaft und Selbstrechtfertigungsstrategien

Den wenigsten Mitgliedern der Konzentrationslager-SS gelang es unterzutauchen. Vielmehr geriet ein hoher Prozent der Abteilungsleiter und Lagerkommandanten binnen kurzer Zeit in alliierte Gefangenschaft. Die ehemaligen SS-Führer wurden in bestimmten alliierten Haftanstalten (etwa dem Internierungslager Westertimke, dem ehemaligen Konzentrationslager Neuengamme, das nun ebenfalls als Internierungslager genutzt wurde, oder den Militärgefängnissen Landsberg und Werl) gemeinsam gefangengehalten.[24] In diesem Milieu – abgeschnitten von der Außenwelt und bedrängt durch die Ermittlungen der Alliierten – kultivierten sie einen ebenso pathetischen wie aus ihrer Sicht konsequenten Gestus: Sie gerierten sich als Opfer der alliierten »Siegerjustiz« und des »Weltjudentums«, imaginierten sich in die Rolle des Märtyrers. Auch vor Gericht und konfrontiert mit den ehemaligen Opfern ihres Handelns verflüchtigte sich dieses Weltbild nicht. Vielmehr versuchten die meisten Mitglieder der Konzentrationslager-SS, die vor ein alliiertes Militärgericht gestellt wurden, eine bestimmte Verteidigungsstrategie zu entwickeln. Das Muster der Selbstrechtfertigung zeichnet sich in den überlieferten Prozessmaterialien deutlich ab: Die ehemaligen SS-Führer nahmen vor Gericht für sich in Anspruch, ihren Dienst »anständig« verrichtet und zu den »treuesten« Anhängern des NS-Regimes gehört zu haben. Zahlreiche Untergebene bestätigten in ihren Nachkriegsaussagen, dass sich etwa der angeklagte Lagerkommandant – so die Diktion der Konzentrationslager-SS – »streng, aber gerecht« verhalten, zudem jegliche Misshandlung der KZ-Häftlinge verboten hätte. Derartige Aussagen sind, da sie vor Gericht vorgetragen wurden, in erster Linie als Versuch zu werten, von den begangenen Verbrechen und der eigenen Schuld abzulenken. Eine Reihe von Personen stützte diese »Haltung« maßgeblich: Ehefrauen und andere Familienangehörige sowie ehemalige Untergebene und »Kameraden«. Der Nimbus des »anständigen« und »korrekten« SS-Führers, der in zahlreichen Aussagen vor Gericht beschworen wurde, ermöglichte den Beschuldigten, »Haltung« gegenüber der »Siegermacht« zu demonstrieren. Darüber hinaus transformierte und verfestigte sich das Konstrukt der »Anständigkeit« und die Stilisierung zum idealen SS-Führer vor Gericht – bedrängt von der Macht der Fakten, die das Gericht und die Überlebenden über die in den KZ begangenen Massenverbrechen zusammengetragen hatten – zur Entschuldungs- und Verteidigungsstrategie. Selbstverständnis und -legitimierung, Exkulpation und Verteidigung verschmolzen untrennbar.

Die Konstruktion der »Anständigkeit«

Doch es waren nicht ausschließlich Familienangehörige und ehemalige SS-Leute, die sich positiv über die Angeklagten äußerten, sondern erstaunlicherweise auch als Zeugen geladene ehemalige Häftlinge. Dieser teilweise positive Tenor der befragten KZ-Überlebenden ist auf den ersten Blick verblüffend und verlangt nach einer Erklärung. Denn wie kann es sein, daß KZ-Kommandanten wie Hermann Pister beispielsweise (Kommandant in Buchenwald), Martin Weiß (Neuengamme, Majdanek und Dachau), Paul Werner Hoppe (Stutthof) oder Johannes Hassebroek (Groß-Rosen) den ehemaligen Häftlingen nicht als Sadisten oder »Bestien« in Erinnerung geblieben sind? Wieso werden diese Männer von den Opfern als »anständige« und »korrekte« Lagerkommandanten beschrieben? Überliefert sind Bezeichnungen wie »Herr Lagerkommandant« für Pister, »Volkskommandant« für Weiß, »Gentleman in Uniform« für Hoppe oder »der humanste und bei den Häftlingen beliebteste Kommandant des KZ Groß-Rosen« für Hassebroek.[25]

Um die Gründe für derartige Äußerungen zu verstehen, müssen verschiedene Gruppen von befragten KZ-Überlebenden unterschieden werden. Denn die Motive und Strategien, die sich in solch positiven Äusserungen niederschlugen, waren offenbar ebenso unterschiedlich wie die Hafterfahrungen. Da ist zunächst die Gruppe derjenigen ehemaligen KZ-Insassen zu betrachten, die während ihrer KZ-Gefangenschaft einen Posten innerhalb des sogenannten System der Funktionshäftlinge eingenommen hatten. Sie konnten, eben weil sie eng mit den SS-Männern in Berührung gekommen waren, meist genau über diese und ihre Taten berichten und wurden aus diesem Grunde von den Gerichten sehr häufig als Zeugen geladen.

Die ehemaligen SS-Männer und Funktionshäftlinge begegneten einander also erneut vor Gericht. Um von der eigenen Verstrickung in die Verbrechen der SS abzulenken, sagten zahlreiche überlebende Funktionshäftlinge zugunsten der SS-Männer aus. Das Motiv, sich positiv über die Angeklagten zu äußern, speiste sich also aus der Angst, selbst angeklagt zu werden.[26]

Einige Überlebende, die den Angeklagten ebenfalls eine »anständige« Haltung bescheinigten, scheinen zudem von den Ehefrauen der ehemaligen SS-Männer bestochen worden zu sein. Für eine große Gruppe der befragten ehemaligen KZ-Insassen schließlich waren jedoch offenbar ganz andere Motive ausschlaggebend. Zahlreiche (meist deutsche) Überlebende glaubten aus einem subjektiven Gerechtigkeitsgefühl heraus bestätigen zu müssen, dass sich etwa der angeklagte Kommandant (beispielsweise Martin Weiß, Hermann Pister oder Johannes Hassebroek) ihnen gegenüber und im Vergleich zum jeweiligen Vorgänger (nämlich Alex Piorkowski, Karl-Otto Koch oder Arthur Rödl) vergleichsweise »anständig« und »korrekt« benommen habe.

Sie beschrieben vor Gericht, dass diese Männer zumindest versucht hätten, Brutalität und Misshandlungen einzudämmen und die Sterblichkeit in den Lagern zu senken. Um die KZ-Häftlinge für den »Arbeitseinsatz« in der Kriegsindustrie zur Verfügung zu halten, hätten sie dafür Sorge getragen, die Haftbedingungen erträglicher zu gestalten. Die Realität jedoch widerspricht diesen Erinnerungsbildern.

Während einige Verfolgtengruppen die ökonomische Ausrichtung der Konzentrationslager seit 1942/43 – und damit das Regime eines Pister, Weiß, Hoppe oder Hassebroek – tatsächlich als Hafterleichterung erfuhren, bedeutete die forcierte Zwangsarbeit für andere Häftlingsgruppen binnen weniger Wochen den Tod; zu nennen sind insbesondere die Gefangenen jüdischer sowie slawischer Herkunft. Die SS räumte in der zweiten Kriegshälfte nur einer Minderzahl der Gefangenen, von deren beruflicher Qualifikation sie profitierte, bessere Arbeits- und damit Lebensbedingungen ein. Diese Häftlingsgruppen – Facharbeiter ebenso wie die meist deutschen Funktionshäftlinge – hatten auch in der letzten Kriegsphase eine Chance, das Lager zu überleben. Diese Häftlingsgruppen stellten zugleich jedoch auch die Mehrheit derjenigen, die nach Kriegsende in alliierten und/oder deutschen Gerichtsverfahren über ihre Haftzeit befragt wurden. In ihrer Wahrnehmung hoben sich SS-Führer wie Pister, Hoppe, Hassebroek oder Weiß tatsächlich positiv von den Kommandanten früherer Zeitphasen ab, die alle Häftlinge (auch die deutschen) mit sinnlosem Drill, sinnlosen Arbeitseinsätzen und Prügel drangsaliert hatten.

Für die überwiegende Mehrheit der KZ-Häftlinge in der zweiten Kriegshälfte jedoch galt, dass ihre Arbeitskraft gering bewertet wurde, eben weil sie massenhaft zur Verfügung zu stehen schien. Die Mehrzahl der KZ-Häftlinge wurde daher – bei einem Minimum an Versorgung – in kräftezehrenden Arbeitskommandos eingesetzt, zu Kommandos, in denen »Arbeit« und »Vernichtung« zu Synonymen wurden. Die am unteren Ende der nach rassistischen Kriterien strukturierten Häftlingsgesellschaft stehenden jüdischen und slawischen Gefangenen hatten kaum eine Chance, dem Lager zu entkommen – ihnen war damit zugleich auch jede Möglichkeit genommen, ihre Wahrnehmung von Pister, Weiß, Hoppe oder Hassebroek zu artikulieren. Es ist nicht anzunehmen, dass sie – hätten sie jemals die Möglichkeit gehabt, Zeugnis abzulegen –, diesen »Anständigkeit« bescheinigt, eine »Verbesserung« der Haftbedingungen seit der zweiten Kriegshälfte beschrieben hätten. Die wenigen Überlebenden dieser Häftlingsgruppen wurden zudem vor Gericht in der Regel nicht als Zeugen gehört, da sie kein Bild der Person des

Lagerkommandanten zeichnen konnten. Sie erinnerten sich an ihn nur als fernen Herrscher über Leben und Tod, nicht jedoch an sein Gesicht, eine konkrete Tötungshandlung oder seinen Namen. Sie beschrieben lediglich, dass das Lager »die Hölle« war.[27]

Dass sich das Bild des »korrekten« und »anständigen« SS-Führers in den Berichten der Überlebenden spiegelte, ist also Ausdruck einer bestimmten Perspektive auf die Lagerrealität, nämlich die der privilegierten deutschen KZ-Häftlinge, die – aus den dargelegten Gründen – überproportional oft Zeugnis über die Vergangenheit ablegten. Tatsächlich jedoch setzte mit dem Dienstbeginn dieser Lagerkommandanten das Massensterben in den Konzentrationslagern erst ein.

Die strafrechtliche Verfolgung der Konzentrationslager-SS

Auch wenn sich die alliierten Militärrichter partiell von der vielfach beschworenen »Anständigkeit« insbesondere der Lagerkommandanten beeindrucken ließen, so sprachen sie keinen einzigen von Schuld und Verantwortung frei.[28]

Sie verurteilten jeden fünften Abteilungsleiter zum Tode – und richteten diese bis Anfang der fünfziger Jahre tatsächlich auch hin.[29] Über vierzig Prozent der Verurteilungen und Hinrichtungen fiel auf die amerikanische Besatzungszone.

Differenziert man die Verfahrensübersicht, so wird folgendes deutlich: Je unmittelbarer die Abteilungsleiter mit den Gefangenen zu tun gehabt hatten, desto häufiger wurden sie verurteilt. Die Alliierten bzw. Polen richteten nahezu jeden vierten Schutzhaftlagerführer, Arbeitseinsatzführer und Adjutanten hin, aber nur etwa fünfzehn Prozent der Führer der Wachmannschaften. Bei den Verwaltungsführern bzw. Leitern der politischen Abteilung sank die Quote unter zehn Prozent.

Bei den Kommandanten wird das Ausmaß der Strafverfolgung noch deutlicher – sieht man von denjenigen Kommandanten ab, die bis Kriegsbeginn als solche fungierten. Keiner der zuletzt genannten stand vor einem alliierten oder deutschen Gericht.[30] Hingegen waren 29 von denjenigen 36 SS-Führern, die seit 1939 als Kommandant Dienst getan hatten, 1950 nicht mehr am Leben: Elf Männer starben bis Kriegsende in Kampfhandlungen oder eines natürlichen Todes,[31] vier begingen 1945 Selbstmord. 14 von 36 Kommandanten wurden vor ein Militärgericht gestellt, zum Tode verurteilt und hingerichtet: der erste im Dezember

1945, der letzte im Mai 1950. Lediglich sieben von 36 Kommandanten der Kriegszeit erlebten die Gründung der beiden deutschen Staaten.

Diejenigen Abteilungsleiter und Kommandanten, die die Phase der alliierten Militärgerichtsbarkeit überlebten bzw. diejenigen, die aus der Haft entlassen wurden, nahmen in der Bundesrepublik einen beruflichen und sozialen Status ein, der ihrer Herkunft und Bildung entsprach: Sie kehrten in eine mittelständische berufliche Position zurück. Allerdings konnten sie sich nicht in eine wie auch immer geartete »Normalität« zurückziehen. Sie blieben bis zu ihrem Tode im Visier der bundesdeutschen Staatsanwaltschaft: Bis Mitte der sechziger Jahre wurde gegen knapp ein Viertel der Abteilungsleiter ermittelt. Die große Mehrheit der Ermittlungsverfahren wurde jedoch ergebnislos eingestellt. Lediglich rund vier Prozent der ehemaligen Abteilungsleiter wurden in der Bundesrepublik rechtskräftig verurteilt. Ähnlich bei den sieben Kommandanten, die die Gründung der beiden deutschen Staaten erlebten: Zwar ermittelte die Staatsanwaltschaft gegen alle sieben Männer. Doch man stellte zwei Verfahren ergebnislos ein, ein Kommandant starb in der Untersuchungshaft und einer wurde freigesprochen. Insgesamt wurden daher nur drei Kommandanten überhaupt von einem deutschen Gericht verurteilt. Zwei erhielten Ende der fünfziger Jahre in letzter Instanz Zuchthausstrafen von neun bzw. fünfzehn Jahren, der dritte wurde 1961 in erster und letzter Instanz zu lebenslangem Zuchthaus verurteilt und verbüßte tatsächlich eine langjährige Haftstrafe. Die anderen beiden hingegen waren nach drei bzw. sieben Jahren Haft wieder frei.

Die Annahme, dass die NS-Eliten bruchlos in die bundesdeutsche Nachkriegsgesellschaft integriert worden seien, trifft sicherlich für zahlreiche Gruppen zu, und zwar sowohl für sogenannte Schreibtischtäter als auch zum Teil für diejenigen, die sich unmittelbar an der Durchführung der Vernichtungspolitik beteiligt hatten. Für die Konzentrationslager-SS ergibt sich hingegen ein anderer Befund. Nahezu die Hälfte der Abteilungsleiter, die das Kriegsende erlebten, und ausnahmslos alle Kommandanten der Kriegszeit mussten sich bis Mitte der sechziger Jahre entweder vor einem alliierten Militärgericht, einem deutschen Gericht oder zumindest vor einem bundesdeutschen Staatsanwalt verantworten. Ein erheblicher Teil von ihnen wurde für seine Tätigkeit bestraft.

Allerdings waren es nicht in erster Linie die Deutschen selbst, die diese Männer zur Rechenschaft zogen, sondern die Alliierten. Die alliierten Militärgerichte entließen die Mitglieder der Konzentrationslager-SS – im Gegensatz zu zahlreichen Schreibtischtätern oder solchen NS-Tätern, die ihre Verbrechen »im Osten« begangen hatten – keineswegs bruchlos in die deutsche Nachkriegsgesellschaft. Vielmehr sahen die Alliierten sowie die Weltöffentlichkeit die Mitglieder der Konzentrationslager-SS, insbesondere die Lagerkommandanten, in hohem Maße als Symbol für die Gräueltaten des Nationalsozialismus an.

In der bundesrepublikanischen Strafverfolgung war dies zunächst anders. Bis Mitte der sechziger Jahre lässt sich zwar eine rege Ermittlungstätigkeit gegen die Abteilungsleiter und Lagerkommandanten feststellen, zugleich aber auch eine äußerst geringe Verurteilungsquote. Offenbar veränderte sich hier erst allmählich das Bewusstsein, dass die NS-Täter zu bestrafen seien.

Der erste Frankfurter Auschwitz-Prozess kann als Meilenstein in dieser Entwicklung angesehen werden.

Anmerkungen

1 Daniel Jonah Goldhagen, *Hitlers willige Vollstrecker. Ganz gewöhnliche Deutsche und der Holocaust*. Berlin 1996.

2 Vgl. Michael Th. Greven, Oliver von Wrochem (Hg.), *Der Krieg in der Nachkriegszeit. Der Zweite Weltkrieg in Politik und Gesellschaft der Bundesrepublik*. Opladen 2000.

3 Robert Lewis Koehl, *The Black Corps. The Structure and Power Struggles of the Nazi SS*. Madison, Wisconsin 1983, S. 168. Raul Hilberg wählte, um das gleiche Phänomen zu beschreiben, den Terminus »Verwaltungskern« der Lager. Raul Hilberg, *Die Vernichtung der europäischen Juden*. 3 Bde., Frankfurt am Main 1990, S. 963.

4 Vgl. Miroslav Kárný, »Waffen-SS und Konzentrationslager«, in: *Jahrbuch für Geschichte*, Jg. 33 (1986), S. 231-261; Heinz Boberach, »Die Überführung von Soldaten des Heeres und der Luftwaffe in die SS-Totenkopfverbände zur Bewachung von Konzentrationslagern 1944«, in: *Militärgeschichtliche Mitteilungen*, Jg. 34 (1983), S. 1185-190; Bertrand Perz, »Wehrmacht und KZ-Bewachung«, in: *Mittelweg* 36, Jg. 4 (1995), Heft Oktober/November, S. 69-82.

5 Zu diesen Konzentrationslagern vgl. ausführlich Karin Orth, *Das System der nationalsozialistischen Konzentrationslager. Eine politische Organisationsgeschichte*. Hamburg 1999.

6 Die Standortärzte nehmen eine Sonderstellung ein. Bei ihnen handelt es sich um die einzigen Abteilungsleiter, die nicht konstant in den KZ stationiert waren. Zu den Ärzten vgl. zudem Friedrich K. Kaul, *Ärzte in Auschwitz*. Berlin-Ost 1968, Robert Jay Lifton, *Ärzte im Dritten Reich*. Stuttgart 1988; Ernst Klee, *Auschwitz, die NS-Medizin und ihre Opfer*. Frankfurt am Main 1997.

7 Die Oberaufseherinnen, die in den Konzentrationslagern mit weiblichen Häftlingen eine ähnliche Position einnahmen wie die Schutzhaftlagerführer, sind aus der Untersuchung bewußt ausgeklammert worden, da es sich um eine Sondergruppe handelt. Zu den KZ-Aufseherinnen vgl. Gudrun Schwarz, »SS-Aufseherinnen in nationalso-

zialistischen Konzentrationslagern (1933-1945)«, in: *Dachauer Hefte* (1994), H. 10, S. 32-49; Insa Eschebach, »SS-Aufseherinnen des Frauenkonzentrationslagers Ravensbrück«, in: *Werkstatt Geschichte*, Jg. 5 (1996), H. 13, S. 39-48; Irmtraud Heike, *SS-Aufseherinnen und weibliche Funktionshäftlinge in den Konzentrationslagern Ravensbrück und Bergen-Belsen*. Unveröffentlichte Magisterarbeit, Hannover 1993; dies., »Johanna Langefeld. Die Biographie einer KZ—Oberaufseherin«, in: *Werkstatt Geschichte*, Jg 4 (1995), H. 12, S. 7-19; Isabell Sprenger, Aufseherinnen in den Frauenaußenlagern des Konzentrationslagers Groß-Rosen, in: ebd., S. 21-33.

8 In der Wehrmacht entsprach dies dem Dienstrang Hauptmann bzw. Major.

9 Orth, *Konzentrationslager-SS*, S. 58-60.

10 Die Schätzung beruht auf einer Hochrechung. Am 1.1.1943 taten im Kommandanturstab des KZ Buchenwald 185 SS-Männer Dienst (darunter jedoch nur zehn SS-Führer). Hochgerechnet auf die 14 zu diesem Zeitpunkt bestehenden Konzentrationslager ergibt sich eine Zahl von 2.590. Die tatsächliche Zahl dürfte etwas niedriger liegen, da zahlreiche Konzentrationslager deutlich weniger Personal hatten als das KZ Buchenwald. Namentliche Liste des Kommandantur-Stabes des K.L. Buchenwald nach dem Stand vom 1. Januar 1943, Kopie in: Bundesarchiv-Zwischenarchiv, Dahlwitz-Hoppegarten, ZB II 1500, Akte 11.

11 Liste der Konzentrationslager und ihrer Belegung vom 1. und 15.1.1945, Bundesarchiv, Koblenz, Sammlung Schumacher, Nr. 329.

12 Ulrich Herbert, »Rückkehr in die Bürgerlichkeit? NS-Eliten in der Bundesrepublik«, in: Bernd Weisbrod (Hg.), *Rechtsradikalismus in der politischen Kultur der Nachkriegszeit. Die verzögerte Normalisierung in Niedersachsen*. Hannover 1995, S. 157-173 (159).

13 Vgl. Orth, *Konzentrationslager-SS*, S. 62-64.

14 Zur Problematik und Definition dieses Begriffes vgl. Ulrich Herbert, »›Generation der Sachlichkeit‹. Die völkische Studentenbewegung der frühen zwanziger Jahre in Deutschland«, in: Frank Bajohr u. a. (Hg.), *Zivilisation und Barbarei. Die widersprüchlichen Potentiale der Moderne. Detlev Peukert zum Gedenken* (Hamburger Beiträge zur Sozial- und Zeitgeschichte, 27). Hamburg 1991, S. 115-144; ders., *Best. Biographische Studien über Radikalismus, Weltanschauung und Vernunft*. Bonn 1996, S. 42-50.

15 Vgl. zum folgenden Orth, *Konzentrationslager-SS*, S. 87-90.

16 Vgl. z. B. Tom Segev, *Commanders of Nazi Concentration Camps*. Boston 1977, S. 267 und S. 291.

17 Zahlen nach: Klaus Drobisch, Günther Wieland, *System der NS-Konzentrationslager 1933-1939*. Berlin 1993, Tabelle 21, S. 195 und Tabelle 31, S. 257.

18 Das KZ Ravensbrück scheint für die Oberaufseherinnen und Gruppen von Aufseherinnen eine ähnliche Funktion besessen zu haben. Ravensbrück war von Mai 1939 bis 1942 – so zumindest der heutige Stand der Forschung – der einzige Haftort für weibliche KZ-Insassen und zugleich der einzige Ausbildungsort für Aufseherinnen. Erst 1942 begann das WVHA Frauenabteilungen auch in anderen Konzentrationslagern einzurichten. Das Personal der neu errichteten Frauenabteilungen wurde aus Ravensbrück rekrutiert.

19 Die Beziehung zwischen den Konzentrationslagern und den umliegenden Städten ist exemplarisch untersucht worden. Vgl. z. B. Sybille Steinbacher, *Dachau. Die Stadt und das Konzentrationslager in der NS-Zeit. Die Untersuchung einer Nachbarschaft* (Münchner Studien zur neueren und neuesten Geschichte, 5). 2. Aufl., Frankfurt am

Main u. a. 1994; Jens Schley, *Nachbar Buchenwald: die Stadt Weimar und ihr Konzentrationslager 1937-1945*. Köln, Weimar 1999; sowie die entsprechenden Aufsätze im Heft 12 (1996) der *Dachauer Hefte*.

20 Niederschrift Höß, Archiv des staatlichen Museums Auschwitz-Birkenau, Oswiecim, Höß-Prozeß, H 21 b, Bl. 225, 234, 242, 248. Vgl. Rudolf Höß, *Kommandant in Auschwitz. Autobiographische Aufzeichnungen des Rudolf Höß*. Hg. von Martin Broszat 13. Aufl., München 1992, S. 140-143.

21 Vgl. ausführlich Orth, *System*, S. 328-336.

22 Vgl. Michael Wildt, »Götzendämmerung. Das Reichssicherheitshauptamt im letzten Kriegsjahr«, in: *Sozialwissenschaftliche Informationen*, Jg. 24 (1995), H. 2, S. 101-108 (105-107); Gerhard Paul, *Staatlicher Terror und gesellschaftliche Verrohung. Die Gestapo in Schleswig-Holstein* (IZRG-Schriftenreihe, 1). Hamburg 1996, S. 226-235.

23 Höß, *Kommandant*, S. 148. Auch Paul Werner Hoppe (Kommandant in Struthof) beschrieb 1953 die Ansprache Himmlers ähnlich – allerdings kam in der Vernehmung Hoppe vor der bundesdeutschen Staatsanwaltschaft der Abstand von acht Jahren zum Tragen, vor allem jedoch Hoppes Intention, das Treffen mit den Spitzen der Reichsführung der SS möglichst banal erscheinen zu lassen. Vernehmung Hoppe vom 29.12.1953, Nordrhein-Westfälisches Staatsarchiv (NSM), Münster, Staatsanwaltschaft beim Landgericht (StA) Bochum, Bd. 9041, Bl. 677R.

24 Zu den Internierungslagern insgesamt vgl. Heiner Wember, *Umerziehung im Lager. Internierung und Bestrafung von Nationalsozialisten in der britischen Besatzungszone Deutschlands* (Düsseldorfer Schriften zur Neueren Landesgeschichte und zur Geschichte Nordrhein-Westfalens, 30). Essen 1991.

25 Brief von vier ehemaligen Häftlingen an Pister, Archiv Gedenkstätte Buchenwald, Buchenwald Prozesse, United States vs. Ilse Koch, roll 1; Brief L. W. an das Oberste Militärgericht vom 3.5.1946, Forschungsstelle für Zeitgeschichte in Hamburg, Nachlass Martin Weiß, Nachtrag; Aussage Hanswalter Nitsche über Hoppe am 13.10.1953, NSM, StA Bochum, Bd. 9042, Bl. 523; Anklageschrift vom 30.5.1967, Zentrale Stelle der Landesjustizverwaltungen, Ludwigsburg, 405 AR 3681/65, Verfahren gegen Hassebroek, Bl. 9.

26 Tatsächlich wurden einige ehemalige Funktionshäftlinge ebenfalls angeklagt. Nun begegneten ihnen die ehemaligen SS-Männer plötzlich als Zeugen.

27 So z. B. die Zeugenaussagen einiger deutscher Juden, die zunächst nach Riga deportiert, dann im KZ Struthof gefangengehalten wurden. Sie befinden sich überwiegend in: NSM, StA Bochum, Bd. 8992 und Bd. 9043.

28 Für die amerikanische Besatzungszone hatte das erste, in Dachau stattfindende Militärgerichtsverfahren eine Musterfunktion. Aus juristischer Sicht vgl. Holger Lessing, *Der erste Dachauer Prozeß 1945/46* (*Fundamenta iuridica*, 21). Baden-Baden 1993. Eine Übersicht über die sogenannten Dachauer Prozesse findet sich bei Robert Sigel, *Im Interesse der Gerechtigkeit. Die Dachauer Kriegsverbrecherprozesse 1945-1948*. Frankfurt am Main, New York 1992. Zu den Prozessen in der französischen Besatzungszone vgl. Yveline Pendaries, *Les procès de Rastatt. Le jugement des crimes de guerre en Zone Francaise d'occupation en Allemagne de 1946 à 1954*. Bern u. a. 1995.

29 Diese und die folgenden Angaben beziehen sich auf diejenigen Abteilungsleiter, die bei Kriegsende noch lebten. Einige SS-Führer waren (vor allem in der letzten Kriegsphase) in Kampfhandlungen ums Leben gekommen. Vgl. hierzu und zum folgenden Orth, *Konzentrationslager-SS*, S. 302-305.

30 Vier Männer waren noch während des Krieges (zum Teil an der Front) gestorben, einer verübte 1946 Selbstmord. Die anderen ehemaligen SS-Führer starben in den fünfziger oder frühen sechziger Jahren, ohne jemals gerichtlich belangt worden zu sein.

31 Acht Kommandanten fielen in Kampfhandlungen oder gelten als vermisst, einer (der Kommandant des KZ Mauthausen) wurde am 23.5.1945 auf der Flucht von amerikanischen Soldaten angeschossen und starb wenig später. Zudem wurde der erste Kommandant des KZ Buchenwald von einem SS- und Polizeigericht verurteilt und hingerichtet, ein Kommandant starb eines natürlichen Todes.

»Protokoll vor der Schwarzen Wand«

Die Ortsbesichtigung des Frankfurter Schwurgerichts in Auschwitz

Sybille Steinbacher

Der Rechtsanwalt Henry Ormond rief am 53. Verhandlungstag des Auschwitz-Prozesses zu einem Vorhaben auf, das den Prozessbeteiligten unerhört erscheinen musste.[1] Der Vertreter der Nebenklage legte dem Gericht im Juni 1964 den lapidar formulierten und formlos eingereichten Antrag vor, zum Zweck der Beweisaufnahme den »Tatort Auschwitz« zu besichtigen. Im politischen Kontext des Kalten Krieges war das Gesuch tollkühn. Denn Auschwitz lag hinter dem »Eisernen Vorhang«, und nicht lange zuvor hatte die Kuba-Krise die Welt an den Rand einer neuen militärischen Auseinandersetzung geführt. Nun verlangte der Anwalt, das bundesdeutsche Gericht möge im Interesse der Wahrheitsfindung an den Ort der nationalsozialistischen Massenverbrechen reisen.[2]

Wie wichtig die Kenntnis des Mordschauplatzes sei, begründete Ormond, habe der bisherige Verlauf der Verhandlung gezeigt. Das Gericht solle in Augenschein nehmen, worüber es seit mehr als einem halben Jahr verhandle. Bei Kapitalverbrechen sei es üblich, den Tatort zu besichtigen, vor allem dann, wenn Geständnisse nicht vorliegen. »Um wieviel mehr«, so sein Appell, »sollte das im Auschwitz-Prozess der Fall sein, und zwar im Interesse aller Prozessbeteiligten«. Denn: »Noch so präzise Zeugenaussagen, noch so gute Skizzen und Schaubilder können den persönlichen Eindruck nicht ersetzen.«[3]

Spätestens mit Beginn des Prozesses war der Name des größten und bedeutendsten nationalsozialistischen Konzentrations- und Vernichtungslagers in der Bundesrepublik Deutschland zum Symbol und Synonym für die Massenverbrechen des NS-Regimes geworden.[4] Ormonds Antrag setzte vor diesem Hintergrund juristisch und politisch neue Akzente.[5] Vorbereitung, Realisierung und auch Auswirkungen der

Ortsbesichtigung hatten im Kontext der Auseinandersetzung zwischen Ost und West, aber auch im Zusammenhang mit der Frage nach der Aufmerksamkeit der Weltöffentlichkeit für den bundesdeutschen Umgang mit der NS-Vergangenheit, zentrale Bedeutung.

Auschwitz, der Ort, von dem Rudolf Höß nach seiner Ernennung zum Lagerkommandant 1940 abschätzig gesagt hatte, er liege »weit ab«, irgendwo »dahinten in Polen«,[6] war Mitte der sechziger Jahre für ein bundesdeutsches Gericht tatsächlich nahezu unerreichbar. Zwischen der Bundesrepublik Deutschland und der Volksrepublik Polen bestanden zu dieser Zeit keine staatlichen Beziehungen. Die Last der NS-Vergangenheit und die anhaltende Debatte um die polnische Westgrenze ließen eine zwischenstaatliche Normalität auch nicht zu.[7]

Jeder sechste polnische Staatsbürger – insgesamt mehr als sechs Millionen – war unter nationalsozialistischer Herrschaft ermordet worden. Die meisten, Juden wie Nicht-Juden, starben nicht infolge direkter Kriegshandlungen, sondern wurden Opfer gezielter »rassischer« Ausrottungsmaßnahmen. Im Zeichen nationalsozialistischer Hybris sollte Polen als Staat vernichtet, die Bevölkerung, die nicht vertrieben und ermordet worden war, zu einem Helotenvolk des Deutschen Reiches degradiert werden.[8] Kein anderes der überfallenen und eroberten Länder hatte im Zweiten Weltkrieg prozentual höhere Verluste an Menschenleben und Nationalvermögen erlitten. In ökonomischer Hinsicht bereits zu Kriegsbeginn rückständig, büßte Polen 38 Prozent seines Nationalvermögens ein (Frankreich 1,5 Prozent und England 0,8 Prozent) und verlor infolge des Krieges ein Drittel seiner industriellen Einrichtungen.

Sprachlosigkeit kennzeichnete die Beziehung zwischen Polen und der jungen Bundesrepublik. Zwar konstatierte Adenauer, die Bundesregierung habe aufgrund der vom »Dritten Reich« begangenen Verbrechen gegenüber Polen dieselben moralischen Verpflichtungen wie gegenüber Israel. Jedoch stand dieses Bekenntnis mit den politischen Handlungen des Bundeskanzlers nicht im Einklang. Mit dem Fortschreiten des Kalten Krieges und der sich zuspitzenden deutsch-deutschen Frage verhärteten sich zusehends die Fronten. Polen war nach Ansicht der Bundesregierung kein selbständiger Staat, sondern ein von Moskau abhängiges Gebilde im sowjetischen Satellitensystem. Seit 1949 im diplomatischen Kontakt zur DDR, geriet das Land zudem unmittelbar in den Bannfluch der Hallstein-Doktrin. Gerechtfertigt mit dem Alleinvertretungsanspruch, der prinzipiellen Nichtanerkennung der DDR und dem Vorbehalt, die polnische Westgrenze bis zum Abschluss eines gesamtdeutschen Friedensvertrags nicht zu akzeptieren, lehnte Bonn diplomatische Beziehungen mit Polen rundweg ab.

Die Volksrepublik Polen unternahm Mitte der fünfziger Jahren indes Versuche, Anschluss an das westliche Europa zu finden. Nach dem Angebot der Sowjetunion an die bundesdeutsche Regierung, das Verhältnis zu entspannen, äußerte auch Warschau den Wunsch nach Normalität. Im Februar 1955 erklärte der polnische Staatsrat den Kriegszustand mit Deutschland für beendet und kündigte die Aufnahme friedlicher Beziehungen an. Auf wirtschaftlichem Gebiet hatte die Annäherung bereits Ende der vierziger Jahre begonnen.[9] Allerdings besaßen die Handelsbeziehungen nicht die Durchschlagskraft, um die Bundesrepublik zur Aufgabe ihrer Grundsätze zu bewegen. Deutlich wurde dies, als der polnische Außenminister Adam Rapacki im Oktober 1957 im Rahmen seiner Politik der »konstruktiven Koexistenz« die Schaffung einer atomwaffenfreien Zone in Mitteleuropa anregte. Um der Teilung Europas entgegenzuwirken, sah sein Vorhaben – »Rapacki-Plan« genannt und den Vereinten Nationen zur Erörterung vorgelegt – den atomaren Rüstungsabbau in der Bundesrepublik, der DDR, in Polen und der Tschechoslowakei vor. Da der Plan vom Status Quo der Grenzen und auch von der Existenz zweier deutscher Staaten ausging, sprach Bonn von einer Strategie Moskaus, um der DDR mit Unterstützung von Warschau zur Anerkennung zu verhelfen. Der Rapacki-Plan sowie Varianten, die zusätzlich die Reduktion konventioneller Waffen vorsahen, wurden mit Nachdruck abgelehnt.[10]

Das polnische Eintreten für die Normalisierung der Verhältnisse und die Bereitschaft zum Brückenbau zwischen Ost und West veranlasste lediglich die Opposition im Deutschen Bundestag zum Handeln. SPD und FDP drängten 1957/58 darauf, diplomatische Beziehungen aufzunehmen, um aus der politischen Sackgasse herauszukommen. Carlo Schmid, Mitglied des Parteivorstands der SPD und seit 1949 Vizepräsident des Bundestages, unterstrich die Forderung – zur Entrüstung seiner politischen Gegner – mit einer demonstrativen Privatreise nach Warschau.[11] Von der Universität zu einem Vortrag eingeladen, sagte Schmid in der polnischen Hauptstadt: »Jeder redliche Deutsche [weiß], daß die an Polen begangenen Untaten auch auf seinem Gewissen lasten.«[12]

Nach Ansicht der Bundesregierung ließen die Hallstein-Doktrin und auch der Druck der Vertriebenenverbände, nach deren Interpretation bereits Verhandlungen mit der polnischen Regierung der Anerkennung der Oder-Neiße-Grenze gleichkamen, eine Verständigung nicht zu.

Dem polnischen Entgegenkommen signalisierte Adenauer weder Anerkennung noch Kooperationsbereitschaft. Vielmehr rührte er den wundesten Punkt des deutsch-polnischen Verhältnisses, die Grenzfrage, immer wieder an. Der polnischen Auffassung von der Unversehrbarkeit des Staatsgebiets in den von den Alliierten festgelegten Grenzen stand die bundesdeutsche Ablehnung der – demonstrativ »Linie« genannten – Oder-Neiße-Grenze als völkerrechtlich wirksame Staatsgrenze diametral entgegen. Kontakte wurden von bundesdeutscher Seite ausschließlich auf inoffizieller Ebene geknüpft. Beispielhaft hierfür sind die Ende 1960 aufgenommenen Gespräche von Berthold Beitz, dem Generalbevollmächtigten des Hauses Krupp, mit führenden polnischen Politikern. Politische Taten folgten den verbalen Annäherungsversuchen allerdings nicht. Vielmehr blieb es ausschließlich der Initiative einzelner gesellschaftlicher Gruppen, auch der Kirchen, einiger Politiker, Schriftsteller, Journalisten und Publizisten überlassen, Verbindungen aufzubauen und um wechselseitiges Verständnis zu werben.[13] Für eine Normalisierung der politischen Beziehungen zu Polen, hieß es aus Bonn, sei die Zeit nicht reif.

Enttäuscht von der jahrelang ausgebliebenen Anerkennung der Verständigungsversuche und verletzt von der bundesdeutschen Hinhaltetaktik, reagierte Polen Anfang der sechziger Jahre mit der Verhärtung der Fronten. Furcht, Respekt, auch Überschätzung wurde den Westdeutschen entgegengebracht, vor allem aber tiefes Misstrauen. Die Gefahr eines deutschen Nationalismus, getragen von Revisionismus und einem nicht zuletzt rassistisch motivierten Überlegenheits-Komplex, schien den Polen keineswegs gebannt. An die Staaten des westlichen Verteidigungsbündnisses erging der Appell zur Distanzierung von der polenfeindlichen, »kriegerischen« Politik Adenauers. Die antideutsche, genauer: antibundesrepublikanische Furcht, genährt von der wirtschaftlichen Übermacht und der erstarkenden politischen Stellung des Landes, bekam für Polen identitätsstiftende Funktion.[14] Da die bundesdeutsche Haltung zur polnischen Westgrenze die territoriale Integrität und damit die nationale Existenz bedrohte, betrachtete Polen den westdeutschen Staat als den gefährlichsten politischen Gegner.[15]

Aus wirtschaftlichen Gründen gewährte Warschau der Bundesrepublik, dem wichtigstem westlichen Handelspartner, 1963 die Errichtung einer westdeutschen Handelsvertretung.[16] Unter Verweis auf den Grenzvorbehalt wurden jedoch alle mit Außenhandelskontakten verbundenen bundesdeutschen politischen Ambitionen abgelehnt. Ausdrücklich hieß es aus Warschau, keinerlei Ersatz für offizielle zwischenstaatliche Beziehungen akzeptieren zu wollen. Wenngleich die Bundesregierung ins selbe Horn stieß und »schnelle sichtbare Erfolge« betont ausschloss, erwartete sie sich von der Errichtung der Handelsvertretung doch, »das Verhältnis zu Polen schrittweise zu verbessern«.[17] Der bundesdeutsche Plan, die Handelsvertretung in Warschau nach und nach mit konsularischen Rechten auszustatten, um die Beziehung zu Polen zu entspannen, ohne dabei aber von der Hallstein-Doktrin abrücken zu müssen, ging im Ergebnis nicht in Erfüllung. Die Institution kam über ihre ausschließlich ökonomische Funktion nicht hinaus.[18]

Als in der Bundesrepublik die Ära Adenauer im Oktober 1963 zu Ende ging, konnte von Entspannung, Aussöhnung und der Normalisierung des Verhältnisses zu Polen nicht die Rede sein. Im Gegenteil: Alte Feindbilder in Verbindung mit der Rhetorik des Kalten Krieges prägten die Beziehungen.

Dass im politisch eisigen Klima der sechziger Jahre die Ortsbesichtigung in Auschwitz stattfand, ist erstaunlich. Das Zustandekommen ist jedoch nicht der bundesdeutschen Politik zu verdanken, die in das Vorhaben keine Tatkraft investierte. Die Ortsbesichtigung kam vielmehr zustande, weil zwei Juristen hohes Engagement entwickelten und die private Initiative ergriffen, um das Vorhaben in die Tat umzusetzen. Gemeinsam mit seinem polnischen Kollegen Jan Sehn, dem Direktor des Kriminologischen Instituts der Universität Krakau, gelang es Rechtsanwalt Henry Ormond, die Ortsbesichtigung über die Gräben des Ost-West-Konflikts hinweg auf den Weg zu bringen. Über ihr Engagement und auch über die Hindernisse, die sie zu überwinden hatten, bewahrten die beiden allerdings (auch später) Stillschweigen.

Die nationalsozialistischen Untaten mit den Mitteln des Strafrechts zu verfolgen, war für Ormond und Sehn ein grundlegendes Ziel ihrer juristischen Arbeit. Als der Nürnberger Prozess begann, wohnte Sehn dem Geschehen als Beobachter der polnischen Regierung bei. Im Krakauer Verfahren von 1946/47 gegen Höß fungierte er als Untersuchungsrichter. Ormond, als Jude selbst Verfolgter des NS-Regimes,[19] trat 1950 erstmals in Sachen Auschwitz vor Gericht, als er für seinen Freund und Mandanten Norbert Wollheim die Entschädigungspflicht des I. G. Farben-Konzerns für jahrelange Zwangsarbeit erstritt.[20]

Vermutlich hatte Ormond den Gedanken, dem Frankfurter Schwurgericht die Besichtigung des Tatortes Auschwitz vorzuschlagen, schon zu Prozessbeginn. Denn kurz darauf trat er bereits mit einer Liste detaillierter Fragen an Jan Sehn heran und kündigte an: »In den nächsten Tagen werde ich mir über den Antrag auf Lokaltermin schlüssig werden müssen«.[21] Zwar arbeiteten die Justizbehörden beider Staaten im Auschwitz-Prozess trotz fehlender Rechtshilfeabkommen von Beginn an zusammen, was den Austausch von Dokumenten und auch die Überführung der Angeklagten ermöglichte. Die Kooperation bei der Vorbereitung der Ortsbesichtigung war gleichwohl einmalig: ein Novum in der Rechtsgeschichte der Bundesrepublik.

Dank der Zusammenarbeit mit Sehn präsentierte Ormond dem Gericht mit seinem Antrag bereits eine Vollmacht des polnischen Justizministeriums. »Die Regierung der Volksrepublik Polen«, heißt es, stehe »dem Gedanken der Abhaltung eines derartigen Lokaltermins im Grundsatz positiv gegenüber«. Polen sei bereit, »im Dienste der Erforschung der objektiven Wahrheit« einen entsprechenden Antrag des Frankfurter Gerichts »wohlwollend zu prüfen« und »auch die Einzelpunkte« so zu erledigen, dass »die Durchführung des Lokalaugenscheins ermöglicht wird«.[22] Was unter dem lapidaren Stichwort »Einzelpunkte« firmierte, waren zentrale Fragen, von deren einvernehmlicher Klärung die Realisierung des Vorhabens entscheidend abhing. »Bei gutem Willen auf deutscher und auf polnischer Seite«, meinte Ormond optimistisch, ließen sich die zu erwartenden rechtlichen, technischen und politischen Schwierigkeiten aber überwinden.[23] Von besonderer Dringlichkeit war die Frage nach der rechtsverbindlichen Zusicherung freien und sicheren Geleits, also der zu jeder Zeit ungehindert möglichen Rückkehr aller Prozessbeteiligten – auch der Angeklagten – in die Bundesrepublik. Es ging zudem um die strikte Vermeidung einer Verletzung der polnischen Souveränität durch die Amtshandlungen des deutschen Gerichts, außerdem um den Verzicht auf Ausübung von Strafansprüchen polnischer Behörden gegenüber den Angeklagten, schließlich um die Mitreise deutscher Polizeibeamter und auch um die Ausstellung der Visa. In allen Punkten machte die polnische Regierung bemerkenswerte Zugeständnisse.

Überraschend sicherte auch die DDR weitreichende Garantien zu. Friedrich Karl Kaul,[24] der Vertreter der Nebenklage aus Ost-Berlin, stellte die ungehinderte Reise der Prozessbeteiligten durch die DDR in Aussicht und zudem »jede nur irgendwie geartete Erleichterung und Unterstützung«[25]. In der Begründung schloss sich Kaul ausdrücklich der Argumentation seines Kollegen Ormond an und nannte die Besichtigung des Tatortes »für die Wahrheitsfindung fast unabdingbar, da dadurch überhaupt erst das Ausmaß der Verstrickung aller Beteiligten bei den Tatvorgängen eindeutig festgestellt werden kann.«[26] Zwischen den beiden deutschen Staaten war es vor Beginn des Auschwitz-Prozesses im Zusammenhang mit Ermittlungen gegen Angehörige der SS-Wachmannschaften verschiedener Konzentrationslager zum wechselseitigen Austausch in Rechtsfragen und auch zur Übergabe von Beweismitteln gekommen. Bundesdeutsche Staatsanwälte unternahmen 1963 ihre erste Dienstreise in die DDR, und ostdeutsche Nebenkläger und Anwälte beteiligten sich seither an NS-Prozessen im Westen. Die Bundesrepublik schloss indes kein Rechtsverkehrsabkommen und die DDR gab keine Gegenrechtserklärung ab.[27] Dass die justitielle Zusammenarbeit über die deutsch-deutsche Grenze hinweg gleichwohl zustande kam, hatte von seiten der DDR insbesondere einen Grund: Die für Mai 1965 in der Bundesrepublik anberaumte Verjährung von NS-Verbrechen sollte durch Ermittlung einer größtmöglichen Zahl von Einzelfällen abgewendet werden; in diesem Sinne richtete die DDR Appelle auch an Polen und andere Mitgliedsstaaten des Ostblocks.

Über die Motive für die Kooperationsbereitschaft Ost-Berlins bei der Organisation der Ortsbesichtigung in Auschwitz läßt sich allerdings nur spekulieren, da Unterlagen staatlicher Behörden nicht erhalten blieben.[28] Fest steht, dass Ormond und Sehn, die Initiatoren des Vorhabens, eine Beteiligung der DDR zu keiner Zeit vorgesehen hatten.[29] Kaul signalisierte den Unterstützungswillen drei Tage nach der Verlesung von Ormonds Antrag. Dass er sich hierfür Zeit ließ, legt die Vermutung nahe, dass Ost-Berlin über das polnische Vorgehen im vorhinein möglicherweise nicht unterrichtet worden war. Um den Eindruck eines polnischen Alleingangs bei der Ahndung der Massenverbrechen von Auschwitz zu verhindern, zog die DDR offensichtlich nach und sicherte ihrerseits weitreichende Garantien zu. Ziel war es allem Anschein nach, die Einigkeit des sozialistischen Lagers vor Augen zu führen, nicht zuletzt mit der Absicht, die eigene politische und moralische Überlegenheit im Umgang mit den Untaten des NS-Staates gegenüber der bundesdeutschen Rechtspraxis zu demonstrieren.[30] Besonders deutlich wird dies, wenn Kaul in einem von der ostdeutschen Nachrichtenagentur ADN (Allgemeiner Deutscher Nachrichtendienst) verbreiteten Interview auf die Frage nach der Bedeutung der Garantieerklärung in Sachen Ortsbesichtigung sagte, die DDR wolle gezielt Hilfestellung leisten bei der Förderung der »Entwicklung der Demokratie in den Ländern, die die Keimzelle des Faschismus waren«.[31]

Während der Verlesung von Ormonds Antrag ging durch die Reihen der Verteidiger ein Raunen. Es war bekannt, dass Geschworene und Richter unter dem Eindruck einer Tatortbesichtigung oftmals zu harten Urteilen neigten. Vehement verlangte Hans Laternser[32] die sofortige Zurückweisung des Vorschlags. Nach zwanzig Jahren, argumentierte er, sei in Auschwitz zu musealen Zwecken und überdies im Dienste »tendenziöser Verdeutlichungen« so vieles verändert worden, dass eine Ortsbesichtigung sinnlos sei. Empört war er insbesondere über die erwogene Kooperation mit Staaten des Ostblocks, die als Geste der Aufwertung von seiten der Bundesrepublik und im Falle der DDR als Anerkennung verstanden werden könne. Seinem ostdeutschen Kollegen Kaul, mit dem er sich im Prozessverlauf heftige Wortgefechte lieferte, hielt Laternser vor, die Garantiererklärungen der DDR seien »reine Scheinangebote«. Eine Reise hinter den »Eisernen Vorhang« hielt er angesichts der politischen Verhältnisse »in keinem Falle für zumutbar«. Lehnte aber auch nur ein einziger Verteidiger die Fahrt wegen Unzumutbarkeit ab, so Laternser, sei dies ein Revisionsgrund gegen das zu fällende Urteil des Schwurgerichts und könne eine Wiederholung des gesamten Prozesses zur Folge haben.[33] Offenkundig versuchte Laternser, alle Register zu ziehen, um politischen Druck auf das Gericht auszuüben. Er betonte demonstrativ, dass ihm eine Reise nach Auschwitz nicht zuzumuten sei.[34] Laternser fühlte sich berufen, im Namen aller Verteidiger zu sprechen, was Kollegen jedoch mit heftigem Widerspruch quittierten, namentlich Hans Schallock, Gerhard Göllner und Wolfgang Zarnack. Überraschend stellte Zarnack seinerseits Antrag auf die »Einnahme des richterlichen Augenscheins am Tatort«.[35] Der Disput zeigte, daß die Verteidiger keine geschlossene Phalanx bildeten und eine einheitliche Strategie im Prozessverlauf nicht verfolgten. Gegensätze in ihren Reihen traten offen zu Tage.

Die Anklagevertretung ließ sich auffallend lange Zeit, ehe sie sich mit einer positiven Stellungnahme zu Ormonds Antrag zu Wort meldete. Das Hessische Justizministerium hatte an die Staatsanwaltschaft zunächst appelliert, aufgrund der politischen Brisanz zu dem Vorhaben nicht Stellung zu nehmen. Schließlich folgte die Empfehlung des Ministeriums, den Antrag abzulehnen.[36] Dass die Staatsanwälte letztlich anders handelten, hatte insbesondere prozesstaktische Gründe, da sich einige Verteidiger dem Antrag bereits angeschlossen hatten.[37] Aber auch inhaltliche Argumente sprachen für die Ortsbesichtigung: Dem Gericht, hieß es, könne sich »eine eindeutige Kenntnis der räumlichen Gesamtsituation« erschließen. Die zahlreichen Zeugenaussagen ließen sich verifizieren, Erinnerungsvermögen und Glaubwürdigkeit von Zeugen und Angeklagten fundiert beurteilen. An das Gericht erging von seiten der Staatsanwaltschaft schließlich die Bitte, angesichts der »sachlichen Berechtigung des Antrags« die offenen Fragen zu klären.[38]

Ormonds Antrag wurde in der Folgezeit zu einer Angelegenheit, die weit über juristische Belange hinausragte. Die Frage der Ausübung der Hoheitsgewalt eines deutschen Richters auf polnischem Boden war ein Politikum ersten Ranges. Das Frankfurter Schwurgericht, das kein Rechtssubjekt im Sinne des Völkerrechts war, trat Ende Juni 1964 an das Hessische Justizministerium mit der Aufforderung heran, das »unerreichbare Beweismittel«, so der Terminus für den Tatort Auschwitz, »erreichbar zu machen« und Vorbereitungen zu treffen, damit die Amtshandlungen des Schwurgerichts auf polnischem Boden stattfinden konnten.[39] Das Bundesjustizministerium, das Auswärtige Amt, auch das Bundeskanzleramt sowie das Bundesinnenministerium schalteten sich ein. Um eine Lösung »auf diplomatischem Wege« wurde gerungen.[40]

Während im Gerichtssaal monatelang von der Ortsbesichtigung nicht mehr die Rede war, kamen in Bonn unterdessen die Vertreter der Bundesbehörden zusammen.[41] Eine komplizierte Situation war entstanden, weil von der Bereitschaft zur Ortsbesichtigung das außenpolitische Renommee der Bundesregierung abhing. Bonn mußte davor bewahrt werden, in der internationalen Öffentlichkeit den Eindruck zu erwecken, nicht alles in der eigenen Macht Stehende zu unternehmen, um die Verbrechen von Auschwitz aufzuklären. Der Umgang mit der NS-Vergangenheit – bislang allenfalls eine bundesdeutsche Angelegenheit – war unter den Vorzeichen des Kalten Krieges zu einer Sache von internationaler Aufmerksamkeit geworden. Ormonds Initiative setzte die Bundesbehörden unter Zugzwang, denn um außenpolitische Kritik abzuwehren, musste trotz Bedenken zumindest Interesse an der Ortsbesichtigung bekundet werden. Nach langwierigen Ressortbesprechungen kamen die Vertreter der Bundesbehörden schließlich überein, »eine Sitzung des Gerichts in Auschwitz stattfinden zu lassen«,[42] weil ein »ablehnender Standpunkt« in dieser Angelegenheit, wie es explizit heißt, »unerwünscht« sei. Einig war man sich vor allem darin, daß eine Reise durch die »Sowjetzone« nicht in Frage kam.[43] Rechtspolitische Vorbehalte bestanden, weil den polnischen Strafverfolgungsbehörden im Rahmen der Gegenseitigkeit das Recht auf justitielle Maßnahmen in der Bundesrepublik zugestanden werden musste. Umständlich wurde erörtert, ob zur

Aufnahme von Verhandlungen mit Polen besser die deutsche Handelsvertretung in Warschau eingeschaltet, eine deutsche Verhandlungsdelegation gebildet oder ein Notenwechsel eingeleitet werden solle.[44] Dringend sei zu verhindern, hieß es, dass nach Einleitung von Vorbereitungen die Teilnahmeverweigerung eines Prozessbeteiligten das Vorhaben zum Scheitern bringen könne. Überlegungen bestanden auch, das Bundeskabinett einzuschalten, und schließlich wurde nicht ausgeschlossen, dass der Bundeskanzler Bedenken gegen die Pläne habe.[45] Kurz gesagt: Die Bemühungen Bonns galten nicht der juristischen Aufklärung der Verbrechen von Auschwitz, sondern waren einzig darauf gerichtet, die Bundesrepublik vor einer drohenden Blamage zu bewahren.

Aufgrund der Vorbehalte auf höchster politischer Ebene sprach sich das Frankfurter Schwurgericht lange Zeit nicht eindeutig zugunsten der Ortsbesichtigung aus. Der Vorsitzende, Hans Hofmeyer, nannte Auschwitz nach wie vor ein »unerreichbares Beweismittel«.[46] Das Gericht versäumte, deutlich zu machen, welchen Zweck die Reise für die Beweiserhebung haben werde, und unklar war auch die Haltung in der maßgeblichen Frage, ob die Ortsbesichtigung gegebenenfalls vom gesamten Gericht oder lediglich einem beauftragten Richter durchgeführt werden solle.[47] Vom Standpunkt des Gerichts, so waren die Vertreter der Bundesbehörden überein gekommen, sollte allerdings die endgültige Entscheidung abhängen. Als handle es sich nicht um eine genuin politische Angelegenheit, die diplomatisches Können verlangte, sondern lediglich um die Klärung juristischer Detailfragen, wurde die Verantwortung den örtlichen Justizbehörden zugeschoben. Bonn ließ das Frankfurter Schwurgericht vergeblich auf Unterstützung warten.

Um endlich eine Entscheidung herbeizuführen, wiederholte Ormond seinen Antrag am 100. Verhandlungstag, nicht ohne deutlich auf das Mitte November 1964 bevorstehende Ende der Beweisaufnahme hinzuweisen. Mehr als drei Monate waren seit der Präsentation des Vorhabens mittlerweile vergangen. Den Ausschlag gab schließlich die Zeugenaussage von Landgerichtsrat Heinz Düx, der vor Gericht über eine Privatreise nach Auschwitz sprach, die er drei Jahre zuvor gemacht hatte. Düx, als Untersuchungsrichter der Leiter der Vorermittlungen im Auschwitz-Verfahren, erklärte, dass das Stammlager vollständig erhalten sei. Vom Besuch von Monowitz riet er ab, da das Gelände nach Kriegsende eingeebnet wurde, und Birkenau hielt er nur bedingt zur Besichtigung geeignet, da die Krematorien zu Kriegsende gesprengt worden und Vergasungsräume nicht mehr sichtbar waren; Gleisanlagen und Rampe aber waren nach seiner Einschätzung gut erhalten. Als Detailfragen trotz der Ortskenntnis des Zeugen nicht zu beantworten waren, ließ dies deutlich werden, wie wichtig eine Ortsbesichtigung war. Um Antworten zu finden, so Düx mit Nachdruck, »müsse man eben nach Auschwitz fahren«.[48]

Überraschend für Prozessbeteiligte und Öffentlichkeit fiel sechs Tage später, am 22. Oktober 1964, die Entscheidung. Ein sogenannter Lokaltermin, an dem das gesamte Gericht, das heißt die Richter, Geschworenen und Verteidiger, die auf freiem Fuß wie auch die in Haft befindlichen Angeklagten und darüber hinaus eine Reihe von Sicherheitsbeamten hätten teilnehmen müssen, kam nicht zustande.[49] Statt dessen, so der Beschluss des Gerichts, sollte in deutlich kleinerer Besetzung eine sogenannte richterliche beziehungsweise kommissarische Augenscheineinnahme stattfinden.[50] Mit den beteiligten Ministerialbeamten hatte der Vorsitzende des Schwurgerichts die Vorgehensweise am Vortag in Bonn besprochen. Nicht die Bundesbehörden, so die Übereinkunft, sondern das Frankfurter Schwurgericht solle Kontakt mit der polnischen Regierung aufnehmen und den Vorschlag über die Reise nach Auschwitz unterbreiten. Mit Blick auf den Beförderungsweg, den das von Hofmeyer verfasste Schreiben nahm,[51] wird schlagartig klar, welche diplomatischen Verrenkungen Bonn zu vollführen bereit war: Der Brief traf im Bundesjustizministerium ein, ging von dort an das Auswärtige Amt, dann an die bundesdeutsche Handelsvertretung in Warschau, von dort an das polnische Außenhandelsministerium und erreichte schließlich Justizminister Marian Rybicki. Dieser willigte Anfang Dezember 1964 ein, ohne Bedingungen zu stellen, und bekräftigte die bereits Monate zuvor gemachten Zusagen. Jan Sehn und sein Kollege Eugeniusz Szmulewski, Mitglied der Hauptkommission zur Untersuchung nationalsozialistischer Verbrechen in Polen, wurden mit umfassenden Vollmachten der polnischen Regierung ausgestattet. Für die Dauer der Augenscheineinnahme in Auschwitz, dies stand fest, galt die deutsche Strafprozessordnung, und alle Prozessbeteiligten erhielten freies Geleit.[52]

Die Kooperation war nicht das Verdienst der Bundesregierung. Dass die Abmachungen getroffen werden konnten, ist vielmehr dem Entgegenkommen Polens zuzuschreiben. Da es Bonn am Willen fehlte, offizielle Kontakte aufzunehmen, kam eine staatliche Vereinbarung nie zustande. Alle entscheidenden Schritte waren vielmehr Sache des Frankfurter Schwurgerichts. Die Bundesregierung konnte sich am Ende allenfalls auf die Fahnen schreiben, die Ortsbesichtigung durch ihr teils dila torisches, teils passives, grundsätzlich aber initiativloses und die Sache verzögerndes Verhalten nicht nachdrücklich behindert zu haben. Treffender als dies die Note über den Ausgang einer Besprechung im Bundeskabinett einzufangen vermag, lässt sich die Haltung Bonns kaum charakterisieren: »Das Kabinett hat keine Bedenken geäußert.«[53]

Unter der Leitung des beauftragten Richters und Mitglieds des Schwurgerichts, Amtsgerichtsrat Walter Hotz, machten sich am 12. Dezember 1964 insgesamt 24 Prozessbeteiligte auf die sechstägige Reise nach Polen. Da es sich um eine Augenscheineinnahme, nicht um einen Lokaltermin handelte, war kein Teilnehmer zur Mitreise verpflichtet, alle nahmen aus freien Stücken teil. Aus formalen Gründen durfte der Prozess nicht länger als zehn Tage unterbrochen werden, andernfalls hätte das Verfahren neu eröffnet werden müssen. Elf von 22 Verteidigern fuhren mit, außerdem drei Staatsanwälte sowie die drei Vertreter der Nebenklage, ferner ein Protokollführer, zwei Justizwachtmeister, ein Gerichtsfotograf und eine Dolmetscherin. Die Angeklagten, die sich in Untersuchungshaft befanden, hatten die Teilnahme schon zuvor abgelehnt; aus rechtlichen Gründen wurden sie nun offiziell ausgeschlossen. Acht weitere auf freiem Fuß befindliche Angeklagte hatten Anfang August aus Angst vor der Auslieferung an die polnische Justiz die Teilnahme verweigert, namentlich die besonders schwer belasteten Beschuldigten Boger, Kaduk, Klehr und Stark, außerdem Scherpe, Hofmann, Hantl und Schobert.[54] Einzig der frühere SS-Arzt Franz Bernhard Lucas erklärte sich zur Rückkehr nach Auschwitz bereit.[55]

Die Reise ging nicht ohne Hindernisse vonstatten, denn wegen Nebels musste die Delegation, die mit einer aus London erwarteten Sondermaschine der *Austrian Airlines* gegen Mittag in Frankfurt starten wollte, mit zwei Omnibussen zunächst nach Stuttgart fahren. Dort konnte das erwartete Flugzeug zwar landen und auch wieder starten, in Wien aber, wo die Gruppe schließlich gegen Mitternacht ankam, hatte die Anschlussmaschine der *LOT* in Richtung Warschau wegen des schlechten Wetters nicht gewartet. Erst am nächsten Morgen konnte die Reise nach einer nicht eingeplanten Nacht im *Vienna Intercontinental*, nun mit einem Charterflugzeug, fortgesetzt werden. »Nie war Auschwitz seit dem 20. Dezember 1963 so weit weg«, schrieb der *Spiegel* über die denkwürdige Anreise.[56] Um einen Tag verspätet traf die Delegation schließlich in Warschau ein, wo sie am Flughafen im Auftrag der polnischen Regierung von Jan Sehn empfangen wurde. Rasch und ohne bürokratisches Aufhebens erhielten die Teilnehmer in einem separaten Raum ihre Visa;

Zollkontrollen entfielen. Für Irritation sorgte allerdings, dass Jan Sehn den mitgereisten Angeklagten mit Handschlag begrüßte. Wie sich später herausstellte, hatte er Lucas irrtümlich für ein Mitglied des Gerichts gehalten.[57] Vom Hotel *Europejski* in der Warschauer Innenstadt reiste die Gruppe im Omnibus weiter nach Krakau.[58] Früh am nächsten Morgen, Montag, den 14. Dezember 1964, brachte der Bus die Delegation bei diesigem Wetter und leichtem Frost vom Hotel in das etwa 60 Kilometer entfernte Auschwitz. Dort stieß Friedrich Karl Kaul hinzu, der (von einem Krankenhausaufenthalt zurückgekehrt) zusammen mit seinem Assistenten und Sozius Joachim Noack im privaten PKW angereist war und in Kattowitz Quartier bezogen hatte.[59]

»Reise an den Ort des Grauens« schrieb die *Frankfurter Rundschau* an diesem Tag. Und ähnlich betitelten andere Zeitungen ihre Berichte über die Anwesenheit der bundesdeutschen Delegation in Auschwitz – »zwanzig Jahre danach«.[60] Aber nicht nur die Deutschen, auch die Weltöffentlichkeit schaute auf die Frankfurter Gerichtsdelegation. International wurde die Ortsbesichtigung zum publizistischen Großereignis. 200 bis 300 Journalisten aus ganz Europa, den USA und Israel, darunter Vertreter von Presse, Fernsehen und Nachrichtenagenturen wie Reuters, *Associated Press* (AP) und *United Press International* (UPI), hatten Einreisevisa nach Polen beantragt und auch erhalten. Hindernisse, mit denen westliche Reporter im Ostblock in der Regel zu rechnen hatten – auch dies ist ungewöhnlich –, bestanden nicht. Streng genommen war die Öffentlichkeit zwar nicht vorgesehen, da die Augenscheineinnahme nach dem deutschen Prozessrecht nicht Teil der Hauptverhandlung war. Staatsanwälte, Nebenkläger und Verteidiger erklärten sich aber zu regelmäßigen Pressekonferenzen bereit.[61] Das Krakauer Hotel *Francuski*, Unterkunft der Gerichtsdelegation und auch vieler Journalisten, glich einem Pressezentrum; eilends waren Anschlüsse für Telefon und Fernschreiber gelegt worden, und auch ein Postamt wurde eröffnet.

Die internationale Presse war dabei, als die Ortsbesichtigung mit einer Gedenkminute an der »Schwarzen Wand« im Stammlager Auschwitz gegen neun Uhr morgens begann.[62] Kazimierz Smolen, der Leiter der Gedenkstätte, empfing die Delegation in einem nach deutschem Muster vorbereiteten Gerichtssaal im Block elf, einst Sitz der Politischen Abteilung des KZ Auschwitz. Smolen verlieh der Delegation für die Dauer ihrer Anwesenheit die Schlüsselgewalt und stand auch als Auskunftsperson und sachverständiger Zeuge zur Verfügung. Mit den Worten: »Herr Amtsgerichtsrat, walten Sie Ihres Amtes«[63], übertrug Jan

Sehn – der an dieser Stelle seiner Begrüßungsrede ins Deutsche wechselte – Richter Walter Hotz die Verfügungsbefugnis über die polnischen Milizkräfte, die abgestellt worden waren, um den ungestörten Verlauf der Arbeit zu gewährleisten. Für Staatsanwälte, Verteidiger und Nebenklagevertreter stellte die Gedenkstätte jeweils separate Aufenthaltsräume zur Verfügung. Hotz bedankte sich für die exzellente Vorbereitung, das freundliche Entgegenkommen und vor allem dafür, dass »gerade auf diesem Boden« ein deutscher Richter die volle Gerichtsbarkeit ausüben dürfe.[64] Durch die Presse gingen in diesen Tagen zahllose Fotografien von Auschwitz.[65] Besondere Symbolkraft hatte jene, die zeigt, wie die Frankfurter Gerichtsdelegation das Lagertor mit der Aufschrift »Arbeit macht frei« durchschritt.[66]

Die Delegation näherte sich dem Ort der Massenverbrechen mit kühler, geradezu steriler Präzision. In den Häftlingsbaracken wurden Blickwinkel errechnet, Abstände gemessen, die Weite von Türöffnungen, die Stärke von Wänden und die Beschaffenheit von Türfüllungen registriert. »Das Bandmaß kommt nicht mehr zur Ruhe«, bemerkte die *Frankfurter Rundschau*.[67] Hör- und Sichtproben wurden genommen, Gleisanlagen und Räume fotografiert, Giebelfenster gesucht, von denen aus die Erschießungen an der »Schwarzen Wand« zu sehen gewesen sein sollen. Akribisch prüfte man insgesamt 32 einzelne Fragenkomplexe, darunter Detailfragen wie die nach der Entfernung zwischen Rampe und Krematorien in Birkenau, nach der Beschaffenheit der Räume im Stammlager, wo medizinische Versuche durchgeführt und Häftlinge mit Phenolinjektionen »abgespritzt« worden waren und auch nach der Möglichkeit, Schreie aus dem Bunker der Politischen Abteilung wahrzunehmen.[68]

Das bürokratisch-nüchterne Vorgehen, die fast abstrakte Sachlichkeit und emotionslose Sprache erschienen manchem Berichterstatter spröde und angesichts der begangenen Verbrechen und des Leids der Häftlinge unangemessenen. »So mag ein Verkehrsunfall aufgenommen werden, kritisierte Bernd Naumann in der *Frankfurter Allgemeinen Zeitung*, »mit der gleichen Akribie, mit der gleichen protokollgemäßen Sprache.« »Aber«, so fügte er hinzu, »es muss sein. Hier sind Feststellungen zu treffen und keine Visionen zu protokollieren.«[69] Nahezu jeder Reporter wusste davon zu berichten, dass ein Verteidiger zum Beweis der Echtheit der Asche verbrannter Leichen, die auf Befehl der SS in den Teich bei den Krematorien von Birkenau geschüttet worden war, verlangte, einen Fachmann zur Überprüfung hinzuzuziehen. Und kaum einer vergaß Richter Hotz zu erwähnen, der für das Protokoll zunächst diktiert hatte:

»Auf Anregung der Rechtsanwälte Ormond und Kaul begaben sich die Prozessbeteiligten sodann zu einer der Stellen, wo in ausgehobenen Gräben Leichen verbrannt wurden«. Auf den Hinweis eines Verteidigers korrigierte er: »Verbrannt worden sein sollen.«[70]

In der polnischen Öffentlichkeit – Presse und Fernsehen in Polen berichteten ausführlich – machte sich indes Skepsis über den Besuch des westdeutschen Gerichts breit. Von der »Auschwitz-*Show*« war die Rede.[71] Positiv fielen die Ernsthaftigkeit und sichtliche Betroffenheit der Teilnehmer auf, kritisiert wurde aber, dass der Besuch erst zwei Jahrzehnte nach dem Ende des Zweiten Weltkrieges stattfand und auch, dass nicht das gesamte Schwurgericht nach Auschwitz gekommen war. Dies erschien manchen als demonstrative Geringschätzung.[72] Ausdruck polnischer Reserviertheit mag die Reaktion eines Milizsoldaten gewesen sein: Als er darum gebeten wurde, Modell zu stehen, um zu überprüfen, ob Häftlinge von einem Barackenfenster aus einen SS-Mann erkennen konnten, lehnte er dies mit Nachdruck ab.

Die Ortsbesichtigung von Auschwitz war bei aller Konzentration auf die juristischen Sachverhalte auch für die Teilnehmer bedrückend und hinterließ tiefe Spuren. Beim Gang über das Gelände war das Mordgeschehen auf Schritt und Tritt greifbar. Eine schwedische Journalistin beispielsweise fand auf der Rampe, wo die Todestransporte angekommen waren, ein deutsches Geldstück aus dem Jahr 1940. Reste menschlicher Knochen waren am Teich in der Nähe der Krematorien zu sehen. Und als sich in Birkenau ein Mitglied der Delegation bückte, um ein Stück Papier aufzuheben, kam ein verkohltes Gebetbuch mit hebräischen Schriftzeichen zum Vorschein; zufällig war eine Seite mit jüdischen Totengebeten aufgeschlagen.

Inge Deutschkron, als Korrespondentin der israelischen Zeitung *Maariv* bei der Ortsbesichtigung dabei, sah Richter Hotz einen Augenblick lang in sich gekehrt stehen, ein noch nicht verblühtes Blümchen am Wiesenrand im Blick. Nachdenklich schrieb sie später über die Szene: »Wie absurd in dieser Landschaft des Todes!«[73] Vom Anblick zahlloser Stapel von Kinderschuhen, die in einem Film über die Befreiung des Lagers zu sehen waren, zeigte sich Anton Reiners aufgewühlt. In der Presse war vom »Zusammenbruch« des Verteidigers die Rede; in Interviews sagte er, er habe noch nie etwas so Schreckliches erlebt, er wolle aber wiederkommen, um Frau und Kindern zu zeigen, was in Auschwitz geschehen war.[74]

Mit großem Interesse berichtete die bundesdeutsche Presse über die

Ortsbesichtigung. Der Schauplatz der Massenvernichtung wurde in der öffentlichen Wahrnehmung zum ersten Mal seit Kriegsende zu einem realen Ort. Keine Zeitung verzichtete auf Fotografien, und deutlich wurde, wie sehr die Presse die kritische Auseinandersetzung mit der NS-Vergangenheit forcierte. Ziel war die offene Konfrontation und die Reflexion darüber, was die Gegenwart mit den Verbrechen zu tun hatte. Für die *Frankfurter Rundschau* war Joachim W. Reifenrath nach Auschwitz gefahren, für die *Frankfurter Allgemeine Zeitung* Gerichtskorrespondent Bernd Naumann, der den Auschwitz-Prozess von Beginn an verfolgte. Groß aufgemacht und an prominenter Stelle platziert, waren ihre Reportagen und Berichte regelmäßig zu lesen.[75] Die *Bild-Zeitung* berichtete gemäß der politischen Linie des Hauses Springer ebenfalls positiv; auch *Die Welt*, vertreten von Walter Pfuhl, informierte ihre Leser.[76] Auffallend wenig Aufmerksamkeit widmeten der Ortsbesichtigung hingegen sowohl *Die Zeit* als auch *Der Spiegel*. Die Hamburger Wochenzeitung kam über eine längere Bildlegende nicht hinaus,[77] und auch das Nachrichtenmagazin aus der Hansestadt beließ es bei der Veröffentlichung einer – wenngleich überaus eindrucksvollen – Schilderung von Gerichtsreporter Gerhard Mauz.[78] Unter den regionalen Blättern ragt die *Rhein-Ruhr-Zeitung* aus Essen heraus, die mit Herbert Straeten einen eigenen Korrespondenten entsandte.[79] Die damals politisch noch interessierte *Quick* berichtete in einer mehrseitigen Fotoreportage.[80] Auffallend zurückhaltend sowohl hinsichtlich der Kontinuität der Berichterstattung als auch der Qualität der Beiträge verhielt sich allerdings die *Süddeutsche Zeitung*. Einer Reportage des Redakteurs Dieter Lau folgte kein weiterer großer Bericht.[81] Irritierend ist insbesondere der Duktus des »Streiflicht«, der namentlich nicht gezeichneten täglichen Kolumne des Blattes, in der die Ortsbesichtigung am Tag nach der Ankunft der Delegation das Thema war. Revisionistische Anklänge sind unverkennbar, wenn es heißt, Polen sei es bislang darum zu tun gewesen, »deutsche Staatsbürger« wegen Straftaten im Krieg zu belasten. Nun, da das Frankfurter Gericht den »Spieß umdrehe«, werde Polen endlich »zur Entlastung der Angeklagten in Anspruch genommen«.[82]

Nach zweieinhalb Tagen intensiver Arbeit ging der Besuch der Frankfurter Gerichtsdelegation in Auschwitz am Mittwoch, den 16. Dezember, gegen Mittag zu Ende. Der Nachmittag stand für eine Besichtigung von Krakau zur Verfügung, am anderen Tag traf die Gruppe wieder in Warschau ein. Henry Ormond wurde am Abend von Ministerpräsident Józef Cyrankiewicz empfangen, und Richter Walter Hotz war beim Justizminister zu Gast. Im Gegensatz zu den deutschen Behörden, die jeden offiziellen Kontakt ablehnten, war die polnische Seite zu Gesprächen bereit. Mit dem Angebot von Ministerpräsident Cyrankiewicz, selbst Häftling in Auschwitz, im kommenden Jahr das gesamte Schwurgericht auf Staatskosten zur Besichtigung des Lagers einzuladen, wurde die Delegation schließlich aus Warschau verabschiedet.[83] Am Freitag, den 18. Dezember, begleitete Jan Sehn die Gäste zum Flughafen. Es habe sich gezeigt, dass es möglich sei, sagte er, »Wege zwischen Staaten und Völkern zu ebnen, selbst wenn zwischen solchen Staaten keine normalen Beziehungen bestehen.«[84]

Die Ortsbesichtigung hatte für den Auschwitz-Prozess in mehrfacher Hinsicht zentrale Funktion. Ihre Bedeutung lag in der Konkretisierung der Fakten und auch in der nachhaltigen psychologischen Wirkung auf die Prozessbeteiligten. Im Ergebnis zeigte sich, dass nahezu alle Aussagen einstiger SS-Leute zu widerlegen und im Gegenzug zahlreiche Anklagepunkte zu erhärten waren. Sämtliche bislang nicht zweifelsfrei geklärten Fragen, so räumten selbst die Verteidiger ein, seien (von einer Ausnahme abgesehen)[85] durchweg im Sinne der Anklage bestätigt worden. »Die Nachwirkungen der Tatortbesichtigung in Auschwitz«, konstatierte Kaul, »sind jetzt in den Verhandlungen ganz sichtbar festzustellen.«[86] Evident war beispielsweise, dass das Stammlager keineswegs, wie Angeklagte vorgebracht hatten, zu groß gewesen sei, um zu wissen, was dort vor sich gegangen war. Im Gegenteil: Von der Enge und Übersichtlichkeit des Stammlagers mit den dicht beieinander stehenden Blöcken war die Delegation überrascht. Das Lager, dies war evident, konnte von jedem Wachturm aus überblickt werden.[87] In den Experimenten zu den Sicht- und Hörverhältnissen im Block 11 stellte sich überdies heraus, dass deutlich zu vernehmen war, wenn in einer Bunkerzelle die Namen der zu Erschießenden aufgerufen wurden, und auch, dass der Hof vor der »Schwarzen Wand« vom gegenüberliegenden Block aus gut zu sehen war. Aus Dachluken, Gucklöchern und auch durch die Ritzen der Holzbalken vor den Fenstern hindurch konnten Häftlinge tatsächlich beobachten, was geschah. Es stellte sich auch als wahr heraus, wenn Zeugen aussagten, sie hätten SS-Leute von weitem bei der Selektion erkannt, denn auf die Distanz von über hundert Metern waren in Birkenau Personen von beiden Seiten der Rampe aus deutlich zu sehen. Dokumente, die im Archiv der Gedenkstätte gefunden wurden, und Aufschluss insbesondere über die Verantwortung des ranghöchsten angeklagten Mitglieds der SS-Wachmannschaft, Lageradjutant Robert Mulka, gaben, erhärteten die Befunde der Anklage. Das Frankfurter Schwurgericht hatte am Ende, wie die *Frankfurter Allgemeine Zeitung* äußerte, tatsächlich »eine festere Grundlage für sein Urteil«.[88] Zugespitzt kann man sagen, dass durch die Ortsbesichtigung gelang, was über ein Jahr hinweg im Prozess nicht erreicht worden war: ein klares Bild von der Vernichtungsmaschinerie zu zeichnen.

Die Delegation trat die Rückfahrt [89] in bedrückter Stimmung an – anders als bei der Hinfahrt, als gewitzelt, gelacht und getrunken wurde und die Atmosphäre der von »Vatertagsausflügen« glich, wie der Reporter des *Spiegel* festhielt.[90] Es war eine »veränderte Gesellschaft«, die nach Frankfurt zurückkam, beobachtete Inge Deutschkron: die meisten »schweigsam und in sich gekehrt«.[91]

Unmittelbare Auswirkungen hatte die Ortsbesichtigung im Fall Lucas. Auf den ehemaligen SS-Arzt hatte sich die Aufmerksamkeit der internationalen Presse konzentriert. Minutiös wurde beobachtet, wie er sich in Auschwitz verhielt. Ob er keine Skrupel habe, hierher zu kommen, wurde er gefragt, und auch, ob er womöglich schlecht schlafe. Manche Blätter stilisierten ihn zu einer Art »weißen Raben«, und viele nannten ihn mutig, weil er mitgefahren war. Andere hingegen fanden ihn kaltschnäuzig und empörten sich, weil er am Gedenken zu Ehren der Ermordeten teilgenommen hatte.[92] Lucas, der unter allen Angeklagten die beste Aussicht auf ein mildes Urteil besaß, beteuerte in Zeitungen und Fernsehen seine Unschuld und erklärte, wie schon zuvor im Gerichtssaal, sich nie an Selektionen beteiligt zu haben, wenngleich er an der Rampe habe Dienst tun müssen. Von der Ortsbesichtigung, sagte er, erwarte er sich eine »starke Entlastung«.[93] Es kam allerdings anders. Denn auf die Ausstrahlung von Fernsehberichten über die Gerichtsdelegation in Auschwitz meldeten sich mehrere ehemalige Häftlinge, die Lucas so schwer belasteten, dass dieser im März 1965 in einem sensationellen Geständnis zugeben musste, doch selektiert zu haben. »Drei oder vier Mal«, wie er bekannte. »Während der gesamten Ungarn-Aktion«, wie hingegen die Zeugen schilderten. Tatsächlich ließ sich erhärten, dass Lucas bei der Ankunft der insgesamt rund 400.000 ungarischen Juden im Sommer 1944 aktiv Dienst an der Rampe getan hatte. Sukzessive stellte sich außerdem heraus, dass er Massensterilisierungen an Sinti und Roma vorgenommen und auch, dass er bereits im Dezember 1943 Todesmeldungen unterschrieben hatte. Damit stand zweifelsfrei fest, dass er nicht erst, wie er behauptete, im Februar 1944 nach Auschwitz versetzt worden war. Lucas wurde im Auschwitz-Prozess wegen Beihilfe zur Ermordung von mindestens 4000 Menschen zu drei Jahren und drei Monaten Haft verurteilt. Der Richterspruch wurde allerdings im Februar 1969 vom Bundesgerichtshof wieder aufgehoben, denn Lucas, so die Begründung, habe auch Häftlingen geholfen; im Herbst des darauffolgenden Jahres erging schließlich durch ein Frankfurter Schwurgericht sein Freispruch.

Der Auschwitz-Prozess nahm drei Tage nach der Rückkehr der Gerichtsdelegation mit der Fortsetzung der Hauptverhandlung seinen gewohnten Gang. Für die Beweisaufnahme war das detaillierte richterliche Protokoll, das während der Ortsbesichtigung angefertigt worden war und 23 Seiten und 37 Fotos umfasste, von wichtiger Bedeutung.[94] Als das Protokoll am 7. Januar 1965, dem ersten Sitzungstag des neuen Jahres, zur Verlesung kam, war dies für Hermann Stolting, Rainer Eggert und Hans Laternser der Anlass, aufgrund angeblich formaler Fehler unmittelbar Widerspruch einzulegen.[95] Zur Überraschung aller Prozessbeteiligten drängten die Verteidiger auf die Wiederholung der Ortsbesichtigung, um nachzuweisen, dass aus 60 Meter Entfernung keine exakte Identifizierung einer Person möglich sei. Dieses Ansinnen, von der *Frankfurter Allgemeinen Zeitung* zu Recht als »juristische Akrobatik« bezeichnet, stieß beim Gericht auf Ablehnung. Denn, so der Vorsitzende, die Distanz ließe sich problemlos auch in Frankfurt messen; entsprechende Experimente fanden im Hof des Sitzungsgebäudes statt.[96]

Allerdings waren nicht die Prozessbeteiligten die ersten, die nach der Rückkehr der Gerichtsdelegation über Einzelheiten der Reise unterrichtet wurden. Unter dem Signum »Streng vertraulich – Persönlich« erhielt vielmehr das Bundeskanzleramt umgehend Informationen aus erster Hand. Überschrieben mit dem Titel »Politische Beobachtungen zur Ortsbesichtigung von Auschwitz«, ging in der Bonner Behörde ein vierseitiges Papier ein, dessen Autor sich auf die mündlichen Einschätzungen berief, die Richter Hotz am Vormittag nach der Rückkehr aus Polen abgegeben hatte. Dass das Papier im Auftrag der Bundesbehörden entstand, liegt nahe, wenngleich Eindeutiges nicht festzustellen ist. Das Bundeskanzleramt leitete es umgehend an den Bundesjustizminister weiter,[97] der auf diese Weise ebenfalls bereits unterrichtet war, ehe die Hauptverhandlung fortgesetzt wurde.[98] Wichtig erscheint vor allem die Intention, in der das Papier geschrieben wurde, denn es zeigt die Prioritäten, die die Bundesbehörden setzten. Das Papier diente dazu, einen ersten raschen Eindruck vom Geschehen zu vermitteln. Was hochtrabend »politische Beobachtungen« genannt wird, sind Episoden vom atmosphärischen Randgeschehen. Gemutmaßt wird beispielsweise, ob Jan Sehn Mitglied im polnischen Geheimdienst sei, und auch, ob »verborgene Mikrofone« eingesetzt worden waren, als Richter Hotz beim Empfang des Justizministers weilte. Mit Befriedigung wird vermerkt, dass die Frage nach der Rolle der I. G. Farben in Auschwitz nicht angeschnitten worden sei. Die Sprache kommt auch auf die anwesende Presse; über Inge Deutschkron beispielsweise wird berichtet, sie sei »nicht weiter aufgefallen, nur einmal, als sie in einem anderen Hotel untergebracht werden sollte und dabei ein großes Theater gemacht habe.«[99] Zuletzt wird schließlich der Angeklagte Lucas lobend erwähnt, weil er sich während des Aufenthalts zurückhaltend benommen habe.

Vor dem Hintergrund der ideologischen Auseinandersetzung zwischen den Machtblöcken von Ost und West stand für Bonn nicht die juristische Ahndung der NS-Verbrechen im Zentrum, sondern vielmehr die Bewahrung der Bundesrepublik vor Propagandaangriffen aus dem Ostblock. Die Bundesbehörden scheuten am Ende auch nicht davor zurück, die Reise nach Auschwitz im Rahmen des Kalten Krieges für die eigenen Interessen zu instrumentalisieren. Als habe Bonn einen politischen *Coup* gegenüber dem Ostblock gelandet, telegrafierte der Leiter der deutschen Handelsvertretung in Warschau am Tag der Rückkehr der Delegation an das Auswärtige Amt, »erstmalig [ist das] Zerrbild der Bundesrepublik als Nazihort mit voller Unterstützung [der] polnische[n] Regierung korrigiert« worden.[100]

Im deutsch-polnischen Rechtsverkehr hatte die Ortsbesichtigung weichenstellende Funktion, denn bei der Verfolgung von NS-Straftätern begann in der Folgezeit die gegenseitige Unterstützung der Justizbehörden. Gut drei Jahre nach der ersten fand im Rahmen des dritten Frankfurter Auschwitz-Prozesses, dem Verfahren gegen die ehemaligen Funktionshäftlinge Bernhard Bonitz und Josef Windeck, im Februar 1968 die zweite richterliche Augenscheineinnahme von Auschwitz statt, und noch zwei weitere folgten.

Ein Wandel im zwischenstaatlichen Verhältnis kündigte sich in der Bundesrepublik nach dem Regierungsantritt der Großen Koalition allmählich an. Der bahnbrechende Schritt in der Ostpolitik gelang allerdings erst nach der Regierungsübernahme der sozialliberalen Koalition unter Bundeskanzler Willy Brandt. Gewaltverzicht und die Anerkennung der Unverletzlichkeit der Oder-Neiße-Grenze wurden schließlich im Moskauer Vertrag vom September 1970 festgeschrieben. Im Prozess der Umorientierung gegenüber Polen war der entscheidende Wendepunkt und zugleich der Höhepunkt auf dem Weg zur dauerhaften Friedenssicherung erreicht, als im Vertrag von Warschau vom Dezember 1970 die rechtsverbindliche Anerkennung der polnischen Westgrenze fixiert wurde. Nach der Aufnahme von Städte- und Universitätspartnerschaften, dem wissenschaftlichen Austausch und der erweiterten Medienberichterstattung kamen schließlich 1972 diplomatische Beziehungen mit Polen zustande. Die Ortsbesichtigung von Auschwitz war für die deutsch-polnischen Beziehungen deshalb so einschneidend, weil der Justiz beider Länder – dank der Initiative von Henry Ormond und Jan Sehn[101] – in der Phase der Erstarrung des zwischenstaatlichen Verhältnisses 1964 gelang, was die Politik erst Jahre später erreichte: Entspannung im Zeichen von Verständigung und Aussöhnung.

Anmerkungen

1 Bei dem vorliegenden Text handelt es sich um die überarbeitete, um Anmerkungen ergänzte Fassung meines Referats anlässlich des vom Fritz Bauer Instituts veranstalteten Forschungskolloquiums »Der erste Frankfurter Auschwitz-Prozess: Geschichte und Wirkungsgeschichte« am 30. Juni 1999 in Frankfurt am Main. Der Titel zitiert die Überschrift eines Artikels von Bernd Naumann in der *Frankfurter Allgemeinen Zeitung* (16.12.1964). Vgl. Bernd Naumann, *Auschwitz. Bericht über die Strafsache gegen Mulka u. a. vor dem Schwurgericht Frankfurt.* Frankfurt am Main u. a. 1965. Für Informationen danke ich Susanne Meinl, Werner Renz und Irmtrud Wojak.

2 Die Untersuchung basiert auf den Akten des Auschwitz-Prozesses, auf Unterlagen von Bundeskanzleramt und Bundesjustizministerium in den Beständen des Bundesarchivs (BA) Koblenz, auf deutschen und internationalen Presseberichten und auch auf den Prozessbeobachtungen und Schilderungen von Zeitgenossen. Vgl. Inge Deutschkron, *Mein Leben nach dem Überleben.* Aktualisierte Aufl., München 1995, zuerst Köln 1992, vor allem S. 164-169; Karl Feuerer, »Am Tatort Auschwitz«, in: *Begegnung mit Polen. Zeitschrift für deutsch-polnische Verständigung,* (1965), H. 1, S. 7-11; Maurycy Kamieniecki, »Das Lager als Kronzeuge«, in: *Begegnung mit Polen. Zeitschrift für deutsch-polnische Verständigung,* (1965), H. 1, S. 11-13; Hermann Langbein, *Der Auschwitz-Prozess. Eine Dokumentation,* 2 Bde., Frankfurt am Main 1965, S. 837-841; Henry Ormond, »Zwischenbilanz im Auschwitz-Prozess«, in: *Tribüne. Zeitschrift zum Verständnis des Judentums,* (1964), H. 3, S. 1183-1190; ders., »Rückblick auf den Auschwitz-Prozess«, in: ebd., (1965), H. 4, S. 1723-1728; Elisabeth Freundlich, »Von den Schwierigkeiten, das Gesetz des Dschungels zu zerschlagen«, in: *Blätter für deutsche und internationale Politik,* Jg. 9 (1964), S. 298-301.

3 Ormond an Schwurgericht, 8.6.1964, Anlage zum Sitzungsprotokoll vom selben Tag, Staatsanwaltschaft bei dem Landgericht Frankfurt am Main (StA LG Frankfurt), 4 Ks 2/63, Bd. 99, Hauptverhandlungsprotokoll Bd. 5, Fritz Bauer Institut,

Sammlung Auschwitz-Prozess (SAP). Ormond datierte den Antrag ursprünglich auf den 25.5.1964, korrigierte das Datum aber später handschriftlich. Er schloss ausdrücklich auch die Besichtigung von Birkenau und Monowitz in das Gesuch ein. Drei Wochen später reichte er ein Ergänzungsschreiben zur Substantiierung des Antrags nach: Ormond an Schwurgericht, 30.6.1964, Anlage zum Sitzungsprotokoll vom 3.7.1964, ebd., Bd. 100, Hauptverhandlungsprotokoll Bd. 6, FBI, SAP.

4 Vgl. Norbert Frei, »Auschwitz und Holocaust. Begriff und Historiographie«, in: Hanno Loewy (Hg.), *Holocaust: Die Grenzen des Verstehens. Eine Debatte über die Besetzung der Geschichte*. Reinbek 1992, S. 101-109, hier S. 101.

5 BA Koblenz, B 141/22762, S. 39-40, Vermerk Bundesjustizministerium, 23.7.1964. Gerichtliche Ortsbesichtigungen eines bundesdeutschen Gerichts im Ausland waren bis dahin lediglich in der Schweiz zustande gekommen. Am Einspruch des Auswärtigen Amtes war im Jahr zuvor ein vom Schwurgericht Hannover in einem Verfahren wegen NS-Verbrechen gestellter Antrag auf Einnahme des Augenscheins in Lodz gescheitert.

6 Rudolf Höß, *Kommandant in Auschwitz. Autobiographische Aufzeichnungen des Rudolf Höß*. Hg. von Martin Broszat. 12. Aufl., München 1989, S. 90 f., zuerst Stuttgart 1958.

7 Vgl. Hansjakob Stehle, *Nachbar Polen*. Erw. Neuausgabe, Frankfurt am Main 1968, zuerst 1963; neuerdings Dieter Bingen, Die *Polenpolitik der Bonner Republik von Adenauer bis Kohl 1949-1991*. Baden-Baden 1998; wichtig auch Peter Bender, *Die »Neue Ostpolitik« und ihre Folgen. Vom Mauerbau bis zur Vereinigung*. 4. überarbeitete und erw. Neuausgabe, München 1996, zuerst 1986; ferner Edith Heller, *Macht, Kirche, Politik. Der Briefwechsel zwischen den polnischen Bischöfen im Jahre 1965*. Köln 1992; Hans-Adolf Jacobsen, Mieczyslaw Tomala unter Mitarbeit von Dagmar Kunesch-Jörres (Hg.), *Bonn – Warschau 1945-1991. Die deutsch-polnischen Beziehungen. Analyse und Dokumentation*. Köln 1992.

8 Vgl. noch immer Martin Broszat, *Nationalsozialistische Polenpolitik 1939-1945*. 2. Aufl., Frankfurt am Main 1965, zuerst Stuttgart 1961; Czeslaw Madajczyk, *Die Okkupationspolitik Nazideutschlands in Polen 1939-1945*. Berlin 1987. Erw. polnische Erstveröffentlichung, Warszawa 1970.

9 Vgl. Bingen, *Polenpolitik*, S. 36 f.

10 Vgl. ausführlich Stehle, *Nachbar Polen*, S. 295-318; Bingen, *Polenpolitik*, S. 61 ff.

11 Vgl. Carlo Schmid, *Erinnerungen*. Bern u. a. 1979, S. 633 f.

12 *Frankfurter Allgemeine Zeitung* (17.3.1958).

13 Bingen spricht in diesem Zusammenhang von der »›Polenpolitik‹ von unten«, vgl. Bingen, *Polenpolitik*, S. 87 ff.

14 Um die offene Ablehnung des Alleinvertretungsanspruchs zu signalisieren, war nur von der »deutschen Bundesrepublik« die Rede, eine Sprachregelung, die bis 1972 Gültigkeit besaß. Vgl. Bingen, *Polenpolitik*, S. 37, Anm. 67.

15 Bundesaußenminister Gerhard Schröder sprach gegenüber seinem französischen Kollegen Couve de Murville im Dezember 1964 von einem »Furchtkomplex« der Polen. Vgl. Gesprächsprotokoll, in: *Akten zur Auswärtigen Politik der Bundesrepublik Deutschland* (AdAP). Bd. II: 1. Juli bis 31. Dezember 1964. München 1995, Dok. 377, S. 1463-1467, Zitat S. 1465. Vgl. Georg W. Strobel, »Die polnische ›Preußenkrankheit‹ und ihre politische Instrumentalisierung«, in: *Aus Politik und Zeitgeschichte. Beilage zur Wochenzeitung Das Parlament*, B 53/97, 26.12.1997, S. 21-33;

aus polnischer Sicht: Wldozimierz Borodziej, »Polen und Deutschland seit 1945«, in: ebd., S. 11-20.

16 Nachdem die Vereinbarung am 7. März 1963 zustande gekommen war, wurde die Handelsvertretung (provisorisch im Warschauer Hotel *Europejski* untergebracht) am 18. September 1963 eröffnet. Später entstanden Handelsvertretungen auch in Budapest, Bukarest, Sofia und Prag. Zu den wirtschaftlichen Beziehungen vgl. Stehle, *Nachbar Polen*, S. 334-365; zu den Handelsmissionen vgl. Bender, *»Neue Ostpolitik«*, S. 109 f.

17 Bundesaußenminister Gerhard Schröder an Mumm von Schwarzenstein, 27.3.1964, in: *AdAP*, Bd. I: 1. Januar bis 30. Juni 1964. München 1995, Dok. 80, S. 375-377, Zitat S. 376.

18 Bernd Mumm von Schwarzenstein, der Leiter der Handelsvertretung, zuvor Botschafter in Luxemburg, wurde nur ein einziges Mal in das polnische Außenministerium geladen – um dort aus Anlass des Besuchs des CDU-Abgeordneten Erik Blumenfeld vom polnischen Vizeminister empfangen zu werden. Der Besuch stand im Kontext der Bemühungen von Berthold Beitz um die polnische Kooperation im Außenhandel. Vermerk Staatssekretär Carstens, 4.6.1964, in: *AdAP*, Bd. I: 1. Januar bis 30. Juni 1964. München 1995, Dok. 148, S. 599 f.

19 Ormond kam 1901 in Kassel mit dem Namen Hans Ludwig Jacobsohn zur Welt. Nach dem frühen Tod der Eltern wuchs er bei der Tante auf und nahm den Namen Oettinger an. Die Machtübernahme durch die Nationalsozialisten beendete rasch seine gerade erst begonnene Karriere als Richter am Amtsgericht Mannheim. Er arbeitete als Justitiar einer Kohlengroßhandlung in Frankfurt am Main, als er im Zuge des Novemberpogroms festgenommen und nach Dachau gebracht wurde. Nach der Entlassung aus dem Konzentrationslager zur Auswanderung gezwungen, emigrierte er im Sommer 1939 nach England. Während der Internierung in Kanada trat er der britischen Armee bei. Als Offizier einer Propagandaeinheit (anfangs gehörte er dem Pionierkorps an) kehrte er im Februar 1945 – mittlerweile unter dem Namen Henry Lewis Ormond – nach Deutschland zurück. In Diensten der *Information Control Unit* übernahm er die Auswahl und Kontrolle der Lizenzträger deutscher Zeitungen und Zeitschriften. In seiner Funktion als Presseoffizier der Britischen Militärregierung war er beispielsweise für die Gründung des Nachrichtenmagazins *Der Spiegel* verantwortlich. Ormond wurde Hauptreferent für Lizenzfragen des britischen Informationsdienstes und war in dieser Funktion in der gesamten britischen Zone für den demokratischen Neuaufbau der Institutionen von Rundfunk, Presse, Film, Theater und Musik zuständig. Nach dem Ausscheiden aus der Besatzungsverwaltung eröffnete er im Frühjahr 1950 eine Anwaltskanzlei in Frankfurt am Main. Zur Biographie vgl. Dolf Weber, »Henry Ormond – ein juristisches Gewissen Deutschlands«, in: Klaus Reichert, Manfred Schiedermair, Albrecht Stockburger, Dolf Weber (Hg.), *Recht, Geist und Kultur: liber amicorum für Rüdiger Volhard.* Baden-Baden 1996, S. 208-224. Ormonds Nachlass liegt zum Teil im Archiv der Gedenkstätte Yad Vashem, Jerusalem, zum Teil sind Unterlagen auch im Fritz Bauer Institut vorhanden.

20 Vgl. Henry Ormond, »Entschädigung für 22 Monate Sklavenarbeit. Plädoyer«, in: *Dachauer Hefte*, Jg. 2 (1986), S. 147-156.

21 Ormond an Sehn, 3.2.1964, Anlage zum Sitzungsprotokoll vom 8.6.1964, FBI, SAP, Staatsanwaltschaft bei dem Landgericht Frankfurt am Main, 4 Ks 2/63, Bd. 99, Hauptverhandlungsprotokoll Bd. 5. Ormond trat mit Sehn erstmals im Februar

1962 in Kontakt, was aus einem Aktenvermerk vom 1.3.1962 in seinem Nachlass hervorgeht.

22 Ormond hatte die Vollmacht bereits im April 1964 eingeholt. Justizministerium der Volksrepublik Polen an Sehn, 11.4.1964, beglaubigte Fotokopie, deutsche Übersetzung undatiert, Anlagen zum Sitzungsprotokoll vom 8.6.1964, StA LG Frankfurt, 4 Ks 2/63, Bd. 99, Hauptverhandlungsprotokoll Bd. 5, FBI, SAP.

23 Ormond an Schwurgericht, 8.6.1964, Anlage zum Sitzungsprotokoll vom selben Tag, ebd.

24 Zu Kaul vgl. den Beitrag von Annette Rosskopf in diesem Band.

25 Bundesarchiv Berlin, N 2503/191, siehe auch Kaul an Schwurgericht, 11.6.1964, FBI, SAP, StA LG Frankfurt, 4 Ks 2/63, Bd. 99, Hauptverhandlungsprotokoll Bd. 5.

26 Ebd.

27 Vgl. Günther Wieland, »Die deutsch-deutschen Rechtsbeziehungen zur Ahndung von NS-Verbrechen zwischen Mauerbau und Wiedervereinigung«, in: Helge Grabitz, Klaus Bästlein, Johannes Tuchel (Hg.), *Die Normalität der Verbrechen. Bilanz und Perspektiven der Forschung zu den nationalsozialistischen Gewaltverbrechen. Festschrift für Wolfgang Scheffler zum 65. Geburtstag.* Berlin 1994, S. 386-407.

28 Im Bestand des Sonderbeauftragten der Bundesregierung für die personenbezogenen Unterlagen des ehemaligen Staatssicherheitsdienstes der DDR sind aufschlussgebende Dokumente nicht vorhanden. Die in der Sammlung *Dokumente zur Deutschlandpolitik*, IV. Reihe / Band 10, 1. Januar bis 31. Dezember 1964, zweiter Halbband, Frankfurt am Main 1980, veröffentlichten Akten enthalten ebenfalls keinen Hinweis auf die Ortsbesichtigung. Auch Kaul ging in den Aufzeichnungen, die er noch unter dem Eindruck des Auschwitz-Prozesses verfasste und später veröffentlichte, nicht darauf ein, vgl. Friedrich Karl Kaul, *In Robe und Krawatte. Vor Gerichten der BRD. Der Verteidiger hat das Wort. Hier und drüben.* Berlin (Ost) 1981.

29 Die *Frankfurter Rundschau* (3.7.1964), »Mit einem Sonderzug nach Auschwitz?« vermutete, die Route führe durch die Tschechoslowakei.

30 Entwurf Kaul an Schwurgericht, 11.6.1964, BA Berlin, N 2503/191. Demonstrativ erklärte Kaul im Auftrag der Regierung der DDR, die Haltung Warschaus sei Ausdruck »der grundsätzlichen Haltung aller sozialistischen Staaten«, für die strafrechtliche Ahndung nationalsozialistischer Verbrechen »alles zu tun«. Im Rahmen »eben dieser grundsätzlichen Haltung« sei die DDR bereit, die Durchfahrt zu gewähren und die Integrität aller Prozessbeteiligten »selbstverständlich in jeder Richtung« zu garantieren. In Kauls Entwurf der Stellungnahme vom selben Tag ist der Hinweis auf die »grundsätzliche Haltung aller sozialistischen Staaten« nur in einer handschriftlich eingefügten Randnotiz enthalten, was darauf verweisen dürfte, dass vor Aufnahme der Passage Absprachen mit Behörden der DDR stattfanden.

31 BA Berlin, DP 3, RUW 22/62, Bd. 4, Karton 29, ADN, Agenturmeldung, 15.6.1964.

32 Zu Laternser vgl. den Beitrag von Christian Dirks in diesem Band.

33 Laternser an Schwurgericht, 22.6.1964, StA LG Frankfurt, 4 Ks 2/63, Bd. 99, Hauptverhandlungsprotokoll Bd. 5, Anlage zum Protokoll vom selben Tag, FBI, SAP. Hier auch die vorausgehenden Zitate.

34 »Selbst die SS fürchtete Boger«, in: *Frankfurter Rundschau* (23./24.6.1964); BA Berlin, DP 3, RUW 22/62, Bd. 4, Karton 29, ADN, Agenturmeldung, 22.6.1964.

35 Zarnack an Schwurgericht, 17.6.1964, StA LG Frankfurt, 4 Ks 2/63, Bd. 99, Hauptverhandlungsprotokoll Bd. 5, Anlage zum Protokoll vom 18.6.1964, FBI, SAP. Weitere befürwortende Stellungnahmen der Verteidiger zu Ormonds Antrag: Göllner an

Schwurgericht, 11.7.1964, Hauptverhandlungsprotokoll Bd. 6, Anlage zum Protokoll vom 13.7.1964; Eugen Gerhardt an Schwurgericht, 23.9.1964, Hauptverhandlungsprotokoll Bd. 9, Anlage zum Protokoll vom 15.10.1964; Georg Bürger an Schwurgericht, 13.10.1964, Bd. 103, Hauptverhandlungsprotokoll Bd. 9, Anlage zum Protokoll vom 15.10.1964.

36 Vorbehalte gehen bereits aus einem im Bundesjustizministerium im Vorfeld des Antrags gemachten Vermerk über ein Telefongespräch mit einem Vertreter der Hessischen Justizbehörde vom 22.4.1964 hervor. Vermerk 5.5.1964, BA Koblenz, B 141/22762, S. 1-2. Später wurde dezidiert die Ablehnung empfohlen: Telefonnotiz vom 11.6.1964 über ein Gespräch zwischen Bundesjustizministerium und dem Hessischen Ministerium der Justiz am 9.6.1964, ebd., S. 4.

37 Telefonnotiz 25.6.1964 über ein Gespräch zwischen dem BdJ und dem Hess. Ministerium der Justiz am 24.6.1964, ebd., S. 6.

38 Großmann an Schwurgericht, 22.6.1964, StA LG Frankfurt, 4 Ks 2/63, Bd. 99, Hauptverhandlungsprotokoll Bd. 5, Anlage zum Sitzungsprotokoll vom selben Tag, FBI, SAP.

39 Hans Hofmeyer, Vorsitzender des Schwurgerichts, an den Hess. Minister der Justiz, 23.6.1964, StA LG Frankfurt, 4 Ks 2/63, Bd. 99, Hauptverhandlungsprotokoll Bd. 5, FBI, SAP.

40 Hessischer Minister der Justiz an den Bundesminister der Justiz, 30.6.1964, mit der Bitte um »Klärung auf diplomatischem Wege«, BA Koblenz, B 136/3173, Bd. 6. Einschlägige Aktenvorgänge der Bundesbehörden wurden unter folgender Bezeichnung angelegt: »Dienstliche Entsendung von Richtern und Justizbeamten in das Ausland. Beweisaufnahme des Schwurgerichts Frankfurt am Main auf dem Gelände des früheren KZ Auschwitz 1964«.

41 Bundesminister der Justiz an Chef des Bundeskanzleramtes, 21.7.1964; BA Koblenz, B 136/3173, Bd. 6.

42 Gesprächsvermerk Bundeskanzleramt 22.6.1964 über die Ressortbesprechung im Bundesjustizministerium vom selben Tag, ebd.

43 Um ostdeutschen Boden zu umgehen, schlug ein Vertreter des Bundesinnenministeriums vor, die Prozessbeteiligten sollten gegebenenfalls »über ein nordisches Land fliegen«.Vermerk vom 23.7.1964 über die Ressortbesprechung im Bundesjustizministerium am selben Tag, Anlage zum Schreiben des Bundesministers der Justiz an Chef des Bundeskanzleramtes und Bundesminister des Innern, 6.8.1964, ebd.

44 Ebd.

45 Vermerk Bundesjustizministerium, 19.11.1964 u. Bundesminister der Justiz, Kabinettssache, 24.11.1964, Vermerk für die Kabinettssitzung am selben Tag, BA Koblenz, B 141/22762, S. 120, S. 122-125. In den Beratungen vom Juli hieß es, dem Bundeskabinett sei die abschließende Entscheidung zu überlassen. Im Herbst kamen die Behörden aber überein, das Kabinett lediglich zu informieren.

46 »Lokaltermin in Auschwitz oder nicht?« in: *Frankfurter Allgemeine Zeitung* (16.10.1964), der Artikel erschien auch unter dem Titel: »Noch keine Entscheidung über Lokaltermin in Auschwitz«.

47 Bundesminister der Justiz an Hessischen Minister der Justiz, 31.7.1964, mit der Bitte, das Schwurgericht zu einer präzisierenden Stellungnahme zu veranlassen, BA Koblenz, B 141/22762, S. 54-56; Hofmeyer an Hessisches Ministerium der Justiz, 21.8.1964, ebd., S. 62-63.

48 »Lokaltermin in Auschwitz befürwortet«, in: *Frankfurter Allgemeine Zeitung*

(19.10.1964); ferner: »Düx: Besuch in Auschwitz nützlich«, in: *Frankfurter Neue Presse* (17.10.1964).

49 Ormond hatte den Antrag bei der Wiederholung dahingehend verändert, dass er vorschlug, die Fahrt auch dann durchzuführen, wenn nicht das gesamte Gericht, sondern nur eine Delegation unter Leitung eines Richters vor Ort sei. Vermerk Bundesjustizministerium, darin zu Telefongesprächen mit Ormond, 19.10.1964, BA Koblenz, B 141/22762, S. 83-92.

50 Beschluss, verkündet am 22.10.1964: »Für den Fall, dass durch zwischenstaatliche Vereinbarungen eine Ortsbesichtigung des früheren Konzentrationslagers Auschwitz ermöglicht wird, soll diese Ortsbesichtigung durch ein Mitglied des Gerichts als beauftragter (sic) Richter durchgeführt werden.« BA Koblenz, B 141/22762, S. 107. Gebräuchlich waren auch die Termini »Augenscheinseinnahme« und »Inaugenscheinnahme«. Juristisch nicht korrekt, in der deutschen und internationalen Presse zeitgenössisch aber weit verbreitet, ist der Begriff »Lokaltermin«.

51 Hofmeyer an Minister der Justiz der Volksrepublik Polen, 27.10.1964, ebd., S. 103-106.

52 Justizminister der Volksrepublik Polen an Vorsitzenden des Schwurgerichts, 2.12.1964, StA LG, 4 Ks 2/63, S. 18269-18272, FBI, SAP »In zehn Tagen Ortsbesichtigung in Auschwitz«, in: *Frankfurter Allgemeine Zeitung* (4.12.1964), »Ortsbesichtigung Mitte Dezember«, in: *Frankfurter Neue Presse* (4.12.1964).

53 Note zu Tagesordnungspunkt 2 der Kabinettssitzung am 24.11.1964: Dienstliche Entsendung von Richtern und Justizbeamten in das Ausland, BA Koblenz, B 141/22762, S. 126.

54 »Acht Angeklagte wollen nicht mehr nach Auschwitz«, in: *Frankfurter Allgemeine Zeitung* (7.8.1964); »Sie ›verzichten‹ auf die Polenreise«, in: *Frankfurter Neue Presse* (7.8.1964); »Über den Lokaltermin in Auschwitz ist noch nicht entschieden«, in: *Die Gemeinde. Offizielles Organ der israelitischen Kulturgemeinde Wien* (31.8.1964).

55 Die Teilnehmer der Ortsbesichtigung waren Richter Walter Hotz, die Staatsanwälte Johannes Großmann, Hans-Joachim Kügler und Gerhard Wiese (der als Reiseleiter fungierte), als Vertreter der Nebenkläger Henry Ormond, Christian Raabe und Friedrich Karl Kaul, als Angeklagter Franz Bernhard Lucas, aus den Reihen der Verteidiger Rainer Eggert, Hans J. Schallock, Karlheinz Staiger, Fritz Steinacker, Engelbert P. Joschko, Georg Bürger, Anton Reiners, Eugen Gerhardt, Wolfgang Zarnack, Hans Herbert Knögel und Herbert W. Naumann; die Dolmetscherin war Vera Kapkajew, der Gerichtsfotograf Paul Schmelefski, der Protokollführer Josef Hüllen und die beiden Justizwachtmeister Walter Arnold und Walter Lanz.

56 »›Wo ist denn unser Angeklagter?‹«, in: *Der Spiegel* (23.12.1964), S. 88-90, »Sonderflug nach Auschwitz«, in: *Frankfurter Rundschau* (10.12.1964), »Auschwitzreise mit Verspätung«, in: *Frankfurter Rundschau* (14.12.1964), »Zur Ortsbesichtigung in Auschwitz« in: *Frankfurter Allgemeine Zeitung* (14.12.1964).

57 Vgl. Deutschkron, *Leben*, S. 165 f., »Flug nach Auschwitz mit Verspätung«, in: *Die Welt* (14.12.1964), »Zur Ortsbesichtigung in Auschwitz«, in: *Frankfurter Allgemeine Zeitung* (14.12.1964). Gerhard Wiese erläuterte im Sommer 1999 im Forschungskolloquium des Fritz Bauer Instituts, es sei versäumt worden, Sehn einen Hinweis zu geben.

58 Bundesarchiv Berlin, B 141/22762, Pressemappe, darin: Reiseplan in deutscher Übersetzung »Organisation der Leistungen des polnischen Reisebüros ›Orbis‹ bei Gelegenheit des Lokaltermins in Oswiecim, 12.-17. Dezember 1964.«

59 BA Berlin, N 2503/197, Kaul an Nationalrat der Nationalen Front des demokratischen Deutschland, 30.11.1964. Kaul telegrafisch an Hotel *Franzuski*, Krakau, und Hotel *Monopol*, Kattowitz, 11.12.1964.

60 »Reise an den Ort des Grauens«, in: *Frankfurter Rundschau* (14.12.1964), »Keine Spur mehr von Millionen Füßen«, in: *Frankfurter Allgemeine Zeitung* (15.12.1964), »An der Stätte des Grauens«, in: *Die Tat* (19.12.1964).

61 Hotz an BdJ, 5.1.1965, StA LG, 4 Ks 2/63, Bd. 106, Hauptverhandlungsprotokoll Bd. 12, S. 18294-18301, hier S. 18298, FBI, SAP. In seinem Abschlussbericht schrieb Hotz später über die Presse: »Während der Ortsbesichtigung war nur zeitweilig die vom Beruf her bedingte Aufdringlichkeit mancher Pressereporter lästig.«

62 Die Häftlingsbaracken waren für die Reporter hingegen nicht zugänglich, und auch in Birkenau, wo die Besichtigung begann, blieb das Gericht unter sich.

63 Sehn Begrüßungsansprache 14.12.1964, mit deutscher Übersetzung, StA LG Frankfurt, 4 Ks 2/63, Bd. 106, Hauptverhandlungsprotokoll Bd. 12, S. 18302-18304, FBI, SAP. »Lokaltermin in Auschwitz begann«, in: *Frankfurter Rundschau* (15.12.1964), »Protokoll vor der Schwarzen Wand«, in: *Frankfurter Allgemeine Zeitung* (16.12.1964). Zu Smolen vgl. Gerhard Werle, Thomas Wanders, *Auschwitz vor Gericht. Völkermord und bundesdeutsche Strafjustiz. Mit einer Dokumentation des Auschwitz-Urteils*. München 1995, S. 78.

64 »Protokoll vor der Schwarzen Wand«, in: *Frankfurter Allgemeine Zeitung* (16.12.1964).

65 Zum Teil veröffentlicht in der zeitgenössischen Dokumentation Kazimierz Kakol, *Sad nierychliwy frankfurcki proces oprawców z Oswiecimia.* Warszawa 1966, S. 224-287.

66 »Keine Spur mehr von Millionen Füßen«, in: *Frankfurter Allgemeine Zeitung* (15.12.1964), »An der ›Schwarzen Wand‹ herrscht Totenstille«, in: *Frankfurter Rundschau* (16.12.1964).

67 »Sie können nicht von nichts gewusst haben«, in: ebd. (17.2.1964).

68 Eine kuriose Szene spielte sich ab, als im Keller von Block 11 getestet wurde, ob Häftlinge einander von Stehzelle zu Stehzelle hören konnten. Einer der beiden Justizwachtmeister, darum gebeten, sich in einem Verlies einzuschließen und laut zu sprechen, stimmte vor lauter Nervosität ein Lied an: »Sah ein Knab ein Röslein stehn«. Die Szene ist in betont sachlichem Ton im Protokoll festgehalten: Protokoll der Augenscheinseinnahme 14.-16.12.1964, S. 5, StA LG Frankfurt, 4 Ks 2/63, Bd. 106, Hauptverhandlungsprotokoll Bd. 12, Anlage zum Sitzungsprotokoll vom 7.1.1965, FBI, SAP. Wegen Verunglimpfung der Opfer ging im Januar 1965 bei der Frankfurter Staatsanwaltschaft eine Strafanzeige gegen den Beamten ein.

69 »Totengebet aus dem Flammengraben«, in: *Frankfurter Allgemeine Zeitung* (17.12.1964).

70 »Ein Erdloch, ein Tümpel in Auschwitz«, in: *Die Welt* (16.12.1964).

71 »Sie können nicht von nichts gewußt haben«, in: *Frankfurter Rundschau* (17.12.1964).

72 Der zeitgenössische Dokumentarfilm WIZJA LOKALNA von Janusz Kidawa mit Kommentaren von Karol Malcuzynski endet mit einem Kameraschwenk über die Gesichter der Prozessbeteiligten. »Sie waren in Auschwitz«, heißt es dazu. Voller Zweifel fragt der Sprecher am Ende: »Aber wollten sie das, was sie sahen, auch verstehen?«

73 Vgl. Deutschkron, *Leben*, S. 167.

74 »In Auschwitz: Verteidiger brach weinend zusammen«, in: *Bild-Zeitung* (17.12.1964), »›In Auschwitz war alles anders...‹ Ein Gespräch mit Dr. Anton Reiners«, in: *Frankfurter Neue Presse* (21.12.1964). Unter Anwaltskollegen kursierte wegen des Vorfalls über Reiners später der Spottname »Der Bundesweiner«.

75 Auffallend, auch in anderen Zeitungen, ist allerdings das Fehlen von Leserbriefen.

76 »Ein Erdloch, ein Tümpel in Auschwitz...« in: *Die Welt* (16.12.1964), »Das andere Auschwitz«, in: ebd. (18.12.1964).

77 »Die Rampe in Birkenau«, in: *Die Zeit* (25.12.1964).

78 »›Wo ist denn unser Angeklagter‹?«, in: *Der Spiegel* (23.12.1964), S. 88-90, auch in: Gerhard Mauz, *Die Gerechten und die Gerichteten*. Frankfurt am Main u. a. 1968, S. 233-237.

79 »Auschwitz und wir«, in: *Rhein-Ruhr-Zeitung* (17.12.1964).

80 »Wer zählt die Toten, nennt die Namen?«, in: *Quick* (10.1.1965).

81 »Die schwarze Wand von Auschwitz«, in: *Süddeutsche Zeitung* (16.12.1964), »Besichtigung in Auschwitz beendet«, in: ebd. (17.12.1964).

82 »Streiflicht«, in: ebd. (15.12.1964).

83 Die polnische Regierung übernahm die Reisekosten der Delegation in Polen. Vgl. »Zur Dokumentation. Replik des Rechtsanwalts Henry Ormond im Auschwitz-Prozess«, in: *Frankfurter Hefte. Zeitschrift für Kultur und Politik*, 20 (1965), H. 12, S. 827-837, hier S. 834.

84 Hotz an BdJ, 5.1.1965, StA LG Frankfurt, 4 Ks 2/63, Bd. 106, Hauptverhandlungsprotokoll Bd. 12, S. 18294-18301, hier S. 18300, FBI, SAP.

85 Die Prüfung der Sichtverhältnisse im Keller von Block 11 ergab, dass der Angeklagte Arthur Breitwieser, anders als der Zeuge Walter Petzold ausgesagt hatte, nicht gesehen werden konnte, als er angeblich Zyklon B in eine der Kammern schüttete.

86 Kaul an Szmulewski, 22.12.1964, BA Berlin, N 2503/197.

87 Die Staatsanwälte Großmann und Kügler äußerten dies bereits in einer Pressekonferenz am Abend des ersten Besichtigungstages. »Sie können nicht von nichts gewußt haben«, in: *Frankfurter Rundschau* (17.12.1964), »Häftlinge konnten Mordtaten sehen«, in: *Die Welt* (16.12.64). Zu den Resultaten vgl. auch »Auschwitz-Delegation auf der Rückreise«, in: *Frankfurter Allgemeine Zeitung* (18.12.1964).

88 »Aus Auschwitz zurück«, in: ebd. (22.12.1964).

89 Wegen schlechten Wetters gab es neuerlich Probleme: In Wien stand zwar das Anschlussflugzeug bereit, wegen Nebels durfte es aber in Frankfurt nicht landen. Die Delegation flog nach Köln, von wo aus eine Propellermaschine am späten Nachmittag nach Frankfurt zurückging.

90 Gerhard Mauz, »›Wo ist denn unser Angeklagter‹?« in: *Der Spiegel* (23.12.1964), S. 88-90, auch in: Mauz, *Die Gerechten und die Gerichteten*.

91 Vgl. Deutschkron, *Leben*, S. 169. Explizit schildert Kaul seine Eindrücke: MfS-Rechtsstelle 1094, Der Sonderbeauftragte der Bundesregierung für die personenbezogenen Unterlagen des ehemaligen Staatssicherheitsdienstes der DDR, Berlin. Friedrich Karl Kaul, Schlußvortrag im Strafverfahren gegen Mulka u. a. (»Auschwitz-Prozess«), gehalten am 21.6.1965 vor dem Schwurgericht Frankfurt am Main, S. 19: »Wer selbst auf der Rampe von Birkenau gestanden hat, wer die Todesatmosphäre selbst verspürte, wird die räumliche Enge des Stammlagers mit eigenen Augen wahrnahm, der kann sich erst ein Bild machen von den Leiden der Häftlinge und von dem Grauen, das an dieser Stätte herrschte, als der Angeklagte Mulka sich noch in seiner Adjutantenwürde sonnte und Klehr sich mit dem weißen Arztkittel schmückte.«

92 »Die Gewissensnot des Doktor Lucas«, in: *Christ und Welt* (Stuttgart) (20.11.1964), »Lokaltermin in Auschwitz«, in: *Stuttgarter Zeitung* (17.12.1964), »Wer zählt die Toten, nennt die Namen?«, in: *Quick* (10.1.1965)

93 »Auschwitzreise mit Verspätung«, in: *Frankfurter Rundschau* (14.12.1964).

94 Protokoll der Augenscheinseinnahme 14.-16.12.1964, StA LG Frankfurt, 4 Ks 2/63, Bd. 106, Hauptverhandlungsprotokoll Bd. 12, Anlage zum Sitzungsprotokoll vom 7.1.1965, FBI, SAP.

95 Stolting, Eggert an Schwurgericht, 19.1.1965, StA LG Frankfurt, 4 Ks 2/63, Bd. 106, Hauptverhandlungsprotokoll Bd. 12, ebd. Zur Begründung hieß es, Kazimierz Smolen sei schon im Prozess als Zeuge verhört worden, seine Vernehmung sei folglich abgeschlossen gewesen. Die neuerliche Anhörung in Auschwitz sei unzulässig. Vgl. »Neuer Lokaltermin in Auschwitz?«, in: *Süddeutsche Zeitung* (15.1.1965) u. Kazimierz Smolen, »Bestrafung der Verbrecher von Auschwitz«, in: *Auschwitz. Geschichte und Wirklichkeit des Vernichtungslagers.* Reinbek bei Hamburg 1980, S. 181-211, hier S. 207 f.

96 »Der Auschwitz-Prozess im Bereich juristischer Akrobatik« in: *Frankfurter Allgemeine Zeitung* (30.7.1965). Vgl. Ormond, *Rückblick*, S. 1724.

97 BA Koblenz, B 136/3173, Bd. 6. Im Anschreiben von Ministerialdirektor Mercker im Bundeskanzleramt an den Kollegen im BdJ vom 21.12.1964 heißt es, das Papier sei von einem Rolf Vogel übersandt worden. Ob er auch der Autor ist, geht jedoch nicht klar daraus hervor. Das Papier wurde am 19.12.1964 verfasst; es trägt weder Absender noch Unterschrift.

98 Hotz verfasste den offiziellen Abschlussbericht an das Hessische Ministerium der Justiz erst am 5.1.1965: Hotz an BdJ, StA LG Frankfurt, 4 Ks 2/63, Bd. 106, Hauptverhandlungsprotokoll Bd. 12, S. 18294-18301, hier S. 18298, FBI, SAP.

99 Bericht 19.12.1964, BA Koblenz, B 136/3173, Bd. 6.

100 Mumm von Schwarzenstein an Auswärtiges Amt, 18.12.64, weitergeleitet an das BdJ, BA Koblenz, B 141/22762, S. 161-162. Kurz vor dem Abflug aus Warschau hielt sich Hotz zusammen mit den drei Staatsanwälten und Botschaftsrat Erik von Blumenfeld in der Handelsvertretung auf, wo die Herren Eindrücke und Erfahrungen austauschten.

101 Sehn starb im Frühjahr 1966, Ormond im Mai 1973 während eines Plädoyers im Gerichtssaal.

»Lokaltermin« in Auschwitz

Die Fotos der folgenden Seiten stammen aus dem Fritz Bauer Institut, Sammlung Auschwitz-Prozess.

Oben: Auf dem Weg nach Auschwitz – im Vordergrund rechts die Anwälte Joschko und Steinacker, im Hintergrund rechts außen Franz Lucas
Unten: Kein »Vatertagsausflug« – im Vordergrund v. l. n. r. Wiese, Sehn, Kügler, Großmann, Gerhardt, Bürger

Oben: »Arbeit macht frei« – Auschwitz-Stammlager, im Vordergrund Hans Großmann
Unten: Unter den Augen der Weltöffentlichkeit

Oben: Gedenkminute an der »Schwarzen Wand« – im Vordergrund v. l. n. r. Kügler, Großmann, Sehn, Hotz, Kaul, Ormond, Szmulewski, Deutschkron
Unten: Kazimierz Smolen, im Hintergrund rechts Henry Ormond

Oben: Wera Kapkajew, Dolmetscherin im Frankfurter Auschwitz-Prozess
Unten: Impressionen – die Rechtsanwälte Eggert (r. a.) und Naumann (l. a.) im Gespräch mit StA Kügler und Inge Deutschkron

Oben: Messungen an der Rampe
Unten: Rückkehr an die Rampe: Franz Lucas (Angeklagter im Frankfurter Auschwitz-Prozess)

»Wir müssen mit den Mördern zusammenleben!«

NS-Prozesse und politische Öffentlichkeit in den sechziger Jahren

Marc von Miquel

Als Ende der fünfziger Jahre, nach Jahren des Stillstands, die Weichen für die Wiederaufnahme der Strafverfolgung von NS-Verbrechen gestellt wurden, meldete sich einer der dezidiertesten Fürsprecher der justiziellen Aufarbeitung nationalsozialistischen Unrechts, der hessische Generalstaatsanwalt Fritz Bauer, zu Wort. In der Zeitschrift *Stimme der Gemeinde*, einem Organ des linksliberalen politischen Protestantismus, befand er, zu den unbequemsten, aber unumgänglichen Erkenntnissen, die aus der anstehenden Ermittlungsarbeit zu gewinnen seien, gehöre, dass »›Mörder unter uns‹ sind, und sicher in wesentlich größerer Zahl, als die braven Bürger allgemein wahrhaben wollen«.[1] Dieser Aussage maß Bauer eine solche Bedeutung bei, dass er seinem Aufsatz die Überschrift »Mörder unter uns« gab. Er zitierte damit den Titel des 1946 von Wolfgang Staudte produzierten Spielfilms, der schon zu diesem frühen Zeitpunkt problematisierte, dass die überwiegende Mehrheit der NS-Täter unbehelligt und häufig bruchlos ihre bürgerlichen Existenzen fortführen konnten.[2]

Staudtes Film fiel seinerzeit beim Publikum durch. Ende der fünfziger Jahre tauchte dessen Titel hingegen immer häufiger auf – Fritz Bauers Aufsatz war hierfür ein frühes Beispiel – und wurde schließlich zum geflügelten Wort, um das Phänomen der wachsenden Zahl von Anklagen gegen NS-Täter begrifflich zu fassen. Anders als Bauers nüchterne, eher im Ton einer Tatsachenfeststellung gehaltene Stellungnahme diente das Zitat »Die Mörder sind unter uns« in Zeitungskommentaren und Broschüren dazu, der hochgradig moralischen Empörung der Verfasser über die Nichtverfolgung von NS-Tätern Ausdruck zu verleihen.[3]

Sieben Jahre später, im Januar 1965, prägte der damalige Bundesjustizminister Ewald Bucher eine leicht veränderte Version dieses Satzes, dessen semantischer Gehalt allerdings diametral entgegengesetzt war: »Wir müssen mit den Mördern zusammenleben«.[4] Der Justizminister bezog mit dieser Wortmeldung, die er auf öffentlichen Versammlungen und in Interviews wiederholte und variierte, Stellung zu der damals heiß diskutierten Frage, ob die Mordverbrechen aus der NS-Zeit im Mai 1965 verjähren sollten. Zugleich war Vorwahlkampfzeit und der Freidemokrat Bucher entschlossen, um die Stimmen derer zu werben, die eine Fortsetzung der NS-Prozesse und die Verlängerung der Verjährungsfrist ablehnten. Dass Bucher nicht offen den »Schlussstrich« für die Ahndungsaktivitäten forderte, war der *political correctness* geschuldet, der sich die Regierungsmitglieder, zumal der Bundesjustizminister, Mitte der sechziger Jahre fügen mussten, wenn sie nicht ihren Rücktritt provozieren wollten. So sehr Bucher seine Forderung aber auch verklausulieren musste, so klar und eindeutig konnte sie damals verstanden werden, von den Gegnern der Strafverfolgung ebenso wie von deren Befürwortern. Was der Ausspruch erreichte, war die von der FDP gewünschte Polarisierung der Diskussion über die Verjährung: Während dem Justizminister auf den Parteiveranstaltungen der Beifall seiner Zuhörer gewiss sein konnte, stieß er damit in der überregionalen Presse vorwiegend auf Ablehnung.

Was die hier angeführten Zitate von Fritz Bauer und Ewald Bucher so aufschlussreich erscheinen lässt, ist der Umstand, dass beide – von entgegengesetzten Standpunkten aus – dieselbe Problematik ansprachen, mit der die Deutschen durch die NS-Verfahren konfrontiert wurden: Ob die Täter nun in Haft oder in Freiheit waren, die postdiktatoriale Gesellschaft der Bundesrepublik Deutschland kam nicht umhin, »mit den Mördern zu leben«. Allein in quantitativer Hinsicht war die Dimension dieses Sachverhalts immens: Das Ausmaß der NS-Verbrechen und deren bürokratische, arbeitsteilige Organisationsstruktur führten zur Involvierung des gesamten Staatsapparates, zur Beteiligung von über 200.000 Personen allein am Judenmord.[5] Selbst nach den enggefassten Kriterien des Strafrechts mussten daher realistische Schätzungen von einigen zehntausend Mördern ausgehen. Abgesehen von der politischen Spitze des NS-Staates hatte diese Gruppe zumeist wenig Probleme, es in der Nachkriegsgesellschaft zu Wohlstand und Ansehen zu bringen. Darüber hinaus waren maßgebliche Funktionseliten der Bundesrepublik, Wirtschaft, Staatsverwaltung und vor allem die Justiz, in hohem Maße von personeller Kontinuität geprägt. Vor diesem Hintergrund war es im Grunde genommen naheliegend, dass die westdeutschen Justizbehörden in den fünfziger Jahren keine Anstalten machten, die Täter strafrechtlich zur Verantwortung zu ziehen. Dass die Staatsanwaltschaften und Gerichte nach über fünfzehn Jahren schließlich doch noch einen ernsthaften Versuch der Ahndung von NS-Verbrechen unternahmen, stellte hingegen eine erstaunliche Wende dar, deren Ursachen und Bedingungen einer Erklärung bedürfen.

Die wichtigste Leistung dieser Gerichtsverfahren bestand vermutlich darin, die Vernichtung der europäischen Juden vor einer breiten Öffentlichkeit thematisiert und als das zentrale Verbrechen des Nationalsozialismus überhaupt erst kenntlich gemacht zu haben. Um diese Feststellung klarer zu profilieren, stellt sich die Frage, in welcher Form dies jeweils geschah. Welcher Topoi bedienten sich Justiz, Politik und Medien bei der Darstellung der NS-Verbrechen, insbesondere des Holocaust? Wie wurde das Geschehen bewertet und welche Argumentationsfiguren dabei entwickelt? Bei der Auseinandersetzung mit der NS-Vergangenheit in den sechziger Jahren traten, so lautet meine Ausgangsthese, Aufklärung, Distanzierung und Apologie gleichzeitig in Erscheinung und überschnitten sich. Dabei konstituierten sie den für diese Dekade spezifischen Modus der Vergangenheitsbewältigung, in dem sich vergangenheitspolitische Kontinuität und eine stärkere normative Abgrenzung vom Nationalsozialismus miteinander verschränkten.

Welche Beweggründe nun dahinter standen und welche Wirkungen erzielt wurden, lässt sich im Grunde genommen erst genauer feststellen, wenn der Umgang mit der NS-Vergangenheit aus den Perspektiven unterschiedlicher Wissenschaftsdisziplinen untersucht worden ist – ein Forschungsterrain, das in den letzten Jahren erfreulicherweise zunehmend besser unter der Beteiligung von Geschichts-, Rechts- und Literaturwissenschaftlern, aber auch Pädagogen und Psychoanalytikern erschlossen wird. Die Diskussion ist also im Fluss und dieser Beitrag will aus historiographischer Perspektive einige Anregungen dazu beisteuern. In diesem Sinne werden zunächst einige wichtige Stationen der öffentlichen Auseinandersetzung mit den NS-Verbrechen umrissen: der Auftakt der verstärkten Ahndungsaktivitäten 1957/58, der öffentliche Diskurs über den Eichmann- und Auschwitz-Prozess, die Verjährungsdebatte 1965 und im Anschluss eine resümierende Einschätzung der Folgen und Ursachen dieser Debatten versucht.

1. Verstärkte Ahndungsaktivitäten 1957/58

In den ersten Nachkriegsjahren führten die wiedereröffneten deutschen Gerichte in den westlichen Besatzungszonen eine beachtliche Zahl von Strafverfahren durch, die Mordtaten im Rahmen der nationalsozialistischen »Euthanasie«, Verbrechen in den Konzentrationslagern und der Endphase des Krieges zum Gegenstand hatten.[6] Der Anstoß für diese Prozesse ging meist von privaten Anzeigen aus. Als diese im Laufe der fünfziger Jahre vor dem Hintergrund der Integration selbst schwerst belasteter NS-Täter in die Nachkriegsgesellschaft ausblieben, ruhte auch die Ermittlungsarbeit fast vollständig.[7] Nur vereinzelt, ohne Rückhalt in den Justizverwaltungen, wurde Anklage in einzelnen NS-Strafsachen erhoben und so war es im Ergebnis überraschend, dass 1957/58 gleich mehrere Prozesse stattfanden, die wiederum in erstaunlichem Ausmaß das Interesse der Öffentlichkeit auf sich zogen.

Das erste dieser Verfahren, der Schörner-Prozess im Herbst 1957, bot die erschreckende Einsicht, dass die Wehrmachtsjustiz Massenexekutionen an der eigenen Truppe zu verantworten hatte.[8] Im folgenden Jahr stieß zunächst das Bayreuther Strafverfahren gegen den ehemaligen SS-Mann Martin Sommer, dem »Arrestverwalter« des Konzentrationslagers Buchenwald, auf große Resonanz in den Medien. Mit seinen eindrucksvollen Zeugenaussagen über die entgrenzte Gewalt im Lager löste der »Sommer-Prozess« einige Erschütterung aus und trug dazu bei, dass die Journalisten ihre Aufmerksamkeit zunehmend auch auf das bereits laufende Ulmer Verfahren gegen ehemalige Angehörige des Einsatzkommandos Tilsit, einer Untergliederung der Einsatzgruppe A, richteten. Diesem bis dahin größten Mordprozess in der Bundesrepublik kam aus zwei Gründen eine besondere Bedeutung zu: Zum ersten Mal sah sich eine interessierte, überregionale Öffentlichkeit mit detaillierten Informationen über die Judenvernichtung konfrontiert, und zwar über die weithin unbekannten Massenerschießungen durch die Einsatzgruppen. Darüber hinaus trat bei dem Ulmer Prozess zutage, welche Versäumnisse die Justiz bei der Ahndung der NS-Verbrechen zu verantworten hatte. Denn während der Verhandlung war zumindest in Umrissen die Dimension der Einsatzgruppenverbrechen erkennbar geworden. Dazu gehörte auch die erschreckende Einsicht, dass Hunderte weiterer, bislang völlig unbehelligter Täter daran beteiligt gewesen waren.[9] Im Fall des Ulmer Einsatzgruppen-Prozesses war es allein der Tatkraft des leitenden Staatsanwaltes Erwin Schüle, unterstützt vom Stuttgarter Generalstaatsanwalt

Erich Nellmann, zu verdanken, dass nicht nur gegen den zuerst angezeigten ehemaligen Polizeidirektor Bernhard Fischer-Schweder ermittelt wurde. Statt dessen nahm Schüle intensive Archivrecherchen vor und weitete das Verfahren auf weitere neun Angehörige des Einsatzkommandos aus.

Aufgeschreckt durch das Ausmaß der Verbrechen und das Desinteresse, zuweilen gar die offene Ablehnung der Justizbehörden, drängten Schüle und Nellmann auf die systematische Verstärkung der Ermittlungstätigkeit. Dabei argumentierten sie nicht zuletzt mit der drohenden Aussicht, dass der Großteil der Holocaust-Verbrechen nach dem 8. Mai 1960 verjähren werde.[10] Nach der damals geltenden Rechtsprechung stand zu erwarten, dass 1960 neben Totschlag auch Beihilfe zum Mord, die das Ulmer Schwurgericht selbst für die Angeklagten des Einsatzkommandos gelten ließ, unter die anstehende Verjährung fallen werde.[11] Die politisch naheliegende Forderung nach einer Verlängerung der Verjährungsfrist per Gesetz zogen die Staatsanwälte und Rechtspolitiker 1958 hingegen nicht einmal in Erwägung.

Kurz nach der Urteilsverkündung im Ulmer Prozess gab Nellmann den entscheidenden Anstoß für die öffentliche Diskussion über die Zentrale Stelle, indem er in der *Stuttgarter Zeitung* seinen bereits dem baden-württembergischen Justizminister unterbreiteten Vorschlag veröffentlichte. Schon der Titel »Zentrale Ermittlungsbehörde muss Klarheit über NS-Verbrechen schaffen« stellte den appellativen Charakter des Artikels in den Vordergrund.[12] Nellmanns Konzept ging von uneingeschränkten staatsanwaltschaftlichen Befugnissen der Mitarbeiter der neuen Behörde aus und sah neben der Ermittlungsarbeit auch die Anklagevertretung vor Gericht vor. Als die Justizminister auf ihrer Konferenz im Oktober 1958 den Beschluss fassten, die Zentrale Stelle in Ludwigsburg zu gründen, beschnitten sie im Unterschied zu Nellmanns Vorschlag deren Kompetenzen in gleich mehrfacher Hinsicht: Ludwigsburg war nach der Verwaltungsvereinbarung der Landesjustizverwaltungen lediglich für Vorermittlungen zuständig, die an die Staatsanwaltschaften zur Anklageerhebung abgegeben werden mussten. Zudem sollte sich die Zentrale Stelle auf die Untersuchung jener Verbrechenskomplexe beschränken, die außerhalb des Bundesgebietes verübt worden waren. In erster Linie war dabei an die Vernichtung der europäischen Juden und die Verbrechen in den Konzentrationslagern gedacht. Aus dem Ermittlungsauftrag explizit ausgeschlossen wurden die Wehrmachtsverbrechen, sei es die Ermordung der sowjetischen Kriegsgefangenen, die Beteiligung am Holocaust oder die Massaker an der Zivilbevölkerung, die unter dem Deckmantel der »Partisanenbekämpfung« verübt worden waren. Nach Vorstellung ihrer Gründungsväter sollte die Arbeit der Ermittlungsstelle schließlich nur von vorübergehender Dauer sein und – um nicht auszuufern – von nicht mehr als elf Staatsanwälten und ebenso vielen Verwaltungskräften verrichtet werden.[13]

Wenn die Rechtspolitiker der Zentralen Stelle derart gravierende Einschränkungen auferlegten, warum fanden sie sich dann überhaupt zu deren Einrichtung bereit? Allem Anschein nach ist die Gründung der Ludwigsburger Behörde als Reaktion auf einen Legitimitätsverlust der Justiz zu verstehen, der über die öffentliche Kritik an den Ahndungsmängeln weit hinausweist. Am deutlichsten brachte dies der Redakteur der *Süddeutschen Zeitung*, Ernst Müller-Meiningen jr., zum Ausdruck. In seinem Leitartikel zum Ausgang des Ulmer Prozesses beließ er es nicht bei dem Aufruf, die Ermittlungstätigkeit gegen NS-Täter voranzutreiben, sondern holte weiter aus und führte skandalöse Beispiele von ehemaligen Sonderrichtern auf, die trotz belasteter Vergangenheit unbehelligt ihren Beruf ausübten. In seinem Resümee heißt es: »Wäre dieser heute überhaupt kaum mehr auszukehrende Augiasstall zu vermeiden gewesen? Nur unter der Bedingung, dass man wirklich nach Kriegsende die Justiz grundlegend neu besetzt und die Rechtspflege einer neuen Generation überantwortet hätte. Da man das aber nicht vermocht hat, so bleibt eben vorerst eine nicht zu leugnende Verfilzung mit dem vergangenen Unrecht, die nach wie vor die Rechtsstaatlichkeit in Deutschland in Frage stellt.«[14]

Derart fundamentale Vorbehalte gegenüber der Justiz wurden vor allem von der Propaganda-Kampagne der DDR gegen die sogenannten »Blutrichter« gespeist. Die immer zahlreicheren »Enttarnungen« aus Ost-Berlin erregten erst in England, dann auch in Westdeutschland solches Aufsehen, dass die Rechtspolitiker unter Handlungsdruck gerieten. Während mit Hilfe der Zentralen Stelle der Vorwurf unzureichender Strafverfolgung entkräftet werden sollte, blieb die personelle Säuberung der Justiz aus, ganz zu schweigen von der Ahndung der Justizmorde. Das 1961 erlassene Richtergesetz, das die vorzeitige Pensionierung von nicht mehr als 135 Richtern zur Folge hatte, war Ausdruck einer von Regierung und Opposition gemeinsam betriebenen Beschwichtigungsstrategie.[15] Ihr wichtigstes Kennzeichen war die Absicht, jegliche öffentliche Diskussion zu vermeiden. Abwiegeln und Aussitzen führten jedoch die Bundesregierung am Ende der Ära Adenauer zunehmend in die Defensive, sie wurde getrieben von weiteren Enthüllungen aus der DDR, etwa über die Vergangenheit des Generalbundesanwalts Wolfgang Fränkel am Leipziger Reichsgericht.[16]

2. Der öffentliche Diskurs über den Eichmann- und Auschwitz-Prozess

Dennoch gab es Situationen, in denen selbst Bundeskanzler Adenauer, der sich nur mit großem Widerstreben zum Thema NS-Verbrechen äußerte, einer Stellungnahme nicht ausweichen konnte. Anlass für eine Reihe von Pressekonferenzen und sogar eine Fernsehansprache Adenauers war der Beginn des Eichmann-Prozesses 1961. Der Bundeskanzler prognostizierte, das Verfahren werde »die ganzen Abscheulichkeiten des Hitlerregimes wieder aufwühlen«. Es sei daher »sehr menschlich, wenn unbefangene Menschen vor diesen Gräueln zurückschrecken.«[17] Im Hinblick auf den Eichmann-Prozess, das spektakulärste Gerichtsverfahren, das den Mord an den Juden zum Verhandlungsgegenstand hatte, von der Unbefangenheit der Deutschen zu sprechen, bedeutete eine groteske Umkehrung der tatsächlichen Stimmungslage im Land. Die damals in Bonn akkreditierte Journalistin Inge Deutschkron berichtete, dass die Deutschen, konfrontiert mit den ersten Nachrichten über die Anklage und Zeugenaussagen der Holocaust-Überlebenden, schockiert und von Schuldgefühlen geradezu gelähmt waren.[18]

Anstatt sich mit dem Prozessgeschehen in Jerusalem nicht zu befassen, wie Adenauer »väterlich« nahegelegt hatte, verfolgten jedoch bis zu 85% der Bevölkerung die ausführliche Berichterstattung in Zeitung und Fernsehen.[19] Die Einstellung der Deutschen zu dem Prozess in Israel, das als »Land der Opfer« wahrgenommen wurde, schwankte zwischen Faszination und Ablehnung. Nach einer Meinungsumfrage gegen Ende des Verfahrens befürworteten 85% das Urteil der Todesstrafe, 53% wünschten die Verbrechen zu vergessen und lediglich 8% gaben an, sich »irgendwie mitschuldig« zu fühlen.[20] Nicht minder zwiespältig (und als demoskopische Daten mit Skepsis zu bewerten) waren die Umfrageergebnisse zur Zeit des Auschwitz-Prozesses: 60% der Befragten bekundeten ein mehr oder minder konstantes Interesse an dem Verfahren gegen die vierundzwanzig ehemaligen Angehörigen des Lagerpersonals in Auschwitz. Auf der anderen Seite votierten 1964/1965 zwischen 52% und 69% der Befragten für das Ende der Strafverfolgung von NS-Verbrechen, während dieser Anteil 1958 nur 34% betrug und 1966 wieder auf 44% sank.[21]

Dass die Ahndungsbemühungen während des Auschwitz-Prozesses auf die stärkste Ablehnung innerhalb der Bevölkerung stießen, hing vermutlich gerade mit der intensiven Berichterstattung über das Verfahren zusammen. Die Tageszeitungen schilderten eineinhalb Jahre den Verlauf fast jeden Verhandlungstages, vom Dezember 1963 bis zur Urteilsverkündung am 19. August 1965. Das bekannteste Beispiel stellen die nüchternen, kaum kommentierenden Reportagen des Journalisten Bernd Naumann in der *Frankfurter Allgemeinen Zeitung* dar, die Peter Weiss als Grundlage für sein viel diskutiertes Dokumentarstück *Die Ermittlung* dienten.[22]

Darüber hinaus wurde der Auschwitz-Prozess zum Gegenstand der sich ausweitenden massenmedialen Öffentlichkeit in der Bundesrepublik: Radio, Fernsehen und Illustrierte informierten regelmäßig über Beweisaufnahme und Zeugenaussagen. In der Folge füllten sich schließlich auch die zunächst leeren Zuschauertribünen, insgesamt rund 20.000 Besucher wollten im Gerichtssaal einen unmittelbaren Eindruck vom Verlauf der Verhandlungen gewinnen.[23] An diesen Zahlen und der Medienpräsenz wird die Ausnahmestellung des Frankfurter Gerichtsverfahrens gegenüber allen anderen westdeutschen NS-Prozessen kenntlich. So fand der zeitgleich stattfindende Düsseldorfer Prozess gegen ehemalige SS-Männer des Vernichtungslagers Treblinka keine herausgehobene Beachtung in der überregionalen Presse; der Sobibor-Prozess vor dem Landgericht Hagen blieb ein Jahr später fast unbemerkt.[24]

Wie wurden die NS-Prozesse nun in der westdeutschen Presse dargestellt? Welches Bild zeichneten die Printmedien vom NS-Regime und seinen monströsen Verbrechen? Die überregionalen Tages- und Wochenzeitungen, aber auch das Fernsehen nahmen die beiden großen NS-Verfahren zum Anlass, ein modernisiertes Geschichtsbild von der NS-Zeit zu vermitteln, das sich klar von den öffentlich gepflegten Deutungen der ›jüngsten Vergangenheit‹ in den fünfziger Jahren abhob. Die Mythen der Totalitarismustheorie, nach der eine kleine Clique mit Hitler an der Spitze die alleinige Verantwortung für die Massenverbrechen trage, wichen nun einer differenzierteren Betrachtung.

Insbesondere der Eichmann-Prozess geriet zu einer zeithistorischen Lektion. So wurde in dem Verfahren versucht, anhand von Dokumenten und Zeugenaussagen das gesamte Geschehen des Genozids, seine Genese und institutionelle Verflechtung zu rekonstruieren. Angesichts der

Funktionsweise journalistischer Arbeit war es unumgänglich, dass diese Untersuchungsergebnisse nur in verkürzter Form Eingang in die Berichterstattung fanden. Im Selbstverständnis der liberalen, meinungsführenden Medien stand gleichwohl der Bildungsauftrag, Aufklärung über die Geschichte der NS-Herrschaft und dessen Verbrechen zu leisten, im Vordergrund. An erster Stelle traf dies auf die Fernsehdokumentation DAS DRITTE REICH zu. Die 14-teilige Serie, eine gemeinsame Produktion vom Süd- und Westdeutschen Rundfunk, wurde parallel zum Eichmann-Prozess, 1963 erneut vor der Eröffnung des Auschwitz-Verfahrens ausgestrahlt und von mindestens 15 Millionen Bundesbürgern gesehen. Obwohl diese Fernsehserie eine erste umfassende Darstellung der Zeit zwischen 1933 und 1945 bot, beschränkte sie sich vornehmlich auf die politische Ereignisgeschichte und blendete die Frage der Mitverantwortung gesellschaftlicher Gruppen, beispielsweise des nationalkonservativen Bürgertums, aus.[25]

Das große Interesse der Medien am Eichmann- und Auschwitz-Prozess, auch die damit angestrebte und erzielte Aufklärung, gingen allerdings mit problematischen Verzerrungen einher. Als ein Aspekt ist die Dämonisierung der Angeklagten zu nennen. Beim Jerusalemer Prozess war dies bereits in der Argumentation der Staatsanwaltschaft angelegt und wurde seitens der Presse – mit dem entsprechenden Hang zur Sensation – begierig aufgegriffen.

So sahen viele der westdeutschen Journalisten in Eichmann einen sadistischen Mörder, der lediglich die Rolle des biederen, leidenschaftslosen Verwaltungsfachmanns spiele, tatsächlich aber hinter seinem unauffälligen Äußeren besondere Grausamkeit verberge. Eine Vielzahl der Berichte zum Auschwitz-Prozess tendierte dazu, das zentrale Strukturmerkmal des Holocaust, die arbeitsteilige Massenvernichtung, nur kurz abzuhandeln und statt dessen die sogenannten Exzesstaten in den Vordergrund zu stellen: »Der Gnadenschuss in der Frühstückspause« oder »Frauen lebend ins Feuer getrieben« lauteten die typischen reißerischen Aufmacher der täglichen Prozessreportagen.[26] Im Laufe des Gerichtsverfahrens wurden schließlich die Namen des Folterers Wilhelm Boger und des Totschlägers Oswald Kaduk zu Synonymen für den NS-Verbrecher schlechthin.

Diese mediale Konstruktion des abscheuerregenden Einzeltäters konnte sich dabei auf die Rechtsprechung der westdeutschen Gerichte berufen, die nicht auf Grundlage des in Nürnberg geschaffenen Tatbestandes *crimes against humanity*, sondern des Mordparagraphen aus dem

Jahr 1871 judizierten. Dessen Tatbestandsmerkmale zielten auf jene »traditionellen« Verbrechen, die Einzelpersonen im Widerspruch zur gesellschaftlichen Norm begangen hatten. Schon aus rechtsdogmatischer Sicht erwies sich der Mordparagraph somit als unzureichend für die spezifischen »Straftaten im Rahmen organisatorischer Machtapparate« – so die Bezeichnung eines Konzeptes des Rechtswissenschaftlers Claus Roxin, der damit den frühen, aber kaum weiterentwickelten Versuch unternahm, das NS-Unrecht strafrechtlich angemessen zu erfassen.[27] Entscheidender als die defizitäre Rechtsgrundlage war aber die problematische Auslegung des Paragraphen, die sogar oft im Widerspruch zu den Ergebnissen der Gerichtsverhandlung stand. In ihren Urteilen verlegten sich die Richter darauf, den meisten Angeklagten die Rolle eines untergeordneten Befehlsempfängers zuzuschreiben und damit auf Beihilfe zum Mord mit entsprechend niedriger Strafzumessung zu erkennen. Zudem entwickelten sie eine Judikatur, die den gesamten Tathergang in isolierte Einzeltaten auflöste und darauf insistierte, dass jedem Beschuldigten seine bis ins Detail nachprüfbare Beteiligung an dem Mordgeschehen nachgewiesen werden musste.

Diese Spruchpraxis scheint jedoch nicht die Ursache, sondern nur die spezifisch juristische Ausformung des in der Gesellschaft vorherrschenden Täterbildes gewesen zu sein. Hinter dem Beharren von Justiz und einem Teil der Presse auf die Devianz der Angeklagten stand ein weitverbreitetes, virulentes Bedürfnis nach Distanzierung und Schuldabwehr. Passte man Eichmann, Boger und Kaduk in die herkömmliche Auffassung vom perversen Täter ein, so konnte man sich der Einsicht entziehen, die jedem aufmerksamen Beobachter der NS-Verfahren geradezu ins Auge sprang: Die Anklagen richteten sich gegen *ordinary men*, ganz normale Männer ihrer Zeit, wie der Historiker Christopher R. Browning später am Beispiel des Reserve-Polizeibataillons 101 eindringlich herausstellen sollte.[28]

Im Auschwitz-Prozess betonte der als Nebenkläger auftretende Rechtsanwalt Henry Ormond in seinem Schlussplädoyer, dass die Beschuldigten »fast alle aus gutbürgerlichen Familien stammen, acht von ihnen sogar studiert, zwei die mittlere Reife erworben und die anderen eine kaufmännische oder eine handwerkliche Lehre absolviert hätten. Sie seien alle christlich erzogen worden, was sie jedoch nicht daran gehindert habe, sich gegen alle göttlichen Gebote hemmungslos zu versündigen.«[29]

Wenn die vor Gericht gestellten Täter weniger Außenseiter als typische Repräsentanten der deutschen Gesellschaft in der NS-Zeit waren, hieß dies im Umkehrschluss, dass die Mehrheit der seinerzeit Erwachsenen – unter den Bedingungen einer radikalen biologistischen Eroberungspolitik und vollständiger moralischer Abstumpfung – zumindest die Disposition für solche Morde besaß. Diesem schwer erträglichen, aber sich in den Prozessen immer wieder bestätigenden Befund scheint ein wesentlicher Anteil an der beharrlichen Abneigung und dem Desinteresse der Bevölkerung zuzukommen. Hinzu kam, dass mit der Akzentsetzung auf den Einzeltäter eine Auseinandersetzung über die verschiedenen Formen der Mittäterschaft abgewehrt werden konnte – sei es die Beteiligung der Funktionseliten an der Vernichtungspolitik oder die Verantwortung eines nicht geringen Teils der Bevölkerung, der beispielsweise von der Enteignung und Ausplünderung der Juden profitiert hatte.

3. Die Verjährungsdebatte 1965

Der westdeutsche Diskurs über die NS-Verfahren drehte sich, bei aller Vielfalt der Meinungen und Darstellungsformen, um einen gemeinsamen Angelpunkt – um die »Schuldfrage«. Karl Jaspers hatte sie 1946 schon in einer schmalen Abhandlung gestellt.[30] Nachdem es in den Anfangsjahren der Bundesrepublik schien, als habe sich die Diskussion darüber erledigt, stellte sich angesichts der wachsenden Zahl von NS-Prozessen ab Ende der fünfziger Jahre die Frage nach Schuld und Verantwortung mit neuer Dringlichkeit. In der politischen Öffentlichkeit fand das Problem der Schuld die meiste Aufmerksamkeit in der Kontroverse über die Verjährung der NS-Mordverbrechen. Die konträren Standpunkte, wem Schuld zuzuschreiben und wie sie zu bewerten sei, vertraten in der berühmten Bundestagsdebatte am 10. März 1965 auf der einen Seite der CDU/CSU-Fraktionsvorsitzende Rainer Barzel, auf der anderen Adolf Arndt, der Rechtsexperte der SPD.

Ganz im Stil der fünfziger Jahre eröffnete Barzel seine Rede mit den zentralen Aussagen der vergangenheitspolitischen Apologetik: Hitler trage »große Schuld vor dem deutschen Volk«, er habe den Patriotismus missbraucht, die Deutschen seien nicht kollektiv schuldig geworden.[31] Barzel repetierte hier eine festgefügte Vergangenheitsdeutung, in der allein die Deutschen als Kollektiv auftraten, das zum hilflosen Opfer des Diktators stilisiert wurde. Im Hinblick auf die Strafverfolgung argumentierte Barzel, nur die Justiz habe über die Schuld einzelner zu entschei den. Jede Form der Mittäterschaft, die nicht zur Verurteilung vor Gericht führte, fasste Barzel unter den von Eugen Kogon 1947 geprägten Begriff des »politischen Irrtums«, mit dem geradezu der Anspruch erhoben wurde, sich der Verantwortung für das eigene Verhalten in der Diktatur entledigen zu können.[32]

Die entschiedene Gegenposition formulierte Arndt in seinem Beitrag zur Debatte, der, spontan und ohne Manuskript vorgetragen, als eine der außergewöhnlichsten Reden in der Geschichte des Bundestages gilt. In Anlehnung an Jaspers erinnerte Arndt daran, dass nicht nur die von Barzel konzedierte kriminelle Schuld existiere, sondern auch geschichtliche und moralische Schuld. Im Geist protestantischer Gewissensbefragung legte er daraufhin ein persönliches Schuldbekenntnis ab. Er habe, so Arndt, schon während des Krieges erfahren, dass Behinderte systematisch ermordet wurden; nicht anders stehe es um viele Wehrmachtssoldaten, die im besetzten Osteuropa Kenntnis von der Vernichtung der Juden gehabt hätten. »Das Wesentliche wurde gewusst«, lautete sein Fazit, das die gängigen Ausreden nicht gelten ließ.

Der SPD-Abgeordnete ging über solch eine provokative Feststellung noch hinaus und erklärte: »Ich weiß mich mit in der Schuld. Denn sehen Sie, ich bin nicht auf die Straße gegangen und habe geschrieen, als ich sah, dass die Juden aus unserer Mitte lastkraftwagenweise abtransportiert wurden. Ich habe mir nicht den gelben Stern umgemacht und gesagt: Ich auch! (...) Ich kann nicht sagen, dass ich genug getan hätte. Ich weiß nicht, wer das von sich sagen will. Aber das verpflichtet uns, das ist ein Erbe.«[33]

Diese Aussage war überraschend, zumal wenn man bedenkt, dass Arndt als Sohn eines zum Protestantismus konvertierten Juden selbst unter massiven Repressionen zu leiden gehabt hatte.[34] Sie verweist vielleicht auch auf Schuldgefühle gegenüber ermordeten Angehörigen oder Freunden, wie sie viele Verfolgte des Nationalsozialismus empfanden. Das Außergewöhnliche an der Rede des damals sechzigjährigen Arndt lag jedoch vor allem darin, dass hier ein Politiker den aufrichtigen Versuch unternahm, Rechenschaft abzulegen, und dies in der wichtigsten politischen Debatte zur NS-Vergangenheit in den sechziger Jahren. Im Vergleich mit den Bundestagsreden seiner Altersgenossen, etwa des FDP-Abgeordneten Thomas Dehler, trat hervor, dass Arndt durch die Vergegenwärtigung der persönlichen Erfahrung, durch seine unbequeme Offenheit und dem damit verbundenen moralischen Anspruch das Verhaltensmuster seiner Generation rigoros durchbrach.

Arndts Auftritt in der Bundestagsdebatte markierte ebenso einen Stimmungsumschwung der Politik im Jahr 1965 wie die vielbeachteten Ausführungen des jungen CDU-Abgeordneten Ernst Benda, der den Gesetzentwurf gegen die Verjährung initiiert hatte. Dass damit zugleich ein Wandel der Erinnerungskultur einsetzte, trat am anschaulichsten in Bendas Schlusswort vor dem Plenum zutage: »Das Vergessenwollen verlängert das Exil und das Geheimnis der Erlösung heißt Erinnerung«.[35] Dieses Zitat aus der »Halle der Erinnerung« in Yad Vashem, Israels nationaler Gedenkstätte für die *Shoah*, sollte zwanzig Jahre später, mit Richard von Weizsäckers Rede zum 8. Mai 1985, endgültig in den Kanon des westdeutschen Gedenkens an den Holocaust eingehen. Schon in Bendas Bundestagsrede 1965 war jedoch die Problematik seiner Übertragung aus der israelischen *Shoah*-Erinnerung in den deutschen, christlich geprägten Kontext zu erkennen: Abgesehen von wenigen, knappen Andeutungen, war Benda zuvor auf die Verbrechen nicht eingegangen. Das Zitat erfüllte vielmehr bei ihm die Funktion des religiös gestimmten, stillen Trauerns, das auf die Gewissheit von Läuterung und Erlösung setzte.[36]

Gleichwohl zeigte dieser neue Ton, der die Perspektive der Opfer zumindest seinem Anspruch nach zu integrieren suchte, eine bemerkenswerte Veränderung des Diskurses über die NS-Zeit an. Und auch auf der politischen Ebene fand 1965 ein Kurswechsel statt: Die Bundestagsmehrheit fasste den Beschluss, die Verjährungsfrist bis 1969 zu verlängern, der Personalbestand der Zentralen Stelle wurde im April 1965 von 15 auf 50 Staatsanwälte sowie um weitere 57 Mitarbeiter erhöht.[37] Betrachtet man aber die Entschlussbildung der Bundestagsfraktionen zur Verjährungsfrage, so ist festzustellen, dass nicht die intensive Debatte in den westdeutschen Medien den Meinungswandel herbeiführte, sondern der massive internationale Druck auf die politische Klasse der Bundesrepublik. Weitaus wirkungsvoller als die Agitation der DDR gegen die Verjährung erwies sich der früh einsetzende Protest von Verfolgtenverbänden und jüdischen Organisationen, an den sich Demonstrationen vor deutschen Botschaften in Israel, Westeuropa und den USA anschlossen, und schließlich, Anfang 1965, auch nachdrückliche Resolutionen fast sämtlicher Parlamente und Regierungen der westlichen Staaten, in denen mit großem Nachdruck eine Fristverlängerung angemahnt wurde.[38]

Die Einbindung der Bundesrepublik in die sogenannte »westliche Wertegemeinschaft« war inzwischen so weit vorangeschritten, dass selbst die Rechtspolitik zu NS-Verbrechen, zuvor zum Prüfstein nationaler Selbstbestimmung erhoben, nicht mehr nach der mehrheitlich ablehnenden innenpolitischen Stimmungslage ausgerichtet werden konnte. Insofern weist der Beschluss gegen die Verjährung auf die sukzessive Ablösung von der »volksgemeinschaftlichen« Perspektive und die Verwestlichung der bundesrepublikanischen Vergangenheitspolitik.

Diese Verwestlichung stand allerdings unter Vorbehalt. Denn die konservative Mehrheit des Bundestags-Rechtsausschusses drängte in der Verjährungsdebatte 1965 und 1969 auf eine Amnestie, um die Verlängerung der Verjährungsfrist zu kompensieren. Obwohl argumentiert wurde, man wolle die untergeordneten Gehilfen der Vernichtungspolitik vor der Strafverfolgung bewahren, zielte das Amnestievorhaben letztlich auf alle Täter innerhalb der nationalsozialistischen Verwaltungsapparate.[39] Während die Befürworter dieser Amnestie 1965 noch an dem hinhaltenden Widerstand der SPD scheiterten, setzten sie sich 1969 mittels der unbeachteten Novellierung des Strafgesetzbuch-Paragraphen 50/2 durch. Das Bundesgerichtshof-Urteil zu dieser vermeintlichen Gesetzgebungspanne der Ministerialbürokratie legte schließlich fest, dass die Verbrechen just derjenigen verjährt waren, die als Bürokraten innerhalb des Mordapparates ein Großteil der Verantwortung getragen hatten. Die entscheidende Konsequenz dieser Amnestie lag in der Niederschlagung des Reichssicherheitshauptamt-Prozesses. Dieses kurz vor der Eröffnung stehende Gerichtsverfahren hätte die Entscheidungszentrale der Vernichtungspolitik in den Mittelpunkt der öffentlichen Aufmerksamkeit gerückt und damit das Gegenstück zum Frankfurter Auschwitz-Prozess gegen die Täter vor Ort ergeben.[40]

4. Resümee

Welche Bilanz kann aus den hier vorgestellten Befunden gezogen werden? Zunächst ist hervorzuheben: Das vergangenheitspolitische Projekt der fünfziger Jahre, die Straffreiheit für die Eliten des NS-Regimes, fand trotz Widerständen und gegenläufiger Entwicklungen am Ende der sechziger Jahre seinen Abschluss. Es bereitet jedoch Schwierigkeiten, die pauschale Feststellung zu differenzieren, denn bis heute ist der Prozess der Ahndung respektive Amnestie einzelner Eliten, etwa der Ärzte, des Militärs und des diplomatischen Dienstes, nur ansatzweise bekannt. Auch fehlt ein ausreichender Einblick in die Entwicklung der Strafverfolgung verschiedener Verbrechenskomplexe, beispielsweise der nationalsozialistischen Besatzungspolitik in den westeuropäischen Staaten. Um hier gesicherte Erkenntnisse gewinnen zu können, bedarf es nicht nur der Auswertung von Urteilsschriften, sondern müssen die gesamten Verfahrensabläufe von der Aufnahme der Ermittlungen, über Einstellungsverfügungen bis hin zur Haftentlassung in den Blick genommen werden.[41] Hinzu kommt, dass die NS-Strafsachen wie kaum ein anderes Rechtsgebiet politischer Einflussnahme ausgesetzt waren. Ohne diplomatische Beziehungen zu den osteuropäischen Staaten stellten die Nutzung ihrer Archive, der Rechtshilfeverkehr und die Vernehmung von Belastungszeugen aus dem Ausland die Staatsanwälte vor immense Schwierigkeiten. Vor dem Hintergrund des Kalten Krieges waren die Interessen der Strafverfolgungsbehörden den politischen Konflikten zwischen der Bundesrepublik und den Staaten des Warschauer Paktes, insbesondere der DDR, stets nachgeordnet.

Bei einer Bewertung der justiziellen Aufarbeitung des NS-Unrechts ist aber ausdrücklich darauf hinzuweisen, dass die Justiz, zuweilen im Dissens, zumeist aber in Übereinstimmung mit den Rechtspolitikern, das Fiasko der Strafverfolgung mitverschuldete. Es war eher die Ausnahme als die Regel, wenn Verfahren nicht eingestellt, sondern zügig und mit der notwendigen Akribie bearbeitet wurden. Allzu häufig stimmte die Urteilsbegründung nicht mit den Ergebnissen der Hauptverhandlung überein und fiel die Bestrafung so niedrig aus, dass sie dem Rechtsgefühl gerade jüngerer Menschen Hohn sprach.

Die NS-Verfahren waren vor allem deswegen so umkämpft, weil die gefällten Urteile sich nicht allein auf die Angeklagten bezogen, sondern ihnen darüber hinaus eine Allgemeingültigkeit zugesprochen wurde, eine Bewertung, die wesentliche Aussagen über Mittäterschaft, Mitschuld und Mitverantwortung traf. Mit anderen Worten: Wer vor Gericht gestellt und verurteilt wurde, war eine normative Frage, die einen Kernbereich des gesellschaftlichen Selbstverständnisses in der Bundesrepublik betraf. Die Antwort fiel entsprechend ambivalent aus: Über Auschwitz wurde gesprochen, aber auch in neuer Form geschwiegen. Die Konkretisierung der bislang nebulös gebliebenen »Verbrechen im Osten« erschöpfte sich zumeist in einzelnen Mordschilderungen vor Gericht, während das Gesamtgeschehen aus dem Blickfeld geriet. Die Justiz mit ihrem Bestrafungsmonopol prägte eine Deutung der NS-Verbrechen, die in mehrfacher Hinsicht apologetische Züge trug: Nur eine verschwindend geringe Zahl von NS-Tätern, zumeist aus den unteren Chargen der NS-Hierarchien, wurde verurteilt, die mittleren und hochrangigen Verantwortungsträger galten hingegen durchweg als Gehilfen und konnten auf niedrige Strafen oder Verfahrenseinstellung rechnen. In der Folge verfestigte sich das Bild vom abnormen Einzeltäter ebenso wie die damit korrespondierende Vorstellung, dass die NS-Bürokraten den Spitzen des Staates hilflos ausgeliefert gewesen seien.

Von Anfang an war diese Interpretation jedoch nicht unangefochten. Erste erhebliche Irritationen löste die Propaganda der DDR aus. Deren Kampagnen gegen belastete Richter, Staatsbeamte und Politiker vermittelten zwar ein überzogenes Bild von der »faschistischen Bundesrepublik«, beförderten dort aber die kritische Auseinandersetzung mit der Vergangenheit: Liberal orientierte Zeitungs-, Radio- und Fernsehredaktionen nahmen sich zunehmend kritisch dem Thema NS-Verbrechen an, Studenten skandalisierten die personellen Kontinuitäten an den Gerichten, später kamen die Hochschulen in den Blick. Mitte der sechziger Jahre hatte diese Entwicklung mit dem Auschwitz-Prozess und der Verjährungsdebatte ihren Höhepunkt erreicht.

Für diese intensive Auseinandersetzung mit der »jüngsten Vergangenheit« scheinen die NS-Verfahren jedoch eher der Anlass als die Ursache gewesen zu sein. Der Generationswechsel, der sich in der westdeutschen Gesellschaft vollzog, machte den Weg frei für unbequeme Fragen und eine Neubewertung. Schließlich war 1965 schon ein Drittel der Gesellschaft nach 1945 geboren. Die Hauptursache für die Konjunktur der Vergangenheitsbewältigung Mitte der sechziger Jahre liegt vermutlich aber in der mentalen Stabilisierung der Westdeutschen, die mit der ökonomischen und sozialen Sicherung der Lebensumstände im zweiten Nachkriegsjahrzehnt einherging. Erst unter diesen Voraussetzungen, wie auch das Beispiel Adolf Arndts als einem Vertreter der älteren Generation in der Verjährungsdebatte 1965 demonstriert, verloren die Verbrechen ihren bedrohlichen Charakter. Eine offenere und vor allem öffentliche Reflexion über Auschwitz konnte einsetzen.

Obgleich in den darauffolgenden Jahren noch zahlreiche Gerichtsverfahren gegen NS-Täter durchgeführt wurden, flaute das öffentliche Interesse erstaunlich schnell wieder ab. Die kritische Vergegenwärtigung der Fakten und Umstände des Mordgeschehens blieb insofern ein eher kurzfristiges Phänomen, das ohne tiefere Verankerung dem kollektiven Gedächtnis bald wieder entschwunden war. Das Aufsehen um den Freispruch des ehemaligen Richters am Volksgerichtshof, Hans-Jochim Rehse, im Jahr 1968 und die Verjährungsdebatte 1969 blieben, gemessen an der Diskussion von 1963 bis 1965, lediglich Randereignisse. Sie leiteten bereits in die siebziger Jahre hinüber, in denen die Beschäftigung mit der Realgeschichte des Nationalsozialismus fast gänzlich unterblieb und erst Anfang der achtziger Jahre, unter dem Eindruck der US-Fernsehserie HOLOCAUST und aus lokalgeschichtlicher Perspektive, wieder aufgenommen wurde.

Anmerkungen

1 »Mörder unter uns«, in: *Stimme der Gemeinde zum kirchlichen Leben, zur Politik, Wirtschaft und Kultur*, Jg. 10 (1958), H. 22, S. 789-792. Wiederabdruck in: Fritz Bauer, *Die Humanität der Rechtsordnung. Ausgewählte Schriften*. Hg. von Joachim Perels und Irmtrud Wojak. Frankfurt am Main 1998, S. 97-100.

2 Zu diesem Spielfilm und Staudtes Auseinandersetzung mit der NS-Vergangenheit in seinem Werk vgl. Andreas Wöll, »*Wolfgang Staudte* – Sicher sind es nicht die Filme, die das eigene Nest beschmutzen«, in: Claudia Fröhlich, Michael Kohlstruck (Hg.), *Engagierte Demokraten. Vergangenheitspolitik in kritischer Absicht*. Münster 1999, S. 71-83.

3 Mit Bezug auf das Bekanntwerden belasteter Juristen: Gerhard Ziegler, »Die Richter sind unter uns«, in: *Frankfurter Rundschau* (12.7.1967), S. 3. Ein weiteres Beispiel, ebenfalls zum Thema NS-Justiz, findet sich in der Broschüre des Würzburger Arztes Elmar Herterich, die die Vergangenheit hochrangiger Juristen in Würzburg anprangerte: *Sie werden weitermarschieren. Eine Dokumentation*. Würzburg 1963, S. 2.

4 *Allgemeine Wochenzeitung der Juden in Deutschland* (22.1.1965). Auf einer FDP-Versammlung in Augsburg verkündete Bucher: »Wir müssen es notfalls auf uns nehmen, mit einigen Mördern zusammenzuleben«, *Süddeutsche Zeitung* (18.1.1965), S. 1. In einem *Spiegel*-Interview nahm er erneut hierzu Stellung und erklärte, mit Bezug auf den im Auschwitz-Prozess angeklagten ehemaligen Rapportführer Oswald Kaduk: »Es ist unser Schicksal, mit Kaduks zu leben«, *Der Spiegel* (27.1.1965), S. 22 ff.

5 Addiert man die Zahlen aller in den Holocaust involvierten Täter, so kommt man auf 200.000 bis 250.000 Personen deutscher und österreichischer Nationalität. Angabe nach Dieter Pohl, *Holocaust. Die Ursachen, das Geschehen, die Folgen*. Freiburg u. a. 2000, S. 124.

6 Bis 1950 wurden vor westdeutschen Gerichten hundert angeklagte NS-Täter in erster Instanz verurteilt. Zahlen und Hinweise zu wichtigen Verfahren aus dieser Zeit bei Adalbert Rückerl, *NS-Verbrechen vor Gericht*. Heidelberg 1982, S. 121 ff.

7 Zur Diskreditierung der alliierten Säuberungspolitik und Integration der Täter in die westdeutsche Nachkriegsgesellschaft siehe Norbert Frei, *Vergangenheitspolitik. Die Anfänge der Bundesrepublik und die NS-Vergangenheit*. München 1996.

8 Artikel zum Schörner Prozess in: *Der Spiegel* vom 16. Oktober 1957, S. 23 ff.; die Berichte der *Süddeutschen Zeitung* vom 5. und 16. Oktober 1957, S. 3 bzw. S. 20.

9 Siehe dazu die Zeitungsberichterstattung 1958 über den Ulmer Prozess, etwa in der *Frankfurter Rundschau*, jeweils Berichte vom 4.8. (S. 2), 12.8. (S. 10), 14.8. (S. 10) und 30.8.1958 (S. 2).

10 So in Berichten, die Erwin Schüle über die anstehende Einleitung weiterer Strafverfahren im Anschluss an seine Ermittlungen über das Einsatzkommando Tilsit verfasste und daraus die Notwendigkeit der Gründung einer zentralen Ermittlungsbehörde ableitete. Die Berichte schickte Erich Nellmann anschließend an das Justizministerium von Baden-Württemberg und den Generalbundesanwalt Max Güde. Quellen in: Justizministerium Baden-Württemberg, 411E: »Ermittlungsverfahren gegen Fischer-Schweder und andere«, Schüle an Nellmann zu den Themen: »Strafverfolgung weiterer 17 Beschuldigter« und »Weitere bekanntgewordene Exekutionen«, 19.8.1958.

11 Bis Anfang der sechziger Jahre mussten die Staatsanwaltschaften noch davon ausgehen, dass Beihilfe zu Mordtaten, die bis Mai 1943 verübt worden waren, nach dem 8. Mai 1960 verjährten. Die Verjährungsfrist sollte nach Auffassung des Bundesgerichtshofs ebenso wie Totschlag nur 15 Jahre betragen, da erst eine Verschärfung des Strafgesetzes vom 29. Mai 1943 bestimmt habe, das für die Verjährungsfrist ausschlaggebende Strafmaß der Beihilfe zum Mord von dem des Totschlags abzukoppeln. Laut der neuen Fassung von 1943 hatte sich die Strafe nun nach der Mordtat zu richten, sie konnte niedriger sein, nach richterlichem Ermessen aber auch die Höchststrafe bedeuten. Die unterschiedlichen Verjährungsfristen für Beihilfe zum Mord, vor und nach dem 29. Mai 1943, kassierte der Bundesgerichtshof erst am 22. Mai 1962. In dem Urteil räumten die Richter ein, dass bereits die Verordnung gegen Gewaltverbrecher vom 5. Dezember 1939 die Todesstrafe für Beihilfe zum Mord angedroht hatte und diese Bestimmung 1943 lediglich in das Strafgesetzbuch übernommen worden war. Damit war ab 1960 die Verjährung nicht nur für Totschlag, sondern auch für jene Verbrechen der Beihilfe zum Mord eingetreten, die vor dem Dezember 1939 begangen worden waren. Siehe dazu Gerhard Werle, *Justiz-Strafrecht und polizeiliche Verbrechensbekämpfung im Dritten Reich*. Berlin 1989, S. 300 f.; Jürgen Baumann, »Die strafrechtliche Problematik der nationalsozialistischen Gewaltverbrechen«, in: Reinhard Henkys, *Die nationalsozialistischen Gewaltverbrechen. Geschichte und Gericht*. Stuttgart, Berlin 1964, S. 279 f. Das rechtskräftige Urteil des BGH findet sich in: *Neue Juristische Wochenschrift* (1962), S. 2209 ff. Das Urteil im Einsatzkommando-Prozess ist dokumentiert in: *Justiz und NS-Verbrechen. Sammlung deutscher Strafurteile wegen nationalsozialistischer Tötungsverbrechen 1945-1966*. Bearbeitet von Adelheid L. Rüter-Ehlermann und C. F. Rüter. 22 Bde., Amsterdam 1968-1981, Bd. 15, S. 232 ff.

12 *Stuttgarter Zeitung* (3.9.1958), S. 4.

13 Protokoll der 27. Justizministerkonferenz in Bad Harzburg, 1.-3.10.1958 und Verwaltungsvereinbarung über die Errichtung einer zentralen Stelle der Landesjustizverwaltungen zur Aufklärung nationalsozialistischer Verbrechen, 13.11.1958. BA Koblenz, B 141, Nr. 33770. Vgl. Rückerl, *NS-Verbrechen vor Gericht*, S. 142 ff.

14 *Süddeutsche Zeitung* (30.8.1958), S. 3.

15 Zur Genese des Richtergesetzes siehe jetzt den Aufsatz von Dieter Gosewinkel, »Politische Ahndung an den Grenzen des Justizstaats. Die Geschichte der nationalsozialistischen Justiz im Deutschen Richtergesetz von 1961«, in: Norbert Frei, Dirk van Laak, Michael Stolleis (Hg.), *Geschichte vor Gericht. Historiker, Richter und die Suche nach Gerechtigkeit*. München 2000, S. 60-71.

16 Zum Fall Fränkel siehe *Der Spiegel* (11.7.1962), S. 22 f. und *Süddeutsche Zeitung* (11.7.1962), S. 1.

17 Pressekonferenz vom 10.3.1961, zitiert nach Inge Deutschkron, *Israel und die Deutschen*. Köln 1970, S. 146 f.
18 Ebd., S. 157 ff.
19 Die Zahl entstammt einer Infratest-Umfrage, Angabe nach ebd., S. 157.
20 Institut für Demoskopie Allensbach, *Jahrbuch der Öffentlichen Meinung. 1965-1968*. Hg. von Elisabeth Noelle-Neumann und Ernst-Peter Neumann. Allensbach, Bonn 1969, S. 227 ff.
21 Laut Umfrage der Wickert-Institute Tübingen im November 1964 sprachen sich 69% für das Ende der Ahndung aus, Angaben in: *Welt der Arbeit* (13.11.1964), S. 5. In einer Parallelumfrage des Allensbacher Instituts Anfang 1965 wünschten 52 % den »Schlussstrich« für die NS-Prozesse; Institut für Demoskopie Allensbach, *Jahrbuch der Öffentlichen Meinung*, S. 166.
22 Peter Weiss, *Die Ermittlung*, in: Weiss, *Stücke I*. Frankfurt am Main 1976, S. 257-449. Die Reportagen Naumanns wurden nach Ende des Prozesses als Buch veröffentlicht: Bernd Naumann, *Auschwitz. Bericht über die Strafsache gegen Mulka und andere vor dem Schwurgericht Frankfurt*. Frankfurt am Main, Bonn 1965.
23 Zum Verlauf des Auschwitz-Prozesses vgl. vor allem die Dokumentation von Hermann Langbein, *Der Auschwitz-Prozess*. 2 Bde., Frankfurt am Main 1965. Eine fundierte Auswertung der Medienberichterstattung zu den NS-Prozessen steht bislang aus; Devin Pendas, Northwestern University, Chicago, verfasst gegenwärtig eine Studie zum Thema »Auschwitz-Prozess und Medienöffentlichkeit«. Eine erste Auswertung der Presseberichte zu den NS-Verfahren bei Ulrich Kröger, *Die Ahndung von NS-Verbrechen vor westdeutschen Gerichten und ihre Rezeption in der deutschen Öffentlichkeit 1958-65 unter besonderer Berücksichtigung von »Spiegel«, »Stern«, »Zeit«, »SZ«, »FAZ«, »Welt«, »Bild«, »Hamburger Abendblatt«, »NZ« und »Neuem Deutschland«*. Hamburg 1973; Peter Steinbach, *Nationalsozialistische Gewaltverbrechen. Die Diskussion in der deutschen Öffentlichkeit nach 1945*. Berlin 1981; Jürgen Wilke, Birgit Schenk, Akiba A. Cohen, Tamar Zemach, *Holocaust und NS-Prozesse. Die Presseberichterstattung in Israel und Deutschland zwischen Aneignung und Abwehr*. Köln 1995.
24 Zu beiden Prozessen vgl. den Bericht des Journalisten Heiner Lichtenstein, *Im Namen des Volkes? Eine persönliche Bilanz der NS-Prozesse*. Köln 1984, S. 196 ff.
25 Christoph Classen, *Bilder der Vergangenheit. Die Zeit des Nationalsozialismus im Fernsehen der Bundesrepublik Deutschland 1955-1965*. Köln u. a. 1999, S. 157 ff.
26 Zitate nach Martin Walser, »Unser Auschwitz«, in: *Kursbuch* 1 (1965), S. 189-200, hier S. 200.
27 Claus Roxin, »Straftaten im Rahmen organisatorischer Machtapparate«, in: *Goltdammers Archiv* (1963), S. 193-207.
28 Christopher R. Browning, *Ganz normale Männer. Das Reserve-Polizeibataillon 101 und die »Endlösung« in Polen*. Hamburg 1993.
29 Naumann, *Auschwitz*, S. 253.
30 Karl Jaspers, *Die Schuldfrage*. Basel 1949.
31 »Bundestag-Berichte, 4. Wahlperiode, 170. Sitzung am 10.3.1965«, in: *Zur Verjährung nationalsozialistischer Verbrechen. Dokumentation der parlamentarischen Bewältigung des Problems 1960-1979*. Hg. vom Deutschen Bundestag. Bonn 1980, S. 172.
32 Eugen Kogon, »Das Recht auf den politischen Irrtum«, in: *Frankfurter Hefte*, Jg. 1 (1947), S. 641-655.

33 Deutscher Bundestag, »Bundestag-Berichte 4. Wahlperiode«, S. 213.

34 Zu Arndts Biographie während der NS-Zeit vgl. Dieter Gosewinkel, *Adolf Arndt. Die Wiederbegründung des Rechtsstaats aus dem Geist der Sozialdemokratie (1945-1961)*. Bonn 1991, S. 60 ff.

35 Deutscher Bundestag, »Bundestag-Berichte 4. Wahlperiode«, S. 166. Die genauere Übersetzung dieses Ausspruches, der dem Gründer des Chassidismus, Baal Schem tow, zugeschrieben wird, lautet: »Vergessen verlängert die Zeit des Exils! Das Geheimnis der Erlösung liegt in der Erinnerung«. Siehe dazu Detlef Claussen, *Grenzen der Aufklärung. Die gesellschaftliche Genese des modernen Antisemitismus*. Erweiterte Ausgabe, Frankfurt am Main 1994, S. 14 f.

36 Vgl. Micha Brumlik, »Trauerrituale und politische Kultur nach der Shoah in der Bundesrepublik«, in Hanno Loewy (Hg.), *Holocaust: Die Grenzen des Verstehens. Eine Debatte über die Besetzung der Geschichte*. Hamburg 1992, S. 209 f.

37 Zur Umorganisation der Zentralen Stelle siehe Rückerl, *NS-Verbrechen vor Gericht*, S. 178 ff.

38 Als Pressedokumentation dazu: Rolf Vogel, *Ein Weg aus der Vergangenheit. Eine Dokumentation zur Verjährungsfrage und zu den NS-Prozessen*. Berlin 1969.

39 Die Vorschläge zur Straffreiheit für NS-Mordverbrechen wurden als § 3 in den *Entwurf eines Gesetzes über die Berechnung strafrechtlicher Verjährungsfristen* eingefügt. Anlage 2 zur Bundestags-Drucksache IV/3220, 19.3.1965, in: Deutscher Bundestag (Hg.), *Zur Verjährung nationalsozialistischer Verbrechen*, S. 255.

40 Eine erste Darstellung der Amnestie durch die Änderung des Strafgesetzbuches 1968/1969 bei Ulrich Herbert, *Best. Biographische Studien über Radikalismus, Weltanschauung und Vernunft. 1903-1989*. Bonn 1996, S. 507 ff.

41 Als erste ausführliche Gesamtuntersuchung der NS-Verfahren: Kerstin Freudiger, *Die juristische Aufarbeitung von NS-Verbrechen: Versuch einer Bilanz*. Phil. Diss. Universität Hannover 1999.

Das historische Gutachten Jürgen Kuczynskis zur Rolle der I. G. Farben und des KZ Monowitz im ersten Frankfurter Auschwitz-Prozess

Florian Schmaltz

Die historische Forschung zum ersten Auschwitz-Prozess, der Strafsache 4 Ks 2/63, gegen Mulka u. a., vor dem Schwurgericht in Frankfurt am Main von Dezember 1963 bis August 1965, steckt noch in ihren Anfängen. Eines der Forschungsdesiderate ist die Frage danach, welchen Einfluss die historischen Sachverständigen-Gutachten auf das Prozessgeschehen und das Urteil hatten und welche Wirkung sie über das Strafverfahren hinaus im Spannungsfeld von Wissenschaft, Politik und Justiz entfalteten. Norbert Frei und Irmtrud Wojak haben jüngst auf die Bedeutung der Gutachten hingewiesen, die auf Initiative des Frankfurter Generalstaatsanwaltes Fritz Bauer im Herbst 1962, also bereits vor Prozessbeginn, von Historikern des Instituts für Zeitgeschichte in München und der Universität Bonn erstellt wurden.[1] Bauer war sich des Problems bewusst, dass dem Prozess, der den individuellen Schuldnachweis jedes Angeklagten zu erbringen hat, die Tendenz innewohnt, das Verbrechen aus dem gesellschaftlichen und historischen Zusammenhang herauszulösen.[2] Von den Gutachten, die bewusst in die Anfangsphase der Beweisaufnahme gelegt wurden, erhoffte sich Bauer eine Vermittlungsfunktion, die dieser Tendenz entgegenwirkte. Die Gutachten sollten *vor* Beginn der Zeugenvernehmungen den historischen Kontext der zu verhandelnden komplexen Geschehnisse in Auschwitz beleuchten und somit dem Gericht und der Öffentlichkeit behilflich sein, die Zeugenaussagen und die gegen die Angeklagten erhobenen Beschuldigungen vor dem Hintergrund des Gesamtgeschehens der »Endlösung der Judenfrage« zu begreifen. Die bundesdeutsche Zeitgeschichtsschreibung verdankt somit einem vom NS-Regime verfolgten Juristen und Remigranten einen wichtigen Forschungssprung. Vergegenwärtigt man sich den bis zum Beginn des Auschwitz-Prozesses erreichten Stand der Geschichtswissenschaft in der Bundesrepublik, der DDR und Österreichs zur Ermordung der europäischen Juden und dem Konzentrations- und Vernichtungslager Auschwitz, so fällt die Bilanz mager aus. Fast zwei Jahrzehnte nach der militärischen Niederschlagung der NS-Herrschaft waren erst zwei verdienstvolle Darstellungen zur Judenverfolgung von Wolfgang Scheffler[3] und Gerhard Schoenberner[4] erschienen. Zur Geschichte von Auschwitz lag keine geschichtswissenschaftliche Monographie vor. Impulse der Forschung kamen überwiegend aus dem Ausland. Zu den wenigen Werken, die in Übersetzung zugänglich waren, gehörte die 1957 erschienene erste polnische Darstellung der Geschichte des Vernichtungslagers Auschwitz von Jan Sehn[5] und die seit 1959 vom Staatlichen Museum Auschwitz herausgegebenen *Hefte von Auschwitz*, von denen bis zum Prozessbeginn sechs Ausgaben vorlagen. Eine weitere Ausnahme war Gerald Reitlingers zuerst 1953 in London publizierte Gesamtdarstellung *Die Endlösung*, die drei Jahre darauf in deutscher Übersetzung veröffentlicht wurde.[6] Raul Hilbergs 1961 in den USA erschienenes Standardwerk *The Destruction of the European Jews* lag dagegen zum Zeitpunkt der Prozesseröffnung nur in der amerikanischen Originalausgabe vor und war noch kaum rezipiert worden.[7] Angesichts dieser Situation versprach sich Bauer von den zur Publikation vorgesehenen Sachverständigengutachten eine gesellschaftlich aufklärerische Wirkung, die über die rein juristische Funktion im Strafverfahren weit hinausging.[8]

Die in Monowitz begangenen Verbrechen standen im ersten Frankfurter Auschwitz-Prozess nicht im Mittelpunkt des Verfahrens. Unter den 21 ehemaligen SS-Angehörigen (Wachmannschaften, SS-Ärzte, Sanitäter), die des Mordes und der Beihilfe zum Mord angeklagt wurden, befand sich anfangs auch der ehemalige Sanitätsdienstgrad des Häftlingskrankenbaus von Auschwitz-Monowitz, Gerhard Neubert. Da Neubert erst am 23. Juli 1964 nach der Verlesung der Gutachten aus gesundheitlichen Gründen von dem Gericht für verhandlungsunfähig erklärt wurde und aus dem Verfahren ausschied,[9] war zu erwarten, dass die historischen Prozessgutachten die Geschichte des Konzentrationslagers Auschwitz-Monowitz und des dortigen Krankenbaus einbeziehen würden. Dies war jedoch nur marginal der Fall. Allein der Historiker Martin Broszat widmete Monowitz im Rahmen seines Gutachtens zur Geschichte der nationalsozialistischen Konzentrationslager von 1933-1945 eine kurze

Passage: »Schon vor der Errichtung des Auschwitzer Nebenlagers Birkenau begann seit dem Frühjahr 1941 die Abstellung von Auschwitzer Häftlingen für den Bau eines Buna-Werkes der IG-Farben AG, das 7 km vom Auschwitzer Stammlager entfernt war. Bei der Wahl der Umgebung von Auschwitz für diese Fabrik spielte der Gesichtspunkt, billige Bauarbeiter aus dem KL zu erhalten, für die Leitung der IG-Farben AG eine maßgebliche Rolle. Um den Arbeitseinsatz der Häftlinge zu vereinfachen, errichtete die IG-Farben AG im Jahre 1942 für die Häftlingsarbeiter in unmittelbarer Nähe des Buna-Werkes das Arbeitslager Monowitz, welches das größte der insgesamt 39 Außenkommandos des KL Auschwitz darstellte, die hauptsächlich im oberschlesischen Industrierevier, aber auch weiter entfernt (z. B. in Brünn) errichtet wurden.«[10] An anderer Stelle setzte sich Broszat noch knapp mit dem 1948 gegen führende Manager der I. G. Farbenindustrie gefällten Urteil des amerikanischen Militärgerichtshofs in Nürnberg auseinander. Er problematisierte die Entscheidung der Richter, die mehrheitlich den individuellen Schuldnachweis der wegen »Versklavung« angeklagten I. G. Farben-Manager nur dann für erbracht hielten, wenn sich eindeutige Beweise dafür fanden, dass sich die Manager aus eigener Initiative um den Einsatz der beim Werksbau in Auschwitz ausgebeuteten KZ-Häftlinge bemüht hatten.[11]

Nicht näher ging Broszat auf das umfangreiche Quellenmaterial ein, das die amerikanischen Ankläger über den massenhaften Häftlingseinsatz bei der Errichtung des Buna- und Treibstoffwerks in Auschwitz-Monowitz zusammengetragen hatten, das auch Dokumente über den Häftlingskrankenbau enthielt. Obwohl nach dem Urteil auszugsweise in der Serie der *Trials of War Criminals*[12] dokumentiert, wurden die Quellen aus dem I. G. Farben-Prozess nur selten zur Kenntnis genommen, weil es seit der Zeit des Kalten Krieges in der Bundesrepublik wissenschaftspolitisch tabuisiert war, die Mittäterschaft der deutschen Wirtschaft bei der NS-Vernichtungspolitik zu thematisieren. Wäre nicht auf Antrag von Dr. Friedrich Karl Kaul, dem Vertreter der Nebenklage aus der DDR, der Wirtschaftshistoriker Jürgen Kuczynski[13] mit einem Gutachten beauftragt worden, hätten das Gericht und die Prozessöffentlichkeit kaum mehr über den Anteil der I. G. Farbenindustrie an der Einrichtung und dem Betrieb des Konzentrationslagers Monowitz erfahren. Während die westdeutschen Gutachten als Sammelband herausgegeben wurden, mehrere Auflagen erlebten, und bis heute zur Grundlagenliteratur gehören, geriet das Gutachten Kuczynskis weitgehend in Vergessenheit. Dazu mag auch beigetragen haben, dass die wirkungsmächtigsten Dokumentationen über den Auschwitz-Prozess von Hermann Langbein und Bernd Naumann das Gutachten nicht oder nur rudimentär behandeln.[14] Das erstmals 1964 in der DDR veröffentliche Gutachten Kuczynskis wurde erst 1994 erneut publiziert.[15] Von der bundesdeutschen Geschichtswissenschaft wurde es bislang kaum zur Kenntnis genommen.[16] Immerhin warf Kuczynski erstmals die wichtige Frage nach den Zusammenhängen zwischen dem Ausbau des Konzentrationslager Auschwitz und der Werksgründung der I. G. Farbenindustrie auf, ohne sie jedoch im Kontext der volkstumspolitischen Germanisierungspolitik Himmlers in Oberschlesien genauer zu analysieren.[17]

Politische Hintergründe und Auseinandersetzungen

Am 19. November 1963, knapp einen Monat vor Beginn des Verfahrens vor dem Frankfurter Schwurgericht, beschloss das Politbüro der SED koordinierte Aktivitäten mit dem Ziel, den Auschwitz-Prozess in ein »Tribunal gegen den IG-Farben Konzern« zu verwandeln.[18] Die internationale Öffentlichkeit sollte im Rahmen einer politischen Kampagne zum Auschwitz-Prozess auf die ehemaligen I. G. Farben-Manager aufmerksam gemacht werden, die für den Werksbau und die Ausbeutung von KZ-Häftlingen in Auschwitz verantwortlich waren und – von der bundesdeutschen Justiz unbehelligt – ihre Karrieren in der westdeutschen Wirtschaft fortsetzten.

Die Federführung der Kampagne übernahm eine Arbeitsgruppe innerhalb der Westkommission beim Nationalrat der Nationalen Front.[19] Dieses Gremium, dem auch ehemalige Monowitz-Häftlinge angehörten, beriet das Politbüro der SED kontinuierlich. Ziel war es, das juristische Vorgehen der Nebenklagevertretung der DDR im Auschwitz-Prozess und die politisch-propagandistische Tätigkeit so aufeinander abzustimmen, dass sie in der Systemauseinandersetzung zur politischen Delegitimierung der bundesdeutschen Funktionseliten beitrug. Die Arbeitsgruppe schlug zu diesem Zweck vor, als Zeugen ehemalige beim Werksbau der I. G. ausgebeutete Monowitz-Häftlinge zu laden, die z. T. hochrangige Politiker in der DDR[20] geworden waren, und zum anderen dem Gericht belastendes Aktenmaterial über die I. G. Auschwitz aus DDR-Archiven vorzulegen.[21] Von einem Sachverständigen-Gutachten war in dem Beschluss des Politbüros noch keine Rede. Auf wessen

Initiative der Vorschlag zurückgeht, ein solches Gutachten von Seiten der Nebenklage aus der DDR in den Prozess einzubringen, war bislang ebenso wenig zu klären, wie die Frage, zu welchem Zeitpunkt die Überlegung entstand.[22] Der erste Hinweis auf das Gutachten der Nebenklage findet sich im Protokoll der Hauptverhandlung des Frankfurter Verfahrens. Am 21. Februar 1964, wenige Tage nach Beginn der Beweisaufnahme,[23] teilte Rechtsanwalt Kaul dem Gerichtsvorsitzenden Hofmeyer mit, er beabsichtige, den Ordinarius der Wirtschaftswissenschaftlichen Fakultät der Humboldt Universität in Berlin, Jürgen Kuczynski, in der kommenden Woche als Gutachter zu laden.[24] Der angekündigte Titel des Gutachtens lautete: »Die Verflechtung von sicherheitspolizeilichen und wirtschaftlichen Interessen bei der Einrichtung und dem Betrieb des KZ Auschwitz und seiner Nebenlager«.[25] Um Hofmeyer zu einer raschen Entscheidung zu bewegen, unterstrich Kaul, dass »der Umfang seines Gutachtens nicht groß sei«.[26] Kauls ärgster Kontrahent im Ge-

Prof. Dr. Jürgen Kuczynski (1964),
Privatbesitz Prof. Dr. Thomas Kuczynski

richtssaal, der Frankfurter Rechtsanwalt Dr. Hans Laternser, der für seine aggressive Verteidigungsstrategie[27] bekannt war, beantragte umgehend, Kuczynski »wegen vermuteter Befangenheit«[28] abzulehnen. Das Gericht vertagte am 28. Februar zunächst den Beschluss über die Zulassung Kuczynskis, obwohl dieser bereits nach Frankfurt gereist war und auf seine mögliche Ladung vor Gericht wartete.[29]

Im Spannungsfeld zwischen politisch-öffentlicher und juristischer Einflussnahme auf das Prozessgeschehen befand sich Kaul nun in einer Zwickmühle: Unter Umständen würde sich der Vortrag Kuczynskis bis September herauszögern, und bis »zu dieser Zeit dürfte dann das Gutachten, das sich nur in einem Exemplar in der Hand des Vorsitzenden« befand, nicht veröffentlicht werden.[30] Die Alternative, unter Protest gegen die »Verschleppung, (...) das Gutachten an alle Prozessbeteiligten [zu] verteilen und damit auch für die Öffentlichkeit frei[zu]machen«, bot nach Einschätzung Kauls keinen befriedigenden Ausweg, da dies Kuczynskis Vernehmung unmöglich gemacht hätte.[31]

Am 19. März 1964, drei Wochen nach dem ersten gescheiterten Versuch, unternahm Kaul den zweiten Anlauf zur Ladung Kuczynskis.[32] Laternser stellte wiederum einen Befangenheitsantrag mit der Begründung, bei Kuczynski handele es sich »nicht um einen Sachverständigen im Sinne des Gesetzes«, der »in der Lage ist, ein unabhängiges Urteil abzugeben«[33] Da Kuczynski »von der Regierung der SBZ als Professor bezahlt« würde, sei »seine Stellung davon abhängig, dass er sich bei seiner Lehrtätigkeit und bei Erstattung von Gutachten innerhalb der Grundsätze der kommunistischen SED« halte.[34] Ferner erhob Laternser den Vorwurf, die Vernehmung von Kuczynski sei außerdem »zum Zwecke der Prozessverschleppung beantragt«. Das »kommunistische System in der SBZ« wolle »mit Hilfe des Herrn Kaul« dem Gericht »angebliche Sachverständige (...) zu politischen Zwecken aufdrängen«.[35] Dem Antrag Laternsers schlossen sich zwei weitere Verteidiger an.[36] Rechtsanwalt Staiger[37] sekundierte Laternser, indem er erklärte, die »Frage der Beteiligung der deutschen Wirtschaft bei den Vorgängen im Dritten Reich« sei »ohne Bedeutung für die Frage, ob die hier anwesenden Angeklagten schuldig im Sinne der Anklage sind, oder nicht«.[38] Darüber hinaus bezeichnete Staiger den marxistisch orientierten Forschungsansatz Kuczynskis als inakzeptabel. Schließlich würden »die Mittel der wissenschaftlichen Untersuchung des Herrn Sachverständigen in der Bundesrepublik nicht bekannte und auch nicht anerkannte Methoden darstellen«.[39]

Für einen liberaleren Umgang plädierte dagegen der Verteidiger des Angeklagten Boger, Rechtsanwalt Hans Schallock. Er vertrat den Standpunkt, »die Freiheit und Rechtspflege erfordere, dass auch Sachverständige gehört werden, die von einer gänzlich anderen wissenschaftlichen Methode und einer von unseren geläufigen Denkweise abweichenden politischen Haltung ausgehen.«[40] Die Vertreter der Nebenklage befürworteten die Anhörung des Gutachtens von Kuczynski dagegen einhellig. Für Rechtsanwalt Henry Ormond entbehrte der Antrag Laternsers schlicht der Rechtsgrundlage. Er warnte eindringlich vor einer politischen »Gesinnungsschnüffelei«, über die »dieses Gericht erhaben sein sollte«.[41] Auch der erste Staatsanwalt, Dr. Hans Großmann, vermochte keine Gründe für eine Befangenheit des Sachverständigen erkennen und votierte für dessen Zulassung.[42] Das Gericht wies den Befangenheitsantrag Laternsers gegen Kuczynski zurück. Die Beweiserhebung wäre, so der richterliche Beschluss, bei einem nach § 245 der Strafprozessordnung (StPO) als »präsentes Beweismittel« gestellten Sachverständigen »nur dann zu unterlassen, wenn sie unzulässig wäre oder der Prozessverschleppung diente«.[43] Für beides waren nach Dafürhalten des Gerichts keine stichhaltigen Gründe vorgebracht worden. Die Richter wollten die Möglichkeit nicht ausschließen, dass das Gutachten Kuczynskis – »ohne Rücksicht auf seine Zugehörigkeit zur SED – seiner persönlichen Überzeugung entspricht« und entschieden damit gegen die politisch motivierte Vorverurteilung Laternsers.[44]

Ökonomische Interessen und Vernichtungspolitik

Am 19. März 1964, dem 28. Verhandlungstag, trug Kuczynski dem Gericht sein Gutachten vor und beantwortete im Anschluss einige Nachfragen der Verteidigung.[45] Einleitend holte der Wirtschaftshistoriker weit aus und ging auf »einige allgemeine Verflechtungserscheinungen« im Verhältnis von Staat und Wirtschaft von der Antike bis zur Gegenwart ein, bevor er sich dem »spezifischen Tatsachenkomplex« zuwandte und die Frage aufwarf, »ob und inwieweit die sicherheitspolizeilichen und wirtschaftlichen Interessen bei der Einrichtung und dem Betrieb des Konzentrationslagers Auschwitz miteinander verflochten waren«.[46] Dabei ging er von der Überlegung aus, dass in Zeiten krisenhafter Zusammenbrüche spezifischer Staatsformen, »die herrschenden Wirtschaftsschichten sich von der vergangenen Tätigkeit des Staates zu dislozieren oder sich gar als Leidträger der vergangenen Staatsform zu gerieren« versuchten.[47] Diese Erscheinung sei auch im Frühjahr 1945 zu beobachten gewesen, als »unter dem Eindruck des beträchtlichen Aktenmaterials«, das von den Ermittlungsbehörden der Alliierten »schnell gesammelt worden war, eine kurze Phase völliger Hilflosigkeit« in den führenden deutschen Wirtschaftskreisen einsetzte, in der »außerordentlich interessante Aussagen über die Beziehungen zwischen Wirtschaft, Staat und Partei gemacht wurden«.[48]

Anhand von eidesstattlichen Aussagen ehemaliger Vorstandsmitglieder der I. G. Farbenindustrie vor dem Nürnberger Militärgerichtshof versuchte Kuczynski sodann den Beweis zu führen, dass die Konzernführung den Standort Auschwitz wählte, weil sie von der Möglichkeit wusste, KZ-Häftlinge als billige Arbeitskräfte von der SS zu bekommen.[49] Nach Ansicht Kuczynskis war die Ausbeutung der Häftlinge nicht etwa aufgrund staatlichen Zwangs erfolgt, wie dies die verantwortlichen Manager zu ihrer Verteidigung vor dem Nürnberger Gerichtshof behaupteten, sondern ging auf die Initiative der Wirtschaft zurück. Zur Illustration zitierte Kuczynski ein Besprechungsprotokoll, in dem von »herzlichem Einvernehmen« hinsichtlich der Gesprächsatmosphäre in den Verhandlungen über den Häftlingseinsatz die Rede ist sowie dass beide Seiten den Wunsch herausgestellt hätten, »sich gegenseitig jede mögliche Hilfe angedeihen zu lassen«.[50] Mittels zeitgenössischer Quellen belegte Kuczynski, dass der Häftlingseinsatz beim Werksbau bereits »für den ersten Spatenstich verabredet«[51] war. Schon im März 1941, also noch vor der offiziellen Werksgründung, seien die Bedingungen des Häftlingseinsatzes zwischen der SS-Führung in Berlin bzw. der SS-Lagerkommandantur in Auschwitz und der Spitze der I. G. bis ins Detail ausgehandelt worden.[52] Hinsichtlich dieser engen Kooperation wartete Kuczynski mit einer historischen Neuigkeit auf, die allerdings in den allgemeinen Auseinandersetzungen um das Gutachten unterging. Im Deutschen Zentralarchiv in Potsdam war eine Quelle entdeckt worden, die schon für das Jahr 1941 die Entscheidung der Konzernführung belegt, den Ausbau des Konzentrationslagers Auschwitz »aus ihrem Wohnungsbauvolumen" mit einer Million Reichsmark finanziell zu unterstützen.[53] Da der Werksbau der I. G. Auschwitz von »höchster Kriegwichtigkeit« war, erlangte die I. G. Farbenindustrie bereits vor dem Baubeginn »eine besonders starke Position gegenüber der Auschwitzer SS«.[54] Kuczynski verwies dazu auf ein Rundschreiben des Generalbevollmächtigten für Sonderfragen der chemischen Produktion vom 25. Februar 1941, in dem dieser mitteilte, sämtliche »staatlichen und SS-Dienststellen (...) im Gebiet um Auschwitz« hätten »Anweisung erhalten, das Bauvorhaben in jeder nur erdenklichen Weise zu fördern«.[55] Entsprechend dieser Weisungen habe die Werksleitung der I. G. Auschwitz Ende Mai 1942 nicht nur Druck gegenüber dem Kommandanten von Auschwitz ausgeübt, eine größere Anzahl von Häftlingen bereitzustellen, sondern – wie Kuczynski mit einem aus dem Betriebsarchiv der Bunawerke in Schkopau herangezogenen Dokument nachwies – hinsichtlich der »Qualität der Häftlinge« und der Arbeitsorganisation der SS sogar Bedingungen gestellt. Die I. G.-Bauleitung in Auschwitz forderte:

»1. Kräftige und arbeitsfähige Häftlinge.
2. Täglich die gleichen Häftlinge zum gleichen Arbeitsplatz.
3. Größere Freizügigkeit im Einsatz der Häftlinge.
4. Ansporn der Häftlinge zu größerer Leistung.«[56]

Die angestrebte Leistungssteigerung sollte, wie Kuczynski weiter ausführte, durch Prügel und andere Disziplinar- und Terrormaßnahmen durchgesetzt werden, wozu die I. G. Farbenindustrie »an der Ausarbeitung des Strafsystems tätigen Anteil«[57] nahm. Damit sei über eine indirekte Einflussnahme auf die repressiven Arbeitsbedingungen weit hinausgegangen worden. Schließlich habe sie erreicht, dass die SS sicherheitspolizeiliche Kompetenzen an den betrieblichen Werkschutz übertrug, der angebliche Bummelanten in eine eigens eingerichtete Strafkolonne[58] zur Disziplinierung zwangsweise einweisen konnte.[59] Nachdem Auschwitz zum Vernichtungslager geworden war, habe die I. G. Farben sogar »für sich das Recht der Beteiligung an der sogenannten Selektion verlangt", wobei es sich »faktisch um das Recht« gehandelt habe, selbst Todesurteile fällen zu dürfen. Als »nicht mehr arbeitsfähig« eingestufte Häftlinge hätten als »nicht mehr lebensberechtigt« gegolten.[60] Zum Beweis seiner These führte Kuczynski einen Wochenbericht der I. G. Auschwitz an. Darin war die von der Werksleitung geforderte und am 10. Februar 1943 erteilte Zusicherung von Oberstumbannführer Maurer vom SS-Wirtschaftsverwaltungshauptamt (WVHA) vermerkt, »dass alle schwachen Häftlinge abgeschoben werden können, so dass die Gewähr für eine fast volle Leistung, verglichen mit einem deutschen Hilfsarbeiter, herausgeholt werden kann«.[61] Nach weiteren Verhandlungen mit dem Chef des WVHA, Oswald Pohl, kaufte die I. G. Farbenindustrie

1943 tausende Kleidungsstücke, welche die SS den nach Auschwitz deportierten Frauen-, Männern und Kindern geraubt hatte. Die Kleidung der Ermordeten wurde an osteuropäische Zwangsarbeiter kostenlos verteilt und der deutschen Zivilbelegschaft der I. G. Auschwitz verkauft.[62] Wenngleich sich für viele Vorgänge nicht mehr feststellen lasse, »wem größere Verantwortung zukommt, der IG oder der SS«, zog Kuczynski aufgrund dieser und weiterer Beispiele das Resümee, dass »sicherheitspolizeiliche und wirtschaftliche Interessen auf das engste auch in den Jahren 1941 bis 1945 bei der Einrichtung und im Betrieb des KZ Auschwitz und seines Nebenlagers Monowitz (Monowice) miteinander verflochten waren«.[63]

Die Demontage des Gutachtens

Bei der Befragung Kuczynskis im Anschluss an den Vortrag seines Gutachtens gelang es Dr. Rudolf Aschenauer, dem Verteidiger der Angeklagten Boger und Dr. Lucas im Auschwitz-Prozess, eine Schwachstelle des Gutachtens auszumachen. Aschenauer war mit den von Kuczynski herangezogenen Quellen zum I. G. Farbenwerk in Auschwitz aus dem Nürnberger Nachfolgeprozess Fall VI bestens vertraut. Er schöpfte aus seiner zweijährigen Erfahrung als Verteidiger vor dem Nürnberger Militärgerichtshof im I. G. Farben-Prozess, wo er für seinen damaligen Mandanten, den ehemaligen Leiter der wirtschaftspolitischen Abteilung und des Südosteuropa-Ausschusses des Konzerns, Heinrich Gattineau, einen Freispruch erwirkt hatte.[64]

Eingangs hielt Aschenauer dem Gericht zwei Dokumente aus dem in der DDR erschienen Buch *SS im Einsatz* vor, die angeblich dafür sprachen, dass »die IG-Farben ursprünglich keine KZ-Häftlinge als Arbeiter wollte«.[65] Kuczynski kannte die Dokumente nicht und konnte somit Aschenauers Behauptung nicht zurückweisen, obwohl sie dem Urteil des Amerikanischen Militärgerichtshof gegen die Konzernmanager der I. G. Auschwitz widersprach. Unter Einbeziehung der komplexen, aber fragmentarischen Aktenüberlieferung war der Militärgerichtshof 1948 in seinem Urteil zu dem Schluss gekommen, dass »das Bestehen des Lagers ein wichtiger, wenn auch vielleicht nicht der entscheidende Faktor bei der Auswahl der Baustelle gewesen ist«.[66] Außerdem waren die Richter zu der Überzeugung gelangt, dass »von Anfang an der Plan bestanden hat, die Deckung des Arbeitskräftebedarfs mit Konzentrationslagerhäftlingen zu ergänzen«.[67] Auf die sich anschließenden Nachfragen Aschenauers, wie viele Manager im Nürnberger I. G. Farbenprozess angeklagt, welcher Verbrechen sie im einzelnen beschuldigt, und wie viele Angeklagte verurteilt worden waren, musste Kuczynski ebenfalls passen.[68] Zuletzt ließ sich der mit den Verfahrensabläufen im I. G. Farben-Prozess bestens vertraute Aschenauer von Kuczynski bestätigen, dass die von ihm zitierten Aussagen der ehemaligen I. G. Farben-Manager aus dem »Ermittlungsverfahren vor der Anklagebehörde und nicht in der Hauptverhandlung« stammten und in letzterer widerrufen worden waren.[69] Tatsächlich hatte Kuczynski *eine* eidesstattliche Erklärung von Gattineau zitiert, in der es um die Zusammenarbeit der I. G. Farben mit dem »Reichsministerium für Volksaufklärung und Propaganda« ging. Aschenauer traf ins Schwarze, denn als Verteidiger Gattineaus erinnerte er sich noch gut daran, dass sein Mandant Gattineau *eine* Aussage in Nürnberg widerrufen hatte, eben exakt diejenige, die Kuczynski zitiert hatte.[70] Dadurch entstand in Frankfurter Auschwitz-Prozess der irreführende Eindruck, die von den amerikanischen Anklägern vorgelegten eidesstattlichen Aussagen der Angeklagten seien insgesamt fragwürdige Beweisstücke. Der Widerruf war jedoch ein äußerst seltener Ausnahmefall und betraf nur einige wenige der insgesamt 419 von der Anklage vorgelegten eidesstattlichen Erklärungen im I. G. Farben-Prozess. Die Gunst der Stunde nutzend, ging die Verteidigung nun abermals in die Offensive. Rechtsanwalt Eggert stellte nochmals einen Befangenheitsantrag, dem sich seine Kollegen Staiger und Joschko anschlossen. Auf der Klägerseite widersprachen die Anwälte Raabe und Kaul.[71] Letzterer bemühte sich um Schadensbegrenzung. In die Defensive geraten, wies er das Gericht darauf hin, dass die »Schwerkraft des Gutachtens« auf den Berichtsdokumenten liege, deren Inhalt völlig mit den von Kuczynski zitierten Aussagen übereinstimme.[72] Das Gericht zog sich zur Beratung zurück und verkündete zwanzig Minuten später folgenden Beschluss:

»Die Anträge der Verteidigung, Prof. Kuczynski als Sachverständigen wegen Besorgnis der Befangenheit abzulehnen, werden für begründet erklärt. Der Sachverständige hat in seinem Gutachten eine Reihe von Aussagen der Angehörigen der ehemaligen I. G.-Farbenindustrie zitiert. Wie er auf Befragen des Verteidigers Aschenauer einräumen musste, hat er dabei Aussagen dieser Personen, die sie in späteren Verfahrensabschnitten, insbesondere vor dem Nürnberger Militärtribunal gemacht haben, nicht mit verwertet. Insbesondere hat er es unterlassen, auf die Existenz solcher weiteren Aussagen und darauf hinzuweisen, dass in dem ›I. G.-Farbenprozeß‹ einige Angeklagte freigesprochen worden sind. Ohne sich mit den Fakten auseinanderzusetzen, hat er einseitig aus den vor der Nürnberger Anklagebehörde gemachten Aussagen das Gutachten erstattet, wobei der Eindruck erweckt wurde, dies seien die einzigen verwertbaren Aussagen der IG-Angehörigen. Dies ist geeignet – von den Angeklagten aus gesehen – Misstrauen in die Überparteilichkeit des Sachverständigen zu rechtfertigen.«[73]

Phyrrussieg und politische Affaire

Während die politisch motivierten und begründeten Befangenheitsanträge Laternsers gegen Kuczynski zunächst scheiterten, ging die Verteidigungsstrategie Aschenauers auf. Er traf den neuralgischen Punkt, weil den Richtern an einer Begrenzung der Beweismittelerhebung gelegen war und ihnen der Aufwand, die äußerst umfangreichen Akten des I. G. Farben-Prozesses in die Beweisaufnahme des Prozesses einzuführen, offenbar unangemessen erschien.[74] Kauls Erfolg, Kuczynski als Gutachter in der Hauptverhandlung zur Anhörung zu bringen, entpuppte sich als Phyrrussieg. Für das weitere Prozessgeschehen war das Gutachten juristisch gegenstandslos geworden und hatte auf die Urteilsfindung keinen Einfluss mehr. Das politische Ziel der DDR-Nebenklage, den Auschwitz-Prozess in ein »Tribunal gegen den IG-Farben Konzern« zu verwandeln, wurde nicht erreicht. Dies hätte letztlich die Ausweitung der Anklage auf die für den Häftlingseinsatz beim Werksbau der I. G. Farbenindustrie in Auschwitz verantwortlichen Manager des Konzerns wegen Beihilfe zum Mord zur Konsequenz gehabt. Gleichwohl gelang es Kaul, mit dem Gutachten die enge Verflechtung zwischen der I. G. Auschwitz und der Konzentrationslager-SS zu thematisieren und in die öffentliche Diskussion zu bringen, wie das breite Medienecho in Ost und West auf das Gutachten von Kuczynski zeigt.[75]

Auf unvorhergesehene Weise löste das Gutachten Kuczynskis allerdings eine bemerkenswerte politische Affäre aus. Wenige Tage vor Kuczynskis Auftritt vor dem Frankfurter Schwurgericht war dem ehemaligen I. G.-Vorstandsmitglied Heinrich Bütefisch das Bundesverdienstkreuz verliehen worden. Kuczynski erwähnte in seinem Gutachten die von Bütefisch mit der SS-Führung über den Häftlingseinsatz bei der I. G. Auschwitz geführten Verhandlungen. Noch am 19. März 1964, dem Tag, als Kuczynski sein Gutachten in Frankfurt vortrug, erhielt das

Bundespräsidialamt anonym die brisante Information über die Verurteilung Bütefischs durch den Nürnberger Militärgerichtshof zu sechs Jahren Haft wegen seiner Verantwortung für die Sklavenarbeit von KZ-Häftlingen beim Werksbau der I. G. Farben in Monowitz.[76] Am selben Abend griff die DDR-Nachrichtenagentur ADN diese Information auf und verbreitete eine Meldung, wonach Bundespräsident Lübke »kuerzlich dr. buetefisch mit dem 'großen bundesverdienstkreuz' dekoriert« habe, obwohl der I. G.-Manager bis 1945 »zu den vertrauten des ss-chefs heinrich himmler« gehörte.[77] Das Bundespräsidialamt reagierte alarmiert und leitete eilig eine Untersuchung ein, die Bütefischs Verurteilung und seine SS-Mitgliedschaft bestätigte. Wie die interne behördliche Recherche außerdem ergab, war das Verfahren der Ordensverleihung aufgrund anhaltender Interventionen einflussreicher Ruhrindustrieller und des Bundesverbandes Deutscher Industrie stark beschleunigt worden.[78] Unter den Wirtschaftsvertretern, die darauf drängten, Bütefisch für seine Leistungen beim Wiederaufbau der bundesdeutschen Wirtschaft das Bundesverdienstkreuz noch rechtzeitig zu seinem 70. Geburtstag am 24. Februar 1964 zu verleihen, war auch der in Nürnberg als Kriegsverbrecher verurteilte ehemalige Werksleiter der I. G. Auschwitz, Walther Dürrfeld, der zwischenzeitlich zum Vorstandsmitglied der Scholven Chemie AG avanciert war.[79]

In der Vorschlagsbegründung für Bütefisch hieß es: »Dem Weitblick und dem rücksichtslosen Einsatz des Vorgeschlagenen ist es wesentlich zu verdanken, dass nach 1945 die schlimmsten Schäden von der Wirtschaft des rheinisch-westfälischen Industriegebietes, namentlich der Zertrümmerung ihres industriellen Potentials, ferngehalten wurden. Aufgrund seiner Initiative gelang es, die chemische Industrie auf eine neue wirtschaftliche Basis zu stellen. Die Erhaltung und der Wiederaufbau so bekannter Unternehmen wie der Chemischen Werke Hüls, der Ruhrchemie, der Scholvenchemie und anderer ist entscheidend sein Verdienst. (…) Das Wirken des Vorgeschlagenen trug ihm hohes Ansehen auch in internationalen Kreisen, insbesondere in der europäischen Montanindustrie ein.«[80]

Bei der Routineüberprüfung des Ordenskandidaten war der Staatskanzlei von Nordrhein-Westfalen ein verhängnisvoller Lapsus unterlaufen. Sie hatte zwar telegrafisch bei der Staatsanwaltschaft Hannover den Strafregisterauszug Bütefischs angefordert und beim Landesamt für Verfassungsschutz regulär angefragt, ob Erkenntnisse vorlägen, die einer Ordensverleihung widersprächen. Da Bütefisch aber von einem Alliierten Gericht als Kriegsverbrecher verurteilt worden war und nicht von der bundesdeutschen Justiz, lagen bei den bundesdeutschen Behörden keinerlei Erkenntnisse zu seinen Straftaten vor. Von der üblichen Regelanfrage bei dem seinerzeit noch unter US-amerikanischer Verwaltung stehenden *Berlin Document Center*, wo die Original-Personalakten der NSDAP und ihrer Gliederungen lagerten, war »wegen der Eilbedürftigkeit der Angelegenheit« abgesehen worden.[81] Dabei wäre die SS-Mitgliedschaft Bütefischs im Rang eines Obersturmbannführers und seine Aufnahme in den exklusiven »Freundeskreis Himmler«, einer Vereinigung führender Manager der deutschen Industrie zur finanziellen Förderung der SS, kein Archivgeheimnis gewesen. Schon ein Blick in das leicht zugängliche, 1948 veröffentlichte Urteil im I. G. Farben-Prozess hätte ausgereicht, um seine Verurteilung als Kriegsverbrecher festzustellen.[82] Entsprechende öffentlich zugängliche Informationen übermittelte der West-Berliner Journalist Reinhard Strecker dem Bundespräsidialamt am 23. und 24. März 1964 telefonisch.[83] Zwei Stunden später, so wusste *Der Spiegel* seinen Lesern nicht ohne süffisante Untertöne über »Bonns Halsband Affaire« zu berichten, habe Bundespräsident Heinrich Lübke »– zum erstenmal in der bundesdeutschen Ordensgeschichte – das Ehrenzeichen zurückgefordert«.[84] Sechzehn Tage nach der Ordensverleihung gab Bütefisch das Große Bundesverdienstkreuz zurück.[85] »Rechtlich wird dieser Vorgang als ein mit Zustimmung des Betroffenen erfolgter Widerruf des begünstigenden Hoheitsakts der Ordensverleihung anzusehen sein«, ließ der Chef des Bundespräsidialamtes den Bundesminister des Inneren Ende März 1964 wissen.[86]

Desiderate und Forschungsperspektiven

Anhand des Gutachtens von Kuczynski im Auschwitz-Prozess lässt sich exemplarisch studieren, wie stark außerprozessuale politische Auseinandersetzungen den Untersuchungsgegenstand und die Wirkung historischer Sachverständigengutachten auf das Prozessgeschehen in NS-Prozessen mitbestimmen. Angesichts der unterschiedlichen Rezeptionsgeschichte der für den Auschwitz-Prozess erstellten Sachverständigengutachten stellt sich die Frage, wie sie rezipiert und von der weiteren historischen Forschung aufgegriffen wurden. Wie wirkten sie auf die vergangenheitspolitische Auseinandersetzung zwischen der Bundesrepublik Deutschland und der DDR ein?[87] Wie wirkten sie auf diese und auf den

Auschwitz-Prozess selbst und spätere NS-Verfahren zurück? Wie hing diese Entwicklung wiederum mit der Etablierung neuer Ermittlungsbehörden zur Strafverfolgung von NS-Verbrechen in beiden deutschen Staaten zusammen?[88]

Kuczynskis Verdienst für die historische Forschung ist es, im Rahmen seines Gutachtens im Frankfurter Auschwitz-Prozess auf die Verflechtung von sicherheitspolitischen und ökonomischen Interessen der SS und der I. G. Farbenindustrie in Auschwitz hingewiesen zu haben. Die Unterstützung des I. G. Farbenkonzerns beim Ausbau des Konzentrationslagers Auschwitz seit Frühjahr/Sommer 1941 blieb lange Zeit ein von der westdeutschen Wirtschaftsgeschichtsschreibung gemiedenes Thema. Die von dem Chemiekonzern der SS bereitgestellten kriegswirtschaftlich strikt kontingentierten Baumaterialien waren bis zur Fertigstellung des Konzentrationslagers Monowitz im Oktober 1942 für den beschleunigten Ausbau von Unterkunftsbaracken im Stammlager Auschwitz von nicht zu unterschätzender Bedeutung.[89] Die Werksleitung der I. G. Auschwitz verfolgte mit dieser Unterstützung das Ziel, die Vorraussetzungen zur Unterbringung einer wachsenden Zahl von Häftlingen zu schaffen, die auf der Werksbaustelle eingesetzt wurden. Dem von Kuczynski erwähnten Umstand, dass der I. G. Farbenkonzern Ende 1941 mit einem Zuschuss von einer Million Reichsmark einen Teil der Baufinanzierung für den weiteren Lagerausbau übernahm, wurde bislang kaum Beachtung geschenkt. Die finanziellen Zuschüsse flossen in einer Situation, als die Zentralbauleitung der Polizei und Waffen-SS in Auschwitz mit dem Aufbau des Vernichtungslagers Auschwitz-Birkenau begann und die SS-Lagerkommandantur die Reorganisation des Gesamtlagers in Angriff nahm.

Die Rekonstruktion der komplexen Baugeschichte des Konzentrations- und Vernichtungslagers Auschwitz bedarf weiterer Studien. Mit der sukzessiven Öffnung der staatlichen Archive in Osteuropa und der privaten Unternehmensarchive wurde erst in den letzten Jahren ein immenser Quellenfundus zugänglich, der hierzu neue Forschungsperspektiven eröffnet. Jüngere Studien, die mit der Auswertung der umfangreichen Überlieferungen der Zentralbauleitung der Waffen-SS und Polizei in Auschwitz[90] begonnen haben, deuten auf die Notwendigkeit hin, die Wechselwirkungen zwischen dem Arbeitseinsatz der Häftlinge im Bereich des SS-Bauwesens und bei der Errichtung des I. G. Farbenwerks einerseits und der radikalisierten Vernichtungspolitik andererseits weiter zu untersuchen.[91] Wie entwickelte sich das von SS und I. G. Farbenindustrie in Auschwitz seit Frühjahr 1941 erprobte Modell des Arbeitseinsatzes von KZ Häftlingen auf der Baustelle im Rahmen des größten Investitionsprojekts im »Dritten Reich«? Wie gelang es der SS und der Industrie, die ökonomische Ausbeutung der Arbeitskraft von KZ-Häftlingen in einer Kombination von Leih- und Sklavenarbeit mit der rassistischen Vernichtungspolitik – trotz erheblicher Probleme beim Einsatz – weitgehend kompatibel zu machen? In welchen Schritten wurde dieses bei der I. G. Auschwitz erprobte Modell in den folgenden Jahren auf das gesamte KZ-Lagersystem übertragen?[92] Trug dies vielleicht entscheidend zur funktionalen Ausdifferenzierung und zur Entstehung einer strukturell arbeitsteiligen Organisation des Lagers Auschwitz als Ort des Terrors, der Ausbeutung und der Vernichtung bei?[93]

Mit den von Kuczynski herausgestellten sicherheitspolitischen und ökonomischen Interessenskongruenzen zwischen der SS-Kommandantur und der Bauleitung des I. G. Farbenwerks in Auschwitz allein sind diese Entwicklungen nicht erklärbar. Auf die gewichtige Bedeutung der Planungen und Maßnahmen der volkstumspolitischen Siedlungs- und Vertreibungspolitik Himmlers als Reichskommissar für die Festigung deutschen Volkstums (mit ihren regionalen Besonderheiten in Oberschlesien) haben Götz Aly und Susanne Heim und jüngst – auf erweiterter Quellenbasis – Sybille Steinbacher hingewiesen.[94] Ihr Zusammenhang mit der radikalisierten Vernichtungspolitik ist angesichts der historischen Studien zu den »Umsiedlungs-« und »Umvolkungsprogrammen« evident. Wie diese ständig revidierten, teilweise realisierten und schließlich gescheiterten Pläne mit dem sich Ende 1941 krisenhaft zuspitzenden Arbeitskräftemangel zusammenhängen, der die NS-Führung veranlasste, auf Reichsebene im Frühjahr 1942 den Arbeitskräfteeinsatz von KZ-Gefangenen und Zwangsarbeitern zu reorganisieren, ist noch nicht hinreichend untersucht worden.[95] Die Synopse dieser Perspektiven könnte wichtige Impulse in der Debatte um die Frage geben, welche ideologischen, politischen, bürokratischen, militärischen und ökonomischen Determinanten die Handlungsmöglichkeiten der in den Vernichtungsprozess involvierten Tätergruppen bei der Genese der »Endlösung« bestimmten.

3 Vgl. Norbert Frei, »Der Frankfurter Auschwitz-Prozess und die deutsche Zeitgeschichtsschreibung«, in: Fritz Bauer Institut (Hg.), *Auschwitz: Geschichte, Rezeption und Wirkung. Jahrbuch 1996 zur Geschichte und Wirkung des Holocaust.* Frankfurt am Main, New York 1996, S. 123-138, hier S. 128 ff., und Irmtrud Wojak, »Die Verschmelzung von Geschichte und Kriminologie. Historische Gutachten im ersten Frankfurter Auschwitz-Prozess«, in: Norbert Frei u. a. (Hg.), *Geschichte vor Gericht. Historiker, Richter und die Suche nach Gerechtigkeit.* München 2000, S. 29-45.

4 Vgl. hierzu von Fritz Bauer, »Im Namen des Volkes. Die Strafrechtliche Bewältigung der Vergangenheit« (1965), in: Fritz Bauer, *Die Humanität der Rechtsordnung. Ausgewählte Schriften.* Hg. v. Joachim Perels und Irmtrud Wojak, Frankfurt am Main, New York 1998, S. 77-90, hier S. 83.

5 Wolfgang Scheffler, *Judenverfolgung im Dritten Reich.* Berlin 1960.

6 Gerhard Schoenberner, *Der gelbe Stern. Die Judenverfolgung in Europa 1933-1945.* Hamburg 1960.

7 Jan Sehn, *Konzentrationslager Oswiecim-Brzeznka (Auschwitz-Birkenau). Auf Grund von Dokumenten und Beweisquellen.* Übersetzt von Rita Tertel. Warschau 1957.

8 Gerald Reitlinger, *Die Endlösung. Hitlers Versuch der Ausrottung der Juden Europas 1939-1945.* Berlin 1956 (London 1953).
Raul Hilberg, *The Destruction of the European Jews.* Chicago 1961. Es sollte noch mehr als zwanzig Jahre dauern, bis sein *opus magnum* von einem kleinen Verlag übersetzt wurde. Von einem breiteren Lesepublikum wurde Hilbergs Buch erst 1990 zur Kenntnis genommen, nachdem der Fischer-Taschenbuch-Verlag eine überarbeitete Ausgabe des Werks wiederauflegte. Vgl. ders., *Die Vernichtung der europäischen Juden.* Berlin 1982 und wieder Frankfurt am Main 1990.
Vgl. Frei, »Der Frankfurter Auschwitz-Prozess«, S. 127.

9 Im zweiten Frankfurter Auschwitz-Prozeß wurde erneut gegen Gerhard Neubert Anklage erhoben. Das Frankfurter Schwurgericht verurteilte ihn wegen Beihilfe zum Mord in 35 Fällen zu dreieinhalb Jahren Zuchthaus. Strafmildernd wirkte sich nach Ansicht der Richter aus, dass Neubert »nur auf Befehl den Entschluss zur Mitwirkung an dem Vernichtungsprogramm« gefasst, »und sich im übrigen Häftlingen gegenüber menschlich« gezeigt habe. Vgl. Urteil in der Strafsache 4 Ks 3/63 gegen Wilhelm Burger, Josef Erber und Gerhard Neubert vom 16.9.1966, S. 164. Fritz Bauer Institut, Sammlung Auschwitz-Prozess (SAP).

10 Vgl. Martin Broszat, »Nationalsozialistische Konzentrationslager 1933-1945«, in: Hans Buchheim, Martin Broszat, Hans-Adolf Jacobsen, Helmut Krausnick, *Anatomie des SS-Staates.* 6. Aufl., München 1994, S. 323-445, hier S. 412.

11 Ebd., S. 432.

12 *Trails of War Criminals before the Nuernberg Military Tribunals under Control Council Law No.10 – Case No. 6: US v. Krauch (The Farben Case).* Vol. VII, Washington 1953 und Vol. VIII, Washington 1952.

13 Jürgen Kuczynski, 1904 in Elberfeld geboren, studierte 1922-24 Philosophie, Finanzwirtschaft und Statistik in Berlin, Heidelberg und Erlangen. 1926 bis 1929 war er maßgeblich am Aufbau der Gewerkschaftsstatistik in den USA beteiligt. 1930

wurde Kuczynski KPD-Mitglied und Wirtschaftsredakteur der *Roten Fahne*. Nach 1933 arbeitete er illegal für die Reichsleitung der KPD. Als Jude und Kommunist verfolgt, emigrierte er 1936 nach London. 1944 wurde er wissenschaftlicher Mitarbeiter im Londoner Büro des *United States Strategic Bombing Survey* und Oberst der *US-Army*. Ende 1945 kehrte er nach Berlin zurück, wo er seit 1946 an der Humboldt Universität als ordentlicher Professor lehrte. 1997 ist Jürgen Kuzcynski gestorben. Vgl. Bernd-Rainer Barth, Christoph Links, Helmut Müller-Enbergs, Jan Wielgohs (Hg.), *Wer war wer in der DDR*. 3. aktualisierte Aufl., Frankfurt am Main 1995, S. 421; Jürgen Kuczynski, *Memoiren. Die Erziehung des J. K. zum Kommunisten und Wissenschaftler*. Berlin/DDR 1975; Jan Peters, »Jürgen Kuczynski 1904-1997«, in: *1999. Zeitschrift für Sozialgeschichte des 20. und 21. Jahrhunderts*, Jg. 13 (1998), H. 1, S. 240-245.

14 Hermann Langbeins Dokumentation zum Auschwitz-Prozess erwähnt das Gutachten Kuczynskis nur in den einleitenden Bemerkungen zum Ablauf des Prozesses und im chronologischen Anhang, vgl. Hermann Langbein, *Der Auschwitz-Prozess. Eine Dokumentation*. 2 Bde., Frankfurt am Main 1995, Bd. 1, S. 43 u. Bd. 2, S. 941. Gänzlich unerwähnt bleibt das Gutachten dagegen bei: Bernd Naumann, *Auschwitz. Bericht über die Strafsache gegen Mulka u. a. vor dem Schwurgericht Frankfurt*. Frankfurt am Main 1968 und ebenso bei Gerhard Werle, Thomas Wandres, *Auschwitz vor Gericht. Völkermord und bundesdeutsche Strafjustiz*. München 1995.

15 Jürgen Kuczynski, »Die Verflechtung von sicherheitspolizeilichen und wirtschaftlichen Interessen bei der Einrichtung und im Betrieb des KZ Auschwitz und seiner Nebenlager«, in: *Dokumentation der Zeit. Informations-Archiv*, Jg. 16 (1964), H. 308, S. 36-42; wieder in: Ulrich Schneider (Hg.), *Auschwitz – ein Prozess. Geschichte, Fragen, Wirkungen*. Köln 1994, S. 33-59. Im folgenden zitiert nach der Neuauflage. In der Vorbemerkung zu dem Gutachten Kuczynskis irrt der Herausgeber Ulrich Schneider, mit der Behauptung, es habe »noch nicht einmal Eingang in die Prozessunterlagen« (S. 34) gefunden. Vgl. dazu das Protokoll vom 28. Verhandlungstag der Öffentlichen Sitzung des Schwurgerichts 4 Ks 2/63, Frankfurt am Main, Fortsetzung der Strafsache gegen Mulka u. a. wegen Mordes, FBI, SAP, Bd. 96 – Bd. 2, Hauptverhandlungsprotokoll vom 19.3.1964, Bl. 226 und das dort in der Anlage befindliche Gutachten.

16 In der Bundesrepublik rezipierte vor allem Falk Pingel in seinem Standardwerk zur Geschichte der Konzentrationslager das Gutachten Kuczynskis und bezog dabei auch einige der im Gutachten erwähnten Schlüsseldokumente in seine Darstellung mit ein, vgl. Falk Pingel, *Häftlinge unter SS-Herrschaft. Widerstand, Selbstbehauptung und Vernichtung im Konzentrationslager*. Hamburg 1978.

17 Siehe dazu erstmals die Fallstudie »Planungsgebiet Auschwitz« in: Götz Aly, Susanne Heim, *Vordenker der Vernichtung. Auschwitz und die deutschen Pläne für eine neue europäische Ordnung*. Frankfurt am Main 1993, S. 168-197, ausführlich jetzt Sybille Steinbacher, »Musterstadt« Auschwitz. Germanisierungspolitik und Judenmord in Ostoberschlesien. München 2000.

18 Beschluss des Politbüros vom 19.11.1963, Anlage 1 zum Arbeitsprotokoll der Sitzung Nr. 41 vom 19.11.1963, in: Stiftung Archiv der Parteien und Massenorganisationen der DDR im Bundesarchiv, Berlin (SAPMO), DY 30/J IV 2/2 A – 999. Annette Rosskopf danke ich herzlich für den Hinweis auf diese Quelle und die Möglichkeit, ihre Dissertation einzusehen: *Friedrich Karl Kaul. Anwalt im geteilten Deutschland (1906-1961)*. Diss. jur. Berlin 1999, S. 197 ff.

19 Christian Dirks, *Die Ahndung von NS-Verbrechen in der SBZ/DDR. Das Beispiel des Fischer-Prozesses.* Magisterarbeit FU Berlin 1997, S. 57 f. Zur Rolle der Westkommission vgl. Jochen Staadt, *Die geheime Westpolitik der SED 1960-1970. Von der gesamtdeutschen Orientierung zur sozialistischen Nation.* Berlin 1993, S. 26-39.

20 Unter den vernommenen überlebenden Monowitz-Häftlingen, die als Zeugen der Nebenklage aus der DDR aussagten, war am 4.2.1965 beispielsweise der Minister für Industrie der DDR, Erich Markowitsch.

21 Arbeitsprotokoll der Sitzung des Sekretariats des ZK der SED vom 18.12.1963, SAPMO, DY 30/ J IV 2/3 A – 1018; vgl. auch Rosskopf, *Friedrich Karl Kaul*, S. 201.

22 Weder im Nachlass von Jürgen Kuczynski noch in dem ins Bundesarchiv Berlin überführten Nachlass von Kaul fanden sich hierzu aufschlussreiche Dokumente. Vgl. Bundessarchiv, Berlin, N-2503 (Nachlass Dr. Friedrich Karl Kaul). Im Nachlass Jürgen Kuczynskis findet sich zwar ein Briefwechsel mit Rechtsanwalt Kaul über das Auschwitz-Verfahren, der jedoch keinen Aufschluss darüber gibt, auf wessen Initiative hin Kuczynski als Gutachter vorgeschlagen wurde. Auskunft an den Verfasser von Prof. Dr. Thomas Kuczynski am 2.5.1999.

23 Die Beweisaufnahme begann am 16. Verhandlungstag, dem 16. Februar 1964. vgl. Langbein, *Der Auschwitz-Prozess*, Bd. 2, S. 938.

24 Kaul an den Vorsitzenden des Schwurgerichtes, 21.2.1964, Öffentliche Sitzung des Schwurgerichts 4 Ks 2/63, Frankfurt am Main, Fortsetzung der Strafsache gegen Mulka u. a. wegen Mordes (21. Verhandlungstag), Bd. 96 – Bd. 2, Hauptverhandlungsprotokoll vom 28.2.1964, Anlage 1, FBI, SAP. In seiner Ausgabe vom 23.2.1964 berichtet das *Neue Deutschland* über die von Kaul beantragte Anhörung Kuczynskis.

25 Kaul an den Vorsitzenden des Schwurgerichtes, 21.2.1964, Öffentliche Sitzung des Schwurgerichts 4 Ks 2/63, Frankfurt am Main, Fortsetzung der Strafsache gegen Mulka u. a. wegen Mordes (21. Verhandlungstag), Bd. 96 – Bd. 2, Hauptverhandlungsprotokoll vom 28.2.1964, Anlage 1, FBI, SAP.

26 Bericht über den Auschwitz-Prozess. Sitzungen Donnerstag, den 27. und Freitag, den 28.2.1964, Berlin, den 29.2.1964, gez. Kaul, Bl. 1, BA Berlin, N-2503/198.

27 Laternser verteidigte Pery Broad, Dr. Viktor Capesius, Klaus Dylewski, Dr. Willi Frank und Dr. Willi Schatz, vgl. Langbein, *Der Auschwitz-Prozess*, Bd. 2, S. 935 f. Einen Eindruck der Verteidigungsstrategie vermitteln die ausgewählten Anträge in dem von Laternser veröffentlichen Buch *Die andere Seite im Auschwitz-Prozess 1963/65. Reden eines Verteidigers*. Stuttgart 1966.

28 Öffentliche Sitzung des Schwurgerichts 4 Ks 2/63, Frankfurt am Main, Fortsetzung der Strafsache gegen Mulka u. a. wegen Mordes (21. Verhandlungstag), Bd. 96 – Bd. 2, Hauptverhandlungsprotokoll vom 28.2.1964, Bl. 169, FBI, SAP.

29 Ebd., Bl. 170.

30 Bericht über den Auschwitz-Prozess. Sitzungen Donnerstag, den 27. und Freitag, den 28.2.1964, Berlin, den 29.2.1964, gez. Kaul, Bl. 5, BA Berlin, N-2503/198.

31 Ebd.

32 Öffentliche Sitzung des Schwurgerichts 4 Ks 2/63, Frankfurt am Main, Fortsetzung der Strafsache gegen Mulka u. a. wegen Mordes (28. Verhandlungstag), Bd. 96 – Bd. 2, Hauptverhandlungsprotokoll vom 19.3.1964, Bl. 226 und Anlage I und II zum Protokoll vom 19.3.1964: Schreiben Kaul an Kuczynski,16.3.1964 (Anlage I) und Zustellungsurkunde des Gerichtsvollziehers, 16.3.1964 (Anlage II), FBI, SAP.

33 Öffentliche Sitzung des Schwurgerichts 4 Ks 2/63, Frankfurt am Main, Fortsetzung

der Strafsache gegen Mulka u. a. wegen Mordes (28. Verhandlungstag), Bd. 96 – Bd. 2, Hauptverhandlungsprotokoll vom 19.3.1964, Bl. 226 und Anlage 3: Rechtsanwalt Dr. Hans Laternser und Rechtsanwalt Fritz Steinacker an das Schwurgericht Frankfurt am Main in der Strafsache gegen Mulka u.a. 4/Ks 2/63, 18.3.1964, FBI, SAP. Vgl. auch die mündlich vorgetragene Antragsbegründung Laternsers: Transkription der Verhandlung vom 28. Verhandlungstag (19.3.1964). Fritz Bauer Institut, cd = APO19d = 19./26.03.1964, <t04-t09>, Bl. 3 ff. Ich danke dem Fritz Bauer Institut für die Möglichkeit, die zwischenzeitlich auf CD-ROM gesicherten Tonbandmitschnitte der Hauptverhandlung des ersten Auschwitz-Prozesses und deren Transkription nutzen zu können.

34 Dr. Hans Laternser und Rechtsanwalt Fritz Steinacker an das Schwurgericht Frankfurt am Main in der Strafsache gegen Mulka u. a. 4/Ks 2/63, 18.3.1964, Bl. 2, FBI, SAP.

35 Ebd., Bl. 4 f.

36 RA Dr. Staiger und RA Gerhardt.

37 Dr. Karlheinz Staiger war Verteidiger der Angeklagten Franz Hofmann, Johann Schobert und Hans Stark, vgl. Langbein, *Der Auschwitz-Prozess*, Bd. 2, S. 935.

38 Transkription der Verhandlung vom 28. Verhandlungstag (19.3.1964). – Fritz Bauer Institut: cd = APO19d = 19./26.03.1964, <t23>, Bl. 7.

39 Ebd., <t23>, Bl. 7.

40 Ebd., <t25>, Bl. 7.

41 Ebd., <t28>, Bl. 8.

42 Öffentliche Sitzung des Schwurgerichts 4 Ks 2/63, Frankfurt am Main, Fortsetzung der Strafsache gegen Mulka u.a. wegen Mordes (28. Verhandlungstag), Bd. 96 – Bd. 2, Hauptverhandlungsprotokoll vom 19.3.1964, Bl. 226, FBI, SAP.

43 Ebd., Bl. 227.

44 Ebd., Bl. 228.

45 Ebd.

46 Kuczynski, »Verflechtung«, S. 35.

47 Ebd., S. 36.

48 Ebd.

49 Ebd., S. 47 f. Vgl. Affidavit Heinrich Bütefisch, 19.2.1947, Nürnberger Dokument NI-4182, Fall VI, Anklagedokumentenband (ADB) 72, fol. 63-65, Affidavit Otto Ambros, 22.4.1947, Nürnberger Dokument NI-9542, Fall VI, ADB 72, fol. 80-104.

50 Kuczynski, »Verflechtung«, S. 45 f.; vgl. Dürrfeld, Besuchsbericht. Besprechung mit dem Lagerkommandanten des Konzentrationslagers bei Auschwitz am 27.3.1941, Nürnberger Dokument NI-15148.

51 Kuczynski, ebd., S. 51.

52 Ebd., S. 45 f.

53 Ebd., S. 44 f., vgl. Aktennotiz (Abschrift). Betr. Bauvolumen für Siedlung, Gut und K.Z.-Lager Auschwitz. Besprechung am 16.12.41 in Leuna zwischen den Herren Keinath (GBChem); Baudir. Santo (Ludwigshafen); OI. Faust und Dr. Höpke (Merseburg); Dr. Dürrfeld, gez. Dürrfeld, BA Berlin, R 8128/A 2000, fol. 220 RS.

54 Kuczynski, »Verflechtung«, S. 54.

55 Ebd. und Rundschreiben. Betr. Buna Anlage IV, 3.4.1941, gez. Mach, Nürnberger Dokument NI-11787, Fall VI, ADB 93, fol. 8-9.

56 Kuczynski, ebd., S. 55.

57 Ebd., S. 53.

58 Die Strafkolonne trug die Bezeichnung »z.b.V.-Kolonne« – »zur besonderen Verwendung«.
59 Kuczynski, »Verflechtung«, S. 55.
60 Ebd., S. 57.
61 Ebd., S. 57, vgl. Auszug aus: Wochenbericht Nr. 90/91 für die Zeit vom 8.2 bis 21.2.1943, gez. Faust, Nürnberger Dokument NI-14546, Bl. 1.
62 Kuczynski, ebd., S. 58; vgl. Affidavit Martin Roßbach, 21.1.1948, Fall VI, Nürnberger Dokument NI-14287, Bl. 15, ADB 93, fol. 48.
63 Kuczynski, ebd., S. 59.
64 *Das Urteil im I.G.-Farbenprozeß. Der Vollständige Wortlaut mit Dokumentenanhang*. Offenbach am Main 1948, S. XII. Zur Biographie Gattineaus vgl. ebd., S. 12.
65 Bericht über den Auschwitz-Prozess. Verhandlungstag am 19.3.1964, gez. Kaul, BA Berlin, N-2503/198.
66 *Urteil im I.G.-Farbenprozeß*, S. 122.
67 Ebd.
68 Bericht über den Auschwitz-Prozess. Verhandlungstag am 19.3.1964, gez. Kaul, BA Berlin, N-2503/198. Da während des Vortrags und der Befragung Kuczynskis die Tonbandaufzeichnung der Verhandlung unterbrochen wurde und erst mit Verkündung des Gerichtsbeschlusses über die Ablehnung Kuczynskis als befangen wieder einsetzt, ist die Rekonstruktion des Prozessgeschehens nur auf Basis des o. g. Berichts von Kaul und der Presse möglich.
69 Bericht über den Auschwitz-Prozess. Verhandlungstag am 19.3.1964, gez. Kaul, BA Berlin, N-2503/198.
70 Vgl. Kuczynski, »Verflechtung«, S. 40 f.; Affidavit Heinrich Gattineau, 13.3.1947, Fall VI, Nürnberger Dokument NI-4833, ADB 3, fol. 12-18, und hierzu die Erklärung von Heinrich Gattineau, 31.5.1947, Nürnberger Dokument NI-5170, ADB 3, fol. 19.
71 Öffentliche Sitzung des Schwurgerichts 4 Ks 2/63, Frankfurt am Main, Fortsetzung der Strafsache gegen Mulka u. a. wegen Mordes (28. Verhandlungstag), Fritz Bauer Institut, Sammlung Auschwitz-Prozess, Bd. 96 – Bd. 2, Hauptverhandlungsprotokoll vom 19.3.1964, Bl. 229, SAP, FBI.
72 Bericht über den Auschwitz-Prozess. Verhandlungstag am 19.3.1964, gez. Kaul, Bundesarchiv, Berlin, N-2503/198.
73 Öffentliche Sitzung des Schwurgerichts 4 Ks 2/63, Frankfurt am Main, Fortsetzung der Strafsache gegen Mulka u. a. wegen Mordes (28. Verhandlungstag), Bd. 96 – Bd. 2, Hauptverhandlungsprotokoll vom 19.3.1964, Bl. 229 f., Bl. 229, SAP, FBI.
74 Die von den Anklägern und der Verteidigung im I. G. Farben-Prozess vorgelegten Dokumentenbände enthielten insgesamt 6.384 Dokumente, davon 2.813 eidesstattliche Erklärungen. Hinzu kam das fast 16.000 Blatt umfassende Wortprotokoll der Verhandlung und das abschließende Urteil, vgl. *Urteil im I.G.-Farbenprozess*, S. 3.
75 Die *Frankfurter Neue Presse* attestierte Kuczynski einen »weltmännischen Ton«. »Der Ostberliner Professor«, so die Zeitung, »bemühte sich, in vielen einzelnen Fällen die bürokratische und persönliche Verflechtung zwischen IG und SS-Apparat nachzuweisen«, in: *Frankfurter Neue Presse* (20.3.1964), S. 8. Die *Frankfurter Allgemeine Zeitung* schrieb, Kuczynski habe »zahlreiche Dokumente der SS sowie des ehemaligen IG-Konzerns und des Nürnberger Prozesses« einbezogen. Vgl. Kurt Ernenputsch, »Ost-Berliner Gutachter als befangen abgelehnt«, in: *Frankfurter Allgemeine Zeitung* (20.3.1964), S. 7. Die Presse der DDR stellte Kuczynskis Gutachten

auf den Titelseiten heraus. Die *Berliner Zeitung* schrieb, er habe »mit Dokumenten die Schuld insbesondere von heute wieder herrschenden Direktoren der IG Farben an den Massenmorden in Auschwitz« belegt. Vgl. *Berliner Zeitung* (20.3.1964), S. 1. Das *Neue Deutschland* dokumentierte Auszüge des Gutachtens und kommentierte, angesichts der Entscheidung des Gerichts, Kuczynski für befangen zu erklären, »bleibe nur die Schlussfolgerung, daß Prof. Kuczynski offenbar die nicht auf der Anklagebank sitzenden Mit- und Hauptschuldigen allzu deutlich beim Namen genannt habe«, vgl. Werner Otto, »Das Verbrechen der IG-Farben von DDR-Gutachter vor aller Welt enthüllt«, in: *Neues Deutschland* (20.3.1964), S. 2.

76 Der Chef des Bundespräsidialamtes an den Bundesminister des Inneren, Betr.: Verleihung des Verdienstkreuzes der Bundesrepublik Deutschland an Herrn Dr. Ing. Heinrich Bütefisch Essen-Bredeney und Herrn Dr. Ing. e.h. Dipl.-Ing. Friedrich Jähne, München, gez. Einsiedler, 31.3.1964, Bl. 1, BA, Koblenz, B 141/17080 (Frankfurter Auschwitz-Prozess-Bütefisch).

77 ddr sachverständiger vor westdeutschem gericht abgelehnt, frankfurt/main, 19. maerz 64 (sh adn 44 – 2124), Frankfurter Auschwitz-Prozess: Berichterstattung, SAP, FBI.

78 Am 20.1.1964 trug das Vorstandmitglied der Ruhrchemie AG, Dr. Käding, dem Wirtschaftsminister von NRW erstmals den Vorschlag an, Bütefisch das Bundesverdienstkreuz zu verleihen. Dem folgten weitere »Befürwortungen der Ordensanregung in großer Zahl«, so vom Vorstand der Chemischen Werke Hüls AG, von dem Bergassessor a. D. Braune, Vorstandsmitglied der Mannesmann AG, vom stellvertretenden Hauptgeschäftsführer des Unternehmerverbandes Ruhrbergbau, Dr. Reintges, Essen, von der Geschäftsführung des Fachverbandes Kohlechemie und verwandte Gebiete e.V., Essen, vom Vorsitzenden des Aufsichtsrats der Ruhrchemie AG, Prof. Dr. Karl Winnacker, Farbwerke Hoechst. Vgl. Der Chef der Staatskanzlei des Landes Nordrhein-Westfalen an das Oberpräsidialamt, Betr.: Verleihung des Verdienstordens der Bundesrepublik Deutschland an Herrn Dr.-Ing. Heinrich Bütefisch, gez. Sebbel, 23.3.1964, Bl. 1 f., BA Koblenz, B 141/17080.

79 Ebd.

80 Vorschlagsbegründung Dr.-Ing. Bütefisch – EA 2 139164, o. D., BA Koblenz, B 141/17080.

81 Der Chef der Staatskanzlei des Landes Nordrhein-Westfalen an das Oberpräsidialamt, Betr.: Verleihung des Verdienstordens der Bundesrepublik Deutschland an Herrn Dr.-Ing. Heinrich Bütefisch, gez. Sebbel, 23.3.1964, Bl. 2, BA Koblenz, B 141/17080.

82 »Die Mitgliedslisten der SS ergeben, dass der Angeklagte Bütefisch am 20. April 1939 zum Ehrenführer der SS und gleichzeitig zum Hauptsturmführer befördert wurde; dass er am 30. Januar 1941 den Rang eines Sturmbannführers erhielt, und am 5. März 1943 zum Obersturmbannführer befördert wurde. Aus den gleichen Unterlagen ist zu ersehen, daß der Angeklagte zuerst dem Oberabschnitt Elbe, vom 1. Mai bis 1. November 1941 der Personal-Abteilung des Hauptamts, und von da an dem SS-Hauptamt zugeteilt war.« Vgl. *Urteil im I.G.-Farbenprozeß*, S. 144.

83 »Orden – Soll und Haben« in: *Der Spiegel*, Nr. 15 (1964), S. 22-25, hier S. 23.

84 Ebd., S. 25.

85 Der Chef des Bundespräsidialamtes an den Bundesminister des Inneren, Betr.: Verleihung des Verdienstordens der Bundesrepublik Deutschland an Dr. Ing. Heinrich Bütefisch, Essen-Bredeney und Herrn Dr. Ing. e.h. Dipl.-Ing Friedrich Jähne, München, gez. Einsiedler, 31.3.1964, Bl. 1, BA Koblenz, B 141/17080.

86 Ebd. Die Affäre Bütefisch schlug noch weitere Wellen. Einen Tag nach der Rückgabe des Bundesverdienstkreuzes durch Bütefisch am 27. März 1964 erfuhr das Bundespräsidialamt von der Verurteilung des ehemaligen Vorstandsmitglied der I. G. Farbenindustrie Friedrich Jähnes, der am 18. September 1959 auf Vorschlag des Bayrischen Ministerpräsidenten das Große Bundesverdienstkreuz mit Stern erhalten hatte. Umgehend wurden per Fernschreiben bei der Bayrischen Staatskanzlei Erkundigungen über Jähne eingeholt. Diese erbrachten, dass der 1959 von der Bayrischen Staatskanzlei für die Ordensverleihung eingeholte Strafregisterauszug angeblich »derzeit nicht auffindbar« sei, ein 1962 im Zusammenhang mit der Verleihung des Bayrischen Verdienstordens eingeholter Strafregisterauszug jedoch keinen Eintrag aufwies (Bayrische Staatskanzlei an Bundespräsidialamt, z. Hd. Regierungsrat Funke, Betr.: Bayrischer Verdienstorden, gez. Regierungsdirektor Huber, 1.4.1964, BA Koblenz, B 141/17080. Sicherheitshalber ließ der Bundesminister des Inneren im Bundesministerium für Justiz (BMJ) daraufhin prüfen, inwiefern sich Jähne und Bütefisch nach bundesdeutschem Recht strafbar gemacht hätten. Im August 1964 gab der zuständige Referent im BMJ – trotz gewisser Unsicherheiten – im Wesentlichen Entwarnung: »Ob ein deutsches Gericht heute dieselben Feststellungen treffen würde, lässt sich nicht mit Sicherheit beurteilen, zumal in einem solchen Verfahren die Erkenntnisse zahlreicher zwischenzeitlicher Zivil- und Strafprozesse – insbesondere des Auschwitzprozesses in Frankfurt a. M. – sowie der neusten Geschichtsforschung ausgewertet werden müsste. Ein erneutes Strafverfahren wegen der von dem Militärgericht abgeurteilten Tat ist, abgesehen von dem etwaigen Eintritt der Verfolgungsverjährung, durch Artikel 3 Abs. 3 b des Ersten Teils des Überleitungsvertrages ausgeschlossen.« Bundesminister der Justiz, Ref. II B 3 – 4000/6E – 25208/64 an BdI und Bundespräsidialamt, Betr.: Verleihung des Verdienstordens der Bundesrepublik Deutschland an die Herren Dr. Ing. Heinrich Bütefisch, Essen-Bredeney, und Dr. Ing. e.h. Dipl.-Ing. Friedrich Jähne, München, gez. Dr. Dallinger, 10.9.1964, BA Koblenz, B 141/17080.

87 Vgl. zur Vielschichtigkeit der Problematik insgesamt: Jürgen Danyel, *Die geteilte Vergangenheit. Zum Umgang mit Nationalsozialismus und Widerstand in beiden deutschen Staaten.* Berlin 1995.

88 Zu fragen wäre beispielsweise, inwiefern der Frankfurter Auschwitz-Prozess sich auf die politisch-operative Arbeit des Ministeriums für Staatssicherheit der DDR auswirkte und eine verstärkte Auswertungsarbeit von Quellen aus der NS-Zeit in der Hauptabteilung IX zur Folge hatte, die schließlich zur Bildung der eigenständigen Hauptabteilung IX/11 im MfS führte. Vgl. Henry Leide, »Die verschlossene Vergangenheit. Sammlung und selektive Nutzung von NS-Materialien durch die Staatssicherheit zu justitiellen, operativen und propagandistischen Zwecken, in: Roger Engelmann, Clemens Vollnhals (Hg.), *Justiz im Dienste der Parteiherrschaft. Rechtspraxis und Staatssicherheit in der DDR*. Berlin 1999, S. 499 ff. Umgekehrt wäre danach zu fragen, welche Auswirkungen die Beteiligung des Rechtsanwaltes Friedrich Karl Kaul als Nebenkläger aus der DDR in den Auschwitz-Prozessen und anderen NS-Strafverfahren in der Bundesrepublik auf diese hatte. Vgl. dazu: Rosskopf, *Friedrich Karl Kaul*, S. 178 ff.

89 Vgl. dazu: Florian Schmaltz, »Die Interessengemeinschaft Auschwitz. Zur Kooperation von I. G. Farbenindustrie und SS beim Ausbau des Konzentrationslagers Auschwitz«, im Erscheinen.

90 Der Bestand der Zentralbauleitung der Waffen-SS und Polizei ist im Original in Moskau im Zentrum zur Aufbewahrung historisch-dokumentarischer Sammlungen (bekannt geworden unter der früheren Bezeichnung »Sonderarchiv Moskau«) als Fond 502 überliefert. Mikrofilmkopien sind inzwischen im *United States Holocaust Memorial Museum* (RG 11.001M.03) und im Archiv des Staatlichen Museums Auschwitz-Birkenau nutzbar.

91 Rainer Fröbe, »Bauen und Vernichten. Die Zentralbauleitung Auschwitz und die ›Endlösung‹«, in: *»Durchschnittstäter«. Handeln und Motivation.* Berlin 2000, S. 155-200 (*Beiträge zur Geschichte des Nationalsozialismus*, Bd. 16). Sowie: Deborah Dwork, Robert van Pelt, *Auschwitz. Von 1270 bis heute*. Zürich 1998.

92 Vgl. Falk Pingel, *Häftlinge unter SS-Herrschaft*, S. 125; Karl Heinz Roth, »I.G. Auschwitz. Normalität oder Anomalie eines kapitalistischen Entwicklungssprungs«, in: *1999. Zeitschrift für Sozialgeschichte des 20. und 21. Jahrhunderts*, Jg. 4 (1989), H. 4, S. 11-28. Bernd C. Wagner, *IG Auschwitz. Zwangsarbeit und Vernichtung von Häftlingen des Lagers Monowitz 1941-1945*. München 2000, S. 207 ff. u. S. 285 ff. sowie Karin Orth, *Das System der nationalsozialistischen Konzentrationslager. Eine politische Organisationsgeschichte*. Hamburg 1999, S. 142 ff.

93 Vgl. dazu die Überlegungen von Falk Pingel, *Häftlinge unter SS-Herrschaft*, S. 144 ff.

94 Vgl. Aly/Heim, *Vordenker der Vernichtung*, S. 168 ff.; Steinbacher, *»Musterstadt« Auschwitz*.

95 Vgl. Orth, *System der nationalsozialistischen Konzentrationslager*, S. 148 ff.

Anwalt antifaschistischer Offensiven

Der DDR-Nebenklagevertreter Friedrich Karl Kaul

Annette Rosskopf

Der aus Ostberlin stammende Rechtsanwalt Professor Dr. Friedrich Karl Kaul, in den sechziger Jahren der bei weitem bekannteste Anwalt der DDR, vertrat in Frankfurt die Nebenklagen von fünf DDR-Bürgern, die sich gegen die Angeklagten Mulka, Höcker und Klehr richteten. Eine weitere Nebenklage betraf den ursprünglich mitangeklagten Neubert, dessen Verfahren aus Krankheitsgründen jedoch kurz nach Beginn des Prozesses abgetrennt und erst im sogenannten zweiten Auschwitz-Prozess[1] verhandelt wurde. Kaul war bereits in den fünfziger Jahren als Prozessbevollmächtigter der Kommunistischen Partei Deutschlands im sogenannten Verbotsprozess vor dem Bundesverfassungsgericht und als politischer Strafverteidiger in den Staatsschutzprozessen gegen die westdeutsche KPD-Spitze zum exponiertesten Repräsentanten der SED in den bundesdeutschen Gerichtssälen avanciert. In den sechziger Jahren verlagerte sich sein Wirkungsfeld auf die Vertretung von Nebenklagen von Bürgern der DDR und anderer sozialistischer Staaten in westdeutschen Strafprozessen gegen NS-Täter. Bis zu seinem Tod im Jahr 1981 wirkte er an insgesamt über zwanzig bedeutenden Strafverfahren gegen NS-Täter in der Bundesrepublik mit.[2]

Kaul agierte beim Frankfurter Auschwitz-Prozess im Auftrag des Politbüros und als Interessenvertreter von Nebenklägern, die die Generalstaatsanwaltschaft der DDR und das Ministerium für Staatssicherheit ausgewählt hatten. *Spiritus Rector* der Nebenklage war jedoch Kaul selbst. Er überzeugte Politbüromitglied Albert Norden davon, dass Angehörige von Auschwitz-Opfern aus der DDR als Nebenkläger in der Frankfurter Verhandlung auftreten sollten.

Der folgende Beitrag befasst sich mit der Biographie des DDR-Nebenklägers und dem anwaltlichen Wirken Friedrich Karl Kauls beim ersten Frankfurter Auschwitz-Prozess. Kauls prozessuales Agieren wird dabei in seine rechtlichen und politischen Rahmenbedingungen eingeordnet. Im Zentrum stehen die von Kaul unternommenen Versuche, die Hauptverhandlung im Sinne der von der SED-Führung vorgegebenen Stoßrichtung zu beeinflussen. Der Beitrag nimmt sowohl die politischen Intentionen, die mit der Nebenklage verbunden waren, als auch die Auswirkungen, die Kauls Teilnahme auf den Prozessverlauf hatte, in den Blick. Zugleich beleuchtet er die Frage, welche Berechtigung der von Kaul formulierten Kritik am Umgang der bundesdeutschen Justiz mit der NS-Vergangenheit zuzumessen ist.

1. Friedrich Karl Kaul: Anwalt im geteilten Deutschland

Kaul war für die Rolle des »DDR-Nebenklägers« wegen seiner Erfahrungen in politischen Prozessen vor westdeutschen Gerichten prädestiniert. Darüber hinaus entsprach diese Aufgabe jedoch auch seiner Biographie und seiner Persönlichkeit. Als Opfer sowohl »rassischer« als auch politischer Verfolgung durch die Nationalsozialisten nahm er für sich in Anspruch, den Diskriminierten und Entrechteten eine Stimme verleihen zu wollen. In seinen Auseinandersetzungen mit westdeutschen Richtern und Kollegen setzte er seine jüdische Herkunft und seinen biographischen Hintergrund bewusst ein. Außerdem verfügte Kaul über ein auch von seinen Gegnern nicht bestrittenes großes forensisches und rhetorisches Talent. Dies trug ihm schnell den Ruf eines streitlustigen und eloquenten Juristen ein, für den die zeitgenössische Presse das Etikett eines »SED-Staranwalts« prägte.

Friedrich Karl Kaul wurde 1906 als Sohn eines wohlhabenden Kaufmannes in Posen geboren. Seine Mutter war jüdischer Herkunft. Er studierte Rechtswissenschaften in Heidelberg und Berlin. Nach dem Referendarexamen trat er eine Assistentenstelle am Lehrstuhl von Professor James Goldschmidt an, dem zur damaligen Zeit bedeutendsten Rechtswissenschaftler an der Berliner Universität. Während seiner Ausbildung als Referendar am Berliner Kammergericht begann Kaul 1932, in der »Roten Hilfe« zu arbeiten. Die »Rote Hilfe« Deutschlands war 1924 nach dem Vorbild der 1922 entstandenen »Internationalen Roten Hilfe« gegründet worden. Geleitet wurde sie seit 1925 von Wilhelm Pieck, dem späteren Staatspräsidenten der DDR. Die Organisation widmete sich der finanziellen und juristischen Unterstützung von politischen Gefangenen und deren Angehörigen und war organisatorisch und strukturell stark mit der KPD verwoben.[3] 1933 wurde Kaul kurz vor dem Abschluss seiner juristischen Ausbildung auf der Grundlage des »Gesetzes zur Wiederherstellung des Berufsbeamtentums«[4] vom 7. April 1933 aus »rassischen« Gründen aus dem Justizdienst entlassen. Die für April angesetzte mündliche Prüfung durfte er nicht mehr ablegen. 1935 wurde Kaul auf einer Versammlung der seit 1933 in der Illegalität agierenden »Roten Hilfe« von der Gestapo verhaftet. Nach einer zweijährigen Haft im Konzentrationslager Dachau konnte er nach Kolumbien emigrieren. Während seiner Odyssee, die ihn durch verschiedene mittel- und lateinamerikanische Länder und schließlich in die Vereinigten Staaten führte, hielt er sich mit Hilfsarbeiten notdürftig über Wasser. Ende 1941 wurde Kaul nach dem Kriegseintritt der Vereinigten Staaten für mehrere Jahre in US-amerikanischen Lagern interniert. Erst 1946, im Alter von vierzig Jahren, kehrte er nach Berlin zurück, wurde Mitglied der SED und holte das zweite juristische Staatsexamen nach.

1948 erhielt Kaul noch vor der Spaltung der Berliner Justiz beim Kammergericht die Zulassung zur Rechtsanwaltschaft, die wegen des damaligen Mangels an nationalsozialistisch unbelasteten Juristen ohne Beschränkungen für alle Berliner Gerichte erteilt wurde. Diese Westberliner Zulassung ermöglichte Kaul gemäß § 138 der Strafprozessordnung eine Mitwirkung an Strafverfahren in der gesamten Bundesrepublik und bildete damit die wichtigste Voraussetzung für seine ungewöhnliche Karriere und sein anwaltliches Wirken in Ost und West. Die »Westzulassung« stellte ein Privileg dar, das nur wenige DDR-Anwälte besaßen. Im Zuge des sich zuspitzenden Konflikts zwischen den Besatzungsmächten Ende der vierziger Jahre gewann Kaul als Verteidiger von »Patrioten« und »Friedenskämpfern« vor den Westberliner Gerichten an Profil und entwickelte sich zu einer bekannten Lokalgröße. Nach der Verabschiedung des 1. Strafrechtsänderungsgesetzes 1951,[5] die den Auftakt zu einer groß angelegten Strafverfolgungswelle gegen die kommunistische Opposition in der Bundesrepublik bildete, trat er vorwiegend als Strafverteidiger in politischen Prozessen gegen KPD-Mitglieder auf. Erstmals wurde Kaul von einer größeren Öffentlichkeit wahrgenommen, als er 1955/56 die KPD als Hauptprozessbevollmächtigter in dem Verbotsverfahren vor dem Bundesverfassungsgericht vertrat. *Der Spiegel* schrieb, Kaul habe »mit dem Spürsinn eines Wünschelrutengängers und der Sturheit eines Nashorns alle unterirdischen Widersprüche entdeckt und freigeschaufelt, die zwangsläufig auftreten, wenn eine auf

Meinungsfreiheit verpflichtete Demokratie gezwungen ist, politische Justiz zu üben.«[6] Kaul wurde dadurch geradezu zu einer Symbolfigur des Kalten Krieges und dessen Austragung durch die Justiz.

2. NS-Verfahren als Schauplätze der Systemauseinandersetzung auf der »justitiellen Ebene«

1961 schränkte der Bundesgerichtshof Kaul in seinem wichtigsten Wirkungsfeld empfindlich ein. In einer Grundsatzentscheidung schloss das Gericht Kaul als Verteidiger in einem Revisionsverfahren mit der Begründung aus, Kaul handele in selbstgewählter SED-Abhängigkeit und befolge politische Weisungen.[7] Da diese Entscheidung von vielen nachgeordneten Gerichten aufgegriffen wurde, war er als Strafverteidiger fortan praktisch kaltgestellt. Kaul begann daher, sich nach alternativen Betätigungsfeldern im Westen umzusehen. Es kam für ihn gewissermaßen wie gerufen, als am 23. Mai 1960 der israelische Ministerpräsident David Ben Gurion die Weltöffentlichkeit mit der sensationellen Nachricht überraschte, Adolf Eichmann befinde sich in israelischem Gewahrsam und werde in Jerusalem vor Gericht gestellt werden. Kaul entwickelte den Gedanken, als Nebenkläger die in der DDR lebenden Angehörigen von Opfern des Holocaust in Jerusalem zu vertreten. Er bombardierte Politbüromitglied Albert Norden geradezu mit Briefen, in denen er darum bat, zum Eichmann-Prozess fahren zu dürfen und bot sogar an, eigens die Kosten dafür zu tragen.[8] Dieses Projekt scheiterte schließlich wenige Tage vor Beginn des Prozesses an dem israelischen Gesetzgeber, der das Institut der Nebenklage durch ein Änderungsgesetz zur Strafprozessordnung einfach abschaffte. Das für den Eichmann-Prozess geplante Muster wurde jedoch später auf westdeutsche NS-Verfahren übertragen. Kaul ging davon aus, dass im Anschluss an den Eichmann-Prozess auch die in der Bundesrepublik geführten Strafverfahren gegen NS-Täter verstärkt zum Gegenstand des öffentlichen Interesses werden würden. Noch vor Beginn des Eichmann-Prozesses versuchte er daher, die Mitglieder der politischen Führung der DDR von der Bedeutung bundesdeutscher NS-Verfahren als Forum der Systemauseinandersetzung mit der Bundesrepublik zu überzeugen und plädierte dafür, frühzeitig mit der Suche nach potentiellen Nebenklägern zu beginnen.[9]

Die Entführung Adolf Eichmanns fiel zeitlich zusammen mit einer Zuspitzung wirtschaftlicher und sozialer Krisensymptome in der DDR, auf die die SED mit einer Verschärfung ihrer gegen die Bundesrepublik gerichteten Propaganda reagierte. 1959 hatten 144.917 Bürger der DDR das Land in Richtung Westen verlassen, 1960 waren es bereits ca. 200.000, bis August 1961 kamen weitere 159.700 hinzu. Im Rahmen einer großangelegten »ideologischen Offensive«[10] unter der Leitung Albert Nordens [11] begann die DDR zu Beginn des Jahres 1960 mangels politischer Handlungsalternativen mit einer Kampagne gegen die vermeintlich »renazifizierte Bundesrepublik«, um dieser Entwicklung entgegenzusteuern. In gezielten Aktionen wurden in den sechziger Jahren exponierte westdeutsche Persönlichkeiten aus Politik, Wirtschaft und Justiz wegen ihrer politischen Vergangenheit angegriffen. Ein Generalbundesanwalt und ausgerechnet der Leiter der Zentralen Stelle für die Aufklärung von NS-Verbrechen in Ludwigsburg mussten gehen, weil die DDR ihre braune Vergangenheit enthüllt hatte. Die in vielerlei Hinsicht »unbewältigte« deutsche Vergangenheit in der Bundesrepublik, die durch personelle Kontinuitäten große Angriffsflächen für derartige Offensiven bot, wurde dabei gewissermaßen zu einer »ideologischen Waffe«[12] geschmiedet. Die Kampagnen erregten vor allem im westlichen Ausland Aufsehen und trafen damit einen empfindlichen Nerv der um Glaubwürdigkeit und Vertrauen bei ihren Bündnispartnern werbenden Bonner Republik. Außenpolitisch erhoffte sich die SED von der angestrebten Diskreditierung der Bundesrepublik vor allem eine Aufwertung des eigenen Staates und eine Aufweichung der Hallstein-Doktrin und damit einen Schritt in Richtung der ersehnten internationalen Anerkennung der staatlichen Existenz der DDR.

Kaul hielt den Eichmann-Prozess für eine geradezu ideale Arena für die Auseinandersetzung der beiden deutschen Staaten, in der sich die DDR, vertreten durch ihren prominentesten Rechtsanwalt, als Anwältin der Verfolgten und Entrechteten profilieren und ihren vermeintlich ungebrochenen Willen zu einer konsequenten Ahndung von NS-Verbrechen demonstrieren könnte. Er sah in einer DDR-Nebenklage sowohl außen- wie innenpolitische Vorteile: Zum einen würde die sozialistische deutsche Republik international gegenüber der Bundesrepublik ein paar Punkte sammeln, zum anderen auch gegenüber den eigenen Bürgern »antifaschistisch« aufgewertet werden können. Zudem hätte eine Teilnahme am Prozess auch Kauls persönlichen Interesse an einem internationalen politischen Wirkungsfeld entsprochen. Als der Plan an dem israelischen Gesetzgeber scheiterte, wandte sich Kaul den Vorbereitungen für eine Nebenklage beim ersten Frankfurter Auschwitz-Prozess zu.

3. Die Vorbereitung der Nebenklage in der DDR

Bereits im Mai 1961 hatte Kaul Walter Ulbricht seine grundsätzlichen Überlegungen zu einer wirkungsvollen Auseinandersetzung mit der Bundesrepublik mit juristischen und anwaltlichen Mitteln unterbreitet. Er plädierte dafür, den gegen Westdeutschland geführten Kampf verstärkt auf der »justitiellen Ebene« auszutragen und die Einflussnahme auf westdeutsche Gerichtsprozesse durch die Einrichtung einer Zentralstelle zu koordinieren.[13] Den Strafverfahren gegen ehemalige NS-Täter maß er dabei eine zentrale Bedeutung zu, da sie die Möglichkeit boten, die Versäumnisse der bundesdeutschen Strafjustiz im Umgang mit der NS-Vergangenheit der vermeintlich konsequenten Vergangenheitspolitik der SED gegenüberzustellen. Zum einen hatte sich die westdeutsche Justiz bereits frühzeitig auf eine juristische Bewertung von NS-Taten festgelegt, deren Widersprüchlichkeit auch in einer einem juristischen Laien verständlichen Weise aufgezeigt werden konnte.[14] Die höchstrichterliche Rechtsprechung hatte eine Linie vorgegeben, die für grundsätzliche dogmatische und rechtspolitische Überlegungen keinen Raum ließ, und eine kritische Auseinandersetzung fand auch in der Fachliteratur kaum statt, wie Fritz Bauer 1967 beklagte.[15] Zum anderen vollzog sich die strafrechtliche Aufklärung und Ahndung von nationalsozialistischen Verbrechen in der Bundesrepublik unter gesellschaftlichen Rahmenbedingungen, die Zweifel am Verfolgungseifer der Strafverfolgungsbehörden aufkommen ließen. Gerade diese Umstände machten die Wirksamkeit der DDR-Kampagne aus und bildeten den entscheidenden Anknüpfungspunkt für die Nebenklagen.

Die mit ihrer strafprozessualen Funktion verbundene Symbolwirkung der Nebenklage kam den Interessen der SED dabei sehr zupass: Das Institut der Nebenklage eröffnet dem Opfer einer Straftat oder dessen Angehörigen in eng begrenzten Ausnahmefällen bei besonders schweren Delikten einen Anschluss an die öffentliche Anklage der Staatsanwaltschaft. Mit der Möglichkeit, in der öffentlichen Hauptverhandlung als Ankläger aufzutreten, soll einem legitimen Genugtuungsinteresse des Opfers Rechnung getragen werden. Das Opfer erhält mit der Zulassung als Nebenkläger die Rechtsstellung eines Prozessbeteiligten, mit der bestimmte Mitwirkungsrechte wie zum Beispiel Frage- und Beweisantragsrechte verbunden sind.

Einen Monat vor Beginn der Hauptverhandlung, am 19. November 1963, befasste sich das Politbüro des Zentralkomitees der SED mit dem

Verfahren und beschloss auf Vorschlag Nordens einen »Maßnahmeplan« zum Frankfurter Prozess. Flankiert von einer ganzen Reihe von Aktionen sollte vor allem der Versuch unternommen werden, das Verfahren zu einem Tribunal gegen die I. G. Farben-Industrie zu machen: »Der am 20. Dezember in Westdeutschland beginnende große Auschwitz-Prozess wird von der DDR in ein Tribunal gegen den IG-Farben-Konzern verwandelt. Bekannte Persönlichkeiten der DDR, wie die Genossen Minister Markowitsch, Bruno Baum, Stefan Heymann u. a. ehemalige Auschwitzer Häftlinge treten in diesem Prozess als Zeugen bzw. als Nebenkläger mit neuem Anklagematerial gegen die Verbrechen des IG-Farben-Konzerns auf.«[16] Die Führung der I. G. Farben war zum Teil in bruchlosen Karrieren in der wirtschaftlichen Elite der Bundesrepublik aufgegangen. Ganz im Sinne der von der Faschismustheorie vorgegebenen Deutung des Nationalsozialismus sollten daher die ökonomischen und gesellschaftlichen Strukturen der Bundesrepublik als »nazistisch« diskreditiert werden.[17] Im Namen des Politbüros erteilte Albert Norden Kaul anschließend den offiziellen Auftrag zur Wahrnehmung der anwaltlichen Interessen der Nebenkläger, die zu diesem Zeitpunkt jedoch noch nicht feststanden. Für die Koordinierung und Organisation der Prozessvorbereitungen wurde eine Arbeitsgruppe beim Nationalrat der Nationalen Front gebildet. Kaul wurde ein Spesenfonds in Höhe von zunächst 25.000 DM West und ein Assistent zur Verfügung gestellt. Mitglieder der westdeutschen KPD mieteten außerdem eine Wohnung in Frankfurt an, die von der SED bezahlt wurde. Eine sogenannte »Auschwitz-Kommission« bestehend aus Kaul, seinem Assistenten Joachim Noack, Vertretern des Nationalrats der Nationalen Front, der Generalstaatsanwaltschaft und des Komitees der Antifaschistischen Widerstandskämpfer erhielt die Aufgabe, das prozessuale Vorgehen Kauls mit der Herausgabe von prozessbegleitenden Publikationen und der Berichterstattung in den DDR-Medien abzustimmen. Über die Arbeit der Kommission wurde dem Politbüro in regelmäßigen Abständen Bericht erstattet.[18]

Auf die Auswahl der Nebenkläger wurde große Sorgfalt verwandt. Nach der Lektüre der Anklageschrift erstellte Kaul zunächst eine Art Anforderungsprofil für seine potentiellen Mandanten. Die Suche nach geeigneten Nebenklägern übernahmen die Generalstaatsanwaltschaft und das Ministerium für Staatssicherheit. Anfang Dezember 1963 erhielt Kaul eine Namensliste und Ermittlungsberichte der Volkspolizei, in denen die Einstellung der in Frage kommenden Personen zur DDR und zur Sowjetunion referiert wurde.[19] Da die potentiellen Nebenkläger zugleich als Zeugen in Betracht kamen, sollte ihre politische Zuverlässigkeit sichergestellt werden.

4. Die Hauptverhandlung

Für die Umsetzung der vom Politbüro vorgegebenen Stoßrichtung stand Kaul in der Frankfurter Hauptverhandlung als wichtigstes prozessuales Instrument das Beweisantragsrecht zur Verfügung. Mit der Benennung von ehemaligen Auschwitz-Häftlingen als Zeugen, die in der DDR exponierte Positionen innehatten, sollte dokumentiert werden, dass »im Staatsapparat und im gesellschaftlichen Leben der DDR die Kämpfer gegen den Faschismus verantwortliche Stellungen«[20] einnehmen. Kaul stellte außerdem eine Vielzahl von Anträgen, die das I. G.-Lager Monowitz betrafen, um den I. G. Farben-Komplex zum Verfahrensgegenstand zu machen. Das Gericht lehnte die entsprechenden Anträge zum großen Teil jedoch ab, was Kaul vorausgesehen hatte. Da keiner der Angeklagten, auf die sich Kauls Nebenklagen bezogen, direkt in Monowitz tätig war, bestanden wenige Anknüpfungspunkte zu den konkreten Tatvorwürfen. Außerdem musste das Gericht den ohnehin uferlosen Prozessstoff begrenzen. Auch dies war jedoch ein Teil der Strategie und einkalkuliert: Die ablehnende Haltung des Gerichts, sich mit der Rolle der I. G. Farben zu befassen, wurde als vermeintlicher Beleg dafür angeführt, dass die bundesdeutsche Justiz die eigentlichen Verantwortlichen für die Auschwitz-Verbrechen, die Industrie, deckte.

Den ersten wichtigen Vorstoß machte der DDR-Nebenkläger mit dem Antrag auf die Anhörung von Professor Dr. Jürgen Kuczynski als Sachverständiger zur Frage der »Verflechtung von sicherheitspolizeilichen und wirtschaftlichen Interessen bei der Einrichtung und im Betrieb des KZ Auschwitz und seiner Nebenlager.« [21] Die Ladung des DDR-Wissenschaftlers wurde in Ostberlin als großer Erfolg verbucht.[22] Professor Dr. Jürgen Kuczynski, seit 1956 Leiter der Abteilung Wirtschaftsgeschichte des Instituts für Geschichte der Deutschen Akademie der Wissenschaften, war nach einigem Widerstand der Verteidigung vom Gericht als Sachverständiger benannt worden. Sein Auftritt entwickelte sich allerdings zu einem Desaster, als deutlich wurde, dass Kuczynski entscheidende Dokumente und das von ihm zitierte I. G. Farben-Urteil des Internationalen Gerichtshofs in Nürnberg nicht kannte, und endete schließlich mit der Ablehnung des Sachverständigen durch das Gericht.

Um die Rolle der I. G. Farben-Industrie erneut in die Hauptverhandlung einzubringen, beantragte Kaul im Mai 1964 die Verlesung des I. G. Farben-Urteils von 1948 sowie die Verlesung der im Rahmen der Ermittlungen gegen die I. G. Farben-Leitung unter Eid abgegebenen Erklärungen verschiedener Vorstands- und Aufsichtsratsvorsitzender des Unternehmens. Der Antrag wurde zwar abgelehnt, Kaul erreichte jedoch, dass sein Beweisantrag und der Komplex I. G. Farben in der westdeutschen Presse aufgegriffen wurden.[23] Im Mai berichtete Norden Walter Ulbricht über die große Resonanz des Prozesses in den Medien und das weitere Vorgehen. Kaul bereitete insbesondere eine Strafanzeige wegen Mordes beim Generalstaatsanwalt beim Oberlandesgericht in Frankfurt am Main gegen fünf ehemalige führende Vorstandsmitglieder und Aufsichtsratsmitglieder der ehemaligen I. G. Farben-AG im Namen einer von ihm vertretenen Nebenklägerin, deren Ehemann in Auschwitz-Monowitz umgekommen war, vor. Ulbricht begrüßte die geplanten Maßnahmen.[24] Am 29. Juni 1964 erstattete Kaul Anzeige.[25] Das auf die Strafanzeige hin eingeleitete Ermittlungsverfahren wurde 1969 jedoch eingestellt.[26]

Die Oberste Staatsanwaltschaft der DDR hatte bereits zu Beginn der Hauptverhandlung achtundzwanzig Protokolle von Zeugenvernehmungen ehemaliger Auschwitz-Häftlinge aus der DDR an die Staatsanwaltschaft in Frankfurt übersandt. Allerdings war nicht geklärt worden, welche Zeugen aus der DDR in Frankfurt persönlich auftreten sollten. Der Vorsitzende hatte Kaul darauf aufmerksam gemacht, dass das Gericht alle Nebenkläger als Zeugen hören wollte. Kaul bat daher um »Abstimmung«, dass er sie in einem Beweisantrag als Zeugen benennen könne, die auch erfolgte. Zugleich schlug er vor, dass ein Mitarbeiter der Obersten Staatsanwaltschaft mit jedem Zeugen vor seiner Abreise nach Frankfurt ein Gespräch führen sollte. Im September 1964 wurden acht Zeugen aus der DDR, darunter vier ehemalige Auschwitz-Häftlinge und vier Nebenkläger, die Kaul zuvor als »100% ig zuverlässig« geschildert hatte, auf seinen Antrag hin in Frankfurt gehört. Besondere Bedeutung maß Kaul der Vernehmung des Übersetzers Karl Lill bei, der bereits mehrfach von anderen Zeugen erwähnt worden war. Lill war vom 20. August 1942 bis zur Auflösung des Lagers im Januar 1945 in Auschwitz inhaftiert.[27] Als ehemaliger Häftlingsschreiber beim SS-Truppenarzt war Lill ein wichtiger Belastungszeuge gegen den Sanitätsdienstgrad Josef Klehr. In seiner Vernehmung am 18. September 1964[28] sagte Lill als erster Zeuge aus, dass er den als sogenannten »Oberdesinfektor« eingesetzten Klehr viele Male dabei beobachtet habe, wie er mit einer Gasmaske vor dem Gesicht das Zyklon-B in die Luken der »Krematorien« geschüttet habe. Klehr hatte demgegenüber in der gesamten Hauptverhandlung immer bestritten, eigenhändig das Gift in die Gaskammer geschüttet zu haben und angegeben, lediglich die anderen vier »Desinfektoren« befehligt, aber ansonsten selbst »nichts damit zu tun gehabt« zu haben. Lill bezeugte darüber hinaus, dass Josef Klehr sogenannte »Abspritzungen« vorgenommen habe und dass dieser Umstand unter den Häftlingen allgemein bekannt gewesen sei. Der Lagerjargon der SS-Männer bezeichnete damit die Tötung kranker und arbeitsunfähiger Häftlinge mit Phenolinjektionen.[29] Das Gericht stützte seinen Schuldspruch gegen Klehr später ausdrücklich auf diese Aussage. Lill wurde als einziger der aus der DDR stammenden Zeugen im Urteil angeführt.[30] Alle übrigen Aussagen fanden keinen Eingang in die Urteilsbegründung. Diese Tatsache scheint allerdings nicht darauf zurück zu führen zu sein, dass das Gericht diese Zeugen für weniger glaubwürdig gehalten hat als Zeugen aus westlichen Staaten. Zwar ging man in Frankfurt davon aus, dass die Zeugen vor ihrer Reise nach Westdeutschland nach ihren Erinnerungen befragt und angehört worden waren. Eine Beeinflussung der Zeugen im Vorfeld ihrer Aussagen vermutete man jedoch nicht.[31] Vielmehr betonte der ehemalige Berichterstatter in dem Verfahren, Josef Perseke, dass das Gericht bei der Beurteilung der Zeugen keine Unterscheidung zwischen West und Ost und Nicht-Kommunisten und Kommunisten vorgenommen habe, sondern sich gegenüber Zeugen aus den Ostblockstaaten bewusst unvoreingenommen verhalten habe.[32] Die Aussagen der meisten Zeugen hatten jedoch keinen ausreichend konkreten Bezug zu den Tatbeiträgen und lieferten für die Feststellung der individuellen Schuld der einzelnen Angeklagten keinen Erkenntnisgewinn.

Im Dezember 1964 beriet die Auschwitz-Kommission über die zukünftige »Einflussnahme auf das Prozessgeschehen« und legte die weitere Stoßrichtung der DDR-Nebenklage fest.[33] Für Januar und Februar 1965 wurden eine Reihe von Maßnahmen beschlossen, die abermals die Rolle der I. G. Farben in Auschwitz-Monowitz herausstellen sollten. Der ehemalige Botschafter der DDR in Warschau und damalige Professor für Internationale Beziehungen an der »Deutschen Akademie für Staat und Recht Walter Ulbricht« in Potsdam Babelsberg, Stefan Heymann, sowie der ehemalige Volkskammerabgeordnete und damalige erste stellvertretende Vorsitzende des Volkswirtschaftsrats der DDR, Minister Erich Markowitsch, sollten als Zeugen der Nebenklage Aussagen über Auschwitz-Monowitz machen. Heymann war »Häftlingsschreiber« in Monowitz,[34] Markowitsch Zwangsarbeiter der I. G. Farben-Industrie.[35] Darüber hinaus sollte die Vernehmung eines I. G. Farben-Verantwortlichen beantragt und ein weiterer Nebenkläger zum »Komplex I. G. Farben-Monowitz« gesucht werden. Diese Aufgabe übernahmen die Generalstaatsanwaltschaft und das Komitee der Antifaschistischen Widerstandskämpfer.[36]

Im Januar 1965 beantragte Kaul die Vernehmung von Erich Markowitsch. Markowitsch werde bekunden, dass der frühere Lageradjutant Robert Mulka in der Zeit vom 6. November 1942 bis zum 31. Dezember 1942 die »Selektion von 958 nicht mehr arbeitsfähigen Häftlingen angeordnet und ihre ›Überstellung‹ aus Monowitz nach Auschwitz oder Birkenau angeordnet habe«, die dort vergast oder durch Phenolinjektionen ermordet worden seien.[37] Erich Markowitsch, Jahrgang 1913, war bereits 1930 in die KPD eingetreten. 1933 war er verhaftet und zu sechs Jahren Zuchthaus verurteilt worden. Von 1942 bis zu der als »Evakuierung« bezeichneten Auflösung des Lagers im Januar 1945 wurde Markowitsch als Zwangsarbeiter im Buna-Werk der I. G. Farben in Auschwitz-Monowitz eingesetzt. Kaul hatte in der Diskussion um die Beweisanträge der Nebenklage die Meinung vertreten, dass die Zeugenaussage eines leitenden Staatsfunktionärs in Frankfurt zwar eine sehr große Wirkung in der Öffentlichkeit und dem Gericht gegenüber hätte, die den »antifaschistischen Charakter der DDR verdeutlichen« würde. Andererseits hatte er zu bedenken gegeben, dass das persönliche Erscheinen eines DDR-Ministers dem Gericht »zu viel Ehre« erweisen würde, denn unter Umständen könnten »Illusionen über die westdeutsche Justiz genährt werden, die sich gegenüber SS-Verbrechern häufig loyal verhielte«.[38] Für die Entscheidung, den Minister in Frankfurt auftreten zu lassen, gab schließlich der Umstand den Ausschlag, dass dieser als ehemaliger Zwangsarbeiter der I. G. Farben wichtige Aussagen machen konnte, auf die die Auschwitz-Kommission nicht verzichten wollte.

Als Markowitsch am 5. Februar 1965 vor dem Frankfurter Schwurgericht erschien, eskalierte der Konflikt zwischen Rechtsanwalt Laternser und Kaul.[39] Die Auseinandersetzungen wurden vom *Neuen Deutschland* mit der Überschrift »Faschisten werden frech im Auschwitz-Prozess« kommentiert.[40] Markowitsch bekundete in seiner Vernehmung, dass der ehemalige Lageradjutant Mulka die Selektion arbeitsunfähiger

Zwangsarbeiter aus Monowitz veranlasst hatte. Nach der Befragung Markowitschs stellte Laternser den Antrag, den Minister zu verhaften. Es bestehe der dringende Verdacht, so Laternser, dass »der Zonenminister am Erlass des Schießbefehls gegen Flüchtlinge an der Berliner Mauer mitgewirkt hätte, so dass er als Schreibtischtäter und Mordgehilfe anzusehen wäre.«[41] Die Verteidiger Eggert und Naumann pflichteten Laternser bei. Kaul schäumte vor Wut und verlor mehrfach die Beherrschung, wie die Presse am nächsten Tag berichtete. Er beschimpfte Laternser, das Verfahren durch derartige Anträge zu beschmutzen. »Prof. Dr. Kaul und Erich Markowitsch wiesen diese Provokationen als Sudeleien zurück, durch die das ganze Verfahren beschmutzt werden soll. Kaul wies darauf hin, der DDR-Minister habe jahrelang nazistische Gewaltverbrechen erduldet. Er sei nach Frankfurt gekommen, um dem Gericht bei der Wahrheitsfindung über die NS-Bluttaten zu helfen.«[42] Das Gericht lehnte den Antrag Laternsers ohne Begründung ab. Am nächsten Morgen erstattete Kaul Strafanzeige gegen Laternser wegen versuchter Freiheitsberaubung.[43] Einige Tage später stellte Laternser gegen Kaul Strafanzeige wegen falscher Verdächtigung.[44] Beide Verfahren wurden eingestellt.

5. Das Plädoyer

Ende April informierte Albert Norden Walter Ulbricht über den Abschluss der Beweisaufnahme im Frankfurter Verfahren und kündigte ihm Kauls Plädoyer für Mitte Mai an, in dem »die prinzipielle Einstellung der DDR zu den Kriegs- und Naziverbrechen« enthalten sein würde.[45] Am 6. Mai 1965, dem 154. Verhandlungstag, schloss Senatspräsident Hofmeyer die Beweisaufnahme, und die Staatsanwälte begannen mit ihren Plädoyers, die insgesamt sechs Verhandlungstage in Anspruch nahmen.[46] Sie stellten hohe Strafanträge: Für sechzehn der Angeklagten, darunter Mulka, Höcker und Klehr, wurde lebenslanges Zuchthaus beantragt.[47] Am 20. Mai 1965 plädierte Kaul als erster der drei Nebenklagevertreter zu Mulka und Höcker, als sogenannte Adjutanten in der Lagerhierarchie die beiden ranghöchsten Angeklagten, und dem »Sanitätsdienstgrad« Klehr.[48]

Kaul leitete sein Plädoyer, das mehrere Stunden dauerte, mit einigen allgemeinen Überlegungen zur Funktion des Nebenklägers »als Gehilfe der Staatsanwaltschaft« und der Außergewöhnlichkeit des Auschwitz-Prozesses ein. Unter Berufung auf Karl Jaspers, den er mehrfach zitierte, bezeichnete er die »Sühne und Aufklärung der nazistischen Verbrechen gegen die Menschlichkeit als ein Element der Einsicht in die Notwendigkeit der sittlichen-politischen Revolution seit 1945, die für unsere Nation schlechthin lebensnotwendig« sei. Die Abstrafung der nazistischen Gewalttaten diene nicht nur der Sühne der Vergangenheit, »sondern weit mehr noch der Sicherung der Zukunft der Nation.« Die Tatsache, dass die entgegengesetzte Ansicht lange Zeit in der Bundesrepublik fast widerstandslos dominiert habe, wie nicht zuletzt die Auseinandersetzungen um die Verjährung dieser Verbrechen gezeigt hätten, habe – so Kaul – wesentlich zu dem Auseinanderleben der beiden deutschen Staaten beigetragen.

Bezogen auf die drei Angeklagten Mulka, Höcker und Klehr fasste Kaul das Ergebnis der umfangreichen Beweisaufnahme folgendermaßen zusammen: Alle drei hatten sich einer Vielzahl von Tötungshandlungen schuldig gemacht, die er als Ausdruck einer Systemschuld ansah. »Lager-SS, Ministerialbürokratie, Wehrmachtsführung und Industrie« hatten durch ihr Zusammenwirken die »Verwirklichung der dem Konzentrationslager Auschwitz als Vernichtungslager und Vernichtungsanstalt gestellten Aufgaben« ermöglicht. Im Zentrum stand dabei die Vernichtung »wirtschaftlich nicht mehr verwendbaren Lebens«. Kaul wandte sich daher gegen die Anwendung der von der bundesdeutschen Rechtsprechung vertretenen subjektiven Teilnahmelehre, die den Kreis der Haupttäter auf die politische Führungsspitze Hitler, Himmler, Heydrich und Kaltenbrunner beschränkte und mit Ausnahme von Exzesstaten alle anderen Tatbeiträge lediglich als Beihilfe qualifizierte.[49]

Aus dieser Bewertung heraus formulierte Kaul seine grundsätzliche Kritik und forderte die Anwendung von Artikel 6 des Statuts für den Internationalen Militärgerichtshof vom 8. August 1945 auf die in Auschwitz begangenen Verbrechen. Die juristische Qualifikation der Taten als Mord im Sinne von § 211 StGB, wie sie auch die Staatsanwaltschaft in Anlehnung an die Rechtsprechung in ihren Plädoyers vorgenommen hatte, bagatellisiere die angeklagten Handlungen. Zum einen würden die zu beurteilenden Handlungen durch ihre strafrechtliche Einordnung anhand der Tatbestandserfordernisse des Artikels 6 des Statuts für den Internationalen Militärgerichtshof eine angemessene Qualifizierung finden, denn diese Taten enthielten Elemente, »die in Anlage und Ausführung dem konventionell-kriminellen Verbrechen nicht eigen sind.« Zum anderen werde dadurch den Persönlichkeiten der Täter Rechnung getragen. »Denn auf diese Verbrechen, mit denen sich die Angeklagten in

Übereinstimmung mit dem zur Tatzeit geltenden Regime befanden, können verständlicherweise jene konventionellen Schuldbegriffe und Entschuldigungsgründe nicht ohne weiteres mechanisch angewandt werden, die ausschließlich für Delikte geschaffen sind, mit deren Begehung sich der Täter automatisch gegen die bestehende staatliche Ordnung wendet.« Außerdem gestatte Artikel 6 eine sachgerechtere Unterscheidung nach der Bedeutung der einzelnen Tatbeiträge allein durch eine Differenzierung im Strafausspruch, ohne dass es dazu einer den »wirklichen Sachverhalt nicht selten verfälschenden Beihilfe-Konstruktion« bedürfe. Und »schließlich versinnbildlicht die Anwendung des Völkerrechts auf diese (...) Menschheitsverbrechen, dass ihre Abstrafung nicht nur das innerdeutsche Legalitätsprinzip zur Grundlage hat, sondern eine völkerrechtliche Verpflichtung, deren Erfüllung eine Lebensnotwendigkeit für die Nation ist.« Kaul schloss seine Ausführungen mit dem Antrag, die Angeklagten Mulka, Höcker und Klehr zu einer lebenslänglichen Zuchthausstrafe zu verurteilen. »Unsere Nation wird nur leben, wenn sie vor einer Wiederholung der Untaten, mit deren Erinnerung wir in diesem Verfahren seit 18 Monaten konfrontiert wurden, bewahrt bleibt. In dieser Sicherung der Zukunft erfüllt sich erst endgültig die Befreiung vom Nazismus, deren 20. Jahrestag wir erst vor kurzem begangen haben. Ich schließe mich daher in vollem Umfang bezüglich der drei von den von mir vertretenen Nebenklagen erfassten Angeklagten den von Herrn Staatsanwalt Kügler gestellten Anträgen an, der gegen diese drei Angeklagten die schwerste Strafe gefordert hat, die das in der Bundesrepublik geltende Strafrecht kennt.«

Kauls Plädoyer wurde in der westdeutschen Presse zum Teil als sachliche und »eindrucksvolle Erwiderung auf die Argumente der Verteidigung« gewürdigt.[50] Die *Neue Zürcher Zeitung* kommentierte: »Als die Aufgabe der Nebenkläger bezeichnete er es, die Stimme nicht nur der Opfer des Naziregimes, sondern diejenige der gesamten beleidigten Menschheit zu erheben. Sein eigentliches Plädoyer leitete Kaul mit der Bemerkung ein, dass der Unmut der kleinen SS-Leute darüber, dass sie auf der Anklagebank sitzen mussten, während sich Höherrangige auf freiem Fuß befänden, eine gewisse Berechtigung habe. (...) Kaul wies sodann darauf hin, dass sich die Funktionäre von Auschwitz in voller Übereinstimmung mit der damals herrschenden Ordnung wissen durften, ohne dass dies allerdings an ihrer persönlichen Schuld etwas ändere. Keiner der Angeklagten habe den Mut gefunden, zur Wahrheit zu stehen; alle hätten vielmehr versucht, diese zu fälschen.«[51]

6. Das Urteil

Der erste Frankfurter Auschwitz-Prozess endete für die Angeklagten Robert Mulka und Karl Höcker jeweils mit einer Zuchthausstrafe von vierzehn und sieben Jahren wegen Beihilfe zum Mord. Josef Klehr wurde wegen Mordes und wegen Beihilfe zum Mord zu lebenslangem Zuchthaus verurteilt. Das *Neue Deutschland* titelte am Tag nach der Urteilsverkündung: »Skandalöse Urteile im Auschwitz-Prozess – Sturm der Empörung gegen De-facto-Rehabilitierung der SS-Massenmörder durch westdeutsche Justiz. Urteil entspricht der Politik der Bonner Kriegspartei.«[52]

Die »Wirksamkeit« der DDR-Nebenklage wurde in Ostberlin intern recht skeptisch beurteilt. In einem Vermerk des Nationalrats der Nationalen Front vom 6. Mai 1965 wurde konstatiert, dass eine vollständige »Erfüllung« des Politbürobeschlusses vom November 1963 noch nicht gelungen sei. Zwar konnten »bedeutende Erfolge der DDR« erzielt werden, eine wirkliche »Entlarvung der I. G. Farben als Drahtzieher« hinter den Kulissen in Auschwitz und die Aufdeckung der »Kontinuitäten in der BRD« habe allerdings nicht stattgefunden.[53] Auch Kaul war mit dem Ergebnis seiner Tätigkeit gemessen an dem ihm vom Politbüro erteilten Auftrag nur zum Teil zufrieden, weil Senatspräsident Hofmeyer seine Versuche, die Verbrechen der I. G. Farben im Verfahren zu thematisieren, systematisch abgeblockt hatte.[54] Hofmeyer wollte verhindern, den ohnehin kaum zu bewältigenden Prozessstoff auf den Komplex I. G. Farben auszudehnen und hatte die dahingehenden Beweisanträge überwiegend als nicht zum Verfahrensgegenstand gehörend abgelehnt und das Beweisthema »Monowitz« nur insoweit zugelassen, als eine direkte Beziehung zu der Tätigkeit der angeklagten ehemaligen Adjutanten des Lagers bestand.[55] Allerdings konnte die ablehnende Haltung des Gerichts, sich mit der Rolle der I. G. Farben zu befassen, in der DDR-Presse als Beleg dafür angeführt werden, dass die bundesdeutsche Justiz die »Konzernherren und Hintermänner« deckte. Jedenfalls hatte Kaul erreicht, dass die Presse seine Anstrengungen wahrgenommen und auch aufgegriffen hatte. Kauls Nebenklagevertretung wurde überdies auch von der westlichen Prozessberichterstattung zum Teil positiv beurteilt. Dies war zum Teil darauf zurückzuführen, dass die Presse stark auf eine Polarisierung zwischen Kaul und Laternser abstellte, die sich zu Kauls Gunsten auswirkte.[56] Kaul nahm vor allem die Zeugen vor Laternsers Befragung von Anfang an sehr rigoros in Schutz, was viele Journalisten und Prozessbeobachter für ihn einnahm, da sie Laternsers Umgang mit den Zeugen als diskreditierend und empörend empfanden.

Die von Kaul vertretenen Nebenklagen beim ersten Frankfurter Auschwitz-Prozess bildeten zugleich den Auftakt und den Höhepunkt einer Kampagne der SED, die darauf abzielte, westdeutsche NS-Verfahren zum Schauplatz von antifaschistischen Offensiven »auf der justitiellen Ebene« zu machen. Kauls anwaltliches Agieren als Nebenklagevertreter war in die gegen die Bundesrepublik gerichtete sogenannte »Westarbeit« der SED integriert und mit einer beim Politbüro angegliederten Abteilung abgestimmt.[57] Das ursprünglich für den Eichmann-Prozess entwickelte Muster ordnete inhaltliche Fragen dabei oftmals der an agitatorischen Effekten ausgerichteten politischen Stoßrichtung unter. In den Prozessen griff Kaul allerdings gewichtige Schwachstellen der bundesdeutschen Justiz und Gesellschaft im Umgang mit der NS-Vergangenheit auf. Seine Kritik basierte sowohl juristisch als auch politisch auf fundierten Argumenten, die an gesellschaftliche Tabuthemen rührten. Das von Kaul initiierte Nebenklagekonzept funktionalisierte die nationalsozialistische Vernichtungspolitik jedoch in einer Weise, in der eine erneute Entrechtung und Entwürdigung ihrer Opfer liegt. Dies gilt um so mehr, als diese Instrumentalisierung der Selbstdarstellung eines Staates diente, der die eigene aus der Vergangenheit fortwirkende Verantwortung für den Holocaust weitgehend verneinte.

Anmerkungen

1 Der erste Nachfolgeprozess zum großen »Auschwitz-Prozess« wurde 1965/66 beim Schwurgericht beim Landgericht Frankfurt am Main als Strafsache gegen Burger, Erber und Neubert geführt, Az.: 4 Ks 3/63.

2 Im Anschluss an den ersten Frankfurter Auschwitz-Prozess nahm Kaul unter anderem an dem Verfahren gegen Burger u. a., am sogenannten »Euthanasie-Prozess« gegen Vorberg u. a. 1967-68, am »Dora-Mittelbau-Prozess« 1967-70, am »Sachsenhausen-Prozess« 1969-70 und zuletzt am sogenannten »großen« Maidanek-Prozess teil, dessen über 5 ½ Jahre dauernde Hauptverhandlung erst nach Kauls Tod im April 1981 beendet wurde.

3 Ullrich Stascheit: »Die ›Rote Hilfe‹ in der stalinistischen Säuberung«, in: *Kritische Justiz*, Jg. 12 (1979), Nr. 4, S. 376-400.

4 *Reichsgesetzblatt* I, S. 175.

5 *Bundesgesetzblatt* I, S. 739.

6 *Der Spiegel* (29.3.1961), S. 29 ff.

7 Beschluss des Bundesgerichtshofs vom 2.3.1961, in: *Neue Juristische Wochenschrift* (1961), S. 614.

8 Schreiben Kauls an Norden vom 27.9.1960: »(...) da der Eichmann-Prozess nunmehr in fühlbare Nähe gerückt ist, möchte ich auf folgendes hinweisen: Mein (...) Ausschluss in den sogenannten Kontakt Prozessen muss, wie bereits besprochen, dazu führen, dass ich in anderen Prozessen stärker als bislang auftrete, und zwar bietet sich dazu in erster Linie die Möglichkeit als Nebenkläger gegen die Menschlichkeitsverbrecher an. (...) Schon aus diesem Grunde wäre es, abgesehen von meinem grundsätzlichen Interesse, sehr gut, wenn Du Dich entschließen könntest, damit einverstanden zu sein, dass ich zum Eichmann Prozess nach Israel gehe.« In: Stiftung Archiv der Parteien und Massenorganisationen der DDR im Bundesarchiv (SAPMO), Bundesarchiv (BA) Berlin, DY 30/IV 2/2. 028/57, Bl. 63.

9 An einen Mitarbeiter von Politbüromitglied Albert Norden schrieb Kaul: »Ich habe unter Bezugnahme auf mein Gespräch mit Walter Ulbricht den Genossen Gotsche darauf aufmerksam gemacht, dass unter dem Druck des Eichmann-Prozesses in absehbarer Zeit einige sehr grundsätzliche Verfahren im Westen verhandelt werden. (...) Einfluss auf diese Verfahren können wir nur nehmen, wenn wir Angehörige der Ermordeten feststellen, die sich als Nebenkläger dem Verfahren anschließen. Ich kann diese Leute natürlich nicht suchen.« Schreiben Kauls vom 21.6.1961, BA Berlin, SAPMO, DY 30/IV2/2. 028/57, Bl. 205.

10 Michael Lemke: »Kampagnen gegen Bonn. Die Systemkrise der DDR und die West Propaganda der SED 1960-1963«, in: *Vierteljahrshefte für Zeitgeschichte*, Jg. 41 (1993), H. 2, S. 153-174.

11 Albert Norden (1904-1982), Sohn eines Rabbiners, gehörte zu den Gründungsmitgliedern der KPD. 1923-30 war er als Volontär, Redakteur und Chefredakteur bei verschiedenen kommunistischen Zeitungen tätig, ab 1931 Chefredakteur der *Roten Fahne*. Ab 1933 antifaschistische Tätigkeit in Deutschland und im Exil in Frankreich und den USA. 1946 Rückkehr nach Deutschland, SED, 1949/50 Mitglied des deutschen Volksrats und der Volkskammer, seit 1954 Mitglied des Präsidiums des Nationalrats der Nationalen Front, 1958 Mitglied des Politbüros des ZK der SED. Zitiert nach: Bernd- Rainer Barth, Christoph Links, Helmut Müller-Enbergs, Jan Wielgohs (Hg.), *Wer war wer in der DDR. Ein biographisches Handbuch.* Berlin 1995, S. 543.

12 Lemke, »Kampagnen gegen Bonn«, S. 160.

13 Kaul, »Überlegungen betreffend die Notwendigkeit eines Ausschusses für justitielle Fragen von gesamtdeutscher Bedeutung«, o. D., vermutlich Juni 1961, BA Berlin, SAPMO, NY 182/1121.

14 Vgl. dazu Gerhard Werle, »Der Holocaust als Gegenstand der bundesdeutschen Strafjustiz«, in: *Neue Juristische Wochenschrift*, Jg. 45 (1992), Nr. 40, S. 2529-2535.

15 Fritz Bauer, »Ideal- oder Realkonkurrenz bei nationalsozialistischen Verbrechen«, in: *Juristenzeitung*, Jg. 22 (1967), Nr. 20, S. 625-628.

16 Beschluss des Politbüros vom 19.11.1963, Anlage 1 zum Arbeitsprotokoll der Sitzung Nr. 41 vom 19.11.1963, BA Berlin, SAPMO, DY 30/J IV 2/2 A-999.

17 »Es geht im Auschwitz-Prozess nicht nur um die Aufklärung und Abstrafung einzelner Verbrechen einzelner Personen. Die von den Angeklagten begangenen Verbrechen waren der barbarische Schlussakt einer systematisch vorbereiteten und mit teuflischer Perfektion organisierten Vernichtungsmaschinerie. (...) Es gilt, die Wurzeln der in Auschwitz begangenen Verbrechen bloßzulegen und die Hauptverantwortlichen zu entlarven. (....) Es sind Leute, die zum Teil heute wiederum in West-

deutschland an Schalthebeln der Macht sitzen. Der Auschwitz-Prozess muss der westdeutschen Bevölkerung vermitteln helfen, dass nur mit der Überwindung der Allmacht des aggressiven deutschen Monopolkapitals und mit der vollständigen Abkehr von seinen antidemokratischen und antihumanistischen Ideologien eine echte Garantie dafür geschaffen werden kann, dass derartige Verbrechen nicht noch einmal den deutschen Namen in aller Welt mit Schande bedecken.« Gustav Hirthe, »Bemerkungen zum bisherigen Verlauf des Auschwitz-Prozesses«, in: *Neue Justiz*, Jg. 18 (1964), Nr. 10, S. 305-310.

18 Zum Beispiel findet sich in den Prozessunterlagen Kauls ein »Plan der Auschwitz-Kommission für die weitere Einflussnahme auf den Frankfurter Auschwitz-Prozess und dessen Popularisierung vom 19.12.1964«, in: BA Berlin, Abt. DDR, N 2503 W-Ka 197.

19 Die Namensliste befindet sich im Nachlass Kauls, ebd., W-Ka198.

20 Arbeitsprotokoll der Sitzung des Sekretariats des ZK der SED vom 18.12.1963, BA Berlin, SAPMO, DY 30/J IV 2/3 A-1018.

21 Jürgen Kuczynski (1904-1997), 1930 KPD, 1930-33 Wirtschaftsredakteur der Zeitung *Die Rote Fahne*, 1933-36 illegale Arbeit in der KPD-Reichsleitung, 1936 Emigration nach Großbritannien, 1944/45 wissenschaftlicher Mitarbeiter des *United States Strategic Bombing Survey* und Oberst der *US-Army*, 1946 SED, 1946-56 ordentlicher Professor an der Universität Berlin, 1949-56 Abgeordneter der Volkskammer, 1956-68 Leiter der Abteilung Wirtschaftsgeschichte des Instituts für Geschichte der DAW. Zitiert nach Barth u. a., *Wer war wer?*, S. 421. Zu Kuczynski und dem von ihm erstatteten Gutachten siehe auch den Beitrag von Florian Schmaltz in diesem Band.

22 SED-Hausmitteilung von Albert Norden an Johannes Hörnig vom 9.3.1964: »Wie Du vielleicht wissen wirst, ist es trotz des scharfen Widerstands der faschistischen Verteidiger im Frankfurter Auschwitz-Prozess gelungen, das Gericht zu veranlassen, Gen. Prof. Dr. Kuczynski als Sachverständigen über die Rolle der IG-Farben beim Massenmord anzuhören. (...) Wir halten die Sache für sehr bedeutungsvoll, da im Unterschied zu anderen Prozessen dieser Auschwitz-Prozess einen ganz außerordentlichen internationalen Widerhall auch in der täglichen Berichterstattung der kapitalistischen Presse des Auslandes hat. (...) Wir haben einen langfristigen Kampf geführt, um sein Auftreten in Frankfurt zu ermöglichen und dürfen jetzt diesen Termin nicht auffliegen lassen.« BA Berlin, SAPMO, DY 30/IV A 2/2. 028/125.

23 Die *Frankfurter Allgemeine Zeitung* schrieb: »Aus den von ihm benannten Dokumenten gehe die Abhängigkeit des Lagerbetriebs von wirtschaftlichen Interessen der IG hervor. Sie würden erweisen, dass der IG für die Errichtung ihres Buna-Werkes in Auschwitz von dem nahe gelegenen Konzentrationslager Tausende von Häftlingen als billige Arbeitskräfte für drei bis vier Mark je Tag zu Verfügung gestellt worden seien. Eine bei den Gerichtsakten befindliche Kopie über die Unterhaltskosten besage, dass die SS selbst für die Verpflegung, Unterkunft und Bekleidung der männlichen und weiblichen Häftlinge je Tag und Person lediglich 1,34 und 1,22 RM ausgegeben und somit allein im Oktober 1943 an den der IG zur Verfügung gestellten Arbeitskräften 280.000 RM verdient habe.« *Frankfurter Allgemeine Zeitung* (12.5.1964), in: BA Berlin, Abt. DDR, N 2503, W-Ka 378.

24 »Es ist ja erstaunlich, welch außerordentlichen Widerhall der Auschwitz-Prozess in der westlichen internationalen Presse hat. (...) Um die Dinge weiter vorwärtszutreiben, wurden für die nächsten Wochen von uns folgende Schritte festgelegt, die von

den DDR-Nebenklagevertretern vorgenommen werden: Strafanzeigen gegen die IG-Farben Direktoren Dürrfeld, Faust, Ambros, Bütefisch, die heute wieder führende Positionen in der westdeutschen chemischen Industrie einnehmen. (...) In einem weiteren Beweisantrag wird die DDR-Nebenklagevertretung die Vernehmung einer Reihe von Zeugen aus der DDR vor dem Frankfurter Auschwitz-Prozess verlangen, darunter Genosse Minister Markowitsch, Genosse Bruno Baum, (...) d. h. Antifaschisten und Opfer des Naziterrors, die verantwortliche Funktionen im ersten Arbeiter- und Bauernstaat innehaben.« SED-Hausmitteilung Albert Nordens an Walter Ulbricht vom 22.5.1964 mit handschriftlichem Vermerk von Ulbricht, »Genosse Norden, Einverstanden. Kampagne gegen Kriegsverbrechen der Konzernherren weiterführen. 25.5.1964. W. Ulbricht«, BA Berlin, SAPMO, DY 30/ IV A 2/2. 028/125.

25 Strafanzeige vom 29.6.1964, BA Berlin, Abt. DDR, N 2503 W-Ka 294.

26 Die Einstellung erfolgte unter Hinweis auf die Verurteilung von drei der von Kaul angezeigten I. G. Farben Mitarbeiter durch das Urteil des Militärgerichts der Vereinigten Staaten im sogenannten I. G. Farben-Prozess 1948. Einstellungsverfügung des Generalstaatsanwalts vom 29.1.1969, BA Berlin, Abt. DDR, N 2503 W-Ka 296.

27 Hermann Langbein, *Der Auschwitz-Prozess. Eine Dokumentation.* 2 Bde., Frankfurt am Main 1965, Bd. 2, S. 960.

28 Mitschrift der Zeugenaussage Karl Lills vom 18.9.1964, Fritz Bauer Institut, Sammlung Auschwitz-Prozess (SAP), Handakte Laternser/Steinacker, Band III.

29 Langbein, *Der Auschwitz Prozess*, Bd. 2, S. 750 f.

30 Ebd., S. 894.

31 So Oberstaatsanwalt i. R. Gerhard Wiese im Gespräch am 18.3.1999 in Frankfurt am Main.

32 Interview Josef Perseke, Dokumentation zum Verfahren 4 Ks 2/63 des Hessischen Rundfunks 1993, FBI, SAP.

33 »Plan der Auschwitz-Kommission für die weitere Einflussnahme auf den Frankfurter Auschwitz Prozess und dessen Popularisierung« vom 19. 12. 1964, BA Berlin, Abt. DDR, N 2503 W-Ka 197.

34 Stefan Heymann (1896-1967), 1931/32 Redakteur der *Roten Fahne* in Berlin, danach KPD-Pressedienst, 1933 illegale Tätigkeit, 1934 Verhaftung und Verurteilung wegen Vorbereitung zum Hochverrat; 1938 KZ Dachau, 1942 KZ Auschwitz, 1946 Lehrer der KPD-Parteischule in Camburg, Mitglied des Landesvorstands der VVN, ab 1951 Ministerium für Auswärtige Angelegenheiten, 1953-56 Botschafter in Warschau, ab 1960 Professor an der DASR in Babelsberg. Zitiert nach: Barth u. a. (Hg.), *Wer war wer?*, S. 308.

35 Erich Markowitsch (1913-1991), geb. in Berlin, 1930 KPD, ab 1932 politisch in Hamburg tätig, April 1933 Verhaftung, KZ Sachsenhausen, 1942-44 Zwangsarbeiter in Auschwitz-Monowitz, 1945 Eintritt in die Volkspolizei, 1946 in die SED, 1958-63 Volkskammerabgeordneter, 1961 stellvertretender Vorsitzender des Volkswirtschaftsrats und Mitglied des Ministerrats, 1967 Ausscheiden aus der Regierung, 1969-75 Generaldirektor des VE Bandstahlkombinats Eisenhüttenstadt. Zitiert nach Barth u. a., *Wer war wer?*, S. 480.

36 »Plan der Auschwitz-Kommission für die weitere Einflussnahme auf den Frankfurter Auschwitz-Prozess und dessen Popularisierung« vom 19.12.1964, BA Berlin, Abt. DDR, N 2503 W-Ka 197.

37 »DDR-Minister als Zeugen benannt«, in: *Frankfurter Rundschau* (8.1.1965), BA Berlin, Abt. DDR N 2503 W-Ka 376.

38 Undatiertes Schreiben Kauls an Arne Rehan, in: BA Berlin, Abt. DDR, N 2503 W-Ka 199.

39 Siehe dazu den Beitrag von Christian Dirks in diesem Band.

40 *Neues Deutschland* (5.2.1965), FBI, SAP, Band Presseberichterstattung: *Neues Deutschland/ADN*.

41 *Frankfurter Nachtausgabe* (5.2.1965).

42 *Neues Deutschland* (5.2.1965), FBI, SAP, Band Presseberichterstattung: *Neues Deutschland/ADN*.

43 *Stuttgarter Nachrichten* (6.2.1965), in: BA Berlin, Abt. DDR, N 2503 W-Ka 376.

44 *Die Welt* (12.2.1965), BA Berlin, Abt. DDR, N 2503 W-Ka 376.

45 »In diesem Plädoyer wird sowohl die prinzipielle Einstellung der DDR zu den Kriegs- und Naziverbrechen enthalten sein, als auch in der entsprechenden Form die Grundgedanken des Referats des Genossen Walter Ulbricht zur nationalen Mission der DDR. (...) Wie bereits in der Information an das Politbüro angekündigt, werden sowohl während des Plädoyers des Genossen Kaul, als auch bei der Urteilsverkündung Widerstandskämpfer, Zeugen, Nebenkläger bzw. Juristen aus der DDR anwesend sein und sich auch mit Stellungnahmen bzw. Dokumentationen an die Öffentlichkeit wenden. (...) Es muss gesichert werden, dass die Berichterstattung entsprechend den politischen Schwerpunkten erfolgt und sich nicht auf Nebensächlichkeiten abdrängen lässt. Diese Schwerpunkte sind: Die Schuld des IG-Farben Konzerns an den Auschwitzverbrechen und die Tatsache, dass diese hauptverantwortlichen Mörder nicht zur Verantwortung gezogen werden. Die Schuld der antisemitischen, rassistischen Ideologen und Gesetzgeber, die die Auschwitz-Verbrechen erst möglich machten und die gleichfalls nicht zur Verantwortung gezogen wurden, sondern höchste Funktionen im Bonner Staat einnehmen. Die unverschämte Behandlung der Zeugen und Opfer durch die SS-Verteidiger. (...) Presse, Rundfunk und Fernsehen haben entsprechende Anweisung erhalten.« SED-Hausmitteilung Albert Nordens an Walter Ulbricht vom 30.4.1965; unter dem 3.5.1965 notierte Ulbricht handschriftlich an den Rand: »Einverstanden W. U.«; BA Berlin, SAPMO, DY 30/IV A 2/2. 028/125.

46 Langbein, *Der Auschwitz-Prozess*, Bd. 1, S. 989.

47 Ebd., S. 867.

48 *Schlußvortrag des Professor Dr. Friedrich Karl Kaul, Prozessvertreter der in der Deutschen Demokratischen Republik ansässigen Nebenkläger im Strafverfahren gegen Mulka u. a. gehalten am 21. Mai 1965 vor dem Schwurgericht beim Landgericht Frankfurt (Main).* Berlin 1965.

49 Grundlegend dazu das sogenannte Staschynski-Urteil des Bundesgerichtshofs, *BGHSt* 18, S. 87 ff.

50 *Die Welt* berichtete am 30. Juli 1965 unter der Überschrift »*Die Stunde des Ostberliner Anwalts im Auschwitz-Prozess*«: »›Der Dienst am Recht verlangt härteste Strafen, damit die Abschreckung künftiger Verbrechen gegen die Menschheit wirksam ist‹, beginnt er seine eindrucksvolle Erwiderung auf die Argumente der Verteidiger. (...) Ganz vereinzelt nur läßt Kaul Gefühle oder politische Töne anklingen«. BA Berlin, Abt. DDR, N 2503 W-Ka 379.

51 *Neue Zürcher Zeitung* (22.5.1965), FBI, SAP, Band Presseberichterstattung.

52 »Das Frankfurter Schwurgericht fällte gestern gegen die Massenmörder des faschis-

tischen Todeslagers Auschwitz skandalös niedrige Urteile. Von den zwanzig SS-Verbrechern wurden nur sechs zu lebenslänglichem Zuchthaus verurteilt. Damit blieb das Gericht weit unter den Anträgen der Staatsanwaltschaft und der Nebenkläger, die für 16 der angeklagten Massenmörder lebenslängliches Zuchthaus beantragt hatten. Einer von diesen 16 sowie zwei andere wurden sogar freigesprochen. Auf einer Pressekonferenz in Frankfurt am Main protestierte das internationale Auschwitz-Komitee gegen die skandalösen Urteile. Es ergab der Öffentlichkeit eine Erklärung und eine Dokumentation mit Namen von Naziverbrechern, die in der Bundesrepublik auf hohen Posten sitzen. Professor Dr. Kaul, der im Prozess als Vertreter der Nebenkläger der DDR aufgetreten war, erklärte, das ›Urteil sei nicht dazu geeignet, Klarheit zu verschaffen, die eine Wiederholung der Verbrechen von Auschwitz von vornherein unmöglich macht‹. (...)« *Neues Deutschland* (20.8.1965), in: BA Berlin, Abt. DDR, N 2503 W-Ka 379.

53 Vermerk des Nationalrats der Nationalen Front vom 6.4.1965, BA Berlin, SAPMO, DY 6/1625 (vorläufige Signatur).

54 Dass das Gericht bewusst bemüht gewesen ist, Kauls Aktionen zum Komplex I. G. Farben entgegenzutreten, bestätigte der ehemalige Berichterstatter und Beisitzende Richter Perseke in einem Interview aus dem Jahr 1993 gegenüber Journalisten des Hessischen Rundfunks, Interview Perseke, Dokumentation zum Verfahren 4 Ks 2/63, Hessischer Rundfunk 1993, FBI, SAP.

55 Bericht Kauls vom 21.1.1966, ohne Adressaten, in: BA Berlin, Abt. DDR N 2503 W-Ka 207 Bl. 128.

56 Dietrich Strothmann schrieb über die Gegenspieler Laternser und Kaul beim Frankfurter Auschwitz-Prozess in der *Zeit*: »Schon zu Beginn des Verfahrens war klargeworden, dass hier ein Prozess im Prozess stattfindet, ein Streit im Streit um die Wahrheitsfindung, um die Suche nach einem gerechten Urteil. Die Initiatoren so manchen Theaterdonners, so mancher hitzigen Szene sind zwei Anwälte, von denen keiner darum verlegen ist, sich jederzeit einen ›großen Auftritt‹ zu verschaffen. (...) Dr. Hans Laternser, seit den Nürnberger Prozessen so etwas wie ein Staranwalt in diesem Metier; hier neben der Bank der Staatsanwälte, der SED-Professor Friedrich Karl Kaul, Ulbrichts Kronjurist für Kommunisten, die vor westdeutschen Gerichten stehen. (...) Sie mögen sich nicht, diese beiden Kontrahenten, die sich im Theatersaal des Gallus-Hauses nun schon seit vielen Wochen gegenüber sitzen, wie zwei Wachhunde, immer zum Sprung bereit. Hat Kaul etwas an der Verteidigung auszusetzen, meint er immer Laternser. (...) Die Sympathien des Publikums sind meist auf seiner Seite, so, wenn er die polnischen Zeugen vor den diskriminierenden Fragen Laternsers in Schutz nimmt, wenn er sich mit zynischer Wortgewandtheit zum Hüter der Würde dieses Hauses aufspielt, wenn er, geschickt jede Chance nützend, als Verteidiger des Rechts und der Ehre auftritt. Er, der so ganz andere Vorstellungen von Recht hat als jeder andere im Saal. (...) Laternser aber sorgt dafür, dass die Zuschauer vergessen, wer dieser Kaul ist, woher er kommt und für welche Art von Recht er eintritt. Immer wieder trägt er unfreiwillig dazu bei, dass sein Gegenspieler besser abschneidet als er selber.« *Die Zeit* (8.5.1964), BA Berlin, Abt. DDR, N 2503 W-Ka 377.

57 Der Begriff »Westarbeit« bezeichnet die gegen die Bundesrepublik gerichteten politisch-propagandistischen Maßnahmen der SED, die federführend von der dafür zuständigen sogenannten »Westabteilung« beim Politbüro gesteuert wurden.

Selekteure als Lebensretter

Die Verteidigungsstrategie des Rechtsanwalts Dr. Hans Laternser

Christian Dirks

Die deutsche Justiz, so ein Diktum von Fritz Bauer, wurde auf verschlungenen Wegen und nur sehr widerwillig mit den NS-Prozessen »geschwängert«.[1] Ziel des Strafverteidigers Dr. Hans Laternser war es, nach dieser ungewollten Schwangerschaft alles zu unternehmen, um das ungeliebte Kind, da es nun einmal auf der Welt war und sein Unwesen in bundesdeutschen Gerichtssälen trieb, möglichst schnell wieder loszuwerden.

Die Verteidigung in NS-Prozessen stellt angesichts der dort verhandelten Verbrechen ungeheurer Dimensionen ein besonders schwieriges Unterfangen dar. So wurden seit den ersten Verfahren unter alliierter Hoheit die Anwälte der NS-Täter von Presse und Öffentlichkeit oftmals mit ihren Mandanten gleichgesetzt. Die in den sechziger Jahren durchaus gestellte Frage, ob der Rechtsstaat nicht Tierschutz für Motten betreibe, indem er NS-Tätern einen umfangreichen Verfahrensschutz zubillige, ist aber abwegig.[2] Adolf Arndt, »Kronjurist« der SPD, drohte als Ankläger in einem NS-Verfahren einmal damit sein Amt niederzulegen, wenn die Presse damit fortfahre, die Verteidiger mit ihren Mandanten zu identifizieren. Laternser war damals einer dieser Advokaten. Sein Motto lautete: »Ich halte nichts von Verteidigern, die sich in jeder Phase des Verfahrens von ihrem Mandanten distanzieren, nur um der Möglichkeit zu entgehen, bei Menschen ohne Verständnis für solche gerichtlichen Dinge falsch beurteilt zu werden.«[3]

Der Beginn einer Karriere

Für Laternser war der Auschwitz-Prozess nach eigenen Aussagen der Höhepunkt seiner Laufbahn.[4] Gleichwohl kam er eher zufällig in dieses

Metier. Eine Karriere als Strafverteidiger zeichnete sich für den jungen Juristen zunächst nicht ab. Nach dem Referendariat am Oberlandesgericht Köln und der Dissertation an der Universität Marburg eröffnete Laternser 1934 in Frankfurt am Main eine Anwaltspraxis, die sich hauptsächlich mit steuerrechtlichen Fällen befasste.[5] Er hielt auch nach 1933 Kontakt mit Kollegen, die aus politischen oder rassistischen Gründen aus dem Amt gejagt wurden bzw. gegen die ein Amtsenthebungsverfahren lief. Seine innere Distanz zum Nationalsozialismus brachte ihn mehrfach in Konfliktsituationen mit dem Regime. So legte sich Laternser während des Assessorexamens im Gemeinschaftslager Jüterborg Anfang 1934 mit der örtlichen SS an, die er in einem Lokal als »Sauhaufen« bezeichnete. Die Episode ging für Laternser glimpflich aus: Er musste sich lediglich beim Landrat sowie bei der SS entschuldigen und bekam für die restliche Dauer des Aufenthaltes eine Ausgangssperre und Kantineverbot. In einem Verfahren vor dem Landgericht Wiesbaden im

Rechtsanwalt Dr. Hans Laternser, Schindler Foto-Report

Sommer 1939 gegen Angehörige einer Anstalt für geistig behinderte Kinder, dem St. Vincenzstift im hessischen Aulhausen, übernahm Laternser auf Bitten des Bischofs von Limburg, Anton Hilfrich, die Verteidigung einer angeklagten Klosterschwester. Als Reaktion auf Proteste des Bischofs gegen das Programm der nationalsozialistischen »Euthanasie« und der Weigerung, die Verfügungsgewalt für die katholischen Anstalten abzutreten, führte das Regime einen Angriff gegen die Anstaltsleitung. In dem Verfahren gegen geistliches und weltliches Personal des Stiftes bewies Laternser Rückgrad: Als das Gericht den Ausschluss der Öffentlichkeit beantragte, forderte er den Ausschluss des ständig anwesenden Gestapobeamten – allerdings erfolglos.[6]

Laternser war ab 1939 an verschiedenen Kriegsschauplätzen in Frankreich, der Sowjetunion sowie auf dem Balkan eingesetzt, zuletzt als Fliegerausbilder im Range eines Oberleutnants des Luftwaffen-Jägerregiments 29.[7] Von Anfang Mai bis Ende Juni 1945 in amerikanischer Kriegsgefangenschaft, erhielt er im Juli des Jahres als einer der ersten deutschen Anwälte in der amerikanischen Besatzungszone die Zulassung beim Amtsgericht in Wiesbaden.

Seine Karriere als Strafverteidiger in NS-Prozessen ist zu großen Teilen dem Umstand geschuldet, dass er nicht Mitglied der NSDAP war. Zwar stellte Laternser im Jahre 1933 einen Aufnahmeantrag, doch bediente er sich hierbei eines gleichermaßen einfachen wie erfolgreichen Tricks, um eine formale Parteimitgliedschaft zu verhindern: Er reichte die erforderlichen Passfotos trotz mehrmaliger Aufforderung nicht ein, wurde nie als Parteimitglied vereidigt und besaß demzufolge weder ein Parteibuch noch das Parteiabzeichen. Dieses Vorgehen ermöglichte es ihm einerseits während der NS-Zeit, sich jederzeit auf seinen Antrag auf Aufnahme in die NSDAP zu berufen, und andererseits, nach 1945 auf seine faktische Nicht-Parteimitgliedschaft zu verweisen. Unter alliierter Jurisdiktion stellte dies ein entscheidendes Kriterium für die Zulassung als Rechtsanwalt dar.[8] In seinem Entnazifizierungsverfahren wurde der Anwalt in die Gruppe V der Entlasteten eingereiht. Einer der zahlreichen Persilscheine in diesem Verfahren stammte von einem alten Jugendfreund: Otto John, Mitverschwörer des 20. Juli 1944 und erster Präsident des Bundesamtes für Verfassungsschutz, kam während der NS-Zeit mehrfach mit Laternser zusammen und bescheinigte ihm eine eindeutige und überzeugende Einstellung gegen den Nationalsozialismus.[9]

Die Verbrechen der nationalsozialistischen »Euthanasie« waren auch Gegenstand des ersten Prozesses Laternsers nach der Befreiung vom

NS-Regime. Im Landeshaus von Wiesbaden wurde im Oktober 1945 vor einem amerikanischen Militärgericht wegen der Tötung an Tuberkulose erkrankter »Ostarbeiter« in der »Euthanasie«-Anstalt Hadamar verhandelt. Laternser trat als Verteidiger zweier angeklagter Anstaltsmitarbeiter auf.[10] Nachdem die Gerichtsbarkeit für Verfahren wegen nationalsozialistischer Gewaltverbrechen zumindest teilweise an die deutsche Justiz übergegangen war, wurden im Anschluss an das Wiesbadener Tribunal in Frankfurt am Main Prozesse gegen Ärzte und Pflegepersonal der Anstalten Eichberg, Kalmenhof und Hadamar geführt. Diese »Euthanasie«-Prozesse der Jahre 1945-1948 waren die in dieser Hinsicht frühesten, bedeutendsten und umfangreichsten Verfahren.[11] Im sogenannten »Eichberg-Prozess« vertrat Laternser im Dezember 1946 den Arzt und Anstaltsleiter Dr. Otto Mennecke sowie eine Krankenschwester.[12] Im Verfahren focht er mit seinem Prozessgegner Adolf Arndt grundsätzliche Erwägungen aus. Es ging um nichts weniger als um die Frage, ob »eine rechtlich als notwendig empfundene Strafverfolgung von NS-Verbrechen ohne Anwendung neuer rückwirkender Strafvorschriften nach deutschen Strafrecht möglich sei, inwieweit es dabei um die Wiederherstellung zerstörten Rechts [gehe] oder erneut um politisch bedingte *ad-hoc*-Veränderungen des Rechts«, wie Martin Broszat formulierte.[13] Kernproblem des Prozesses war die Frage nach der Rechtmäßigkeit des »Euthanasie«-Befehls Hitlers vom Oktober 1939.[14] Mit dem Schlagwort von der »normativen Kraft des Faktischen« machte Laternser für seine Mandanten einen Befehlsnotstand geltend. Übertragen auf den im Verfahren verhandelten Tatkomplex, glaubte Laternser feststellen zu können, dass der Erlass für die Angeklagten rechtsverbindlich gewesen sei und darüber hinaus der Wille des »Führers« für sich genommen Gesetzeskraft besessen habe. Jede Staatsführung, die im Besitze der tatsächlichen Macht sei, könne in jeder ihr beliebenden Form Recht setzen, argumentierte Laternser mit Rückgriff auf Jacob Burckhardt und Georg Jellinek.[15] In Arndt als Vertreter der Anklage fand Laternser jedoch einen in diesem Punkte erbitterten Gegner, der sich entschieden gegen die Anwendung dieses Rechtssatzes auf die verbrecherischen Geheimbefehle Hitlers wandte. Neben dieser rechtspositivistischen Argumentationslinie wies Laternser auf die »Kompliziertheit der inneren Konflikte [hin], wenn die Nichtbefolgung einer staatlichen Vorschrift aus moralischen Gründen in Frage kommt.«[16] Ist es, so lautete sein Credo im Eichberg-Verfahren, »strafbare Schuld oder historisches Schicksal«, wenn ein Mensch sein Gewissen verliert und zum Handlanger eines Verbrechens wird?[17] Die Urteile quittierte Laternser mit der ihm eigenen Polemik: Über die Presse forderte er, die damals tätigen Staatsanwälte wegen Mordes durch Unterlassung anzuklagen, da ihr öffentliches Einschreiten möglicherweise zum Abbruch der Mordaktion geführt hätte.

Von Nürnberg nach Frankfurt

Neben diesen frühen »Euthanasie«-Prozessen war aber in erster Linie das Internationale Militärtribunal (IMT) von Nürnberg der entscheidende Katalysator für die Karriere Laternsers als Strafverteidiger. Sein selbstbewusstes und eloquentes Auftreten im Wiesbadener Hadamar-Verfahren hatte einem prominenten Prozessbeobachter imponiert, der auf der Zuschauertribüne das Verfahren verfolgte: Robert M. W. Kempner, stellvertretender amerikanischer Hauptankläger im IMT, war äußerst angetan von dem jungen Kollegen. Zumindest erinnerte sich Kempner wenig später an den Anwalt, als es darum ging, die Verteidigung für Generalstab und Oberkommando der Wehrmacht (OKW) im Prozess gegen die »Hauptkriegsverbrecher« zu besetzen. Noch wenige Tage vor Eröffnung des Tribunals hatte man für die als verbrecherisch angeklagten Organisationen keine anwaltliche Vertretung bestellt – es war vonseiten der Anklagebehörde schlicht vergessen worden, sich hierum zu kümmern.[18] Kempner ließ Laternser umgehend von amerikanischen Militärpolizisten in einen Jeep setzen und nach Nürnberg bringen. Auf diese Weise begann sowohl eine steile Karriere als Verteidiger in Verfahren wegen NS- und Kriegsverbrechen als auch eine langjährige Freundschaft zwischen den beiden Juristen.[19]

Die Nürnberger Prozesse waren ein Schlüsselerlebnis für den seinerzeit 38jährigen Anwalt. Nicht nur, dass Nürnberg das einzige große Mandat im besetzten Deutschland und ein für damalige Verhältnisse äußerst lukrativer Job war: Jeder Verteidiger erhielt pro Monat rund 3.500 Mark und 1.750 Mark für einen zweiten Mandanten, sowie eine Stange Zigaretten, Essensbon und Alkoholika. Die Honorare wurden von der amerikanischen Militärregierung getragen und galten als Teil der Besatzungskosten.[20] In intensiven Gesprächen mit den angeklagten Militärs erwarb Laternser sich zudem ein umfangreiches Spezialwissen, das er zugunsten seiner Mandanten anzuwenden wusste, die seine Eloquenz und seinen juristischen Sachverstand schätzten.[21]

Nachdem die Idee, Generalstab und OKW als eine verbrecherische

Organisation zu verurteilen aufgrund formaler Einwände gescheitert war,[22] sollten nach dem Willen des IMT künftig Einzelverfahren gegen die verantwortlichen militärischen Führer durchgeführt werden. Im so genannten Geiselmordprozess (Fall 7) wurde 1947 erstmals gegen eine Gruppe von Generalen der Wehrmacht (»Südost-Generale«) verhandelt. Laternser, der selbst auf dem Balkan eingesetzt gewesen war, übernahm in diesem Verfahren die Verteidigung der Generalfeldmarschälle Wilhelm List und Maximilian von Weichs. Zeitweise parallel zum Prozess gegen die Südost-Generale vertrat er von Sommer 1946 bis zur Eröffnung des Verfahrens im Juni 1947 den Angeklagten Max Illgner im I. G. Farben-Prozess (Fall 6). Sein Mandat legte er wegen »Arbeitsüberlastung« nieder, da er in einem weiteren Nachfolgeprozess, dem sogenannten OKW-Prozess (Fall 12) mit der Verteidigung des Hauptangeklagten Feldmarschall Wilhelm Ritter von Leeb beauftragt worden war und hier – wie bereits im Fall 7 – als Sprecher der Gesamtverteidigung auftrat. Auch das Angebot, die Verteidigung von vier angeklagten Medizinern im Nürnberger Ärzteprozess zu übernehmen, lehnte er wegen der »Gefahr zeitlicher Kollisionen« ab.[23]

Der Umstand, dass in der unmittelbaren Nachkriegszeit ein großer Mangel an zugelassenen deutschen Anwälten bestand, war bei der Auswahl Laternsers für das IMT enorm hilfreich. Die Anklage in Nürnberg war regelrecht erleichtert, einen kompetenten Kandidaten gefunden zu haben. »Wir wollten die besten Verteidiger, die da waren«, erinnerte sich Kempner.«[24] Sowohl das Gericht als auch die Anklagebehörde des IMT schätzten den Advokaten als, wie der amerikanische Hauptankläger Telford Taylor formulierte, »außergewöhnlich fähigen und energischen« Anwalt.[25] Kempner, der als Verbindungsmann zwischen Verteidigung und Gericht den deutschen Anwälten die Verfahrensweise erläuterte und ihre Fragen beantwortete, erkannte unter den Nürnberger Verteidigern drei wesentlich Gruppen: Die in »Wolle gefärbte[n] Nazis«, Mitläufer sowie Gegner des NS-Regimes, zu denen er Laternser zählte.[26]

In Nürnberg entwickelte Laternser auch die Grundzüge einer Verteidigungsstrategie, die er in allen späteren Verfahren verfolgte. Es waren drei wesentliche Problemkreise, die sich sowohl in der öffentlichen Diskussion der ersten Nachkriegsjahre als auch in fachwissenschaftlichen, vorwiegend völkerrechtlichen Debatten herauskristallisierten. Zum einen bezweifelte er grundsätzlich die Jurisdiktionsbefugnis der Gerichtshöfe und hielt sie daher für völkerrechtswidrig. Zum anderen bemängelte er, die Rechtsprechung der Alliierten verstoße sowohl gegen den völkerrechtlichen Gleichheitsgrundsatz, das so genannte »*tu-quoque*-Prinzip«, als auch gegen den Grundsatz, dass niemand wegen einer Handlung durch Strafe überrascht werden dürfe (»*nulla poene sine lege*«). Weitere Vorwürfe an die Adresse des Gerichtes waren die seiner Ansicht nach nicht bestehende Chancengleichheit zwischen Anklage und Verteidigung sowie die Voreingenommenheit der Richter, kurzum: ein Verstoß gegen das Gebot des *fair trials*. Das waren die klassischen Argumente der Verteidigung in Prozessen wegen nationalsozialistischer Gewaltverbrechen, die sich seit Nürnberg als roter Faden durch sämtliche Verfahren ziehen. Daneben versuchte Laternser bereits während des IMT, die Verantwortung für die NS- und Kriegsverbrechen ausschließlich auf Hitler und die SS abzuschieben und für seine Mandanten einen Befehlsnotstand geltend zu machen.[27] Im Verein mit den angeklagten ehemaligen Wehrmachtsgeneralen versuchte er, die Armee im nachhinein von Kriegsverbrechen und dem Vorwurf der Durchführung völkerrechtswidriger Befehle freizusprechen. »Dr. Laternsers damalige Devise: Alle Schuld der SS, die ist sowieso des Todes, der Ehrenschild des Heeres muß rein bleiben, hat jahrelang die Geschichte verdunkelt.«[28]

Auch außerhalb der Gerichtssäle war Laternser bemüht, das Bild der »sauberen Wehrmacht« zu zeichnen. Neben entsprechenden publizistischen Beiträgen war er als Teilnehmer des »Heidelberger Kreises«, einer hochkarätig zusammengesetzten Koordinierungsstelle, die sich für die Interessen der »Kriegsverurteilten« stark machte, auch hinter den Kulissen aktiv und verfügte über ein weit gespanntes Netz an Kontakten zu den Kirchen und der Bonner Ministerialbürokratie. So war Laternser einer der Verbindungsmänner der ehemaligen Wehrmachtsgeneräle nach Bonn, als es darum ging, im Gegenzug zum westdeutschen Wehrbeitrag die Freilassung der noch inhaftierten Kriegsverbrecher zu erreichen.[29] Unterstützt wurde er dabei insbesondere von der evangelischen Kirche, die in der Diskussion um die Kriegsverbrecherprozesse eine exponierte Stellung einnahm. Durch massiven Lobbyismus bei führenden evangelischen Kirchenmännern versuchte Laternser, von den Amerikanern eine Freilassung der Verurteilten zu erreichen.[30] Kempner berichtet in diesem Zusammenhang von folgender Begebenheit:

»Zugunsten der Generäle wurde maßgebenden Personen in Bonn eingeredet: Es kann kein Heer aufgestellt werden, irgendeine Wiederaufrüstung innerhalb einer westlichen Allianz ist überhaupt nicht möglich, solange noch der letzte General (und es war ja eine ganze Anzahl) unten in Landsberg oder bei den Briten in Werl im Gefängnis sitzt. (...) Eine phantastische Idee. Weil ein paar Verbrecher im Gefängnis sitzen, kann keine Armee aufgebaut werden. Dann erzählte der Kollege Laternser bei einem Spaziergang in Frankfurt: ›Stellen Sie sich vor, jetzt kommen die SS-Leute zu mir und sagen: ‚So einfach ist das nicht. Wir wollen bei dieser Gnadenpartie mitgenommen werden. Wir sind zwar zur Aufrüstung nicht nötig, aber denken gar nicht daran, dass die Generäle uns über die Klinge springen lassen (...). Wir wollen (wie man in Englisch sagt) auf diesen *band-waggon* aufspringen, sonst werden wir mal richtig auspacken. Denn im Prozeß [IMT, C.D.] haben wir von der SS die Generäle geschont (...), tatsächlich aber haben sie uns damals logistischen *support* gegeben und ohne diese Gastfreundlichkeit der Armee hätten wir gar nicht unsere herrlichen Taten hinter der Front verüben können‹«.[31]

Nachdem sich Laternser beim IMT bewährt hatte, wurde er in der Folgezeit unter angeklagten ehemaligen Wehrmachts- und SS-Angehörigen als Verteidiger durchgereicht. In ungezählten Prozessen vor alliierten und bundesdeutschen Gerichten verteidigte er prominente Wehrmachtsoffiziere wie einfache Soldaten. So vertrat er u. a. die ehemaligen Generalfeldmarschälle Albert Kesselring und Erich von Manstein vor britischen Militärgerichten in Venedig und Hamburg, General a. D. Otto Wagener vor einem italienischen Militärgericht in Rom, den ehemaligen Panzergeneral Hasso von Manteuffel sowie den zeitweisen Leiter des Nachrichtendienstes im »Amt Blank«, Friedrich Wilhelm Heinz, und andere vor bundesdeutschen Gerichten. Daneben war er aber auch in »normalen« Zivilprozessen tätig und hatte zahlreiche Mandanten in der Baubranche.[32]

Die Verteidigung im Auschwitz-Prozess

Der Staatsanwaltschaft beim Landgericht Frankfurt war Laternser kein Unbekannter. Fritz Bauer warf seinem Freund Bob Kempner später vor: »Ich verzeihe Ihnen nie, Kempner, was Sie mir damit angetan haben.«[33] Laternser übernahm auf Bitten von Angehörigen der Beschuldigten als Wahlverteidiger – zusammen mit seinem Socius Fritz Steinacker – die Verteidigung von fünf ehemaligen SS-Männern. Die »*Doctores*«, wie Staatsanwalt Joachim Kügler die wegen Selektionen an der Rampe von Auschwitz angeklagten SS-Ärzte Dr. Viktor Capesius, Dr. Willi Frank und Dr. Willi Schatz nannte, wurden von Laternser verteidigt, während Steinacker die darüber hinaus wegen Misshandlungen und Exekutionen in der Politischen Abteilung des Konzentrationslagers beschuldigten Klaus Dylewski und Perry Broad vertrat.[34] Alle fünf Mandanten stritten ab, ankommende Transporte auf der Rampe selektiert zu haben. Sie räumten zwar ein, Rampendienst geleistet zu haben, doch nur um zahnärztliches Material oder Ärztegepäck sicher zu stellen. Ursprünglich war die Kanzlei Laternsers auch mit der Vertretung des im Auschwitz-Prozess angeklagten Hans Stark beauftragt worden, der aber sein Mandat vor Prozessbeginn wegen Differenzen hinsichtlich der Verteidigungsstrategie zurückzog. Damit waren Laternser/Steinacker das Anwaltsgespann mit den meisten Mandanten im Auschwitz-Prozess.

Vom ersten Verhandlungstag an beschäftigte Laternser das Gericht mit einer Fülle von Anträgen, Schriftsätzen, Dienstaufsichtsbeschwerden und Verfahrensrügen. So bezweifelte er u. a. die ordnungsgemäße Besetzung des Gerichtes, versuchte die Teilnahme des ostdeutschen Nebenklägers Friedrich Karl Kaul zu verhindern, rügte die während des Prozesses stattfindende Ausstellung in der Frankfurter Paulskirche als unzulässige Manipulation des Gerichtes und lehnte eine Ortsbesichtigung des Gerichtes in Auschwitz kategorisch ab. Für ein breiteres Publikum auch außerhalb des Gerichtssaales trat Laternser erstmalig im April 1964 in Erscheinung, als er mit einem forensischen Paukenschlag in das Geschehen eingriff. Auslöser war die Vernehmung ehemaliger KZ-Häftlinge aus Polen und der Tschechoslowakei, die seine Mandanten schwer belasteten. Er behauptete, »dass die meisten oder gar alle der hier aus den Ostblockstaaten erschienenen Zeugen Kommunisten waren, und zwar parteimäßig gebundene.«[35] Die Zeugen aus den Staaten des kommunistischen Einflussbereiches hätten ihre Aussagen untereinander abgestimmt und seien bereits von staatlichen Stellen vorvernommen und dadurch beeinflusst worden. Daher könne man diesen Aussagen grundsätzlich keinerlei Bedeutung zumessen. Andererseits bediente er sich häufig der aus diesen Vernehmungen stammenden Protokolle, um dann auf angebliche Widersprüche in den Zeugenaussagen hinzuweisen. Stereotyp stellte er an die Zeugen die Frage, ob sie mit dem »Internationalen Auschwitz-Komitee« in Kontakt stünden, um eine vermeintliche Absprache untereinander zu belegen.

Wie blutbefleckt der Hintergrund des Verfahrens auch immer sein möge, notierte Bernd Naumann als Prozessbeobachter der *Frankfurter Allgemeinen Zeitung* über diese Episode, es sei doch zuweilen daran zu zweifeln, ob wegen Mordes und Beihilfe zu tausendfachem Mord oder eher wegen beleidigender Verunglimpfung verhandelt werde. Schlechterdings unvorstellbar sei das Maß an Pose und die Tonart, in der Eitelkeiten und Rechthabereien dargeboten würden, noch zu übertreffen. »Nichts scheint hier so peinlich zu sein, dass es nicht gesagt werden könnte; selbst ein geringes Maß an Selbstbeherrschung ist nicht jedem eigen. Die degoutanten Angriffe einiger Prozessbeteiligter gipfelten in dem Vorwurf des Verteidigers Dr. Laternser, das Gericht mache Unterschiede in der Behandlung der Zeugen, mit besonderem Bezug auf den Zeugen Langbein.«[36]

Dem Schema Laternsers folgend, durften die Aussagen der Zeugen nicht allgemein und ungenau ausfallen, andererseits durften sie aber auch keine exakten Details enthalten, da man sich an solche Exaktheiten nach mehr als zwanzig Jahren einfach nicht mehr erinnern könne. Wenn Zeugen übereinstimmende Aussagen machten, sah Laternser es als bewiesen an, dass sie sich untereinander abgesprochen hätten; voneinander abweichende Aussagen seien gleichermaßen Beweis für die Unglaubwürdigkeit der Zeugen. Vorvernehmungen von deutschen Behörden waren für ihn unbedenklich, hingegen solche von ausländischen oder gar polnischen Stellen von vornherein verdächtig. Wenn die Zeugen aus Ländern des Ostblocks kamen, waren ihre Aussagen kommunistisch infiltriert. Waren die Zeugen Juden, unterstellte Laternser ihnen pauschal Rachegefühle und bezweifelte ihre Objektivität. Das Gericht könne, so lautete seine Einschätzung, auf die Zeugenaussagen im Verfahren »so gut wie nichts« geben.[37]

Einigen Unmut löste sein pauschaler Vorwurf an die aus dem Ostblock angereisten Zeugen aus, durch gefälschte Reisekostenabrechnungen überhöhte Zeugengebühren vom Gericht kassiert und so in ihren Heimatländern illegale Devisengewinne gemacht zu haben. Dadurch sei der deutsche Steuerzahler um enorme Summen geschädigt worden. Schon allein aus diesem Grund, so Laternser, seien diese Zeugen vom Gericht als unglaubwürdig abzulehnen. In der Tat hatten einige osteuropäische Zeugen einen überhöhten Verdienstausfall geltend gemacht. Dieser Umstand allein, so befand das Gericht, könne allerdings keine Schlüsse auf eine Unglaubwürdigkeit der Zeugen zulassen. Angesichts der Bereitschaft, ihre Erlebnisse nach mehr als zwanzig Jahren vor einem Gericht im Land der Täter zu schildern, wurden diese Angriffe als kleinlich, unangemessen und diffamierend empfunden.[38]

Im Zentrum von Laternsers Verteidigungstaktik im Frankfurter Verfahren stand ein Argument, das er bereits seit Nürnberg benutzte und das von der höchstrichterlichen Rechtsprechung in der Bundesrepublik gestützt wurde. Die Auslegung der Rechtskonstruktion der Beihilfe führte in NS-Prozessen zu einem paradoxen Ergebnis: »Je krimineller und umfassender die Taten, je größer die Anzahl der Morde im Rahmen des staatlichen Befehlssystems, desto milder die daraus erfolgenden Strafen.«[39]

Der Gehilfenrechtsprechung des Bundesgerichtshofes (BGH) zufolge, auf die sich Laternser stützte, war für die juristische Beurteilung von NS-Verbrechen der Wille der Beteiligten entscheidend. Die innere Haltung zur Tat musste hierbei gewichtet und zwischen Täterschaft und Beihilfe differenziert werden. Wurde vom Gericht auf Täterschaft entschieden, musste ein Höchstmaß an Strafe verfügt werden, wogegen bei Beihilfe ein flexibler Strafrahmen möglich war. Wichtig in diesem Zusammenhang war das 1962 vom BGH ergangene »Staschynskij-Urteil«, mit dem ein Mörder als Gehilfe und nicht als Täter verurteilt worden war, da er die Tat nicht als eigene gewollt, sondern lediglich im Auftrag und auf Befehl gehandelt habe. Zwar ist die Gehilfenrechtsprechung nicht erst mit diesem Urteil aus der Taufe gehoben worden, doch übte es großen Einfluss auf die nachfolgenden NS-Verfahren aus.[40] Die Verteidiger in NS-Verfahren nahmen den ihnen vom BGH zugespielten Ball dankbar auf und verwiesen darauf, dass die Angeklagten die Tat nicht als eigene gewollt hätten, was nur äußerst schwer zu widerlegen war. Kaum ein Urteil in NS-Prozessen kommt daher ohne eine ausführliche Würdigung der »Haupttäter« Hitler, Himmler und Heydrich aus. »Damit haben wir im Prozess operiert«, bestätigt Steinacker retrospektiv die Bedeutung des Staschynskij-Urteils für die Verteidigung im Auschwitz-Prozess.[41]

Von einer Mittäterschaft seiner Mandanten könne nicht im Entferntesten die Rede sein, führte Laternser dann auch in seinem Grundsatzplädoyer im Frankfurter Verfahren aus. Mit Hinweis auf das Staschynskij-Urteil und ein Urteil des Schwurgerichts Freiburg[42] konstatierte er, ein eigener Tatwille habe nicht vorgelegen. Selbst wenn das Gericht davon ausginge, seine Mandanten hätten Selektionen durchgeführt, könne dies nicht als Beihilfe zum Mord gewertet werden, da »eine kausale Beeinflussung der Tat« durch die Angeklagten nicht nachweisbar sei. Damit befand sich Laternser in krassem Gegensatz zum Standpunkt der Staatsanwaltschaft, die die bloße Anwesenheit an der Rampe als Mittäterschaft wertete.[43] Wie bereits in Nürnberg schob Laternser die Verantwortung auf den »Hauptverantwortlichen« Hitler ab. »Die Vernichtung der Juden in Auschwitz«, erklärte Laternser in seinem Plädoyer für Capesius, »war doch ausschließlich die Tat Hitlers.« Seine Mandanten seien lediglich durch die Verkettung unglücklicher Umstände in die Situation gekommen, sich in unmittelbarer Nähe eines Verbrechens aufgehalten zu haben. Sie hätten sich unmöglich dem Befehl Hitlers entziehen können – bzw. glaubten, dies nicht tun zu können. »Bei dem Entschluss, die Juden in Europa zu vernichten, hat keiner dieser Angeklagten etwa auch nur im entferntesten mitgewirkt. (...) Die Angeklagten wurden vielmehr in den Komplex hineingestellt und glaubten, sich dieser Tätigkeit nicht entziehen zu können.« Es könne »nicht im entferntesten die Rede davon« sein, dass »einer der (...) Angeklagten in der Lage gewesen wäre, die Vernichtung der Juden in Auschwitz zu verhindern. (...) Die teuflische Idee, die Juden zu vernichten, [ist] ein Gedanke, der ausschließlich von der obersten Spitze des damaligen Regimes herrührt. Das war doch ausschließlich die Tat Hitlers.«[44] Mit dieser Argumentation reduzierte Laternser das verbrecherische Potential des Nationalsozialismus auf Hitler und eine Clique übler SS-Schergen und versuchte seine Mandanten zu exkulpieren. Laternser ging sogar noch einen Schritt weiter, indem er eine Gemeinschaft zwischen Opfern und Tätern konstruierte, die darin bestanden habe, dass auch die Täter gegen ihren Willen nach Auschwitz gekommen seien. Sich dagegen zu widersetzen, hätte für die Angeklagten drakonische Strafmaßnahmen zur Folge gehabt. Seine Mandanten könnten sich auf § 47 *Militärstrafgesetzbuch* berufen, der die strafrechtliche Verantwortlichkeit von Vorgesetzten und Untergebenen beim Handeln auf Befehl regelt. Laternser argumentierte, bei der Selektion auf der Rampe könne dem einzelnen Angeklagten nicht klar gewesen sein, dass die Ausführung dieses Befehles ein Verbrechen darstellte. Seine Mandanten seien somit als Opfer der gesellschaftlichen Verhältnisse in Nazi-Deutschland zu betrachten.[45]

Besondere Resonanz fand Laternsers Argumentation, die SS-Ärzte hätten auf der Rampe von Auschwitz vielen das Leben gerettet: »Hätte auf der Rampe in Birkenau eine Selektion einer durch Befehl bestimmten Anzahl von Arbeitsfähigen nicht stattgefunden, wäre jeweils der gesamte Transport der Vernichtung anheimgefallen. Die Selektion auf der Rampe führte also in Wahrheit zu einer Verminderung der an sich geplanten und befohlenen vollständigen Vernichtung. (...) Das Auswählen von Personen, die ins Lager kommen sollten, konnte also eine Beteiligung am Mord nicht sein, weder Beihilfe noch Mittäterschaft, denn die ausgewählten Personen wurden nicht ermordet. (...) Die der Beihilfe zum Massenmord beschuldigten Selekteure beteiligten sich damit (...) nicht an einem in Gang befindlichen Verbrechen, sondern sie verkleinerten es um die als arbeitsfähig Ausgewählten.« Für den einen oder anderen Auschwitz-Häftling seien die Selekteure zum Lebensretter geworden, folgerte Laternser.[46]

Bekanntlich gelten im Strafprozess die Zeugen als das schlechteste Beweismittel. Es war ein äußerst schwieriges Unterfangen, den Wahrheitsgehalt der insgesamt 220 Zeugenaussagen zu ermessen. Der zeitliche Abstand zum Geschehenen brachte mit sich, dass sich Selbsterlebtes mit Gehörtem und später Gelesenem vermengte, was für die juristische Bewertung von Belang sein musste. An diesem Punkt setzte auch die Kritik Laternsers an. Es sei eine absolute Unmöglichkeit, nach so langer Zeit jemanden mit Gewissheit wiederzuerkennen.[47] Der Tonfall, in dem er die Vernehmungen führte, die Theatralik seines Auftrittes und nicht zuletzt die überspitz geschliffenen Pfeile gegen die Zeugen riefen bei nicht wenigen Beobachtern des Prozesses Unverständnis, Empörung und Zorn hervor. Den Zeugen käme es vor, schrieb Emmi Bonhoeffer, die einige der Zeugen während des Prozesses betreute, als ob man »ihnen aus einer Wüste erlebten Unrechts ein Sandkorn vor[halte], und sie sollten sagen, ob es gelb oder braun gewesen sei. Haben sie gar bei der Vorvernehmung vor einigen Jahren gesagt, es sei gelb und heute, es sei braun gewesen, so triumphiert die Verteidigung, im Zeugen aber steigt ein verzweifelter Zorn auf, der nicht selten zum Nervenzusammenbruch führt.«[48]

Unbeeindruckt von Zwischenrufen der Zuschauer, lieferte sich Laternser auch heftige Wortgefechte mit dem Senatspräsidenten, der mehrfach die Zeugen vor den Angriffen des Verteidigers in Schutz nahm und ihm das Wort entzog. Gespickt mit allerlei Zitaten der Weltgeschichte, langatmigen rechtsphilosophischen Exkursen und umfassenden Ausführungen zu Präzedenzfällen, bewegte sich Laternser ständig zwischen zwei Polen: Auf der einen Seite war er als Strafverteidiger verpflichtet, im Sinne seiner Mandanten auf vermeintliche wie tatsächliche Widersprüche in den Zeugenaussagen hinzuweisen, auf der anderen Seite schoss er nicht selten über dieses Ziel hinaus, indem er Zeugen persönlich diskreditierte. »Er hat nicht verstanden,« so Hermann Langbein, »dass man den Überlebenden von Auschwitz Respekt zollen muss – auch wenn sich ein Zeuge irrt, auch wenn er nicht die Wahrheit sagt.«[49]

Seine eloquente Art gepaart mit der Vorliebe für tönende Worte brachten Laternser den Ruf eines »Fachanwalts für deutsche Vergangenheit« ein.[50] *Der Spiegel* bezeichnete ihn als einen »Karajan der Vergangenheitsbewältigung«: wie der von Opernhäusern und Konzertbühnen begehrte Stabführer tauche Laternser fast gleichzeitig an verschiedenen Orten auf, so dass man sich mitunter die Frage stelle, »ob man es wirklich mit Swinegel oder nicht vielmehr doch mit seiner Frau zu tun« habe.[51]

Innerhalb der Verteidigung im Frankfurter Verfahren war Laternsers Vorgehen keinesfalls unumstritten. Einige der Kollegen schauten nach Laternsers lautstarken Auseinandersetzungen mit der Staatsanwaltschaft, den Nebenklagevertretern oder dem Senatspräsidenten schon einmal betreten in die Luft und drückten so ihr Unbehagen über sein Auftreten vor Gericht aus.[52] Laternser und Steinacker wiederum hielten nicht viel von der Verteidigung der anderen Rechtsanwälte, die nach ihrem Dafürhalten eine »Wischi-Waschi-Strategie« fuhren.[53] Zudem bestanden zwischen einigen Anwälten erhebliche Animositäten – z. B. zwischen Laternser und Dr. Hermann Stolting II, so dass es nicht zu gemeinsamen Absprachen oder Allianzen kam. Es gab nicht ein gemein-

Hans Laternser verlässt den Gerichtssaal im Haus Gallus« (v. l. n. r. Laternser, rechts neben der Tür Rudolf Aschenauer und Christian Raabe, im Vordergrund r. u. F. K. Kauls Assistent Joachim Noack, Schindler Foto-Report)

sames Gespräch aller im Verfahren verteidigenden Anwälte, teilweise widersprachen sich die Verteidiger vor Gericht. Laternser bedauerte diesen Umstand und führte ihn darauf zurück, dass die meisten Anwälte nicht die für Verfahren dieser Art erforderlichen Erfahrungen besaßen.[54] Die Differenzen innerhalb der Verteidigung traten nicht zum ersten Mal offen zu Tage, nachdem sich Laternser vehement gegen die Ortsbesichtigung in Auschwitz ausgesprochen hatte und offenbar meinte, ganz wie in Nürnberg im Namen aller Verteidiger sprechen zu können. Die Rechtsanwälte Schallock, Zarnack und Göllner verwahrten sich gegen die Vereinnahmung. Göllner, Anwalt von Franz Hofmann und Josef Klehr, distanzierte sich im späteren Verlauf des Prozesses öffentlich von Laternsers Art der Zeugenvernehmung. Er empfinde es als taktlos, ehemalige Häftlinge pauschal abzuwerten oder persönlich anzugreifen.[55]

Ein gutes Verhältnis scheint lediglich zu Rudolf Aschenauer bestanden zu haben, der ebenfalls bereits in Nürnberg, als Verteidiger von Otto Ohlendorf im »Einsatzgruppen-Prozess«, aufgetreten war und seither umtriebige Aktivitäten zu Gunsten der »Kriegsverurteilten« innerhalb des rechten Lagers an den Tag legte.[56] Aschenauer stützte in seinem Plädoyer für den Angeklagten Dr. Franz Lucas die Strategie Laternsers und sprach von einer seinem Mandanten aufgezwungenen Tätigkeit in Auschwitz, die in der Rettung einer größtmöglichen Zahl von Personen aus einer von Hitler zum Tode bestimmten Gruppe bestanden habe.[57]

Seinen Gegenpart fand Laternser im ostdeutschen Staranwalt Kaul, der ihm die »faktische Identifizierung mit Tat und Tätern« vorwarf. Mit dem Selbstbewusstsein eines Klassenprimus griff Laternser seit dem ersten Verhandlungstag den »ostzonalen Nebenklagevertreter«, wie er Kaul nannte, an.[58] Die lautstarken und äußerst hitzig geführten Dispute der beiden haben Prozessgeschichte geschrieben. Die forensisch geschulten Advokaten führten einen Stellvertreterkrieg: Kaul als Anwalt des SED-Staates auf der einen und Laternser als selbsternannter Gralshüter der Ehre der deutschen Wehrmacht auf der anderen Seite trugen den Kalten Krieg in den Gerichtssaal. Senatspräsident Hans Hofmeyer sah sich einige Male gezwungen, die Lautsprecher im Gallus-Haus abzuschalten, um die Auseinandersetzungen zwischen Kaul und Laternser auf einem erträglichen akustischen Pegel zu halten. »Es ging gelegentlich hoch her«, schilderte Staatsanwalt Kügler die zeitweise hochpolitisch aufgeladene Atmosphäre im Gerichtssaal.[59]

Bei der Vernehmung von Zeugen aus der DDR versuchte Laternser immer wieder, das Thema auf Nebenschauplätze zu lenken. So warf er dem als Zeugen auftretenden Erich Markowitsch, Minister für Industrie in der DDR, die Beteiligung an der Errichtung der Berliner Mauer sowie an der Erteilung des Schießbefehls vor und verlangte, ihn noch innerhalb des Gerichtssaales festzunehmen. Ausgerechnet während des Auschwitz-Prozesses wies Laternser darauf hin, man könne nun endlich eines typischen Schreibtischtäters habhaft werden, es bestehe dringender Handlungsbedarf. Das Gericht lehnte den Antrag ab, die Presseorgane der SED schäumten vor Wut. Mit Überschriften wie »Laternser überlaternsert sich« oder »Laternser ist die Zunge der Bonner Ultras« reagierte man in Ostberlin auf die Attacken des Verteidigers.[60]

Für die Propagandisten unter der Leitung von Politbüromitglied Albert Norden war Laternser der Phänotyp des revanchistischen SS-Verteidigers und insofern im Rahmen der ideologischen Auseinandersetzung mit dem Konkurrenzstaat Bundesrepublik ein gefundenes Fressen. Mit Laternser war die Rolle des »eitle[n] und törichte[n] Konzern- und SS-Anwalt[es]« aus Sicht der SED geradezu idealtypisch besetzt.[61]

Mitunter brachte Laternser die SED-Machthaber auch schwer in Bedrängnis. So traf er mit seiner Kritik an der Praxis der DDR, ausschließlich Be-, aber keine Entlastungszeugen zum Frankfurter Prozess ausreisen zu lassen, ins Schwarze. Die aus der DDR angereisten Zeugen Markowitsch, Rosenberg und Eisenhändler machten für die Mandanten Laternsers stark belastende Aussagen. Dagegen bekam das Ehepaar Rump, das Laternser benannt hatte, um den Vorwurf gegen Capesius zu widerlegen, er habe an einem bestimmten Wochenende auf der Rampe Selektionen vorgenommen, keine Ausreisegenehmigung. Die unmittelbar im Anschluss an den Beweisantrag Laternsers vorgenommene Vernehmung des Ehepaars Rump durch das Ministerium für Staatssicherheit (MfS) ergab, dass Capesius zu der von anderen Zeugen angegebenen Zeit nicht an Selektionen ungarischer Juden teilgenommen haben konnte, da er zusammen mit der Familie Rump auf einem Gut in der Nähe von Auschwitz weilte. Dadurch wären andere Aussagen, die Capesius belasteten, in ihrer Glaubwürdigkeit gemindert worden. Nervös versuchte das MfS, eine »organisierte Zusammenarbeit des *Rump* mit der SS-Verteidigung in Frankfurt« aufzudecken – allerdings vergeblich. Daraufhin sorgte das MfS unter dem Vorwand, dass gegen das Ehepaar Rump ein Ermittlungsverfahren wegen möglicher strafrechtlich relevanter »Begünstigung« von Capesius laufe, dafür, dass ihnen die Ausreise zum Frankfurter Prozess verweigert wurde.[62]

Das Urteil im Auschwitz-Prozess

Nach Abschluss der Beweisaufnahme eröffnete Oberstaatsanwalt Dr. Hans Grossmann am 7. Mai 1965 die Reihe der Plädoyers. Staatsanwalt Vogel plädierte für die Angeklagten Dylewski und Broad, Staatsanwalt Kügler für Dr. Capesius, Dr. Schatz und Dr. Frank. Nachdem auch die Nebenklage sich seiner Mandanten angenommen hatte, war Laternser an der Reihe. In einem sechsstündigen Plädoyer zu grundsätzlichen Fragen im Auschwitz-Prozess fasste er am 10. Juni 1965 die wesentlichen Punkte seiner Verteidigung zusammen. Kernstück seiner Ausführungen bildete das sich über zwei Verhandlungstage hinziehende Plädoyer für Capesius. In dem ihm eigenen, pathetischen Stil entwarf Laternser das Bild eines Ehrenmannes, dem großes Unrecht geschehen sei.

Die Kluft zwischen Anklage und Nebenklage auf der einen und Verteidigung auf der anderen Seite spiegelte sich in den Anträgen zum Abschluss des Prozesses wider. Während Laternsers Prozessgegner für Capesius, Broad, Dylewski, Schatz und Frank wegen Mittäterschaft am Mord die Höchststrafe forderten, verlangten er und Steinacker, ihre Mandanten freizusprechen. Oberstaatsanwalt Grossmann verzichtete im Namen der Staatsanwaltschaft auf eine Erwiderung. Er verwies auf die »juristische Akrobatik«, die Laternser im Gerichtssaal geboten habe und der er keine zusätzliche Aufwertung verleihen wolle. Nebenklagevertreter Henry Ormond nannte die Anträge der Verteidigung widersinnig und grotesk. Es gehe offenbar um »Mohrenwäsche um jeden Preis«, und zwar auf Kosten der Wahrheit. Kaul ging, wie es nicht anders zu erwarten war, mit Laternser hart ins Gericht. Der Umgang mit den Belastungszeugen stelle eine »nationale Schande« dar, Laternser bediene sich einer »zweckbestimmten Katalogisierung«, um die Zeugen pauschal als unglaubwürdig zu qualifizieren. Als »Duplik auf die Repliken« ließ es sich wiederum Laternser am 180. Verhandlungstag, dem 6. August 1965, nicht nehmen, der Nebenklage »böswillige Unterstellungen« und »blinden Hass« zu unterstellen sowie seiner Empörung Ausdruck zu verleihen, dass dies auch noch publiziert werde.[63] Ormond und sein Mitarbeiter Christian Raabe verließen daraufhin ostentativ den Gerichtssaal. Zum »sowjetzonalen Nebenklagevertreter« gewandt, sprach Laternser von durchsichtigen, politischen Zielen, die mit dem Verfahren selbst nichts zu tun hätten. Kauls Anspruch, das »bessere Deutschland« zu vertreten, in dem die Verbrechen des NS-Regimes konsequent und mit unnachgiebiger Härte verfolgt worden seien, trieb Laternser angesichts der

Praxis der Ahndung von NS-Verbrechen in der DDR die Zornesröte ins Gesicht. Mit solchen propagandistischen Luftnummern könne er vielleicht bei den Volksrichtern der DDR Erfolge verbuchen, keinesfalls aber vor Gerichten der Bundesrepublik, blaffte er Kaul an.[64] An die Adresse der Staatsanwaltschaft richtete er den Vorwurf, das Verfahren »frevelhaft in Gang gesetzt« und auf politische Weisungen hin agiert zu haben. Dieser Vorwurf zielte eindeutig auf Fritz Bauer. Ein Prozess dieses Ausmaßes sei schlicht undurchführbar und hätte auf mehrere Einzelverfahren aufgeteilt werden müssen. Typisch für Laternser war der Hinweis auf seine umfangreichen Erfahrungen in NS-Prozessen und die gleichzeitige Ermahnung an die Staatsanwaltschaft zu mehr Bescheidenheit.[65]

Im Urteil referierten die Richter zunächst die historischen Hintergründe des Massenmordes an den europäischen Juden. Dabei lassen die einleitenden Sätze bereits auf die folgende rechtliche Würdigung der Taten der Angeklagten schließen: »Haupttäter der (...) geschilderten Vernichtungsaktion waren Hitler als Urheber des Befehls über die 'Endlösung der Judenfrage' und Himmler, der diesen Befehl zu seinen eigenen Anliegen gemacht und mit fanatischen Eifer seine Ausführungen betrieben hat, sowie weitere Personen des engsten Führungskreises wie Göring, Heydrich und andere (...).«[66] Zur Argumentation Laternsers, die Angeklagten hätten nicht wissen können, dass die Beteiligung an den Selektionen ein Verbrechen darstellte, formulierten die Richter, dass das Tötungsverbot im NS-Staat niemals aufgehoben worden sei, auch nicht durch einen Geheimbefehl Hitlers. Ein Führerbefehl könne keine Gesetzeskraft beanspruchen, da er geheim erteilt und nie veröffentlicht worden sei. Das Gericht verneinte ebenfalls einen Befehlsnotstand der Angeklagten und bezog sich dabei auf die Kernbereichstheorie des BGH, nach der »ein gewisser Kernbereich des Rechts, der nach allgemeiner Rechtsüberzeugung von keinem Gesetz und keiner obrigkeitlichen Maßnahme verletzt werden darf«, unabhängig von der geltenden Rechtsform bestehe.[67]

Die Richter schlossen sich der gängigen Tendenz bundesdeutscher Rechtsprechung in NS-Prozessen an und befanden nach ausgesprochen sorgsamer Abwägung aller Zeugenaussagen die Angeklagten Dr. Capesius, Dr. Frank, Broad und Dylewski der Beihilfe zum gemeinschaftlichen Mord – und nicht etwa des Mordes, wie etwa Fritz Bauer dies gefordert hatte – für schuldig. Dr. Schatz wurde aus Mangel an Beweisen freigesprochen. Die Strafen bewegten sich im unteren bzw. mittleren Bereich der möglichen Strafzumessung. Einen eigenen Tatwillen vermochten die Richter bei den Mandanten Laternsers nicht festzustellen. Sie konnten seiner Argumentation zumindest teilweise folgen, indem sie feststellten, dass das Schicksal der Deportierten bereits zuvor besiegelt und die Angeklagten der Staatsautorität erlegen seien.

Die Rezeption Laternsers in der Öffentlichkeit

Die Reaktionen der Öffentlichkeit auf Laternsers Auftritte im Gerichtssaal fielen unterschiedlich aus. Die »beißende, so oft verletzende Schärfe seiner Ironie« wurde verurteilt, um im gleichen Atemzug die »möglicherweise schockierende, aber konsequente« Logik der Verteidigung anzuerkennen. Die Interpretation der Selektionen, nach der die SS-Leute auf der Rampe von Birkenau für viele zu Lebensrettern geworden seien, beurteilte Bernd Naumann von der *Frankfurter Allgemeinen Zeitung* als »ganz und gar rigoros«.[68] Kaul und Laternser seien, so schrieb Dietrich Strothmann in der *Zeit*, die »Initiatoren so manchen Theaterdonners«, lediglich darum bemüht, sich einen großen Auftritt zu verschaffen. Die beiden belagerten sich im Gerichtssaal »wie zwei Wachhunde, immer zum Sprung bereit«. Unfreiwillig trage Laternser durch seine Polemiken dazu bei, das Kaul in der Publikumsgunst besser abschneide als er selbst. Die Manier, wie er vor Gericht auftrete, reize manche Zuhörer zum Lachen und ermuntere Kollegen zu ironischer Kritik. Weder mit der »schauspielerischen Attitüde des Mannes, der sich oft dem Pathos der großen Worte hingibt, noch mit dem weit hergeholten Argument, die Gesellschaft allein sei der Sündenbock für Auschwitz«, sei das Gericht aber zu überzeugen.[69] Der englische Prozessbeobachter und Historiker Hugh Trevor-Roper bezeichnete Laternser und Kaul unter dem Eindruck ihrer Wortgefechte als »Feinde des neuen liberalen Deutschlands«, die in Wirklichkeit auf der gleichen Seite stünden.[70] Einer der wenigen Kommentare, die seine Plädoyers explizit und scharf verurteilten, erschien im Organ der Vereinigung der Verfolgten des Naziregimes, *Die Tat*, die über die Schlussvorträge berichtete: »So war das Plädoyer die alte, in jedem Prozess gegen Nazi-Verbrecher vorgebrachte Konstruktion von der Alleinschuld des toten Hitler und seiner ebenfalls toten Untergebenen, allerdings bereichert um eine grausige Pointe. Hier wurde den in den Gaskammern erstickten (...) Märtyrern und Kämpfern von Auschwitz nachgerufen: unter den SS-Leuten von Auschwitz gab es auch Lebensretter!«[71]

Inwieweit Laternser mit seiner Argumentation die nicht veröffentlichte Meinung in der bundesrepublikanischen Gesellschaft in der Umbruchphase der sechziger Jahre repräsentierte, ist äußerst schwer zu fassen.[72] Dass er mit seinen im Auschwitz-Prozess vertretenen Thesen vielen ehemaligen Volks- und Parteigenossen großzügige Entlastungsangebote unterbreitete, liegt auf der Hand. Die unpopulären NS-Prozesse verstärkten den Ruf nach einem Ende der strafrechtlichen Sanktionen für derartige Verbrechen. Laternser verlieh dieser in breiten Bevölkerungsschichten präsenten Schlussstrichmentalität Gesicht und Stimme.[73]

Er selbst war sich seiner Wirkung in der Öffentlichkeit durchaus bewusst. Laternser fühlte sich unter Druck gesetzt, der »Brandung der öffentlichen Meinung« ausgeliefert und sah sich ungerecht beurteilt. Sie seien die einzigen Verteidiger gewesen, die sich in der damaligen politischen Situation überhaupt getraut hätten, Hilfsanträge zu stellen, so Steinacker.[74] Bei einem Teil der Prozessbeteiligten, des Publikums sowie der Presse vermisste Laternser das notwendige Verständnis für die Pflichten eines Verteidigers in einem solchen »Monster-Prozess«. Nie habe er in seiner langjährigen Laufbahn als Verteidiger eine gespanntere Atmosphäre erlebt als im Frankfurter Auschwitz-Verfahren. Um die Schwierigkeiten und Probleme der Verteidigung darzulegen, habe er sich daher entschlossen, das Buch *»Die andere Seite im Auschwitz-Prozess«* zu veröffentlichen.[75] Doch auch dieser Versuch schlug fehl: Das Buch wurde als »Angriff auf die ohnehin verspäteten und zaghaften Versuche der deutschen Justiz, der Verbrechen aus der Nazizeit Herr zu werden, als nationalistisches Plädoyer für das Totschweigen jämmerlichen Unrechts, als eine Bemäntelung dessen, was in Auschwitz geschah«, rezensiert.[76]

Eine gewisse Gereiztheit nach den zahlreichen Angriffen auf seine Person in- und außerhalb des Gerichtssaales war auch der Auslöser für eine Episode, die sich im Nachgang zum Auschwitz-Prozess abspielte: Der Kölner Rechtsanwalt Dr. Hans Gemünd richtete, aufgeschreckt durch einen Artikel im *Kölner Stadtanzeiger*, in dem über die Plädoyers Laternsers berichtet wurde, ein Schreiben an den Frankfurter Kollegen, und beschwerte sich in scharfer Form über die von ihm vorgetragene Argumentation. Er sei beschämt, so Gemünd, dass Laternser dem gleichen Berufsstand angehöre. Ihm sei unfassbar, wie »ein *Mensch* derartige Auffassungen vertreten« könne. Mit der polemischen Frage, wann man in der Bundesrepublik soweit sei, dass für die von ihm positiv bewertete Handlung des Selektierens die Verleihung des Bundesverdienstkreuzes beantragt werde, schloss Gemünd seine Ausführungen. Laternser legte umgehend beim Vorstand der Rechtsanwaltskammer Köln Beschwerde gegen Gemünd wegen »besonders schwerer Beleidigung« ein und bat um disziplinarische Ahndung. Die Rechtsanwaltskammer Köln folgte diesem Ansinnen prompt: Der Präsident der Kammer, Dr. Vigano, teilte Laternser am 6. Dezember 1965 mit, dass er die Beschwerde für begründet erachte und gegen Dr. Gemünd eine Missbilligung seines Verhaltens ausgesprochen habe. Die standesrechtliche Disziplinierung schlug sich in der Personalakte Gemünds nieder.

Der gesamte Vorgang blieb zunächst von der Öffentlichkeit unbemerkt. Erst nach der Veröffentlichung seiner Publikation zum Auschwitz-Prozess, in der es Laternser sich nicht hatte nehmen lassen, den Schriftwechsel zwischen ihm, Gemünd und der Kammer im Anhang vollständig zu veröffentlichen und der Rezension von *Die andere Seite im Auschwitz-Prozess* in der *Zeit* kam es im Sommer 1967 zu einer erneuten Behandlung des Falles, als die Hamburger Wochenzeitung ihren Lesern von der Auseinandersetzung zwischen Gemünd und Laternser berichtete. Offenbar animiert durch diesen Artikel, stellte der nordrhein-westfälische Landtagspräsident van Nes Ziegler (SPD) Anfang Juli 1967 im Landesparlament die mündliche Anfrage, wie die Landesregierung zu der Maßregelung Gemünds stehe. Ungewöhnlich genug, dass der Präsident des Landtages als Fragesteller fungierte, trat zudem der seltene Fall ein, dass auch der Vizepräsident Dr. Flehinghaus (CDU) sowie der Abgeordnete Dr. Seitz (FDP) – allesamt Rechtsanwälte – zum gleichen Komplex mündliche Anfragen stellten. Die Landesregierung antwortete durch den Justizminister Dr. Neuberger (SPD), dass sie die Maßregelung Dr. Gemünds bedaure und die Entscheidung für falsch erachte. Die Ausführungen Laternsers in seinen Plädoyers zum Auschwitz-Prozess seien – bei voller Anerkennung der Freiheiten und Pflichten eines Verteidigers – »schlechthin unvertretbar«. Da es sich um eine Angelegenheit des anwaltlichen Standesrecht handele, sehe die Landesregierung aber keine Möglichkeit, die Disziplinarmaßnahme rückgängig zu machen.[77]

Innerhalb seines Berufsstandes war Laternser also alles andere als unumstritten. Ein vom Stuttgarter Oberlandesgerichtspräsidenten beantragtes Ehrengerichtsverfahren gegen den Anwalt ist ebenfalls in diesem Zusammenhang zu nennen. Vor dem Stuttgarter Schwurgericht hatte Laternser 1964 parallel zum Auschwitz-Prozess den Städteplaner Dr.

Kurt Leibbrand verteidigt, der wegen Mordes an italienischen Hilfswilligen im Jahre 1944 angeklagt war. Während einer Sitzung des Gerichtes gerieten der Vorsitzende Richter und Laternser mehrfach hart aneinander. Nach minutenlangen, lautstarken Wortgefechten entzog der Schwurgerichtspräsident schließlich dem Anwalt das Wort, unterbrach die Verhandlung und vertagte das Verfahren auf unbestimmte Zeit. Laternser fiel dem Vorsitzenden bei der Verlesung des Vertagungsbeschlusses wiederholt ins Wort. Der OLG-Präsident in Stuttgart ersuchte daraufhin den hessischen Generalstaatsanwalt Fritz Bauer, gegen Laternser, der der Frankfurter Rechtsanwaltskammer angehörte, ein Ehrengerichtsverfahren zu beantragen, was Bauer auch umgehend tat. In einer Pressemitteilung erklärte begleitend der OLG-Präsident, ein Rechtsanwalt müsse sich so verhalten, dass jeder mit Vertrauen und Achtung auf die Anwaltschaft blicken könne. Außerdem, und dies schien für den Protest der Standeskollegen wesentlich ausschlaggebender gewesen zu sein, dürfe bei einem Rechtsanwalt nicht der »Eindruck entstehen, er mache für sich Reklame und wolle Sensationen schaffen.«[78] Dem »General«, wie Fritz Bauer von seinen Mitarbeitern genannt wurde, wäre es sicherlich nicht ungelegen gekommen, Laternser während des Auschwitz-Prozesses durch die eigene Standesvertretung maßregeln zu lassen. Die Rechtsanwaltskammer in Frankfurt sah allerdings hierfür keinerlei Veranlassung und stärkte Laternser den Rücken. Seine Äußerungen im Stuttgarter Verfahren seien ein geeignetes Mittel gewesen, um sich der Angriffe des Schwurgerichtsvorsitzenden zu erwehren.[79]

Unterstützung und publizistische Schützenhilfe erhielt Laternser während und nach dem Frankfurter Prozess auch von der *Deutschen National-Zeitung* aus dem Imperium des rechtsextremen Verlegers Dr. Gerhard Frey.[80] Sowohl die *National-Zeitung* als auch die *Deutschen Nachrichten* rezipierten ausführlich das Auftreten Laternsers im Auschwitz-Verfahren. Begierig stürzten sich die rechten Blätter auf die Argumentation des prominenten Verteidigers, mit der man die eigene revisionistische Deutung des Nationalsozialismus »wissenschaftlich« zu untermauern suchte. Die *Deutschen Nachrichten* sahen sich zu der Aussage veranlasst, das Plädoyer Laternsers stelle den »Höhepunkt dieses größten politischen Prozesses seit dem Nürnberger Internationalen Militärtribunal« dar.[81] Organisierter Zeugenbetrug, Bereicherung der Zeugen durch falsche Reisekostenabrechnungen und kommunistische Einflussnahme auf das Prozessgeschehen waren nur einige der Vorwürfe, die die rechtsextreme Presse in enger Anlehnung an die Plädoyers Laternsers erhob. Unter der

Überschrift »So werden wir erpresst – Die Wahrheit über den Auschwitz-Prozess«, begleitete die *National-Zeitung* die Plädoyers Laternsers über Wochen hinweg und feierte sein Buch.[82] Die Beziehungen des rechtsextremen Medienmoguls zu Laternser beschränkten sich aber nicht nur auf die publizistische Unterstützung. Vielmehr unterhielt Laternser enge Beziehungen zu Gerhard Frey, der ihn als »väterlichen Freund« bezeichnete. Als Rechtsbeistand vertrat Laternser Frey in über hundert Ermittlungsverfahren und Prozessen, die in den sechziger Jahren wegen antisemitischer Hetze, Verunglimpfung des Andenkens von Männern des 20. Juli 1944 oder ehrabschneiderischen und verleumderischen Behauptungen gegen ihn eingeleitet bzw. geführt wurden. Zu einer Verurteilung Freys ist es allerdings nie gekommen, auch ein Antrag der Bundesregierung nach § 18 GG (Aberkennung der Grundrechte verfassungsfeindlicher Personen) verlief im Sande.[83] Als Rechtsberater Freys war Laternser offenbar der direkte Vorgänger des prominenten Staatsrechtlers und Kommentators des Grundgesetzes, Theodor Maunz, dessen Tätigkeiten in gleicher Funktion nach seinem Tode im Jahr 1993 publik wurden.[84]

Innerhalb des revisionistischen Lagers sind die Argumentationsmuster Laternsers seit dem Auschwitz-Prozess verbreitet und tauchen in den vielfältigsten Publikationen immer wieder auf. Insbesondere seine Bedenken gegen die Beweiswürdigung der Zeugenaussagen in NS-Prozessen stoßen dabei auf Interesse. Er ist ein vielzitierter Kronzeuge für die Behauptung der grundsätzlichen Unglaubwürdigkeit von Aussagen ehemaliger KZ-Häftlinge in den Publikationen des revisionistischen Vereins »Vrij Historisch Onderzoek« (Freie Historische Untersuchung) im belgischen Berchem.[85] Auch in den Pamphleten der Auschwitz-Leugner Ernst Gauss alias Germar Rudolf sowie Thies Christophersen und anderen Erzeugnissen des Tübinger Grabert-Verlages finden sich zahlreiche Ausführungen Laternsers aus dem Auschwitz-Prozess wieder. Zwar gehört es zur Strategie der Rechtsextremisten, Aussagen von renommierten Fachleuten für ihre revisionistischen Bestrebungen zu missbrauchen. Auch Staatsanwalt Kügler und der zeithistorische Gutachter, Martin Broszat, wurden in diesem Sinne während des Auschwitz-Prozesses von der *National-Zeitung* interviewt und ihre Aussagen anschließend in falsche Zusammenhänge gestellt.[86] Doch anders als in diesen Fällen mussten die Einlassungen Laternsers im Verfahren nicht erst aus dem Zusammenhang gerissen werden, um für die Zwecke Freys instrumentalisiert zu werden.

Die rechtsextreme Klientel vereinnahmte Laternser als einen ihrer

»Vorkämpfer für das Recht«, als »Ritter ohne Furcht und Tadel«, wie Frey in einem Nachruf über ihn schrieb.[87] Die engen Beziehungen zu Frey lassen darauf schließen, dass dies nicht gegen den Willen des Anwalts geschah. Eine klare Trennlinie zwischen juristischer Beratung und inhaltlicher Partizipation lässt sich meines Ermessens hier nicht ziehen. Fritz Bauer formulierte kurz vor Abschluss des Verfahrens seine Kritik an Laternsers Auftreten im Auschwitz-Prozess mit den Worten: »Deutschland und die Welt würde aufatmen, wenn seitens der Verteidigung ein menschliches Wort gegenüber den Überlebenden fallen würde – es ist nicht gefallen, und es wird nicht fallen.«[88]

Hans Laternser starb am 21. Juli 1969 in Frankfurt am Main an Herzversagen, wenige Monate nachdem die Revision der Verteidigung im Auschwitz-Prozess vom Bundesgerichtshof verworfen worden war.

Anmerkungen

1 Fritz Bauer, »Im Namen des Volkes – Die strafrechtliche Bewältigung der Vergangenheit«, in: Ders., *Die Humanität der Rechtsordnung. Ausgewählte Schriften.* Hg. v. Joachim Perels und Irmtrud Wojak. Frankfurt am Main, New York 1998, S. 77-90, hier S. 79.

2 Siehe den Artikel von Gerhard Mauz zum Auschwitz-Prozess, in: *Der Spiegel* (15.7.1964), S. 35.

3 Hans Laternser, *Die andere Seite im Auschwitz-Prozess 1963/65. Reden eines Verteidigers.* Stuttgart 1966, S. 14.

5 Tonbandinterview mit Rechtsanwalt Fritz Steinacker, geführt von Christian Dirks am 22. Juni 1999 in Frankfurt am Main.

6 Bundesarchiv-Militärarchiv (BA-MA), Freiburg, Nachlass Dr. Hans Laternser, N 431, Nr. 978. Rechtsanwaltskammer Frankfurt am Main, Personalakte RA Dr. Hans Laternser.

6 Eidesstattliche Erklärung Dr. M. Cremer vom 29.7.1947 und Dr. Karl Kaiser vom 27.6.1947, BA-MA Freiburg, N 431, Nr. 978; Prozess gegen Mitarbeiter des St. Vincenzhauses Aulhausen, Diözesanarchiv Limburg, 472 A/2 und A/5. Vgl. Friedrich Stöffler, »Die ›Euthanasie‹ und die Haltung der Bischöfe im Hessischen Raum 1940-1945«, in: *Archiv für mittelrheinische Kirchengeschichte,* 13 (1961), S. 301-328.

7 Fragebogen vom 9.6.1945, BA-MA Freiburg, N 431, Nr. 978; Auskunft der Deutschen Dienststelle für die Benachrichtigung der nächsten Angehörigen von Gefallenen der ehemaligen deutschen Wehrmacht (WASt), Berlin, vom 17.8.1999 an den Verfasser.

8 Spruchkammerverfahren gegen Dr. Hans Laternser, Hessisches Staatsministerium, Minister für politische Befreiung, Spruch- und Berufungskammer Wiesbaden. »Ich habe durch absichtliche Passivität in Bezug auf die zur Aufnahme erforderlichen weiteren Formalitäten meine Aufnahme in die NSDAP bewusst verhindert (...).« Laternser war mit diesem Spruch nicht einverstanden. Er hatte einen Antrag auf Ein-

stufung als »nichtbelastet« gestellt und sah sich als Verfolgter des NS-Regimes. Sein Widerspruch war jedoch nicht von Erfolg gekrönt. BA-MA, Freiburg, N 431, Nr. 978, unpaginiert.

9 Eidesstattliche Erklärung Dr. Otto John vom 13.7.1947, BA-MA Freiburg, N 431, Nr. 978. Die beiden hatten bis zu Laternsers Tod im Jahr 1969 regelmäßigen Kontakt. Laternser vertrat John in seinem Verfahren wegen »landesverräterischer Beziehungen« 1956 vor dem Bundesgerichtshof, Tonbandinterview Steinacker. Vgl. zu John zuletzt: Bernd Stöver, »Der Fall Otto John«, in: *Vierteljahrshefte für Zeitgeschichte*, Jg. 47 (1999), H. 1, S. 103-136.

10 Mit Urteil vom 15.10.1945 erhielten die beiden Mandanten Laternsers die Todesstrafe bzw. eine 30jährige Zuchthausstrafe. Vgl. *Trial of Alfons Klein, Adolf Wahlmann, Heinrich Ruoff, Karl Willig, Adolf Merkle, Irmgard Huber and Philipp Blum (The Hadamar Trial).* Ed. by Earl W. Kintner. With a foreword by Robert H. Jackson. London, Edinburgh, Glasgow 1949 (War Crimes Trials 4) sowie die Erinnerungen des damaligen amerikanischen Anklagevertreters Leon Jawarski, *After Fifteen Years.* Houston 1961.

11 Vgl. hierzu Adolf Arndt, »Das Verbrechen der Euthanasie. Probleme der Frankfurter Euthanasie-Prozesse«, in: *Der Konstanzer Juristentag (2.-5. Juni 1947). Ansprachen, Vorträge, Diskussionsreden.* Hg. v. Generaldirektorium der Militärverwaltung des französischen Besatzungsgebietes in Deutschland. Tübingen 1947, S. 184 ff.; Martin Broszat, »Siegerjustiz oder strafrechtliche ›Selbstreinigung‹. Aspekte der Vergangenheitsbewältigung der deutschen Justiz während der Besatzungszeit 1945-1949«, in: *Vierteljahrshefte für Zeitgeschichte*, Jg. 29 (1981), H. 4, S. 477-544, hier S. 501f.; Dieter Gosewinkel, *Adolf Arndt. Die Wiederbegründung des Rechtsstaats aus dem Geist der Sozialdemokratie (1945-1961).* Bonn 1991, S. 118 ff.

12 Mennecke war Leiter der sogenannten »Kindermordstation« in Eichberg und als Gutachter (»Kreuzelschreiber«) an der Aktion 14f13 maßgeblich beteiligt. Das Urteil ist abgedruckt in: *Justiz und NS-Verbrechen. Sammlung deutscher Strafurteile wegen nationalsozialistischer Tötungsverbrechen 1945-1966.* Bearb. v. Adelheid L. Rüter-Ehlermann und C. F. Rüter. Bd. 1, Amsterdam 1968, S. 135-186. Zu seiner Biografie vgl. Henry Friedländer, *Der Weg zum NS-Genozid. Von der Euthanasie zur Endlösung.* Berlin 1997, S. 367 sowie Peter Chroust (Hg.), *Friedrich Mennecke. Innenansichten eines medizinischen Täters im Nationalsozialismus. Eine Edition seiner Briefe 1935-1947.* 2 Bde., Hamburg 1987.

13 Broszat, »Siegerjustiz«, S. 495.

14 Der unter der Tarnbezeichnung »Aktion T 4« firmierende Massenmord an Geisteskranken und Behinderten sollte durch ein Ermächtigungsschreiben Hitlers auf einem Privatbriefbogen im Oktober 1939 (rückdatiert auf den 1. September 1939) »legalisiert« werden.

15 Plädoyer Laternser, BA-MA Freiburg, N431, Nr. 977.

16 Ebd.

17 Zitiert bei Arndt, »Verbrechen der Euthanasie«, S. 195. Folgende Schilderung ebd.

18 Laternser trat zunächst gemeinsam mit Prof. Franz Exner als Verteidiger von Generalstab und OKW auf. Ab dem 27.1.1946 verteidigte er diese beiden Gruppen allein. Siehe IMT, Bd. I, S. 5.

19 Tonbandinterview Steinacker. Vgl. auch die Schilderung bei Robert M. W. Kempner, *Lebenserinnerungen. Ankläger einer Epoche.* Frankfurt am Main, Berlin 1983, S. 235: » Die packen Laternser in einen Jeep, und er erscheint am selben Tage in

Nürnberg. – Ich bin verhaftet worden. Was habe ich denn getan? – Herr Kollege, alles in Ordnung. Haben Sie Lust, hier zu verteidigen? – Was für eine Sache? – Generalstab. – Wie ist denn die Anklage? – Ich bat eine Dame: Schnell eine Anklage holen, was mit dem Generalstab los ist.« Siehe auch Robert M. W. Kempner, »Nachruf auf einen Prozessgegner«, in: *Publik*, 2 (1.8.1969), S. 4.

20 Susanne Jung, *Die Rechtsprobleme der Nürnberger Prozesse, dargestellt am Verfahren gegen Friedrich Flick*. Tübingen 1992, S. 35 sowie Ernst Klee, *Persilscheine und falsche Pässe. Wie die Kirchen den Nazis halfen*. Frankfurt am Main 1991, S. 51.

21 Vgl. Siegfried Westphal, *Der Deutsche Generalstab auf der Anklagebank. Nürnberg 1945-1948*. Mainz 1978, S. 108.

22 Vgl. Telford Taylor, *Die Nürnberger Prozesse. Hintergründe, Analysen und Erkenntnisse aus heutiger Sicht*. München 1994, S. 311 ff. und Jörg Friedrich, *Das Gesetz des Krieges. Das deutsche Heer in Russland 1941-1945. Der Prozess gegen das Oberkommando der Wehrmacht*. 2. Aufl., München 1996, der Laternser den falschen Vornamen *Heinrich* gibt. Aus zeitgenössischer juristischer Sicht: Gerd Rauschenbach, *Der Nürnberger Prozess gegen die Organisationen. Grundlagen, Probleme, Auswirkungen auf die Mitglieder und strafrechtliche Ergebnisse*. Bonn 1954.

23 BA-MA Freiburg, N 431, Nr. 6, 7, 150, 336, 763, 969. Vgl. *Fall 7. Das Urteil im Geiselmordprozess, gefällt am 19. Februar 1948 vom Militärgerichtshof V der Vereinigten Staaten von Amerika*. Hg. mit einer Einleitung und einer Chronik über den Volksbefreiungskampf in Jugoslawien, Griechenland und Albanien v. Martin Zöllner u. Kazimierz Leszczynski. Berlin (Ost) 1965. Ausführlicher: *Trials of War Criminals before the Nuernberg Military Tribunals under Control Council Law Nr. 10, Vol. XI. »The Hostage Case«, Military Tribunal V, Case 7. The United States of America against Wilhelm List et al.* Washington 1950, S. 757 ff. Das Verfahren gegen von Weichs wurde wegen seines schlechten Gesundheitszustandes eingestellt, List zu lebenslänglicher Haft verurteilt und 1952 auf Anweisung des amerikanischen Hochkommissars McCloy krankheitsbedingt entlassen. Zum OKW-Prozess: BA-MA Freiburg, N 431, Nr. 8, 120, 310, 509. Als Publikation erschienen: *Fall 12. Das Urteil gegen das Oberkommando der Wehrmacht, gefällt am 28. Oktober 1948 in Nürnberg vom Militärgerichtshof V der Vereinigten Staaten von Amerika*. Berlin (Ost) 1960; *Trials of War Criminals before the Nuernberg Military Tribunals, vol. X: The High Command Case*. Washington 1951. Leeb wurde zu drei Jahren Haft verurteilt, die bereits durch die vorangegangene Haftzeit als verbüßt galt. »Dieses Ergebnis ist für mich eine besondere Genugtuung«, kommentierte Laternser das Urteil, BA-MA Freiburg, N 431, Nr. 916. Siehe auch den Sammelband von Gerd R. Ueberschär (Hg.), *Der Nationalsozialismus vor Gericht. Die alliierten Prozesse gegen Kriegsverbrecher und Soldaten 1943-1952*. Frankfurt am Main 1999, in dem ebenfalls durchgängig von *Heinrich* Laternser die Rede ist.

24 Kempner, *Ankläger*, S. 236 f.

25 Taylor, *Nürnberger Prozesse*, S. 80.

26 Kempner, *Ankläger*, S. 237.

27 Hans Laternser, *Verteidigung deutscher Soldaten. Plädoyers vor Alliierten Gerichten*. Bonn 1950; ders., »Deutschland, II. Weltkrieg und das Recht«, in: *Bilanz des II. Weltkrieges*. Stuttgart 1953, S. 158-174; ders., »Vor 15 Jahren endeten die Nürnberger Prozesse. Rückschau unter besonderer Berücksichtigung der Prozesse gegen militärische Führer«, in: *Soldat im Volk* 12 (1961), S. 2-5. Zur völkerrechtlichen Diskussion vgl. Jung, *Rechtsprobleme*, S. 65 ff.

28 Brief Herbert Taeges an Rudolf Aschenauer vom 1.12.1980. Institut für Zeitgeschichte, München, ZS 3123, S. 26. Vgl. auch Alfred Streim, »Saubere Wehrmacht? Die Verfolgung von Kriegs- und NS-Verbrechern in der Bundesrepublik und in der DDR«, in: Hannes Heer, Klaus Naumann (Hg.), *Vernichtungskrieg. Verbrechen der Wehrmacht 1941-1944.* Hamburg 1995, S. 569-595, hier S. 570.

29 Siehe die Korrespondenz Laternsers mit den verschiedensten kirchlichen wie politischen Stellen in seinem Nachlass, z. B. mit Hans Gawlik von der Zentralen Rechtschutzstelle in Bonn oder mit Heinz Trützschler von Falkenstein vom Auswärtigen Amt, BA-MA N 431, Nr. 916. Zum »Heidelberg Kreis« vgl. Norbert Frei, *Vergangenheitspolitik. Die Anfänge der Bundesrepublik und die NS-Vergangenheit.* München 1996, S. 166.

30 Siehe das Schreiben des Landesbischofes Theophil Wurm an General Clay v. 20.5.1948, Evangelisches Zentralarchiv in Berlin, Bestand Kirchenkanzlei der EKD, 2/233, in dem der Bischof alle Argumente der Verteidigung in Nürnberg vorbringt. Vgl. auch die Eingabe der Rechtsanwälte Becker, Wahl, Kranzbühler und Laternser an Wurm v. 27.3.1949, in der um Unterstützung für die Einführung des Parole-Verfahrens gebeten wird sowie das Memorandum zu den Kriegsverbrecherprozessen von Oberkirchenrat Dr. Weeber v. 21.2.1949, ebd. 2/234.

31 Kempner, *Ankläger*, S. 391. Ausführlich zum Junktim Wiederbewaffnung/Freilassung der noch inhaftierten Kriegsverbrecher Frei, *Vergangenheitspolitik*, S. 195 ff. sowie die entsprechenden Beiträge in dem Band *Anfänge westdeutscher Sicherheitspolitik 1945-1956. Bd.1: Von der Kapitulation bis zum Pleven-Plan.* Hg. v. Militärgeschichtlichen Forschungsamt. München, Wien 1982.

32 BA-MA Freiburg, N431; Tonbandinterview Steinacker.

33 Kempner, *Ankläger*, S. 234.

34 Im Fall von Broad wurde die anwaltliche Vertretung durch seinen früheren Arbeitgeber, der Rheinmetall AG, vermittelt. Tonbandinterview Steinacker.

35 Laternser, *Die andere Seite*, S. 372.

36 *Frankfurter Allgemeine Zeitung* (11.4.1964), S. 8.

37 *Frankfurter Neue Presse* (17.7.1965).

38 Laternser, *Die andere Seite*, S. 160 ff., S. 445 ff. sowie *Frankfurter Allgemeine Zeitung* (7.8.1965). Die Auseinandersetzung um die Reisekosten hatte noch ein parlamentarisches Nachspiel: Offenbar auf Anregung Laternsers stellte im September 1965 der CDU-Abgeordnete Hackenberg eine Kleine Anfrage im Hessischen Landtag. Die daraufhin eingeleiteten Untersuchungen zur Rechtmäßigkeit der Zahlungen an die Zeugen ergaben keinerlei Beanstandungen. Auch im Revisionsurteil des BGH wurde festgestellt, dass die nicht korrekten Angaben hinsichtlich der Reisekosten und Verdienstausfälle keine Bedeutung für die Beurteilung der Zeugenaussage hätten. StA LG Frankfurt, Urteil in der Strafsache gegen Mulka u. a., 4 Ks 2/63, abgedruckt in: *Justiz und NS-Verbrechen.* Bd. XXI, S. 663.

39 Vgl. Stefan Wittke, »Teilexkulpation von KZ-Verbrechen?«, in: Redaktion Kritische Justiz (Hg.), *Die juristische Aufarbeitung des Unrechts-Staats.* Hg. von Thomas Blanke u. a. Baden-Baden 1998, S. 547-589, hier S. 580, sowie zum Folgenden auch den Beitrag von Bettina Nehmer, »Täter als Gehilfen? Zur Ahndung von Einsatzgruppenverbrechen«, in: ebd., S. 635-668.

40 Vgl. die Dissertation von Michael Grewe, *Der justitielle und rechtspolitische Umgang mit den NS-Gewaltverbrechen in den sechziger Jahren.* Universität Hannover 2000 (Mskr.), S. 424 f.

41 Tonbandinterview Steinacker. Vgl. auch Laternser, *Die andere Seite*, S. 197 ff.
42 Urteil LG Freiburg vom 12.7.1963 (I AK 1/63) , Revisionsverfahren vor dem BGH vom 14.1.1964 (1 StR 498/63), abgedruckt in: *Justiz und NS-Verbrechen*. Bd. XIX, S. 410 ff.
43 Laternser, *Die andere Seite*, S. 189.
44 Ebd., S. 198. Die Gehilfenrechtsprechung kritisierend, zitierte Kaul eine Sprachregelung des Schwurgerichts Freiburg, nach der Hitler der »vermutliche, aber nicht mehr feststellbare Alleintäter« der NS-Verbrechen war. Siehe die *Erwiderung von Prof. Dr. Friedrich Karl Kaul, Prozessvertreter der in der Deutschen Demokratischen Republik ansässigen Nebenkläger im Strafverfahren gegen Mulka u. a. (»Auschwitz-Prozess«) auf die Ausführungen der Verteidigung*, vorgetragen am 29. Juli 1965 vor dem Schwurgericht beim Landgericht Frankfurt (Main). Berlin-Ost 1965, S. 6.
45 Laternser, *Die andere Seite*, S. 205. Zur Konstruktion des Befehlsnotstands vgl. Hans Buchheim u. a., *Anatomie des SS-Staates*. 6. Aufl., München 1994, S. 279 f.
46 Laternser, *Die andere Seite*, S. 187. Mit dieser Konklusion betrat er keineswegs juristisches Neuland. Ähnliche juristische Konstruktionen aus frühen »Euthanasie«-Verfahren sind erwähnt bei: Joachim Perels, »Die Restauration der Rechtslehre », in: ders., *Das juristische Erbe des »Dritten Reiches«. Beschädigungen der demokratischen Rechtsordnung*. Frankfurt an Main, New York 1999, S. 77-102, hier S. 89 f., sowie Susanne Benzler, Joachim Perels, »Justiz und Staatsverbrechen. Über den juristischen Umgang mit der NS-«Euthanasie«, in: Hanno Loewy, Bettina Winter (Hg.), *NS-«Euthanasie« vor Gericht. Fritz Bauer und die Grenzen juristischer Bewältigung*. Frankfurt am Main, New York 1996, S. 15-34, hier S. 23.
47 Laternser, *Die andere Seite*, S. 182.
48 Emmi Bonhoeffer, *Zeugen im Auschwitz-Prozess. Begegnungen und Gedanken*. Wuppertal-Barmen 1965, S. 22 f. Siehe auch *Frankfurter Neue Presse* (17.7.1965).
49 Interview Hermann Langbein. Hessischer Rundfunk, Strafsache 4 Ks 2/63, 1993. Fritz Bauer Institut (FBI), Sammlung Auschwitz-Prozess (SAP).
50 *Der Spiegel* (28.7.1969), S. 120 sowie *Frankfurter Neue Presse* (4.2.1967).
51 *Der Spiegel* (11.11. 1964), S. 78.
52 *Frankfurter Allgemeine Zeitung* (17.11.1964).
53 Tonbandinterview Steinacker.
54 Laternser, *Die andere Seite*, S. 76 ff.
55 Vgl. *Bulletin des Comité International des Camps* (26.7.1965).
56 Tonbandinterview Steinacker. Vgl. zu Aschenauer: Frei, *Vergangenheitspolitik,* S. 164, und Klee, *Persilscheine,* S. 78-82.
57 *dpa-Meldung* (21.6.1965).
58 Vgl. z. B. die Transkription der Zeugenvernehmung von Alois Eisenhändler, 92. Verhandlungstag, 24.9.1964. Hessisches Hauptstaatsarchiv Wiesbaden, Abt. 461 AV, Tonbänder des Auschwitz-Prozesses, Nr. 92. Ich danke Herrn Dr. Klaus Eiler für die Einsichtnahme in die Protokolle.
59 Interview Joachim Kügler. Hessischer Rundfunk, Strafsache 4 Ks 2/63, 1993. FBI, SAP.
60 Siehe die Artikel des ostdeutschen Berichterstatters Rudolf Hirsch, abgedruckt in: *Um die Endlösung. Prozessberichte über den Lischka-Prozeß in Köln und den Auschwitz-Prozess in Frankfurt/M.* Rudolstadt 1982, S. 245 sowie *Neues Deutschland* (7.2.1965).
61 Hirsch, *Um die Endlösung*, S. 138.

62 Bundesbeauftragter für die Unterlagen der Staatssicherheit der ehemaligen DDR (BStU), MfS-HA IX/11, AS 24/67, Information zum Auschwitz-Prozess vom 28.12.1964.
63 Das Plädoyer Ormonds erschien im Heft 7 der Reihe »Gestern und heute«. Frankfurt am Main 1965.
64 Laternser, *Die andere Seite*, S. 363. Vgl. hierzu auch Christian Dirks, *Die Ahndung von NS-Verbrechen in der SBZ/DDR. Das Beispiel des Fischer-Prozesses.* Magisterarbeit FU Berlin 1998.
65 Ebd., S. 358 ff. *Frankfurter Allgemeine Zeitung* (30.7.1965); *Frankfurter Neue Presse* (17.7.1965); Kaul, *Erwiderung.*
66 StA LG Frankfurt, Urteil in der Strafsache gegen Mulka u. a., in: *Justiz und NS-Verbrechen.* Bd. XXI, S. 442. Vgl. zum Folgenden auch Irmtrud Wojak, »Herrschaft der Sachverständigen? Zum ersten Frankfurter Auschwitz-Prozess«, in: *Kritische Justiz* 32 (1999), S. 605-616, hier S. 609 f.
67 StA LG Frankfurt, Urteil in der Strafsache gegen Mulka u. a., in: *Justiz und NS-Verbrechen.* Bd. XXI, S. 444 unter Verweis auf *BGHSt.* 2, 234. Folgendes ebd.
68 *Frankfurter Allgemeine Zeitung* (11.6.1965), S. 7. *Frankfurter Rundschau* (11.6.1965), S. 3 sowie *Die Welt* (11.6.1965), S. 20.
69 »Das Tribunal der Advokaten – die Starjuristen im Auschwitz-Prozess: Kaul und Laternser«, in: *Die Zeit* (8.5.1964), S. 7.
70 *Süddeutsche Zeitung* (16.3.1964), S. 5.
71 *Die Tat* (19.6.1965), S. 3.
72 Zu den Schwierigkeiten, diese Kategorie analytisch zu fassen, siehe Jörg Requate, »Öffentlichkeit und Medien als Gegenstände historischer Analysen«, in: *Geschichte und Gesellschaft*, Jg. 25 (1999), S. 123-145.
73 Vgl. *Jahrbuch der öffentlichen Meinung 1965-1967.* Hg. v. Elisabeth Noelle und Peter Naumann. Institut für Demoskopie Allensbach 1967, S. 165f.
74 Tonbandinterview Steinacker.
75 Laternser, *Die andere Seite*, S. 13.
76 *Die Zeit* (2.6.1967), S. 13.
77 Nachdem der Landtagspräsident auf die seltene Konstellation der Fragesteller hingewiesen hatte, verzeichnet das Protokoll allgemeine Heiterkeit sowie die Zurufe der Abgeordneten Dr. Lenz (CDU): »Welcher Zufall!« und Johannes Rau (SPD): »Das ist ja ein Kartell!« Vgl. *Sitzungsprotokoll des Landtags Nordrhein-Westfalen*, 6. Wahlperiode, 18. Sitzung vom 11.7.1967, Bd. 1, S. 525 f. Drucksache Nr. 342 vom 6.7.1968, mündliche Anfrage Nr. 49-51. Siehe auch den Artikel »Späte Rechtfertigung für einen Rechtsanwalt«, in: *Stuttgarter Zeitung* (20.7.1967); *Der Nordwestspiegel* (12.7.1967) sowie *Kölner Stadtanzeiger* (12. und 14.7. 1967).
78 *Frankfurter Allgemeine Zeitung* (5.11.1964).
79 *Stuttgarter Zeitung* (5.11.1964 und 9.10.1965).
80 Vgl. Peter Dudek, Hans-Gerd Jaschke, *Die Deutsche National-Zeitung.* München 1981; Günther Paschner, *Falsches Gewissen der Nation. Die DNSZ.* Mainz 1967; Astrid Lange, *Was die Rechten lesen. 50 rechtsextreme Zeitschriften. Ziele, Inhalte, Taktik.* München 1993.
81 *Deutsche Nachrichten* (18.6.1965), S. 5: »Dr. Laternser im Gegenangriff«. Ähnlich: *Deutsche National-Zeitung* (18.6.1965), S. 6.
82 *Deutsche National-Zeitung* (6.8. und 27.8.1965); *Christ und Welt* (30.7.1965) sowie *Deutsche Nachrichten* (28.4. 1967), S. 3.

83 Gerhard Frey, *Prominente ohne Maske*. München 1980, S. 265. Zum Verfahren gegen Frey vor dem Bundesverfassungsgericht siehe *BVerfGE* 38, S. 23-25. Vgl. auch die Artikel »Auschwitz-Verteidiger Laternser vertritt DNZ-Chef Dr. Frey«, in: *Der Widerstandskämpfer*, Jg. 9 (1967), S. 8; »Frey-Exemplare für den Staatsanwalt«, in: *Süddeutsche Zeitung* (21.7.1967) sowie den Kommentar in *Die Zeit* (28.7.1967).

84 Michael Stolleis, »Theodor Maunz – Ein Staatsrechtslehrerleben«, in: Redaktion Kritische Justiz (Hg.), *Aufarbeitung*, S. 323-331.

85 Bundesamt für Verfassungsschutz, *Rechtsextremistische Bestrebungen im Internet*. Bonn 2000; »Das Internet als Plattform für rechtsextremistische Propaganda, die von der Leugnung des Holocaust bis zum aktuellen Mordaufruf reicht«, in: *Die Tageszeitung* (27.6.2000).

86 *Deutsche National-Zeitung* (17.1.1964), S. 1 und (13.3.1964), S. 1.

87 »Dr. Hans Laternser. Der große Kämpfer für das Recht«, in: *Deutsche National-Zeitung* (1.8.1969).

88 *Judenverfolgung und jüdisches Leben unter den Bedingungen der nationalsozialistischen Gewaltherrschaft*. Band 2/1. Tondokumente und Rundfunksendungen 1947-1990. Hg. im Auftrag der ARD von Gerhard Hirschfeld u. a. Potsdam 1997, S. 96.

Vom Zeugen zum Zeitzeugen

Die Zeugen der Anklage im ersten Frankfurter Auschwitz-Prozess (1963-1965)[1]

Alice von Plato

> »Und trage an der Verpflichtung, die seither auf mir lastet. Denn man soll aus Auschwitz Lehren ziehen – darauf immer wieder zu drängen, empfinden wir als unsere Aufgabe.«[2]

Vorbemerkung: Das Verhältnis zu NS-Verbrechen

Im Frankfurter Auschwitz-Prozess lud die Anklage 356 Zeugen vor, die ehemals als Häftlinge in Auschwitz gewesen waren. Die überwiegende Mehrheit kam aus dem Ausland, wenige hatten nach dem Krieg in Deutschland gelebt. Dieser Artikel handelt von den Zeugen der Anklage. Wenige leben noch, drei in Deutschland lebende ehemalige Zeugen wurden interviewt. Bei der Vorstellung und Interpretation dieser Interviews stehen die Verarbeitungsweisen und Erfahrungen dieser Zeugen im Mittelpunkt. Damit wird es auch um das deutsche Umfeld gehen, in dem der Prozess stattfand.

Nur zögerlich setzte sich in der Bundesrepublik die Praxis durch, die jüdischen Überlebenden des Völkermords als Opfer anzuerkennen und sie finanziell zu unterstützen.[3] Allerdings förderte die Westorientierung eine gewisse Bereitschaft seitens der Regierung zur finanziellen »Wiedergutmachung«, die gesetzlich auf unterschiedlichen Wegen, etwa in Vereinbarungen mit der *Jewish Claims Conference* oder im Wiedergutmachungsgesetz von 1956 geregelt wurde.[4] Zugleich hielten sich hartnäckige antisemitische Haltungen auf nichtoffiziellen Ebenen oder nährten sich sogar aus diesen Regelungen.[5] Insgesamt konnten auch andere

Opfer oder kommunistische Gegner des Nationalsozialismus nach dem Krieg nicht mit Anerkennung oder finanzieller Wiedergutmachung rechnen. Die Kontinuität der Ausgrenzung traf diejenigen, die schon aus der nationalsozialistischen »Volksgemeinschaft« ausgeschlossen gewesen waren wie Sinti und Roma oder Homosexuelle. Immerhin wurde Ende der fünfziger Jahre von der Staatsanwaltschaft die Zentrale Stelle zur Verfolgung von NS-Verbrechen eingerichtet.

Zu Beginn der sechziger Jahre herrschte in Westdeutschland ein gesellschaftliches Klima, in dem die Opfer der deutschen Bevölkerung im Zweiten Weltkrieg – die Gefallenen, die Bombenopfer, die Kriegsgefangenen oder Opfer des sowjetischen Systems den ermordeten Juden (weniger den politischen Gegnern, Sinti und Roma u. a.) gegenübergestellt wurden, etwa in Aufrechnung von »Juden gegen deutsche Kriegsgefangene in der UdSSR«. Diese Haltung findet sich in Ost und West trotz unterschiedlicher Verarbeitungsangebote von oben.

Mitte der sechziger Jahre, also zur Zeit des ersten Frankfurter Auschwitz-Prozesses, setzte eine Phase des Umbruchs ein. Wesentlicher Teil dieses Umbruchs war ein allmählicher Wandel in der ambivalenten Haltung gegenüber den NS-Verbrechen. Das deutet sich in quantitativen Befragungen an, die zwar keinen unmittelbaren Bezug zum Auschwitz–Prozess haben, aber dennoch veränderte Haltungen zu NS-Verbrechen Mitte bis Ende der sechziger Jahre offenbaren, insbesondere in den Debatten um die Verjährung von NS-Morden: 1965 waren nur 32% der Befragten in einer repräsentativen Untersuchung der über 21jährigen dafür, NS-Verbrechen trotz der bestehenden Verjährungsfristen weiterhin zu verfolgen.

Aber 57% waren dafür, einen Schlussstrich zu ziehen, bei leichtem Übergewicht von Frauen und – für viele erstaunlich – von SPD-Anhängern vor allem mit Hinweis darauf, dass es entsprechend dem Deutschlandvertrag dann auch keine Verfolgung der Verbrechen an Deutschen im Ausland geben dürfe.

1969 zeigte sich eine deutliche Veränderung: Jetzt sind immerhin 44%, also 12% mehr als nur vier Jahre zuvor, dafür, dass NS-Morde weiterhin verfolgt werden. 46% sind für den Schlussstrich, also keine weitere Verfolgung, unentschieden sind 10%.

Hier deutet sich also ein Umbruch an, der sich in den siebziger Jahren fortsetzt. Dennoch wird die ganze Ambivalenz dieser Haltungen erst deutlich, wenn – wie das Allensbacher Institut dies tat – die Haltung gegenüber der Verjährung von Mord allgemein einbezogen wird: 71% sind

1969 dafür, Mord immer ohne Verjährung zu bestrafen, 24% sind für zeitliche Grenzen, also für eine Verjährung.

Das heißt, dass der »normale« Mord ganz im Gegensatz zur Ermordung der Juden im »Dritten Reich« bei einem großen Teil der deutschen Bevölkerung anders gewertet wurde: Das eine scheint für sie »wirklicher« Mord gewesen zu sein, das andere »nur« Mord an Juden. Man kann dies im Sinne eines virulenten Antisemitismus interpretieren, man kann dies auch als eine Unterscheidung zwischen staatlich legitimiertem Mord und einem Mord durch Individuen verstehen. Daher ist es wichtig, eine andere Frage mit einzubeziehen, nämlich die nach dem Wissen über NS-Verbrechen an Juden: 46% aller über 30jährigen erklärten 1965, schon vor Kriegsende etwas über NS-Verbrechen an Juden gehört zu haben, 48% meinen, erst nach dem Krieg davon erfahren zu haben. 6% gaben keine Antwort.

Es wird deutlich, dass die deutsche Bevölkerung über die Frage, ob die Vernichtung der Juden von der Justiz zu ahnden sei, gespalten war. Allerdings ergab sich innerhalb der Meinungen eine Verschiebung zu Gunsten der weiteren Verfolgung.[6] In dieser Entwicklung ist der konkrete Einfluss der Prozesse gegen NS-Verbrecher schwer einzuschätzen.[7] Ebenso wenig kann solchen Meinungsumfragen entnommen werden, wie konfliktreich in vielen Familien die Auseinandersetzungen über Themen der jüngeren Vergangenheit und über die Haltung zum Nationalsozialismus und seinen Verbrechen waren.

Nur wenig wissen wir über die Wirkung des Auschwitz-Prozesses auf die Prozesszeugen, auf die Überlebenden selbst.[8] Drei dieser Prozesszeugen werden im Folgenden untersucht.

Die Prozesszeugen

In einer Pilotstudie ging es um Fragen nach den langfristigen Auswirkungen des Auschwitz-Prozesses auf die Prozesszeugen, aber auch auf das bundesrepublikanische Umfeld, eine Frage, deren weitergehende Beantwortung jedoch erst ein größer angelegtes Interview- und Forschungsprojekt leisten kann.

Die Vorgeschichte und der institutionelle Rahmen des Prozesses wie die Gründung und jahrelange Recherche der Ludwigsburger Zentralen Stelle zur Aufklärung nationalsozialistischer Gewaltverbrechen (seit 1958), die bei renommierten Historikern über die nationalsozialistische

Judenverfolgung eingeholten Gutachten, der ungeheure Einsatz des Generalstaatsanwalts von Hessen, Fritz Bauer, sowie der Richter und Staatsanwälte können hier nur angedeutet werden.[9]

So unterschiedlich Überlebende versucht haben, ihre Lagerzeit zu bewältigen oder zu verarbeiten, genauso unterschiedlich sind die Erinnerungen der Auschwitz-Prozess-Zeugen an den großen Frankfurter Prozess. Von den Wenigen, die noch in Deutschland leb(t)en, waren im Frühsommer 1999 drei Männer zu einem Interview bereit. Von vier weiteren Personen (von denen eine Frau in Israel und ein Mann in Polen leben) erhielt ich neben deren Aussagen autobiographische Texte. Ihre Aussagen im Prozess, die Vorvernehmungsprotokolle und ihre eigenen Berichte offenbaren sehr unterschiedliche Schicksale und Verarbeitungsweisen. In den neunziger Jahren lebten fünf der sieben hier berücksichtigten Zeugen in Deutschland, obwohl nur eine Person während der Lagerhaft die deutsche Staatsbürgerschaft hatte.

Die lebensgeschichtlichen Interviews, die ich mit den drei Zeugen führte, waren sehr unterschiedlich, wobei folgende Fragen aber in allen Interviews angesprochen wurden: Wie erlebten sie den Prozess? Wie präsentierte sich ihnen das bundesrepublikanische Umfeld? Wie wirkte auf sie der schwierige Versuch eines rechtsstaatlichen Umgangs mit Auschwitz? Wie bewerten sie den Prozess in der Rückschau? Spielte er in ihrem Leben eine Rolle? Wirkte sich die Aufgabe, die sich die Überlebenden auferlegt haben, die als Zeugen auftraten, auf ihr Leben aus? Welche Rolle spielte hier der Prozess?

Die Kurzbiographien der drei interviewten Männer zeigen, wie unterschiedlich die Verarbeitungsweisen sein konnten, die der Prozess nach sich zog: Sie stammten aus jüdischen Familien, zwei von ihnen waren besonders aktive Mitglieder ihrer jüdischen Gemeinde. Es muss wohl kaum darauf verwiesen werden, dass die wenigen Menschen, die wir heute noch befragen können, halbe Kinder waren, als sie ins Lager kamen.

Der erste Mann, dessen Biographie hier kurz vorgestellt werden soll, wurde 1926 in Schmallenberg im Sauerland geboren. Sein Name ist Hans Frankenthal.[10] Frühzeitig musste er als Halbwüchsiger die Schule verlassen, seine Familie wurde aus ihrer regen Beteiligung am Leben seiner Heimatstadt gerissen. Er selbst war von 1941 bis 1943 als Zwangsarbeiter bei einer Baufirma eingesetzt. Im März 1943 wurde er mit seinen Eltern und seinem Bruder nach Auschwitz deportiert. Seine Eltern sah er das letzte Mal auf der Rampe. Dass sie sofort ermordet wurden, erfuhr er von einem Funktionshäftling. Gemeinsam mit seinem Bruder arbeitete er auf der I. G. Farben-Baustelle in Auschwitz III-Monowitz, wo er durch Geschick und Glück in ein Arbeitskommando im Hochbau gekommen war. Beide überlebten Todesmarsch, andere Konzentrationslager und den Eisenbahntransport nur knapp. Schwer verletzt und schon im Koma liegend wurde Hans Frankenthal in Theresienstadt befreit, schwere physische und laut eigenem Urteil psychische Beeinträchtigungen blieben. Nach dem Krieg kehrte er in seine Heimatstadt zurück und, baute das Geschäft seines Vaters wieder auf. Er heiratete eine katholische Frau, mit der er 25 Jahre verheiratet war. Sie drängte darauf, dass die Kinder, die zunächst nicht getauft worden waren, später katholisch wurden. Das beschäftigte ihn noch zum Zeitpunkt des Interviews, weil er es inzwischen bereute, dass er damals seine jüdische Identität nicht behauptet und an die Kinder weitergegeben hatte. Allerdings war er selbst nach seiner Heimkehr keineswegs religiös, sondern fand den Weg zurück in eine jüdische Gemeinde erst sehr viel später nach einem kurzen Zwischenspiel in der KPD. Trotz seiner deutlichen Behinderung musste sich Herr Frankenthal eine angemessene Wiedergutmachungsrente erkämpfen. Und ebenso kämpferisch hat er sich dafür eingesetzt, dass das Schicksal der ermordeten Juden, als deren letzter Vertreter er sich in seiner Heimatstadt verstand, nicht verdrängt und vergessen werden sollte.

> »Ich will Ihnen eine Geschichte erzählen (...) es war Ende der fünfziger Jahre. Ich war wieder im Sportverein, nicht aktiv, aber passiv, TUS Schmallenberg hatte 'ne gute Fußballmannschaft. (...) also noch vor der neuen Währung, eh, war Schalke in Schmallenberg gewesen. (...) Stehen wir abends mal vor der Theke, und was die Deutschen so an sich haben, meine Jahrgänge, noch 'n bisschen älter, ab und zu unterhielten die sich noch vom Krieg, vom großen Don, von Russland, von dies und das (...) Aber auf jeden Fall, an diesem Abend unterhielten sie sich ernsthaft. Der eine war in Russland gewesen, der andere in Norwegen, der andere in Frankreich, bis sich einer 'rumdrehte, guckte nach mir hin und sagt: »Wo bist Du eigentlich während des Krieges gewesen?« Sag' ich: ›Ich war in Auschwitz.‹ ›Auschwitz? Wo war das denn?‹ ›Auschwitz war in Polen. Da hat man Menschen vergast, verbrannt, erschlagen, verhungern lassen und, und, und, und...‹ Da haben die mir gesagt: ›Du spinnst, du erzählst uns hier Märchen.‹ »Da hab' ich ge›sagt: Passt mal auf, in Schmallenberg haben neunundfünfzig Ju-

den gelebt. Ein paar sind noch ins Ausland gekommen, und zurückgekommen sind wir mit drei. Sechsunddreißig fehlen mir noch.‹ Da geben die mir zur Antwort, lassen mich gar nicht erst zu Ende reden: ›Die sechsunddreißig leben irgendwo in Amerika und sind schon steinreiche Leute.‹ Ich sag': ›Lasst mich doch erst mal zu Ende reden. Ich weiß, dass es nicht so ist! Wenn Ihr mir sagt, wo sie in Amerika leben oder egal, wo 'se leben, oder noch am 10. Mai 1945 gelebt haben, stell' ich mich vierundzwanzig Stunden auf den Kirchplatz und schrei': Ich bin 'n Spinner, ich habe gelogen!‹ Und dann kam der Film HOLOCAUST. Dann fragt man mich, ›was zeigen die uns denn da?‹ Ich sag', ›das, was ich versucht hab' zu erklären. Ihr habt ja noch nicht mals gewusst, wo Auschwitz war.‹«[11]

Gesprächssituationen an Stammtischen aus verschiedenen Jahrzehnten (»vor der neuen Währung«, »Ende der fünfziger Jahre« und als »der Film HOLOCAUST kam«) sind in Herrn Frankenthals Erinnerung miteinander verschmolzen, und sie scheinen nicht unerheblich dazu beigetragen zu haben, dass er sich ständig herausgefordert sah, sich zu engagieren, zumindest aus seiner rückblickenden Perspektive.

Als er 1981 in Rente ging, empfand er seine Einsamkeit besonders stark und suchte Kontakt zu anderen Juden. Neben seiner körperlichen Behinderung musste er nun mit immer drängenderen psychischen Spätfolgen wie Schlaflosigkeit und regelmäßigen Depressionsschüben fertig werden. Er hielt es in Schmallenberg nicht mehr aus, verstärkte seine Kontakte zur jüdischen Gemeinde in Dortmund und zog nach einiger Zeit auch in diese Stadt, wo er sich in der jüdischen Gemeindearbeit engagierte.

»(...) dann, (...) hab' ich natürlich das Geschäft aufgehört, blieb in Schmallenberg. Jetzt ging das los, ist ja bei allen losgegangen in gewissem Alter, dass uns Auschwitz nachgelaufen ist. Also, ich bin den einzigsten Weg, den ich noch kannte, in die Wirtschaften bin ich jeden Abend gegangen, kam aber nicht mehr zurecht da mit, mit diesen Leuten, weil die einfach jeden – (stockend) sah ich die Verbrechen der, der Zeit ihnen im Gesicht geschrieben. Da bin ich in einem jüdischen Friedhof gegangen, hab' mit denen da geschimpft: Warum habt Ihr mich alleine gelassen? Dann bin ich 's Wochenende nach Dortmund gefahren und in 'ne Synagoge, um Juden zu sehen und 'ne Synagoge zu haben.«[12]

Mit enormer Energie setzte er sich bis zu seinen letzten Lebensmonaten für die Aufarbeitung der Vergangenheit und gegen das Vergessen ein. Seit den achtziger Jahren sprach er wöchentlich ein bis zweimal in Schulen und betrieb »Öffentlichkeitsarbeit« als Auschwitzüberlebender. Auch in Interviews, er schätzte, dass er bis Mitte 1999 etwa 60 mal eingehend interviewt worden war, erzählte er seine Lebensgeschichte. Er veröffentlichte seine Erinnerungen 1999 und starb ein halbes Jahr später.[13]

Kristof Sikowski, der zweite Mann, den ich hier vorstellen möchte, wurde 1925 geboren und wuchs bei Pflegeeltern in Warschau auf. Er wurde im September 1940 kurz vor seinem 15. Geburtstag verhaftet, weil er laut Gestapo einer verbotenen Jugendorganisation angehörte. Nach Auschwitz kam er im Februar 1941 als politischer Gefangener. Dadurch wurde er nicht als Jude gekennzeichnet, was seine Überlebenschancen erheblich erhöhte. Im Dezember 1944 begann für ihn eine Odyssee über andere Lager. Nach seiner Befreiung trug er schwere körperliche und psychische Schäden davon und musste mehrere Jahre in einem Gipsbett verbringen. Als ich ihn 1999 interviewte, war sein Gedächtnis nicht mehr sehr gut. In unserem Gespräch erzählte er, dass er seit dem ersten Auschwitz-Prozess in Deutschland lebte, dem er damit eine große Bedeutung für sein weiteres Leben gab. Tatsächlich ist er wohl erst Mitte der siebziger Jahre hierher gekommen. In Polen hatte er seiner Erinnerung nach als Journalist gearbeitet, und in Deutschland konnte er sich als Künstler verwirklichen, weil er hier eine Rente erhielt. Er berichtete häufig in Schulen von seinen Erlebnissen. Auch seine Kunst ist stark von seinem Engagement geprägt und transportiert eine deutliche Botschaft: »Nie vergessen – aber vergeben und versöhnen«. Herr Sikowski war zwei Mal verheiratet. Er hat einen Sohn, der in Polen lebt, und eine Tochter in Deutschland. Mittlerweile lebt er in einem jüdischen Altenheim in einer abgeschlossenen Wohneinheit. Unser Gespräch nahm für mich eine zunächst überraschende Form an, weil Herr Sikowski vergessen hatte, dass wir verabredet waren. Sein Gedächtnis ließ eine lange zusammenhängende Erzählung nicht zu, und verschiedentlich schien er seine Vernehmung im Prozess mit späteren Auftritten als Zeitzeuge in Schulen oder öffentlichen Veranstaltungen zu verwechseln. Dennoch stellte sich schnell heraus, dass er klare Einschätzungen sowohl zum Prozess als auch zu seiner Situation als ehemalig polnischer Auschwitzüberlebender in Deutschland hatte. Ihm war sehr wichtig, dass er Deutscher geworden war, als Beleg zeigte er mir mehrfach seinen Personalausweis. Mit seiner Kunst hat er sich ebenfalls für die polnischdeutsche Verständigung eingesetzt. Insgesamt äußerte er sich im Jahr 1999 hochzufrieden mit dem Prozess. Auf meine Frage, was er gut, was er schlecht fand am Prozess, antwortete er:

> »Gut und schlecht, eine schwere Frage. Also gut, ich bin der Meinung, vor allem hat man versucht alles herauszubringen, egal, was dort war. Ob das waren schlimme Sachen oder nicht so schlimme oder was, hat man versucht und gemacht – von alle Seiten. Und diese Leuten, die haben dabei gefragt, und die (...) die haben alles getan, was möglich, um diese Prozess herauszubringen, alles was möglich. Und die haben gearbeitet ganz, wie sagt man, ganz formell. Haben niemanden, wie sagt man, (...) nicht richtig mit ihm geredet (...). Es war ein ganz netter Prozess, ganz guter Prozess.«[14]

Obwohl er seine Lebensgeschichte (und auch den Auschwitz-Prozess) nur noch bruchstückhaft in Erinnerung hatte, hatte er noch eine konkrete Vorstellung von einzelnen Prozessereignissen und der Atmosphäre des Prozesses.

Der dritte Zeuge, Kasimir Jacob, Jahrgang 1921, ist etwas älter als die beiden anderen Männer. Er stammt aus einer Rabbinerfamilie und verbrachte seine Kindheit in Warschau, wo er mit seiner Familie ins Ghetto zwangsumgesiedelt wurde. Wenige Tage nach dem Warschauer Ghetto-Aufstand wurde er in einem Bunker verhaftet und nach Majdanek deportiert. Von Sommer 1943 bis November 1944 war er in Auschwitz. Anschließend folgte eine Odyssee über verschiedene Lager mit Todesmarsch und Zugtransporten, wobei er im tschechisch-österreichischen Grenzgebiet nur knapp der Erschießung entging. Nach seiner Befreiung, die er mit einer Kusine und einem Onkel als einzige der weitläufigen Verwandtschaft erlebte, wohnte er zunächst in Prag und heiratete eine Slowakin, die wie er Auschwitz überlebt hatte. Zusammen verließen sie die Tschechoslowakei nach der kommunistischen Machtübernahme im Jahre 1949 und gingen nach Paris, wo zwei Töchter geboren wurden. 1953 reiste Herr Jacob geschäftlich in eine deutsche Großstadt, um dort »nur für 14 Tage« zu bleiben. Der Aufenthalt verlängerte sich, und nach einem Jahr holte er seine Familie nach. Er hatte seine religiöse Bindung nie verloren und wurde auch in Deutschland aktives Mitglied der Gemeinde, deren Vorsitzender er zeitweilig war. Seine Frau starb früh, 1975, eine seiner beiden Töchter lebte zum Zeitpunkt des Interviews in Israel. Herr Jacob sprach in seiner Funktion als Vorsitzender der Gemeinde zwar viel vor der Öffentlichkeit, aber sein persönliches Schicksal stellte er hierbei nicht in den Vordergrund. Herr Jacob teilte mit Herrn Frankenthal die Erfahrungen eines Juden, der in der deutschen Nachkriegsgesellschaft gelebt hatte. Als ich ihn fragte, wie er das Leben in den fünfziger Jahren in Deutschland empfunden habe, betonte er die verbindenden Elemente der Aufbaugesellschaft und die Normalität des Zusammenlebens. Als ich nachfragte, ob er damals nicht über Auschwitz sprechen wollte, sagte er, er habe keine Kontakte zu anderen Auschwitz-Überlebenden gesucht und habe versucht, Auschwitz so weit wie möglich aus seinem Leben zu schieben: »Denn mit Auschwitz kann man nicht leben... Und die, die es versucht haben, sind daran zugrunde gegangen.«[15]

In diesem Sinne betrieb Herr Jacob im Bemühen um ein Leben ohne Auschwitz eine vielleicht als »positiv« zu bezeichnende Verdrängungsleistung. Diese Form der Bewältigung des eigenen persönlichen Schicksals geschah in einem deutschen Umfeld, in dem die Mehrheit der Bevölkerung aus ganz anderen Motiven die Vergangenheit verdrängte, ohne sie zu bewältigen. Vielleicht erleichterte Herrn Jacob seine glückliche Ehe mit einer Frau, der er seine Traumata nicht erläutern musste, weil sie selbst zu den Traumatisierten gehörte, seine Situation. Vielleicht steht er mit dieser Haltung einigen derjenigen unter der Überlebendengruppe näher, die nicht vor die Öffentlichkeit treten und nicht interviewt werden wollten oder wollen. Noch zum Zeitpunkt des Gesprächs mit mir, das nur zustande kam, weil Herr Jacob meine Arbeit über den Auschwitz-Prozess nicht behindern wollte, empfand er keine Notwendigkeit, über seine eigenen Erlebnisse zu sprechen, auch wenn er sie nicht verheimlicht und nie Mimikry betrieben habe. Er versuchte auf andere Weise zur deutschen Gedenkkultur beizutragen, die er im übrigen in Deutschland für so etabliert hielt, dass er mehr Vertrauen in die demokratischen Strukturen entwickelt hat als Herr Frankenthal. Er schätzte inzwischen die Bemühungen der Deutschen, die Vergangenheit nicht vergessen zu wollen, hoch ein, und hatte damals offenbar seine Hoffnungen auf gerechte Strafen innerhalb des ablehnenden Umfeldes gedrosselt. Er achtete Fritz Bauer und erkannte an, dass dieser es »aufrichtig« gemeint und einen »Kraftakt« vollbracht habe. Bilanzierend betrachtete er den Auschwitz-Prozess für sich selbst als völlig unwichtig, weil der Prozess »für einen, der da war, (...) nicht viel gegeben hat.«[16] Für die zeitgenössische Gesellschaft betrachtete er ihn jedoch als »Einstieg in die Erinnerungskultur.«

Die drei Zeugen haben sozusagen »typische« Stationen der Verfolgung überlebt. Alle drei sind mehrfach dem Tod nur knapp entronnen. Auschwitz haben sie u. a. deshalb überstanden, weil sie sich als Facharbeiter ausgaben oder/und in besonders guten, aber gefahrvollen Kommandos arbeiten konnten, weil sie nach eigenen Aussagen in der Lage waren, zu organisieren, und zusätzlich einen oder mehrere »Beschützer« unter den Funktionshäftlingen gefunden haben. Nach dem Krieg scheint die Eingliederung in das Alltagsleben der Nachkriegsgesellschaft von Herrn Frankenthal und Herrn Jacob »geglückt« zu sein; ihr Leben wies im Vergleich zu dem anderer Deutscher wenig Unterschiede auf. Dennoch unterschieden sich die Verarbeitungsstrategien ihrer traumatischen Erfahrungen grundsätzlich, und damit weichen auch ihre Einschätzungen des Prozesses voneinander ab.

Ich möchte an dieser Stelle einen Exkurs zum Szenario des Prozesses und zur Rolle der hier vorgestellten Zeugen einschieben.[17] Die Tatsache, dass vom Prozess auch Tonbänder existieren, die Quellenlage also als außerordentlich gut zu bezeichnen ist, lässt die Verhandlung in besonderer Weise »lebendig« werden. Schon beim ersten Hören wirken die Aussagen der Zeugen der Anklage beklemmend eindringlich. Nach dem Feststellen der Personalien und der Frage, ob sie damit einverstanden seien, wenn die Aussagen aufgenommen würden, fragte der Richter meist nur sehr knapp nach deren Weg durch die verschiedenen Konzentrationslager. Ziemlich schnell ging es um Einzelheiten, um Straftaten, die sie bezeugen sollten. In diesen Situationsaufnahmen, die weniger mit den Zeugen zu tun hatten, sondern in erster Linie dem Nachweis der Taten der Angeklagten dienten, wurde Auschwitz für den Außenstehenden gespenstisch real. Es ist die Sprache des Lagers, die gesprochen wird, jeder weiß, was ein Muselmann ist, was »Sport treiben« heißt, was »Kanada« war oder wo »Mexiko« lag.[18] Der Richter kennt z. B. Block 11 so gut, dass er fragt, ob der Zeuge rechts oder links vom Eingang gelegen habe. Man hört den hessisch sprechenden, manchmal väterlich zugewandten, selten unsensibel wirkenden vorsitzenden Richter Hofmeyer, der die Zeugen zwar streng befragt, aber auch vor allzu unverschämten Nachfragen der Verteidiger in Schutz nimmt, wobei Rechtsanwalt Laternser als Verteidiger der SS-Angehörigen mit seiner perfid-penetranten Verhörführung besonders unangenehm auffällt.[19]

Für die Zeugen war der Auftritt vor Gericht ein sehr ambivalentes und vor allem aufreibendes Unterfangen. Ihre Anstrengung ist leicht zu erklären: Da war zunächst die Angst der meisten aus dem Ausland stammenden Zeugen vor den Deutschen. Viele hörten nach Auschwitz erstmalig die deutsche Sprache. Und für alle früheren Häftlinge bedeutet der Prozess eine direkte Konfrontation mit ihren damaligen Peinigern.[20] Das tatsächliche Zusammentreffen mit den Angeklagten war meist frappierend und kräftezehrend. Entweder völlig unvorbereitet, weil die nicht verhafteten Täter den Zeugen einfach so auf dem Gang begegneten, aber auch im Gerichtssaal ist das Zusammentreffen meist unvorstellbar geblieben. Denn die Häftlinge, die keine Häftlinge mehr waren, stellten sich die ehemaligen SS-Männer meist als uniformierte und damit deutlich erkennbare Nazis vor. Wenn dann Pery Broad, ein in Auschwitz für seine perfiden Neigungen bekannter SS-Angehöriger, einer aus Polen angereisten Zeugin auf dem Flur begegnete, dann war sein als ironisch gedeuteter Blick kaum zu verstehen, die Frau fühlte sich wie gelähmt vor Angst. Sicherlich gehörte die Angst vor diesen direkten Konfrontationen auch zu den Gründen, weshalb viele, die von der Staatsanwaltschaft um Aussagen gebeten wurden, sich nicht trauten nach Frankfurt zu kommen und schon im Vorfeld absagten. Und selbst jemand wie Herr Jacob, der keine Angst vor dem Prozess hatte, weil er sich »verteidigen« konnte, war seitdem empört, weil er im Zeugenwarteraum mit einem Mann, den er ebenfalls für einen ehemaligen Häftling hielt, ins Gespräch kam und erst dabei merkte, dass es sich um einen SS-Mann vom Wachpersonal handelte, der ebenfalls als Zeuge einbestellt war.

Diejenigen, die sich entschieden zu kommen und auszusagen, hatten als Zeugen der Anklage eine klar begrenzte Aufgabe. Zwar standen sie im Mittelpunkt der Aufmerksamkeit, aber nur am Rande ging es um ihr eigenes Schicksal. Auf den Hörer des Tonbandmitschnitts wirken die Zeugen häufig sehr beherrscht, so auch Herr Sikowski und Herr Jacob. Die Aussage von Herrn Frankenthal ist nicht mitgeschnitten worden. Es gibt darüber aber Berichte Dritter, etwa in der *Frankfurter Allgemeinen Zeitung* vom nächsten Tag.[21] Die Zeugen wirken angesichts der Reduzierung ihrer Funktion geradezu heroisch. Die meisten lassen sich geduldig nach scheinbar nebensächlichen Einzelheiten befragen, sie versuchen, so präzise wie möglich zu sein und gleichzeitig nur das zu bezeugen, woran sie sich genau erinnern, möglichst sogar einzelne Ereignisse des täglichen Wahnsinns mit genauen Angaben zum Jahr, zur Jahreszeit, zum Tag und zur Tageszeit zu belegen.

Die Strategie der Verteidigung dagegen wirkte auf die Zeugen zermürbend. Denn die Rechtsanwälte versuchten, die allgemeinen Aussagen oder Eindrücke der Zeugen zu entwerten.[22] Herr Jacob hatte im

Vorfeld laut eigener Aussage keine Angst vor dem Prozess, weil er sich zu »verteidigen« wusste und schon seit mehr als zehn Jahren in Deutschland lebte. Seine Aussage über den SS-Mann Stefan Baretzki zeigt jedoch, welchen Anfechtungen die Zeugen ausgesetzt waren.

Der Staatsanwalt wendet sich an Herrn Jacob:[23]

»Staatsanwalt: Ja, ^ bei den Lagerselektionen haben Sie erwähnt, dass auch Baretzki dabei war, wenn die Häftlinge auf Lkws transpo--, ^ verladen und zu den Gaskammern transportiert wurden, können Sie in etwa sich noch erinnern, wie oft Baretzki bei solchen Lagerselektionen oder beim Abtransport der Häftlinge beteiligt war?
Zeuge: Na, ich nehme an, das war jede Selektion.
StA: Ja, wie oft ^ kam es zu Lagerselektionen, gab es da gewisse Zeitabstände, einmal im Monat, öfter oder weniger oft?
Zeuge: Nein, das weiß ich nicht, das glaube ich nicht, dass das eine Regelmäßigkeit hatte, weiß ich nicht, das kann ich nicht sagen, ich selber bin mehrere Selektionen, ich war da ungefähr anderthalb Jahre und bin mehrere Selektionen durchgegangen sein, um eine Zahl zu nennen, sagen wir mal, vielleicht zehn.
StA: Zehn mindest--
Zeuge: vielleicht auch nur acht ^
StA: Ja, als, aber mindestens
Zeuge: genau weiß ich nicht, auf alle Fälle mehrere Selektionen
StA: mindestens acht, kann man von dieser Zahl ausgehen?
Zeuge: So ungefähr, eine ganze Anzahl Selektionen
StA: Und bei jeder dieser Selektionen war der Angeklagte Baretzki bei dem Abtransport der Häftlinge beteiligt. Sie sagen, der war jedes Mal dabei
Zeuge: So denke ich
StA: Ja
Zeuge: Ich mein, vielleicht war er auch mal nicht, ich meine, ich habe nicht, damals habe ich nicht darauf geachtet, ob Baretzki dabei ist oder nicht
StA: Es wäre eine Ausnahme gewesen, wenn er nicht
Zeuge: wenn er nicht dabei gewesen wäre, es war ja, mehrere Blockführer, vielleicht alle Blockführer waren da, um die Sachen
(... Nach einigen Minuten, als die Verteidigung den Zeugen befragt:)

Anwalt: Eine Frage hätte ich, Herr Zeuge, Sie sagten auf die Frage des Herrn Staatsanwaltes, nach der Anzahl der Fälle, in denen Sie den Angeklagten Baretzki bei dem Verladen auf die LKW gesehen haben wollen, und da sagten Sie erst, ich weiß nicht, ich meine, vielleicht, ich denke, und nannten dann eine Zahl von acht bis zehn. Stimmt wohl, Herr Staatsanwalt, ja, und daraufhin sagte
Zeuge: die Zahl acht bis zehn war Selektionen, die ich selber mitgemacht habe.
Anwalt: Ach, die Sie selbst mitgemacht haben, so Sie haben nämlich dann weiter gesagt, damals habe ich nicht darauf geachtet. Jetzt ist meine Frage an Sie, wie kommen Sie dann, das klärt sich jetzt ja auf, wenn Sie sagen, das sind nur die Fälle, die Sie selbst mitgemacht haben, jetzt meine Frage, wieviel Fälle wissen Sie denn, wo der Baretzki dabei war?
Zeuge: Ich sagte vorhin, er war wahrscheinlich bei allen Fällen da.
Anwalt: Ja, ^ das »Wahrscheinlich« reicht uns möglicherweise nicht aus, ich möchte ^ wissen, in wieviel Fällen Sie ihn eigens gesehen haben, und dass Sie heute noch auf Ihren Eid nehmen können. Haben Sie ihn einmal
Zeuge: Ich kann auf Eid nehmen, dass ich ihn bei Selektionen gesehen habe. Die Anzahl
Anwalt: Wissen Sie nicht. Gut, danke, keine Fragen.
Zeuge: (...) Eid zu nehmen, ich weiß, dass mehrere Male, aber ich
Richter: Wollen Sie den Eid in religiöser oder in bürgerlicher Form schwören?«[24]

Eine eingehende Interpretation dürfte sich angesichts des plumpen Versuchs der Verteidigung erübrigen, den Zeugen in seiner Gedächtnisleistung zu verunsichern. Dessen Verunsicherung leitete sich zunächst aus der Notwendigkeit ab, eine Zahl zu nennen und das Prinzip »Im Zweifel für den Angeklagten« wandte sich hier wie in vielen Fällen gegen die leichte Unsicherheit über die genaue Zahl in der Zeugenaussage; sie wurde ausgenutzt durch die Taktik des Verteidigers, diese Zahl in Frage zu stellen, die die anfängliche Behauptung, der Angeklagte sei bei jeder Selektion dabei gewesen, auf eine unbestimmte Angabe zusammenschmelzen ließ. Wenn man weiß, dass gerade der Nachweis der Teilnahme an einer Selektion als Straftatbestand für die Verurteilung besonders wichtig war, dann ist mehr als erklärbar, warum der Verteidiger hier angesetzt hatte.

Obwohl Herr Jacob sagte, dass der Prozess für ihn persönlich keine Rolle gespielt habe, dass er ihn nicht »gespeichert« habe, erinnerte er sich noch 35 Jahre später an erstaunliche Einzelheiten, sogar an Passagen seiner damaligen Aussage. Er wusste noch, dass es um Baretzki gegangen war. Und auch Teile der Befragung durch den Richter hatte er noch im Kopf. So hatte er diesen darüber aufgeklärt, dass es im Lager nicht nur das »Sport treiben« im Auschwitz'schen Sinne des In-den-Tod-Treibens gegeben, sondern dass ein anderer Angeklagter, Bednarek, als Fußballfan auch Fußballspiele organisiert hatte, an denen die Häftlinge teilnehmen mussten.

Herr Sikowski, dessen Gedächtnis ihm die Schilderung seiner Lebensgeschichte nur noch in Bruchstücken erlaubte, erinnerte den Prozess in der Rückschau zum Zeitpunkt des Interviews als eine besondere Zeit. Zwar beschrieb er auch die Angst bzw. die Überraschung beim Zusammentreffen mit SS-Männern. Aber im Vordergrund stand für ihn inzwischen etwas Anderes:

> »Erste Mal in Gericht, das war eine Überraschung, schrecklich. Ich bin gekommen zuerst Aus-, eh Aufnahme und sollte aussagen. Vielleicht waren nachher mehrere, eine ganze Menge, ich war eine, von hat man gesagt, ein, ein guter Zeuge. Und da sehe ich: Vorn in die Mitte, steht ein Tischlein mit Mikrofon. Dahinter war ein Publikum, eine Menge bis zur Decke. Und da vorne waren die Rechtsanwälte und eh, die anderen, und ich gucke, wo sind die Verbrecher? Ich konnte das nicht sehen, wo sind denn, was ist denn los? Und hat man mir gesagt, am linke Seite sitzen diese Banditen. Wissen Sie, ich hatte vor die Augen immer diese SS. (...). Dort waren normale Menschen, die wir sehen jeden Tag auf der Straße, ich gucke, ich gucke, ich konnte das nicht mehr verstehen. Und der Vorsitzende sagte: Zeuge, rat-, sagen Sie schon! Aber ich konnte noch nicht. Plötzlich, doch! Ich habe einfach, einen nach dem anderen erkannt, von Boger, das war der Schlimmste und so weiter. Ich habe einen nach dem anderen, schön langsam und mit Ruhe: Ja, ich war schon so, wie sagt man, ohne, ohne so diesen Druck, ganz einfach und so weiter, und ich habe nicht geschrieen wie manche andere, die sind gekommen zu diesem Prozess. Ganz ruhig und eh, Mikrophon. Und da sind gekommen, ich habe alle gehört, alles war in Ordnung. Dann sagte der Vorsitzende nachher, hat mich ein Danke gegeben und sagte, der Zeuge ist frei. Ich war freier als

der andere. Wie sagt man? Ausnahmen, weil ich bin 'rausgegangen, ich habe gesagt alles. Und da hat schon auf mich gewartet mein Freund, der Peter. Und da haben wieder gegangen zu Essen. Und ich habe gesagt zu Peter: Weißt Du, Peter, ich das erste Mal in Leben habe gefühlt mich sehr gut, jetzt endlich.«

Herr Sikowski drückte ein Gefühl aus, das so uneingeschränkt wohl nur von wenigen Zeugen empfunden worden sein dürfte, selbst wenn die Elemente der Erleichterung, die bei Herrn Sikowski im Vordergrund stand, auch bei anderen aufgetreten sind. Zumindest stand diese positive Haltung im Gegensatz zu den Erinnerungen anderer Zeugen. Für die ausländischen Zeugen war der Umgang des Gerichts oft kaum zu ertragen.[25]

Es ist daher verstehbar, dass viele ehemalige Häftlinge weder als Zeugen noch als Prozessbeobachter dem Stress des Prozesses standhalten konnten.[26] Und vor seiner Aussage hatte auch der im Nachhinein so positiv gestimmte Herr Sikowski selbst sehr gemischte Gefühle oder Angst gehabt. Zumindest schilderte er im Interview ein Gespräch, das er nach seiner Einladung als Zeuge noch in Polen geführt hatte, und in dem er zunächst strikt abgelehnt hatte, nach Deutschland zu kommen. Er sei erst von einem Außenstehenden dazu gebracht worden, überhaupt nach Frankfurt zu fahren. Ich kann angesichts des inzwischen eingeschränkten Erinnerungsvermögens von Herrn Sikowski nur Vermutungen darüber anstellen, weshalb er im Nachhinein seine eigene Zeugenschaft so positiv sieht. Zum einen war es sicherlich die Genugtuung und Hoffnung, dass nun er ein freier Mann war und die Angeklagten hinter Gitter kämen. Und offenbar konnte er den Prozess nutzen, um eigene Freiheitsvorstellungen auch in einem anderen Sinne umzusetzen. Er fand Freunde in Deutschland, so etwa den erwähnten Peter Kalb, der heute einen renommierten Verlag leitet und damals ein junger Student war. Dieser gehörte zum ehrenamtlichen Team der Zeugenbetreuer und hatte ihm die Ankunft und die ersten Tage in Frankfurt durch seinen Beistand und mit gemeinsamen Kneipenbesuchen sehr erleichtert.[27] Dadurch war Herrn Sikowski auch die Angst genommen worden, die offenbar durch die damalige polnische antideutsche Stimmung gefördert worden war und ihm suggeriert hatte, alle Westdeutschen seien Nazis.

Vielleicht beförderte auch ein reales Ereignis im Prozess seine positive Erinnerung: Herr Sikowski war damals in gewisser Weise sehr geistesgegenwärtig. Seine damalige Aussage stimmt zwar nur punktuell mit dem überein, was er im Interview erinnerte, aber er konnte über seine Schlagfertigkeit in einer derartigen Situation wirklich stolz sein. Seine Aussage wurde ähnlich wie die von Herrn Jacob von einem der Verteidiger angezweifelt, und er wurde verdächtigt, ein Gespräch wiedergegeben zu haben, das er auf Grund seiner Distanz zu den Sprechenden gar nicht gehört haben konnte. Herr Sikowski ließ sich keineswegs einschüchtern und antwortete, er habe auch gar nicht gesagt, dass er jedes einzelne Wort gehört habe, im Übrigen könne er die Entfernung nur schätzen, weil er leider kein Metermaß dabei gehabt habe. Der Verteidiger ärgerte sich – das macht auch sein Tonfall deutlich – über diese letzte Bemerkung und tat sie als »unpassend« ab.[28]

Ende

Betrachtet man das konkrete Ergebnis des Frankfurter Auschwitz-Prozesses, die Urteile über die 20 angeklagten NS-Verbrecher, von denen nur sieben des Mordes schuldig befunden wurden, die meisten zu (teilweise lächerlich geringen) Haftstrafen und einer sogar freigesprochen wurde, dann ist der Auschwitz-Prozess Ausdruck des problematischen Umgangs der Justiz mit der deutschen Vergangenheit. Sieht man jedoch den Auschwitz-Prozess einerseits als Beitrag zu einer erweiterten Perspektive auf die nationale Vergangenheit und nimmt andererseits seinen Einfluss auf die bundesdeutsche und die internationale Öffentlichkeit in den Blick, dann wird deutlich, dass er für die Bewusstwerdung der Öffentlichkeit über die deutsche Geschichte ein wichtiges Element war. Das Gericht musste jedem einzelnen Angeklagten seine individuelle Schuld nachweisen und stieß damit an die Grenzen der Möglichkeiten rechtsstaatlicher Verfahren. Denn es genügte nicht, in Auschwitz als Wachmann gearbeitet zu haben. Dennoch wurden die Verbrechen von Auschwitz nicht isoliert – als Taten einzelner Krimineller – behandelt. Die vom Gericht in Auftrag gegebenen historischen Gutachten zeigten, dass die Vernichtung der Juden ein integraler Bestandteil des nationalsozialistischen Machtsystems gewesen war.

Die Öffentlichkeit spielte zumeist auf verdeckte Weise, aber auch in den Köpfen der Zeugen eine Rolle im Prozess. In der Rückschau erwähnte z. B. Herr Sikowski mehrfach die große Menschenmenge:

»Der Prozess war von großer Bedeutung. Nicht nur für mich, sondern auch für Bevölkerung. Da war eine riesige Sache. Und jeden Tag waren Menge von Menschen. Da waren solche, wissen Sie, Stufen [mit Sitzbänken], da waren bis zur Decke.«[29]

In den überlieferten Tonbandmitschnitten tritt das Publikum nur in Ausnahmefällen in Erscheinung.[30] Aber die Verhandlungen wurden für die etwa 20.000 Zuschauer, die den Prozess von 1963 bis 1965 besuchten, darunter viele Schulklassen, zum Lehrstück der deutschen Geschichte.[31] In manchen Fällen entstanden aus der Situation im Gerichtssaal sogar Kontakte zwischen den jüdischen Zeugen und einzelnen Schulklassen, sodass die Zeugen schon hier gleichzeitig zu Zeitzeugen wurden.[32] Und wenn auch nicht davon ausgegangen werden kann, dass die Mehrheit der deutschen Bevölkerung den Auschwitz-Prozess bewusst wahrnahm, so teile ich Herrn Jacobs Einschätzung des Prozesses als »Einstieg in die deutsche Erinnerungskultur«. Unter Intellektuellen gab es eine intensive Auseinandersetzung mit dem Prozess. Aus der Literatur über den Umgang der Deutschen mit Auschwitz und über die deutsche »Vergangenheitsbewältigung« seien hier nur die bekannten Texte genannt wie das Theaterstück *Die Ermittlung* von Peter Weiss, das 1965 gleichzeitig in 15 Städten in Deutschland seine Premiere feierte, und der Essay im *Kursbuch*, »Unser Auschwitz«, von Martin Walser. Es ist sicherlich kein Zufall, dass Weiss' Stück die Aussagen der Zeugen in den Mittelpunkt stellte.[33]

Heute, mehr als 55 Jahre nach der Befreiung von Auschwitz und mehr als 35 Jahre nach dem Prozess, gibt es eine große Zahl von Untersuchungen zu den Erlebnissen der Opfer. Von ihrer Umwelt werden die Überlebenden ständig gebeten, über ihre Erlebnisse zu sprechen. An vielen Universitäten in Deutschland und im Ausland, besonders in den Vereinigten Staaten, wird die Vernichtung der europäischen Juden erforscht. Und nicht nur auf der wissenschaftlichen Ebene hat sich ein Umfeld herausgebildet, in dem die letzten Überlebenden und ehemaligen Prozesszeugen immer wieder zum Sprechen aufgefordert wurden und werden.

Manche Zeugen sind gleichsam zu professionellen Zeitzeugen geworden. Während sich bis weit hinein in die sechziger Jahre die damaligen Zeugen noch gegen eine überwiegend feindliche Umwelt behaupten mussten, auch nur bei einem kleineren Kreis von Menschen Interesse an ihren Erlebnissen gezeigt wurde, so wurden die wenigen Überlebenden in der Bundesrepublik allmählich zu vielgefragten und vielbefragten Zeugen der Zeitgeschichte. In dieser im Sinne der geschichtlichen Aufarbeitung positiven Entwicklung sind aber zugleich Ambivalenzen enthalten.

Indem sich manche Zeitzeugen vom gesellschaftlichen Umfeld zur ständigen Zeugenschaft bewegen ließen oder lassen, erfuhren und erfahren sie häufig eine Reduzierung auf diese Funktion. So lag z. B. bei Herrn Sikowski auf dem Tisch ein Pappkarton mit Unterlagen zur Illustration seiner Lebensgeschichte, obwohl ich zu einem Zeitpunkt kam, als er mich nicht erwartete. Viele Dokumente hatte er in mehreren Kopien, sozusagen zur Selbstbedienung interessierter Besucher. Außerdem halfen ihm die Dokumente bei seiner Erinnerungsarbeit. Für Herrn Sikowski hatte der Prozess eine besondere Bedeutung. Sie ging in seinem Fall weit über das Prozessgeschehen hinaus. Ihm verlieh der Prozess das Gefühl der Bestätigung im Land seiner ehemaligen Peiniger und darüber hinaus erlaubte er ihm, seine polnische Heimat zu verlassen und sich eine neue Identität in Deutschland aufzubauen, in der vielleicht auch sein Opferstatus eine Rolle gespielt haben dürfte. Zumindest führte er zu einer Vielzahl an Kontakten mit anderen Menschen und vor allem zum Respekt vor seinem Leiden und seinen Erfahrungen. Auch seine körperliche Behinderung bekam eine andere Bedeutung und trug zu einer besonderen »Aura« des überlebenden Opfers bei.

Herr Frankenthal hatte für das Gespräch extra einen Sonntag gewählt, damit wir mehrere Stunden ohne Störung Zeit hätten, und er erzählte seine Geschichte, ohne dabei auf Nachfragen angewiesen zu sein. Assoziationen oder Zeitsprünge waren mit wenigen Abweichungen zu festen Bestandteilen seiner Erzählung geworden. So war zum Beispiel die zitierte Passage über die Stammtischauseinandersetzungen der fünziger Jahre schon in einem Interview, das er Jahre zuvor gegeben hatte, mit der Schilderung der Reaktionen seiner Bekannten auf den Film Holocaust (von Marvin J. Chomsky, 1978) verschmolzen. In Herrn Frankenthals Erinnerung verschob sich die Phase, in der Auschwitz zum öffentlich behandelten Thema wurde, beständig nach hinten, sodass er den Wandel als Ergebnis der harten Aufklärungsarbeit der (jeweils) letzten Jahre betrachtete, was wiederum die Notwendigkeit seines Erzählens begründete.

Anders war das, was Herr Jacobs über seine Erinnerungen mitteilte, und ebenso anders verhielt er sich: Obwohl ich ihm telefonisch und brieflich angekündigt hatte, dass ich ein lebensgeschichtliches Interview mit ihm führen wollte, war er in der konkreten Interviewsituation von meiner Bitte, mir seine Lebensgeschichte zu erzählen, überrascht. Höflich gab er einen kurzen Abriss seiner Biographie, wählte in der Erzählung einzelne Episoden aus, verlor aber seine klare distanzierte Position mir und seinem Bericht gegenüber nicht. Natürlich hatte er schon häufiger Interviews gegeben, auch in seiner Funktion in der jüdischen Gemeindearbeit. Aber er hatte eine »ambivalente Haltung zu den Selbstdarstellungen«: »Es ist hunderttausendfach gesagt worden, was ich zu sagen habe.«

Als Teil des Anstoßes zur verspäteten Gedenkkultur sind die Aussagen der Prozess-Zeugen zu Quellen erzählter Geschichte geworden. Damit standen sie am Anfang einer Erinnerungskultur, in deren Zentrum die Zeugenschaft der Überlebenden steht, und die sich heute in der Forschung und in den Medien der Überlieferung vervielfältigt hat.[34] Bei den meisten Mitschnitten der Zeugenaussagen während des Prozesses, die ich bisher gehört habe, handelt es sich allerdings nicht um erzählte Geschichten im Sinne von Erzählungen oder Lebensgeschichten.[35] Es sind, wenn man so will, entfremdete Erzählungen, weil nicht derjenige, der sie erzählt, die Inhalte auswählt, sondern weil es die Fragenden – hier Richter, Staatsanwälte und Verteidiger der Angeklagten – sind, die bestimmen, über welche Ereignisse gesprochen wird, nämlich Belastendes gegen die Angeklagten. Dass dennoch alle drei Befragten aus unterschiedlichen Gründen im Jahre 1999 eine ambivalente, aber eher positive Bilanz des Prozesses zogen, auch wenn die Urteile zu gering ausgefallen seien, lag an der übergeordneten Bedeutung, die sie ihm beimaßen. In diesem Sinne hat der Prozess Geschichte geschrieben und haben auch die Befragten nicht vergeblich Zeugnis abgelegt. Heute wissen nur weniger als fünf Prozent der deutschen Bevölkerung nicht, was Auschwitz ist, und knapp 74 Prozent sind der Meinung, dass die Erinnerung an Auschwitz einen wichtigen Teil der Erinnerung an die nationalsozialistische Vergangenheit ausmacht.[36] Die Zeugen haben dazu beigetragen, eine Lücke im deutschen Gedächtnis zu schließen. Aber wir sollten uns dennoch fragen, ob die Bereitschaft, Zeugnis abzulegen, auch den Überlebenden selbst geholfen hat, ihre Vergangenheit zu bewältigen.

Anmerkungen

1 Dieser Text entstand unter Mitarbeit von Alexander v. Plato. Er basiert auf meinem Vortrag im Fritz Bauer Institut (1999). Danken möchte ich auch Irmtrud Wojak und Werner Renz, die mich während der Recherchephase mit Adressen von Prozesszeugen, Hintergrundinformationen und auf unbürokratische Weise mit Prozessaussagen bzw. deren Transkriptionen versorgten. Der Text präsentiert erste Ergebnisse einer Pilotstudie, die ich im Auftrag des Fritz Bauer Instituts und des Instituts für Geschichte und Biographie der Fernuniversität Hagen mit Sitz in Lüdenscheid durchführte.

2 Hermann Langbein, *Menschen in Auschwitz.* Frankfurt am Main, Wien 1980, S. 17.

3 Im offiziell propagierten Antifaschismus in der DDR kam es in der Nachkriegszeit zu einer »Hierarchisierung« der Opfer des Nationalsozialismus, bei der – anders als im Westen – zwischen politischen »Kämpfern« und rassisch »Verfolgten« unterschieden wurde und letztere sehr viel weniger Anerkennung fanden und finanzielle Unterstützung bekamen als die Kämpfer. Siehe zu diesem Zusammenhang: Alexander von Plato, »Opfer-Konkurrenten. Die Verfolgung des NS-Regimes und der sowjetischen Besatzungsmacht im Kalten Krieg und in der Entspannungszeit«, in: Elisabeth Domansky, Harald Welzer (Hg.), *Eine offene Geschichte. Zur kommunikativen Tradierung der nationalsozialistischen Vergangenheit.* Tübingen 1999, S. 74-93.

4 Vgl. zum Umgang mit dem NS in der Bundesrepublik der Nachkriegszeit: Norbert Frei, *Vergangenheitspolitik. Die Anfänge der Bundesrepublik und die NS-Vergangenheit.* 2. Aufl., München 1999.

5 Und zum Verhältnis zu den Überlebenden: Barbara Distel, »Das Zeugnis der Zurückgekehrten. Zur konfliktreichen Beziehung zwischen KZ-Überlebenden und Nachkriegsöffentlichkeit«, in: Ulrich Herbert, Karin Orth, Christoph Dieckmann (Hg.), *Die nationalsozialistischen Konzentrationslager. Entwicklung und Struktur.* 2 Bde., Göttingen 1998, S. 11-16.

6 Institut für Demoskopie Allensbach, Verjährung von NS-Verbrechen. Ergebnisse einer Schnellumfrage. Allensbach Mai 1965. Institut für Demoskopie Allensbach, Umfragematerial zum Thema »Mordverjährung«. Blitzumfrage für das ZDF Mainz (1174). Allensbach März 1969.

7 Innerhalb der Justiz gab es natürlich eine klare Resonanz, weil den jüngeren Uni-Absolventen, den Referendaren und Assessoren, aber auch den zuständigen Bundestagsausschüssen immer deutlicher wurde, wie unhaltbar und peinlich das Verhalten der Justiz in diesen Fragen in der Sicht des westlichen Auslandes bis dato war. Vgl. das Buch des früheren NRW-Ministers Diether Posser, *Anwalt im kalten Krieg. Ein Stück deutscher Geschichte in politischen Prozessen 1951-1968.* Gütersloh 1991.

8 Es existiert allerdings ein Buch einer Zeugenbetreuerin, die sich mit den Problemen, denen die ausländischen Zeugen in Deutschland ausgeliefert waren, auseinandersetzt. Vgl. Emmi Bonhoeffer, *Zeugen im Auschwitz-Prozess. Begegnungen und Gedanken.* Wuppertal-Barmen 1965. Im Gegensatz zu den meisten späteren NS-Prozessen vor deutschen Gerichten stand der erste Frankfurter Auschwitz-Prozess im Interesse der Öffentlichkeit und verzeichnete großes Interesse bei Besuchern.

9 Vgl. zu Einzelaspekten die anderen Beiträge in diesem Jahrbuch. Vgl. zudem: Hermann Langbein, *Der Auschwitz-Prozess. Eine Dokumentation.* 2 Bde., Frankfurt am Main 1965 (2. Aufl. 1995). Seine akribische Aufarbeitung des gesamten Prozessgeschehens ist zum unverzichtbaren Hilfsmittel geworden. Für die Rekonstruktion des damaligen Prozesses eröffnen die nun zugänglichen Mitschnitte und Transkripte der Zeugenaussagen außerdem eine neue Ebene der Erforschung des Prozesses. So können insbesondere die Rolle der einzelnen Zeugen und die Frage nach dem Eindruck, den dieser Prozess auf sie selbst gemacht haben muss, viel klarer beleuchtet werden. Hierdurch wird noch einmal deutlich, welche Pionierleistung schon Langbein erbracht hatte. Das gilt auch für die späteren Verarbeitungsstrategien. In diesem Zusammenhang hat Langbein z. B. in seinem Buch *Menschen in Auschwitz* schon früh den damaligen Stand der Forschung sowie eigene Thesen zusammengefasst – übrigens auf der Basis von Zeugenaussagen oder Gesprächen, veröffentlichten und

unveröffentlichten Texten, also erzählter Geschichte, sowie anhand von psychiatrischen und sozialwissenschaftlichen Studien.

10 Ich habe in seinem Fall auf eine Anonymisierung verzichtet, weil er selbst die Nennung seines Namens favorisierte und kein Mitschnitt seiner Aussage während des Prozesses existierte. Vom Hessischen Hauptstaatsarchiv Wiesbaden erhielt ich die Auflage, die Gerichtsunterlagen sowie die Aussagenmitschnitte zu anonymisieren, so dass ich die beiden anderen Interviewpartner hier unter Pseudonym vorstelle.

11 Interview Frankenthal, 7.6.1999. Diese Episode existiert in mehrfachen Versionen, da Hans Frankenthal zu verschiedenen Zeiten vom Institut für Geschichte und Biographie interviewt worden ist. Diese wie viele andere Passagen entsprechen sich jedoch bis in die Wortwahl. Eine Untersuchung der Parallelen und Unterschiede der Gespräche (und zwar sowohl des Parts der Interviewerinnen und Interviewer als auch der Erzählungen Herrn Frankenthals) würde den Rahmen dieses Artikels sprengen.

12 Ebd.

13 Hans Frankenthal, *Verweigerte Rückkehr. Erfahrungen nach dem Judenmord.* Unter Mitarbeit von Andreas Plake, Babette Quinkert und Florian Schmaltz. Frankfurt am Main 1999. Auf der EXPO 2000 in Hannover war er im deutschen Pavillon per Videointerview »vertreten«, das von der *Survivors of the Shoah Visual History Foundation* produziert wurde.

14 Sikowski, 2.7.99, (T 11).

15 Interview Jacob, 22.6.99, I, B.

16 Ebd.

17 Neben den umfangreichen Gerichtsakten, die von Vorvernehmungsprotokollen bis hin zum Urteil den Ablauf der Ermittlungen bis zu den Verhandlungstagen dokumentieren, gibt es inzwischen Mitschriften der mitgeschnittenen Gerichtstonbänder. Die Akten sind im Hessischen Hauptstaatsarchiv Wiesbaden überliefert, die Transkriptionen der Tonbänder wurden in einem Projekt des Fritz Bauer Instituts erstellt.

18 Als »Muselmann« wurden Häftlinge bezeichnet, wenn sie so entkräftet waren, dass ihr baldiger Tod (durch Selektion zur Vergasung oder an den Folgen der Haft) absehbar war. Beim »Sport treiben« wurden die Häftlinge zu sinnloser körperlicher Verausgabung gezwungen, bis sie zusammenbrachen. »Kanada« – als Inbegriff eines Auswandererlandes – war die Bezeichnung für den Ort, an dem das Eigentum der Vergasten gelagert wurde. »Mexiko« war in Auschwitz ein Durchgangslager mit besonders hoher Sterblichkeitsrate. Hier gab es kein Wasser, und die Menschen erhielten weder Häftlingskleidung noch die Decken des Lagers; einige hatten verschiedenfarbige Decken aus »Kanada« umgehängt, so dass sie »wie Mexikaner« aussahen.

19 Zu seiner Rolle vgl. den Beitrag von Christian Dirks in diesem Jahrbuch.

20 Eine polnische Zeugin, Anna Palarczykowa, berichtete, dass sie den Prozess als »wichtige Erinnerung« im Gedächtnis behalten habe. Die Situation des Gerichtssaals – das Zusammentreffen mit den Tätern, löste bei ihr einen Albtraum aus. Von diesem Traum hat sie verschiedentlich berichtet, so z. B. im Film von Rolf Bickel und Dietrich Wagner, STRAFSACHE 4 KS 2/63. AUSCHWITZ VOR GERICHT (1995). Sie erwähnte diese Episode auch in einem Telefonat mit mir am 1.6.1999.

21 In der *FAZ* wurde seine Vernehmung als besonders erschütternd geschildert. Der damals 37jährige erzählte eindringlich, was sein Bruder und er als Halbwüchsige im Lager erlebt hatten. Außerdem musste er den angeklagten Sanitäter Neubert identifizieren. *Frankfurter Allgemeine Zeitung* (10.3.1964). Die einzelnen Berichte des

FAZ-Reporters Bernd Naumann sind als Buch zusammengefasst nach dem Prozess herausgegeben worden. Ders., *Auschwitz. Bericht über die Strafsache gegen Mulka und andere vor dem Schwurgericht Frankfurt.* Frankfurt am Main 1965. Hierin ist die Aussage Frankenthals jedoch nicht enthalten.

22 Zu diesem Thema vgl. den Beitrag von Christian Dirks.

23 Die Interpunktion des Transkripts der Verhandlung stammt vom Fritz Bauer Institut (^ steht für eine Pause; -- für Abbruch).

24 Tonbandmitschnitt, CD AP086, Track 26-27 und 31-32, Fritz Bauer Institut (FBI), Sammlung Auschwitz-Prozess (SAP).

25 Vgl. Marianne Adam, Ella Salomon, *Was wird der Morgen bringen? Zwei Jüdinnen überleben Auschwitz.* Stuttgart 1995.

26 Brief des Geschäftsführers der *Foundation* Auschwitz Yannis Thanassekkos, 18.6.1999.

27 Ins Leben gerufen hatte die Zeugenbetreuung Ursula Wirth, mit der ich ebenfalls ein Interview geführt habe.

28 Vgl. den Mitschnitt der Aussage von KS, der mir zum Zeitpunkt der Abfassung des Artikels nicht als Transkript, sondern als Tonkassette vorlag.

29 Sikowski, 2.7.99, (T 1, A).

30 So z. B., als ein Besucher während der Vernehmung von Sikowski sofort nach seinem Zwischenruf und nach Feststellung seiner Personalien vom Richter mit dem Hinweis vom Verfahren ausgeschlossen wurde, dass er noch eine Strafe zu erwarten hätte.

31 Die Wirkungsgeschichte des Prozesses in der Bundesrepublik und welche Rolle er für diejenigen spielte, die ihn als »nichtbeteiligte« Zuschauer besuchten, wäre ein mögliches Thema für ein *Oral History* Projekt.

32 Die Juristin Helge Grabitz schilderte Begegnungen dieser Art, bei denen die anwesenden Schüler mit Zeugen ins Gespräch kamen. Dies., *NS-Prozesse. Psychogramme der Beteiligten.* Heidelberg 1985, z. B. S. 69. Emmi Bonhoeffer, die wohl bekannteste Zeugenbetreuerin, warf einigen Schülern dagegen vor, sie benähmen sich, »als säßen sie in einem Kriminalfilm.« Bonhoeffer, *Zeugen*, S. 21. Bei vielen der späteren Prozesse blieben die Zuschauerbänke allerdings leer. Vgl. Wolfgang Scheffler, »NS-Prozesse als Geschichtsquelle. Bedeutung und Grenzen ihrer Auswertbarkeit durch den Historiker«, in: ders., Werner Bergmann (Hg.), *Lerntag über den Holocaust als Thema im Geschichtsunterricht und in der Politischen Bildung*. Berlin 1988, S. 13-27, hier: S. 19.

33 Peter Weiss, *Die Ermittlung. Oratorium in 11 Gesängen.* Mit Beiträgen von Walter Jens und Ernst Schumacher. Frankfurt am Main 1991, Erstausgabe 1965. Er stützte sich dabei weitgehend auf den schon zitierten Prozessbericht von Bernd Naumann, *Auschwitz,* a. a. O. Vgl. z. B. Robert Cohen, »Identitätspolitik als politische Ästhetik. Peter Weiss' Ermittlung im amerikanischen Holocaust-Diskurs«, in: Ulrich Baer (Hg.), *»Niemand zeugt für den Zeugen«. Erinnerungskultur nach der Shoah.* Frankfurt am Main 2000, S. 156-173.

34 Zur Bedeutung der Zeugenschaft vgl. mehrere Beiträge in: Ulrich Baer (Hg.), *Niemand zeugt für den Zeugen,* a. a. O.

35 In den ersten Prozesswochen waren die Vernehmungen sehr ausführlich. Zu dieser Zeit ging es noch nicht allein um Details, die zur Verurteilung der einzelnen Angeklagten führen sollten. Auch der von mir befragte Herr Frankenthal hat in seiner Aussage die Gelegenheit gehabt, nicht nur zu einzelnen Ereignissen Stellung zu neh-

men, sondern längere Passagen seiner Lagerzeit zu beschreiben, weil er schon zu einem sehr frühen Zeitpunkt, nämlich als dritter Zeuge aus den Reihen der ehemaligen Opfer vernommen wurde. Zu den wichtigsten Aussagen aus der Perspektive der Urteilsfindung und der Gesamtbeurteilung des Prozesses gehören sicherlich die Vernehmungen Hermann Langbeins und Kazimirz Smolens (des späteren Direktors der Gedenkstätte von Auschwitz/Oswiecim). Beide hatten als Schreiber Funktionen im Lager ausgeübt, die ihnen eine gewisse Übersicht über die Geschehnisse gestattete, die der Mehrheit der Häftlinge verwehrt war, und beide hatten sich bekanntermaßen intensiv mit der Aufarbeitung der Vergangenheit beschäftigt.

36 Alphons Silbermann, Manfred Stoffers, *Auschwitz: Nie davon gehört?* Berlin 2000, S. 204 ff.

»In einer deutschen Angelegenheit« –

Der Frankfurter Auschwitz-Prozess in der westdeutschen Nachkriegsliteratur[1]

Stephan Braese

I. Anzeige (Reich-Ranicki)

In der Ausgabe der *Zeit* vom 22. Mai 1964 versucht der Literaturkritiker Marcel Reich-Ranicki sein literarisch interessiertes Publikum – wie schon so oft zuvor an gleicher Stelle – auf einen aus seiner Sicht besonders lesenswerten Text aufmerksam zu machen. Der Rezensent nennt zunächst die Zeitschrift, in der er erschienen ist, und ihren Preis; er nennt den Titel des Textes und seinen Autor; er versucht eine Charakterisierung der gewählten literarischen Form. Erst dann heißt es: »Der Gegenstand des Beitrags? Die Frage danach lässt sich nicht länger umgehen. Also es handelt sich, mit Verlaub, um Auschwitz. – Ich weiß, ich habe jetzt viele Leser verscheucht: Sie werden sich weder den *Monat* kaufen noch diesen meinen Artikel weiterlesen; sie haben sich schon angenehmeren Themen zugewandt – und alle, ausnahmslos alle, sind angenehmer. Sogar Stalingrad. Da kann noch, wer will, von deutschem Heldenmut sprechen; da vernehmen noch manche Fanfaren und Trommelwirbel und den Trauermarsch aus der *Götterdämmerung*. Bei dem Wort ›Auschwitz‹ gibt es keine musikalischen Assoziationen. Da hört man nur noch die unmenschlichen Laute der Opfer und die unmenschlichen Laute der Henker. Stalingrad – das war, sagt man, eine nationale Katastrophe. Wie ließe sich Auschwitz in zwei Worte zusammenfassen? Doch wohl nur: deutscher Mord.«[2]

In diesen Zeilen umreißt Reich-Ranicki jene Verfassung der deutschen literarischen Öffentlichkeit, wie sie ihm seit seiner Rückkehr nach Deutschland 1958 vorzugsweise begegnet war. Dass Literatur »angenehm« sei, gilt ihr als herausragender Maßstab; »Pannen« in der jüngsten Geschichte werden gern im Zeichen eines zeitlosen wie unvermeidlichen

»Tragischen« gesehen, für dessen Dekoration der Fundus der Nationalkultur mancherlei bereithält; zu Auschwitz hingegen hat solches Kulturverständnis nichts zu sagen – und wer Reibungen in der literarischen Öffentlichkeit vermeiden will, tut gut daran, dieses Thema zu »umgehen«.[3]

Wenige Zeilen weiter bezeichnet Reich-Ranicki das gesellschaftlich-soziale Komplement einer solchen kulturellen Kondition. Er nennt sie »die bundesrepublikanische Misere. Erinnern wir uns: Zwei Bundesminister und der General-Bundesanwalt mussten in den letzten Jahren entlassen oder abgesetzt werden. Warum? Weil sie im ›Dritten Reich‹ dies und jenes getan hatten? Formulieren wir lieber so: Weil die DDR-Behörden enthüllt hatten, dass … Wie aber, wenn die DDR-Behörden aus irgendwelchen Gründen nicht daran interessiert wären, die Karriere dieser Würdenträger zu beenden? Was dann? Und wie viele Würdenträger gibt es hierzulande immer noch, deren Personalakten nicht im Besitz der DDR sind?«[4]

Diese Partien mögen heute, rund 35 Jahre nach Ende des Frankfurter Auschwitz-Prozesses, daran erinnern, in welchem Maß die NS-Vergangenheit konkreteste, akute Gegenwart war; sie weisen zudem darauf hin, wie wenig gerade auch die deutsche literarische Öffentlichkeit und ihr »Aufnahmeklima«[5] dafür disponiert schienen, dissidenter, kritischer literarischer Rede über die deutsche NS-Vergangenheit Gehör zu schenken und Wirkung zu verschaffen.

In dieser Situation hatte Horst Krüger in seinem Artikel »Im Labyrinth der Schuld« – er bildet den Anlass von Reich-Ranickis Wortmeldung – darauf hingewiesen, dass der Besuch des Frankfurter Auschwitz-Prozesses als »eine letzte Chance« zu begreifen sei, »der Vergangenheit in Fleisch und Blut, der Geschichte in ihren Akteuren zu begegnen, die Täter und ihre Opfer nicht als Standbilder des Schreckens oder des Leidens zu sehen, sondern als Menschen wie Du und ich.«[6] »Als ich diesen Absatz las,« so gibt Reich-Ranicki zu Protokoll, »fiel mir plötzlich ein, dass sich über diesen Prozess (…) kein einziger prominenter deutscher Schriftsteller auch nur mit einem Wort geäußert hat.«[7] Im Folgenden betont Reich-Ranicki, dass es »kein Soll (…) geben [könne], das ein Schriftsteller zu erfüllen hat – weder was die Gegenwart betrifft noch jene Vergangenheit, die sich angeblich aufarbeiten und bewältigen lässt.«[8] In dieser Feststellung klingt Reich-Ranickis kritische Erfahrung mit der orthodoxen sozialistischen Literaturpolitik und ihren autoritativen Maßgaben nach. Gleichwohl hält er an einem übergeordneten Geltungsanspruch seiner Forderung fest. Zwar gibt sich sein Geständnis, er sei »sehr neugierig« darauf, was Schriftsteller wie Hans Erich Nossack, Wolfgang Koeppen, Gerd Gaiser oder Uwe Johnson »hierüber (...) schreiben könnte[n]«[9], fast privatistisch. Doch auch diese Bemerkungen münden in die Feststellung: »Jedenfalls ist, was da in Frankfurt abgehandelt wird, unser aller Sache. (...) Was fühlen und denken eigentlich diejenigen, die damals kleine Kinder waren, wenn erzählt wird, wie ihre Eltern drei Millionen Menschen in Auschwitz ermordet haben? (...) es geht ja nicht um einzelne Autoren. Keiner ist verpflichtet, sich dieser Frage anzunehmen. Aber die deutsche Literatur unserer Zeit ist es.«[10]

Als genauer Beobachter und Kenner der deutschen Literatur nach 1945 wusste Reich-Ranicki um die tiefe Ambivalenz in ihrer Stellung zur Epoche und den Massenverbrechen des NS-Regimes[11]. Diese – auch in bitteren persönlichen Erlebnissen erfahrene[12] – Einsicht kleidet er am Ende seines Beitrags in die lakonische, sehr einfache Frage: »Aber gehören sie (die deutschen Schriftsteller, d. V.) zu jenen, die zudecken oder zu jenen, die aufdecken?«[13] Oder, mit anderen Worten: In welchem Maß, wie elementar hatte die deutsche Literatur längst teil an der »bundesrepublikanischen Misere«?

In seinem Artikel unter der Überschrift »In einer deutschen Angelegenheit« lässt Reich-Ranicki wenig Zweifel daran, dass sich diese Frage am Frankfurter Auschwitz-Prozess würde entscheiden müssen.

II. Besitztitel (Walser – Weiss)

Wie sehr der Frankfurter Auschwitz-Prozess tatsächlich geeignet war, die spezifischen Dispositionen der deutschen Literatur in ihrem Verhältnis zur NS-Epoche in gesteigerter Deutlichkeit hervorzutreiben – das offenbart ein synchroner Blick auf jene zwei noch vor Prozessende erschienenen Texte, die sich durch ihre analogen Titel selbst in ein direktes Verhaltnis zueinander zu setzen scheinen: Martin Walsers »Unser Auschwitz« und Peter Weiss' »Meine Ortschaft«. In ihrer literarischen Näherungsbemühung an das Sinnbild der NS-Massenvernichtung – ausgelöst durch den Frankfurter Prozess – entscheiden sich beide Autoren für ein Possessivpronomen.

Martin Walsers Essay »Unser Auschwitz«, nach einer ersten Fassung in der *Frankfurter Abendpost* in ausgearbeiteter Form in der ersten Nummer des von Hans Magnus Enzensberger herausgegebenen *Kursbuchs* erschienen, nimmt seinen Ausgang von einigen spektakulären Zeitungsschlagzeilen, die anlässlich des Frankfurter Prozesses erschienen waren: Walser nennt beispielsweise »Frauen lebend ins Feuer getrieben«, »Todkranke von Ratten angenagt«, »Der Gnadenschuss in der Frühstückspause«, »In Auschwitz floss der Alkohol« und weitere. Diese Überschriften, so Walser, seien geeignet, eine Distanz zwischen »uns« und Auschwitz herzustellen. Walser wörtlich: »Mit diesen Geschehnissen, das wissen wir gewiss, mit diesen Scheußlichkeiten haben wir nichts zu tun. Diese Gemeinheiten sind nicht teilbar. In diesem Prozess ist nicht von uns die Rede.« Von ihm selbst, als Teilhaber an diesem »wir«, heißt es später: »Ich verspüre meinen Anteil an Auschwitz nicht, das ist ganz sicher. Also dort, wo das Schamgefühl sich regen, wo Gewissen sich melden müsste, bin ich nicht betroffen.«[14]

Die von Walser an »sich« und »uns« beobachtete Distanz zum Auschwitz-Geschehen im Zusammenhang mit dem Prozess führt er – sprachkritisch – auf die Untauglichkeit der verwendeten Metaphern und Vergleiche zurück. »Mit solchen Wörtern«, so Walser, »halten wir uns Auschwitz vom Hals«. Rhetorisch fragt Walser: »Haben diese Brutalitäten unser Bewusstsein erreicht? Haben sie uns darüber belehrt, was Faschismus ist?« Die Summe der Argumentation bis hierhin zieht Holger Gehle mit folgenden Worten: »›Unser‹ Auschwitz – nach dieser Distanzierung, bei fehlender Betroffenheit, nach der sprachlichen Kapitulation vor zuviel Unmenschlichkeit – ›unser Auschwitz‹ gibt es demnach gar nicht. Dieses Auschwitz ist ›uns‹, dem Kollektiv der deutschen Prozessbeobachter, nicht zu eigen. Da ist sich Walser ›ganz sicher‹.«[15]

Den Gewinn, den Walser gleichwohl scheinbar aus dem Prozess zu ziehen sucht, besteht in der Einsicht, dass der »Faschismus« viel weniger in den »brutalen Fakten«, die der Prozess zutage fördere, als in seinem Charakter eines »Betriebssystems« erkennbar werde; Walser schreibt: »Man muss sich die Todesfabrik vorstellen ohne die Requisiten und Eigenschaften, die jetzt den Angeschuldigten vorgeworfen werden. (...) Auschwitz ohne diese ›Farben‹ ist das wirklichere Auschwitz.« Diese Einsicht ist allerdings eher *gegen* den Prozess in Frankfurt gewonnen. Der hier von Walser geübte – und bevorzugte – strukturanalytische Blick auf Auschwitz steht, wie der Autor noch deutlich macht, Einfühlung und Nachvollzug des Lagergeschehens entgegen. Während letztere zu einem echten Verständnis des Faschismus nicht taugten, sei jene Perspektive, die auf Struktur- und Funktionsbeschreibung des Lagerkosmos ziele, im deutschen Publikum nicht wirklich durchsetzbar. Ans Ende seines Essays rückt Walser daher die skeptischen Worte: »Für uns

(...) wird Auschwitz keine Folgen haben. (...) Möglich, es wird uns gegen Ende des Jahrhunderts wieder so langweilig, wie es den feineren Menschen schon am Jahrhundertanfang war. Am Ende kommen wir wieder auf Ideen. Und das ist gern der Anfang des Schrecklichen.«[16]

Walsers Text ist durchsetzt vom »wir«, auf das das Possessivpronomen des Titels bereits programmatisch vorausweist. Walsers »wir« in »Unser Auschwitz« ist problemlos zu bezeichnen: Er meint das deutsche Kollektiv – allerdings jenes bezeichnende deutsche Kollektiv der Diskursgewohnheit von 1965, in dem programmatisch *nicht* unterschieden wird zwischen den großen und den kleineren Tätern, den Denunzianten und den Mitläufern, Wehrmachtsangehörigen und HJ-Mitgliedern, Zuschauern und Resistenten, SS und Volkssturm. Der Maßstab dieser Differenzierung hätte »Schuld« geheißen. Hermann Kesten hatte die Weigerung, die Frage nach individueller Schuld gesellschaftlich zu stellen – und zu beantworten –, auch in der Gruppe 47 vorgefunden und einmal in die bittere, eben *nicht* paradoxe Charakterisierung gekleidet: »Sie sahen Gräuel oder übten Gräuel (...). Sie wurden denunziert oder Denunzianten.«[17] Martin Walser, Jahrgang 1927, ist dieses Kollektiv ganz natürlich.

Dieser »Wir«-Verwendung gewinnt Walser jedoch in seinem Essay eine besondere Virulenz ab. Sie basiert auf einer doppelten Suggestion, die er durch die geschickte Verwendung der »richtigen« Personal- und Possessivpronomen erzielt: zum einen die Illusion eines »Mandats« der Sprechinstanz durch das Kollektiv, zum andern die fortgesetzte Einbeziehung des Lesenden in das wiederholte »Wir«. In seiner literatur-, ja, kultur- und gesellschaftspolitischen Summe erhebt Walsers Essay keinen geringeren Anspruch als den, die Perspektive zu formulieren, die das deutsche Kollektiv auf Auschwitz nach dem Frankfurter Prozess haben soll. Zu diesem Zweck wirbt nicht ein »ich« um Zustimmung für seinen Standort, sondern dieses »ich« ist – rhetorisch – schon das »wir«.

In diesem Blick auf das diskurspolitische Profil von Walsers Essay muss die Bestimmung des »wir« als deutsches Kollektiv allerdings noch um einen weiteren historischen Aspekt erweitert werden. Mit der zunehmenden Einsicht in die zentrale Stellung des Holocaust in der Geschichte des Nationalsozialismus ist es selbstverständlich geworden, dass jede Rede vom deutschen Kollektiv im Kontext der nationalsozialistischen Vergangenheit stets ausdrücklich die *nicht*jüdischen Deutschen meint, die Juden *nicht* meint. Diese Bedeutung fehlt jedoch dem Sprachgebrauch der sechziger Jahre und damit auch dem Walser-Essay. Das

»Wir« des Essays meint nicht »uns Deutsche – ohne Juden« – sondern nur »uns Deutsche«. Dieser Unterschied, diese fehlende Dimension ist bedeutsam dafür, wie im Essay das Verständnis davon, was »Unser Auschwitz« ist, gewonnen wird. Zu »uns Deutschen« wird nicht grundsätzlich ein anderes, ein Gegenüber mitgedacht, dessen Blick auf Auschwitz den eigenen in Frage stellen, relativieren und korrigieren könnte. In Walsers »wir« sind »andere« – in ihrer erkenntniskritischen Potentialität – abwesend. Erkenntnis entsteht daher nicht durch Diskursivität, Austausch, sondern indem »wir« in »uns« hineinhorchen. Als »andere« firmieren im Essay tatsächlich nur die Alliierten, wie sie beispielsweise in Nürnberg aufgetreten sind; und »die Wirkung dieser Prozesse«, schreibt Walser im Essay, war »auf uns alle sehr gering«.[18]

Ein besitzanzeigendes Fürwort hatte auch Peter Weiss in den Titel seines Textes aufgenommen. Weiss besuchte zusammen mit Vertretern des Frankfurter Gerichts sowie von Anklage und Verteidigung am 14. Dezember 1964 das ehemalige Vernichtungslager im Rahmen einer von einem Nebenkläger beantragten Ortsbesichtigung. Das Possessivpronomen ist zunächst dem Schreibanlass geschuldet: Klaus Wagenbach hatte eine Reihe deutscher Autorinnen und Autoren gebeten, für einen »Atlas« eine Ortsbeschreibung »ihres«[19] Ortes, der eben nicht notwendig ihr Geburts- oder Wohnort hatte sein sollen, zu verfassen. Im Verlauf seines Beitrags verwandelt Weiss den Herausgeberwunsch nach der Schilderung eines dem jeweiligen Autor ganz eigenen Ortes zum archimedischen Punkt des Textes. In einer kurzen Diskussion über etwa in Frage kommende Ortschaften wählt das Ich jene aus, »für die ich bestimmt war und der ich entkam. Ich habe selbst nichts in dieser Ortschaft erfahren. Ich habe keine andere Beziehung zu ihr, als dass mein Name auf den Listen derer stand, die dorthin für immer übersiedelt werden sollten.«[20]

Das »Ich«, wie es hier benutzt wird und das Subjekt des Possessivpronomens bildet, steht schon ganz für das auch weiterhin im Text verwandte: als autobiographisch perspektivierte Erzählinstanz, die den Leser durch das Lager führt: »Ich bin hierher gekommen aus freiem Willen. Ich bin aus keinem Zug geladen worden. Ich bin nicht mit Knüppeln in dieses Gelände getrieben worden. Ich komme zwanzig Jahre zu spät hierher. (...) Dort steht ein Galgen. (...) Ich steige die Böschung hinauf (...) Viel darüber gelesen und viel darüber gehört. (...) Hier die Küchengebäude am Hauptplatz. (...) Vorherrschender Eindruck, dass alles viel kleiner ist, als ich es mir vorgestellt hatte. (...) Hier ist der Waschraum des Block Elf. (…) Hier die Treppe, die hinabführt zu den Bunkern. (…) Hier, an diesem schmalen Wohnraum, befinden sich die vier Stehzellen.«[21]

Der Unterschied zu Walsers »wir« ist offenkundig. Das Subjekt, das in Weiss' Text spricht, kann sich zunächst überhaupt nur als einzelnes, nicht als kollektives konstituieren. Ausgangspunkt des Verstehensversuches ist äußerste, mit seiner traumatischen Bedeutung auch, wenn man so will, privateste Subjektivität. Es setzt sich damit in ein explizites Gegenüber sowohl zu jedem etwaigen »du« wie einem »wir«. Gleichwohl hat der Leser es hier nicht etwa mit einem Augenzeugenbericht zu tun, dem – über Mahnung und Gedenken hinaus – jede weitere spezifische diskurspolitische Intention fehlt, d. h. die Absicht, auf die Formen öffentlicher Rede gezielt zu wirken. Auch Weiss zielt darauf – hierin durchaus mit Walser vergleichbar –, einer bestimmten Perspektive auf das Geschehen in den Lagern zum Durchbruch zu verhelfen. Die berühmte Schlusspartie von »Meine Ortschaft« bildet dafür den prägnantesten Beleg. Die Erzählinstanz, eben noch ein »ich«, wird nun wie von außen, als ein »er« geschildert: »Ein Lebender ist gekommen, und vor diesem Lebenden verschließt sich, was hier geschah. (…) Jetzt steht er nur in einer untergegangenen Welt. Hier kann er nichts mehr tun. Eine Weile herrscht die äußerste Stille. Dann weiß er, es ist noch nicht zu Ende.«[22] Im Bemühen, die autobiographisch aufgespürte und gesicherte Perspektive auf das Geschehen in den Lagern universalistisch zu wenden, wechselt Weiss das Erzähl-Ich durch das objektivere »er« aus.

Der signifikante Unterschied zwischen beiden Texten ist nicht dadurch bestimmt, dass der eine Autor zum Täter-, der andere zum Opferkollektiv zählt, sondern in ihrer Entscheidung für und gegen eine *bewusste* Subjektivität als Ausgangspunkt poetologischer Erkenntnisfähigkeit. Der Stellenwert, den diese Entscheidung des Schriftstellers bei jeder literarischen Befassung mit der NS-Epoche in literaturhistoriographischer Perspektive einnimmt, hat Klaus Briegleb in seinem Beitrag »Vergangenheit in der Gegenwart« für den Band *Gegenwartsliteratur seit 1968* bezeichnet. Unmittelbarkeit zur Epoche des NS-Faschismus wird literarisch eingegangen, gewagt, indem die Autoren »›primärhistorisierende‹, (…) subjektgeschichtliche Arbeit am NS-Trauma« verrichten; »sie wird geleistet von Subjekten, die zur ›Wahrheit‹ ihrer Geschichte kommen, indem sie die ›Wendepunkte‹ ihres Lebens aktualisieren.«[23] Neben Peter Weiss gilt Ingeborg Bachmann Briegleb als die herausragende Schriftstellergestalt, die ihr Werk im Zeichen solcher subjektgeschichtlichen Anstrengung verfasst habe. Mit der Bemerkung, dass »mehr Wahrheit über das gesellschaftliche NS-Kontinuum aufgeschrieben werden kann, wenn die Analyse aufgerissen wird in die subjektiven Vertikalen der Verstörung im Tätervolk«,[24] ist direkt auf eine Formulierung Bachmanns angespielt, die als Metapher subjektgeschichtlich verfassten Schreibens lesbar ist: »›Es gibt in der Kunst keinen Fortschritt in der Horizontale, sondern nur das immer neue Aufreißen einer Vertikale.‹«[25]

Die beiden Texte von Martin Walser und Peter Weiss offenbaren geradezu paradigmatisch den Unterschied in den Ergebnissen, die die Entscheidung für oder gegen, genauer: die Bereitschaft oder Nicht-Bereitschaft zum Aufreissen jener subjektgeschichtlichen Vertikalen notwendig zur Folge hat. Derart begriffene und auch poetologisch reflektierte Subjektivität bürgt – nach einem Wort Wolfgang Hildesheimers – nicht nur für »Wahrhaftigkeit«, eine Eigenschaft, die nirgends so unverzichtbar sein musste wie im Blick auf Auschwitz. Sondern sie stellt vor allem auch die Voraussetzung jener »Intersubjektivität« dar, durch die allein »ein objektives Bild des Gegenstandes entstehen«[26] könne. Die Rückhaltlosigkeit des Blickes auf sich selbst im historischen Kontext der NS-Massenvernichtung bildete die notwendige Bedingung jeder literarischen Bemühung im direkten historischen Nachraum des Nationalsozialismus, die die genuine Erkenntnisfähigkeit der Literatur gerade am Gegenstand der NS-Massenverbrechen und ihrer Voraussetzungen nicht preisgeben wollte. In literaturhistoriographischer Perspektive wird daher der subjektgeschichtliche Blick zum Maßstab gerade auch für jene – schmale – literarische Produktion, die vom Frankfurter Auschwitz-Prozess entweder ihren Ausgang nahm oder aber in entscheidenden Partien auf ihn zurückverweist.

Jener Text, über den der Frankfurter Auschwitz-Prozess Eingang in die Weltliteratur gefunden hat, Peter Weiss' im Oktober 1965 an fünfzehn Bühnen gleichzeitig uraufgeführte *Ermittlung*, scheint auf den ersten Blick wie eine eklatante Gegenthese zu der poetologisch reflektierten Subjektivität, wie ihr Verfasser sie noch im Text »Meine Ortschaft« zum Ausdruck gebracht hatte. »Eine extreme Variante des Dokumentartheaters«[27], schienen seine Mittel geradezu vorrangig dazu eingesetzt, alles, was nur irgend auf Subjektivität, auf unmittelbare Teilhabe des Autorsubjekts an den verhandelten Gegenständen deuten konnte, auszugrenzen, einzig die Dokumente sprechen zu lassen. Noch im Januar 1964 – vor seinem ersten Besuch des Frankfurter Prozesses zwei Monate später[28] – hatte Weiss zum Stichwort »Endlösung« skeptisch notiert: »Da sind die Sachberichte./ Aber was ist das heute für uns«[29]. Tatsächlich jedoch hatte sich Weiss längst eine spezifische Disposition als Künstler zum Medium des Dokuments erarbeitet. Die für Weiss unhintergehbare Voraussetzung war auch dabei die Faktizität von Auschwitz gewesen, »im Sinnen und Trachten des Autors längst präsent (...), und zwar nicht so sehr als ›interessanter Stoff‹ oder auch als ›Symbol‹ für die Verbrechen des Nationalsozialismus, sondern als ›Meine Ortschaft‹, ›für die ich bestimmt war und der ich entkam‹«,[30] also als zutiefst subjektgeschichtlich erlittene Erfahrung, die – für Weiss notwendig – konstitutiv auf sein Schreiben wirkte. Auf welche Weise einem solcherart verfassten Künstlertum das Dokument zum Bestandteil eines genuinen Ausdrucks gerade nicht abstrakter Verallgemeinerungen, sondern bestimmtester Subjektivität zu werden vermag, hatte Weiss kurz zuvor, im 1962 erschienenen *Fluchtpunkt*, geschildert. Nicht nur wird dort ausführlich die Wirkung einer Filmvorführung über die Vernichtungslager auf den Protagonisten Hieronymus beschrieben – die Bilder, »die so ungeheuerlich waren, dass wir sie zu unseren Lebzeiten nie bewältigen würden (...), gehörten fortan zu unserm Dasein, sie waren nie wieder wegzudenken, und oft machten sie jedes Wort, das gesprochen wurde, jede Aufzeichnung zu Hohn«.[31] Sondern die Figur Hieronymus entschließt sich zu einer künstlerischen Technik, die auf »gefundene Bruchstücke« zurückgreift, auf »unzählige kleine Einheiten (...) aus (...) Büchern und Zeitschriften. (...) Es war alles schon gesagt, die fertigen Bestandteile brauchten nur ergriffen zu werden.«[32]

Die Ermittlung, gefügt aus solchen »fertigen Bestandteile(n)« – die allerdings hatten »ergriffen« und neu zusammengesetzt werden müssen – ist das künstlerische Ergebnis eines Schaffensprozesses, der nicht weniger in der aufgerissenen subjektgeschichtlichen Vertikalen ihres Verfassers verankert war als »Meine Ortschaft«. Weiss kam dabei das den Dokumenten eigene Moment der Unmittelbarkeit zugute. Unmittelbarkeit aber besaß in den gesellschaftlich-politischen, vor allem aber auch sprachlichen und literarischen Erscheinungen im Nachraum des Nationalsozialismus, d. h. den Jahrzehnten nach 1945, kategoriale Qualität. Klaus Briegleb hat diese Qualität im Blick gerade auf Dokumente der NS-Vernichtungspolitik beobachtet: »Es ist, als sei die Vernichtung der Menschen im Strom der Dokumente verewigt, an den Quellen im Archiv das zerstörte menschliche Antlitz aber am Ursprung der Zerstörung unmittelbar festgehalten.«[33] Diese, im »Archiv«, in den Dokumenten angetroffene Unmittelbarkeit zu den NS-Verbrechen bleibt uneinholbar durch wie auch immer verfasste poetische Substitute. Auch literarisches Erinnern, das solcher Unmittelbarkeit Ausdruck verleihen möchte, gerade auch in Anwendung auf heute, gerade auch in der Erfahrung fortdauernder Gegenwart der Vergangenheit, bleibt verwiesen auf »das faschistische Dokument in deutscher Sprache«, dessen Unmittelbarkeit durch keine aktuellere steigerbar ist. In dieser Perspektive wird der Ort des Dokuments noch in den radikalsten literarischen Auseinandersetzungen mit den Massenverbrechen[34] erkennbar. Subjektgeschichtlich fundiertes – und verantwortetes – Schreiben führt in seine Nähe. Weiss kannte diese Strecke. In der *Ermittlung* hatte er sie ein erstes Mal radikal ausgeschritten.

III. Zeugensprachen (Krüger – Weil)

Die Frage, die Reich-Ranicki im Mai 1964 an »die deutsche Literatur unserer Zeit« gerichtet hatte, lautete präzise: »Was fühlen und denken eigentlich diejenigen, die damals kleine Kinder waren, wenn erzählt wird, wie ihre Eltern drei Millionen Menschen in Auschwitz ermordet haben?«[35] War diese Nachfrage historisch konkret gedacht, so musste sie sich zuallererst, wenn nicht exklusiv, an die jüngeren nichtjüdischen Jahrgänge richten, die sogenannte HJ-Generation. Zwar hat Reich-Ranickis Frage eine durchaus subjektive Grundierung: die völlige Unfasslichkeit, das Nicht-begreifen-können, das der jüdische Überlebende vor den Massenverbrechen, die mitten in Deutschland, mitten in Europa geschahen, empfindet. Doch die Nachfrage versteht sich selbst mit vollem Recht historiographisch: Wenn deutsche Literatur von *Innensichten* auf die deutschen Verbrechen handeln sollte, so stand ihr zu – und so konnte von ihr verlangt werden –, *deutsche* Innensichten thematisch zugänglich werden zu lassen. Reich-Ranickis Frage »Was fühlen und denken eigentlich diejenigen, die damals kleine Kinder waren...« ist dabei nichts anderes als die unmittelbare Appellform der von Briegleb ausgesprochenen Forderung nach »›primärhistorisierender‹, (...) subjektgeschichtlicher Arbeit am NS-Trauma«, also »zur ›Wahrheit‹ ihrer Geschichte [zu] kommen, indem sie die ›Wendepunkte‹ ihres Lebens aktualisieren.«[36] Martin Walsers Text steht für die Reaktion eines deutschen Schriftstellers der HJ-Generation auf das Auschwitz-Verfahren, der sehr wohl und dabei äußerst engagiert Stellung bezieht, der subjektgeschichtlichen

Anstrengung – als literarischer – und damit der Frage von Reich-Ranicki jedoch ausdrücklich ausweicht. Der ganze Duktus von Reich-Ranickis Wortmeldung verrät, wie vertraut dem Kritiker dieses Ausweichen der deutschen Literatur längst war. Es ist diese Erfahrung, die ihn das Werk eines bis dahin wenig bekannten Autors so eindringlich empfehlen lässt; es ist diese fundamentale Disposition der deutschen Nachkriegsliteratur, die den singulären Rang von Horst Krügers Deutschland-Buch begründet.

In einem Nachwort, das der Autor zehn Jahre nach dem Ersterscheinen 1966 für *Das zerbrochene Haus – Eine Jugend in Deutschland* verfasste, schildert er die Entstehungsgeschichte des Buches. Mitte der sechziger Jahre war der 1919 geborene Krüger mit dem relativ späten Entschluss, »das Leben eines freischaffenden Schriftstellers zu beginnen«[37], nach Frankfurt gezogen. Die Stadt »bot damals viel Stoff für den kritisch engagierten Zeitgenossen. Unter den Menschen, die ich hier kennenlernte, war auch der inzwischen verstorbene, doch unvergessene hessische Generalstaatsanwalt, der eben dabei war, den Auschwitz-Prozess vorzubereiten. Fritz Bauer wurde mir zum Freund. Er lud mich zum Prozess ein. Ich saß vier Wochen lang als stummer Zeuge im Gerichtssaal und schrieb danach, zunächst für die Zeitschrift *Der Monat*, eine Prozess-Reportage, die, etwas erweitert und überarbeitet, jetzt das letzte Kapitel des ›Zerbrochenen Hauses‹ bildet.«[38]

Der Frankfurter Auschwitz-Prozess wird für Krüger zum Auslöser einer intensiven, psychoanalytisch grundierten Selbstschau; Traumprotokolle fungieren als Scharniere in seiner Bemühung, »die Rätsel unserer Lebensgeschichte im Kontext der Geschichte unserer Gesellschaft zu lösen, und zwar im Detail«.[39] In seinen präzisen Vergegenwärtigungen insbesondere seines Elternhauses, an sich »unpolitisch«,[40] des Selbstmordes der Schwester, der Freundschaft zu einem Kommunisten, der eigenen Verhaftung und späteren Desertion versucht Krüger jene Dispositionen, jene gesellschaftlichen und individualbiographischen Sachverhalte aufzuspüren, die zu jener Katastrophe führten, für die die in Frankfurt verhandelten Verbrechen stehen. Diese literarische Arbeit, die eindringlich das Aufreissen der »subjektiven Vertikalen der Verstörung im Tätervolk«[41] demonstriert, ist von Krüger als »Zwang« empfunden worden: »Habe ich es wirklich geschrieben? Schrieb es sich nicht von selbst? Es war ein Anfang, ein Aufbruch, ein erster Versuch der Selbstbefreiung. (...) Zwang ist am Werk, unbewusste Dynamik, sich endlich zu befreien von einer schweren Last. Die Last hieß Vergangenheit, Jugend, Trauma der Kindheit: eine sehr persönliche und zugleich politische Geschichte. Am Anfang will man nicht schreiben. Man will sich aus unerträglichen Drucksystemen retten.«[42]

Mit seiner Bereitschaft, die Kräfte aufzubringen, die solche literarische Arbeit gleichwohl erforderte, blieb Krüger unter seinen deutschen Kollegen jedoch fast völlig allein. Diese Einsicht klingt, als Prognose, schon in Wolfgang Koeppens Rezension der Erstausgabe des *Zerbrochenen Hauses* mit, in der es heißt: »Dabei könnte, sollte Krügers Blick in Zorn und Trauer ein deutsches Hausbuch werden, in jenem guten, überlieferten Sinn, dass einer aufgeschrieben und bewahrt hat, was einem Volk widerfahren ist.«[43] Krüger wusste: Davon zu schreiben, »wie es wirklich war, das mit Hitler und den Deutschen«,[44] hieß für einen Deutschen seiner Generation, von sich selbst zu schreiben. Auch in »Ein[em] Ort wie Eichkamp«[45] war man Zeuge gewesen von dem, was jetzt in Frankfurt zur Sprache kam. Lange hatte man geschwiegen – vor allem sich selbst gegenüber. Krügers Buch hat seinen Quellpunkt in der Unerträglichkeit dieses Schweigens. Dieses Schweigen war nicht notwendig Stille. Es war deutlich – für manche: quälend – vernehmlich überall dort, wo in der Konfrontation mit den NS-Verbrechen nicht von der eigenen Geschichte gesprochen, wo Reich-Ranickis sehr einfache Frage unbeantwortet blieb.[46]

Für Grete Weil hatte der Frankfurter Prozess kein originärer Auslöser einer literarischen Selbstvergewisserung im Raum der NS-Epoche sein können. *Ans Ende der Welt* und *Tramhalte Beethovenstraat* hatten – im Wege eines subjektgeschichtlichen Schreibens, das auf seine kommende Radikalisierung schon deutete – Unmittelbarkeit zum Katastrophischen des Nationalsozialismus literarisch eindringlich verwirklicht; von der Darstellung der Gegenwärtigkeit des Vergangenen im *Tramhalte*-Buch, d. h. von der konkreten Lebenswirklichkeit der Überlebenden in Deutschland heute, schien kein Weg zu führen zu jenem Frankfurter Prozessraum, in dem Schwerstbeschuldigte auf unfasslichste Weise leugneten, was die Erzählerin und ihre Figuren – und Überlebende in aller Welt – zeichnete. Und dennoch bricht der Prozess herein auch in ihre Wirklichkeit. Auf welche Weise und mit welchen Folgen dies geschieht, ist gestaltet in der 1968 erstveröffentlichten Erzählung »B sagen«.

Während eines Besuchs der mexikanischen Tempelanlage Chichén Itzá wird die Ich-Erzählerin auf das scheinbar nichtendenwollende Kontinuum der Gewalt in der Menschheitsgeschichte gestoßen – und auf die permanente Versuchung, der Einsicht in dieses Kontinuum auszuweichen. An einem Tümpel, in dem in Vorzeiten junge Mädchen und Frauen ertränkt wurden, denkt sie: »Lieblich und schön. Stille Wasser sind tief. Was unten ist, kommt nicht wieder zum Vorschein. Vorbei ist vorbei. Auch die eigene Vergangenheit. Vergeblicher Versuch, sich im Auschwitz-Prozess vorzustellen, dass es gerade diese schäbig aussehenden, alten Männer waren. Über den Eindruck, dass mittelmäßige Schauspieler im freundlichen Gemeindehaus ein Grandguignol-Stück spielen, geht es nicht hinaus. Stichworte: Phenolspritzen, Selektion, politische Abteilung, Bogerschaukel, Lili Tofler, Block 11, Schwarze Wand.«[47]

Die NS-Verbrechen werden hier mit Begriffen aufgerufen, die zu Standardvokabeln im Frankfurter Verfahren geworden waren, und dem Namen einer überlebenden Zeugin; Worte und Name waren in die Presseberichterstattung über den Prozess eingegangen[48] und zu *Signalwörtern* geworden, ähnlich den Worten »Marschmarsch!«, »Oberscharführer«, »Rampe« u. v. a. m., die noch Jahrzehnte später von Überlebenden aus aller Welt, gleich ob sie polnisch, jiddisch, russisch, französisch, englisch sprachen, unwillkürlich, nur deutsch gesprochen wurden, das heißt: im originalen Idiom der Vernichtung schlechthin. Ein solches Signalwort bildet ein entscheidendes dramaturgisches Scharnier in Weils Erzählung: Denn plötzlich erinnert sie sich, dass der Begriff *»the Black wall of the Toltecs«*, den der Fremdenführer benutzt hatte, exakt der »Schwarzen Wand« aus dem Frankfurter Prozess entspricht; und schon glaubt sie in dem eigentlich eher britisch aussehenden *guide* einen bestimmten SS-Mann aus dem besetzten Amsterdam wiederzuerkennen: »Er ist es, kein Zweifel.«[49]

In der Folge imaginiert die Ich-Erzählerin – die den Fremdenführer zu keinem Zeitpunkt tatsächlich anspricht; die Evidenz ihrer Annahme bleibt daher bis zum Schluss offen – ein Verfahren, in dem sie selbst als Zeugin fungiert, der Mann – »W.«, den genauen Namen kann sie nicht erinnern, »(...) heißt er überhaupt Weber? Es kann auch Wagner oder Werner oder Winkler sein«[50] – als Angeklagter. In ihrer Vorstellung spielt sie die Selbstverteidigung des Mannes – »wenn er zugäbe, W. zu sein« – durch. In diesem Ich-Monolog macht W. zunächst eine Reihe »traditioneller« Argumente geltend, wie sie regelmäßig in NS-Verfahren zu Gehör gekommen waren: Befehlsnotstand – »Befehl ist Befehl. Bei Weigerung wäre es aus gewesen mit mir. (...) und zum Märtyrer bin ich nicht geschaffen«[51] , Beweisnot – »Gesetzt den Fall also, der eine oder andere könnte behaupten, mich an jenem Ort, dessen Namen ich lieber nicht in den Mund nehme, gesehen zu haben, auf der Rampe vielleicht oder in einer Schreibstube oder beim Appell, würde das lange noch nicht heißen, ich hätte dort jemanden gequält. Wie man es dem Boger und dem Kaduk ganz leicht hat beweisen können«[52] – und schließlich auch seine Erziehung zu Befehl und Gehorsam schon von klein auf.

Doch dann nimmt seine Argumentation eine Wendung. Er stellt in Abrede, noch derjenige zu sein, der er womöglich einmal, vorgeblich, an anderem Ort gewesen sei. Beweiskraft soll diese Überlegung gewinnen, indem er sein Gegenüber fragt: »Sind Sie noch dieselbe (...)?« und diese Frage selbst beantwortet: »Sie haben sich abgefunden, wie jeder sich abfindet, der überlebt. Schmerz wird zur Skepsis, Empörung zu Unbehagen, und wenn ich Sie so sehe, auf einer Reise, die eine Stange Geld kostet, gut angezogen, an Kunst und Menschen interessiert, möchte ich wetten, dass Sie sich nicht nur abgefunden haben, sondern im Großen und Ganzen recht einverstanden sind mit dieser Welt, die sich zwar für Sie gebessert hat, aber für den größten Teil der Menschen immer gleich schlecht ist. Sie protestieren gegen das, was Sie nicht mögen, gegen Atombomben, Vietnamkrieg und Apartheid. Prostest macht Ihnen Spaß, ja, wahrscheinlich würde Ihnen etwas fehlen, wenn es nichts mehr zu protestieren gäbe. Doch von der jungen Frau, die aus Verzweiflung die Welt in Brand stecken wollte, ist nichts mehr da.«[53]

W. weist dann auf jene Momente im Leben der Ich-Erzählerin hin, die er als »Augenblicke *Ihrer* Schuld«[54] kennzeichnet – von hier nimmt eine rückhaltlose Rechenschaftslegung ihren Ausgang, die schließlich in den Vorwurf einer Konstellation aus eigener Teilhabe an der Genese der Katastrophe und dem Sich-Abgefunden-Haben mit dem – doch unveränderten skandalösen – *status quo* mündet. »B sagen« steht dabei für den Preis, den eine Überlebende, die in dieser Kondition lebt, fortlaufend zu zahlen hat. Die Beschwörung solcher Existenz, wie Weil sie durch W. formulieren lässt, mündet erneut in eine unmittelbare Reminiszenz des Frankfurter Prozesses. »B sagen, B sagen. Nach London fahren, wenn das Bolschoi dort gastiert, in Antibes zu Picasso gehen, in Biot zu Léger, Umwege für eine romanische Kirche machen, wissen wo was wann, lesen, schauen, lesen, Musik hören, fernsehen, sich in der Geschichte auskennen, keinen Führer brauchen durch Kunst- und Folterstätten, Meinungen haben, Meinungen äußern, über den Prozess des Sokrates reden und über den der Boger und Kaduks, schreiben wie die Katze um den heißen Brei, weil sich über nichts nicht schreiben lässt, Breiflecken auf dem Papier und verbrannte Pfoten. (...) B sagen, B sagen. Stets angewandt, weiterentwickelt, doch nie zur Meisterschaft gebracht. Und die rasende Angst, dass einmal, in einem Krankenhausbett, einem Straßengraben die mühsame Reue kommt, sich nicht für das Entweder entschieden zu haben. Die Stunde der Wahrheit, und die Wahrheit ferner denn je. Wer könnte Ihnen die Wahrheit sagen? Was ist Ihre Wahrheit? (...) Gut, es war entsetzlich, was Las Casas beschrieb und die Zeugen aussagten gegen Boger. Die Spanier haben es nicht geglaubt, die Deutschen glauben es nicht. Diese Dinge werden getan, aber nicht geglaubt. Wer glaubt schon an James Bond und die Comic-strips? Nicht einmal die Zehnjährigen. Die saßen, klassenweise hineingeführt, auf den vordersten Plätzen in jenem Prozess, räkelten sich, bohrten in der Nase, knufften den Nachbarn und hörten nur zu, wenn es um Grausamkeiten ging. Erziehung zum Staatsbürger. Ihre Demokratie. Übrigens gab es in dem Prozess einen Anwalt, der war von Anfang an dabei, ein ganzes Jahr lang, jede Woche drei Tage. Dann passierte es ihm, dass er durch eine Straße kam, in der ein Mensch überfahren worden war. Das Blut stand noch auf dem Pflaster. Später erkannte er, dass er sich erst in diesem Augenblick habe vorstellen können, wie es gewesen sei, dort in dem Boger-Ort. Ein bisschen Flüssigkeit überzeugte ihn mehr als alle während eines Jahres gesprochenen Worte. Brauchen Sie aus der Brust gerissene Herzen als Information? Eine schwarze Wand als Stimulans für Ihre Phantasie? Das ist zu einfach. Wir beide wissen Bescheid, kennen uns aus im Nichts, das wir nicht verstehen mit unserem Kopf, doch mit unseren Nerven, im Wachen, im Schlafen, mit jedem Herzschlag. Das unterscheidet uns von den anderen, ist unsere Gemeinsamkeit, unsere Kumpanei.«[55]

Den erzähllogischen Ausgangspunkt dieser Begegnung zwischen der Ich-Erzählerin und W. bildet das Signalwort »Schwarze Wand«: »Sie waren in Auschwitz. Woher hatten Sie sonst den Ausdruck Schwarze Wand?«[56] Diese Verknüpfung erscheint absurd, war doch auch die Ich-Erzählerin, wie man aus ihrem Bericht schließen kann, nicht in Auschwitz und kennt doch gleichwohl die Ausdrücke der Wachmannschaften, wie ihnen im Gefolge des Frankfurter Prozesses jeder Zeitungsleser – und natürlich auch W., in Mexiko – hat begegnen können. Es ist dieses vermeintliche Paradox, das vielleicht am deutlichsten den spezifischen Status jener Sprache markiert, die erst das Procedere des forensischen Verfahrens einem Überlebenden-Ich wie dem in Weils »B sagen« zugänglich gemacht hat. Indem das Verfahren – großenteils aus dem Vokabular des SS-Wachmannschaften-Jargons – Begriffe, die in einer unbestreitbaren, authentischen Unmittelbarkeit zu den Verbrechen entstanden waren, aus der Verborgenheit mehr oder weniger diskret verlautbarter privater Erinnerungen herausgelöst und ihre mörderische, katastrophische Aufladung in zum Teil denkwürdigen Prozessszenen unüberhörbar markiert hatte, war zugleich ein für die Öffentlichkeit neues, fraglos monströses Vokabular der Beschreibung dessen, was doch unbeschreiblich schien, zu Tage gefördert. Der Umgang der Ich-Erzählerin mit diesen Begriffen steht ganz im Raum dieser spezifischen, allerdings um ihr eigenstes persönliches Erleben der Verfolgung erweiterten Erfahrung: Die Signalwörter des Frankfurter Verfahrens sind Kennwörter einer nicht steigerbaren, stets subjektiv verbürgten Nähe – Unmittelbarkeit – zu den Vernichtungsverbrechen; so vertraut der Ich-Erzählerin diese Nähe seit Jahren auch war – es sind die Vokabeln des Frankfurter Prozesses – keine anderen –, mit deren Hilfe sie, zumindest doch vorläufig, diese Erfahrung benennt, »greift«. Die Authentizität, die historische Unmittelbarkeit dieser Sprache zu den Tatorten, scheint ihr so gesteigert, dass ihre Verwendung allemal verräterisch ist – wer so spricht, »war dort«.

Die Gemeinsamkeit solchen Sprachwissens wird im Verlauf der Erzählung zur Kennung einer umfassenderen, tiefer reichenden und quälenderen Gemeinsamkeit: jenes »Bescheidwissen«, von dem W. spricht und das ihn und die Ich-Erzählerin unweigerlich zusammenführt bei jeder Begegnung mit Menschen, die vom »Boger-Ort« allenfalls aus der Zeitung erfahren haben. »Negative Symbiose« – jene Unlösbarkeit des Selbstverständnisses von Juden wie Deutschen vom Ergebnis des Holocaust, die Dan Diner in seinem berühmten Aufsatz von 1986 zu kennzeichnen suchte[57] – erhält in »B sagen« einen spezifischen, zugleich dramatisch konkreten Ausdruck: So unvereinbar die Erfahrungen der Vernichtungspolitik durch Täter und Opfer waren – im Angesicht etwa der Zuhörer im Frankfurter Prozess stellt sich unweigerlich »Gemeinsamkeit« ein. Am Beispiel des Anwalts, der erst der zufälligen Augenzeugenschaft eines Verkehrsunfalls bedurfte, um sich eine wohl kaum mehr als behelfsmäßige Vorstellung dessen machen zu können, was Gegenstand der Anklage war, führt W. noch einmal suggestiv vor, wie die Perspektiven jener, die am »Boger-Ort« gewesen waren *ungeachtet* ihrer Funktion, zu einer letztlich gemeinsamen zusammenfallen kann. »Wir beide wissen Bescheid« – aus solcher Gemeinsamkeit gibt es keine Entlassung. Sie wird täglich besiegelt durch ein immer wieder erneuertes Sich-Abfinden, ist längst unentrinnbar geworden durch die Jahre des Arrangements, des »B sagens«, der Teilhabe an einer Gegenwart, in der doch die Vergangenheit unübersehbar *fortlebt*, eines Lebens, das unzweideutig als fortgesetzter Frevel am Andenken der Opfer begriffen ist.

Zusammen mit den beiden anderen Erzählungen, die der Band *Happy, sagte der Onkel* enthielt, bildete »B sagen« Grete Weils Antwort auf die Forderungen, Ansprüche und Wünsche, vor die sich viele in Westdeutschland lebende Juden durch die antiautoritäre Bewegung und ihre Wortführer gestellt sahen – ein Kontext, in dem »Negative Symbiose«, wie Weil sie hier geschildert hatte, eine weitere, spezifische politische Aufladung erfuhr.[58] Das bescheidene Echo auf Weils Buch dokumentiert die völlige Folgenlosigkeit solcher, in ihr eigener Unmittelbarkeit zum Frankfurter Prozess entwickelten Zeugensprache für die deutsche Öffentlichkeit. Maria Frisé stellte in der *Frankfurter Allgemeinen Zeitung* nach Lektüre immerhin fest, dass »Auschwitz (...) nicht vergangen«[59] sei; der Rezensent des *Spiegels* hatte nach einem im notorisch nassforschen Stil durchgeführten Umherspringen zwischen den Seiten des Buches zusammenfassend notiert: »Dass der Mensch ein Umhergetriebener, Heimatloser sei und der ›ewige Jude‹ sein Archetypus, kennt man aus weit schlechteren Büchern. Grete Weil (...) hält ihre autobiographischen Erzählungen in der Schwebe zwischen lakonisch-larmoyanter Bitterkeit und heiterer Resignation.«[60]

Solcher Fehllektüre stand – anderswo – ein Lesen gegenüber, das offenkundig bereit war, sich der Last, von der die Texte handeln, auszusetzen. Robert Raphael Geis, ein in Frankfurt geborener Rabbiner und enger Freund Weils schon seit Ende der zwanziger Jahre, der »im Gegensatz zu fast allen Emigranten (...) nicht entsetzt« war, als sie ihm 1947 vom Plan ihrer Remigration nach Deutschland berichtet,[61] und der selbst 1952 nach Deutschland zurückgekehrt war, schreibt der Autorin in einem Brief vom 27. Juni 1968, er habe sich »peinigend angepackt [gefühlt] von ›B sagen‹«.[62] Doch das war gesprochen unter Überlebenden. Dass eine vergleichbare Bereitschaft zur Rezeption dessen, wovon Weils Erzählungen handelten, in der deutschen Öffentlichkeit nicht existierte – das war eine Kennung der deutschen Literaturverhältnisse, die auch die künftige literarische Arbeit nicht nur Grete Weils auch *nach* dem Frankfurter Prozess nahezu unverändert begleiten sollte.

IV. Schuldlast (Andersch)[63]

Ein Jahr vor Grete Weils »B sagen« erschien ein literarischer Text, der gleichfalls aus der Perspektive eines jüdischen Überlebenden-Ichs erzählt ist – und in den gleichfalls wörtliche Zitate aus dem Frankfurter Auschwitz-Verfahren collagiert sind: Alfred Anderschs Roman *Efraim*. Von diesen beiden – allerdings bedeutsamen – Übereinstimmungen abgesehen, haben die beiden Texte wenig gemein. Doch einer der herausragendsten Unterschiede besteht in der vom Erzähl-Ich Efraim wiederholt vorgetragenen Deutung der NS-Massenverbrechen als Ergebnis von Zufällen: »Ich mag das Wort Schicksal nicht, ich weigere mich, in der Einrichtung von Gaskammern eine Fügung zu erkennen – nein, sie waren das Ergebnis verschiedener Zufälle. Wie ich schon anlässlich der Schilderung meines Besuches bei Frau Heiß geschrieben habe, war es purer Zufall, dass vor zwanzig Jahren Juden ausgerottet wurden, und nicht ganz andere Leute zwanzig Jahre früher oder später, jetzt zum Beispiel.«[64]

Anderschs Roman erzählt von dem deutsch-jüdischen Emigranten Georg Efraim, der rechtzeitig aus Nazi-Deutschland hatte fliehen können, während seine Eltern in Auschwitz ermordet wurden. In England war er nach dem Krieg Journalist bei einer angesehenen Zeitung geworden. Sein Chefredakteur war in den dreißiger Jahren eine Verbindung zu einer deutschen Jüdin in Berlin eingegangen, hatte sie und ihre gemeinsame Tochter Esther jedoch noch vor Kriegsbeginn verlassen und war nach England zurückgekehrt. Er schickt Efraim mit dem Auftrag nach Berlin, ausfindig zu machen, ob Esther überlebt hat. Dieser Deutschland-Besuch konfrontiert den Ich-Erzähler mit einer Fülle von Eindrücken und Erlebnissen, die ihn immer wieder zu einer Reflexion über die NS-Verbrechen zwingen. Die Unfassbarkeit des Geschehenen übersetzt das Erzähl-Ich in eine Zufallstheorie, die den gesamten Ich-Bericht durchzieht. Bei einem Besuch des einstigen Wohnhauses denkt Efraim: »Wäre ich in diesem Haus geblieben, so würde ich jetzt nicht mit (der gegenwärtigen Mieterin, Frau Heiß, d. V.) an der Gartentüre stehen, weil ich dann zusammen mit meinen Eltern durch Giftgas getötet worden wäre. Natürlich wäre ich das Opfer eines reinen Zufalls geworden. Es ist ein purer Zufall, dass vor zwanzig Jahren jüdische Familien ausgerottet wurden, und nicht ganz andere Familien zwanzig Jahre früher oder später, jetzt zum Beispiel. Eine wirklich schlüssige Erklärung des Endes meiner Eltern habe ich bis jetzt nicht gefunden, und Leute, die Erklärungen dafür bereit haben, sind mir höchst verdächtig. Ebensogut wie Frau Heiß und ihre Töchter sich in einer halben Stunde zum Mittagessen setzen, könnten sie auch zu ihrer Ermordung abgeholt werden, wenn es der Zufall so wollte.«[65]

An zwei exponierten Stellen des Romans ist diese Zufallstheorie direkt gekoppelt an eine durch Kursivierung vom Ich-Monolog abgehobene, in diesen montierte Textpassage offenkundig anderer Provenienz. Ein jüngerer Deutscher hält Efraim einmal erregt entgegen, ob er nicht wisse, »›dass es nur in Deutschland geschehen konnte, nirgends sonst, und genau zu dem Zeitpunkt, an dem es geschah? Es ist gewollt worden, verstehen Sie: gewollt!‹« Daran schließt Efraim die Überlegung an: »Natürlich, das war die dritte Möglichkeit: wenn es sich weder um ein Schicksal, noch um den Zufall handelte, dann war das, was sich nicht mehr beschreiben ließ, die Wirkung eines Willens gewesen, was wiederum zur Folge hatte, dass man irgendeine Erklärung dafür finden konnte. Jedoch gibt es keine Erklärung für Auschwitz. (...) Niemand hat jemals Auschwitz erklären können. *Wir sahen ein riesiges Feuer und Menschen herumgehen, die irgend etwas hineinwarfen. Ich sah einen Mann, der hatte etwas in der Hand, das den Kopf bewegte. Ich sagte ›Um Gottes Willen, Maruscha, der wirft ja einen lebenden Hund hinein.‹ Aber meine Begleiterin sagte: ›Das ist kein Hund, das ist ein Kind.‹* Wer mir Auschwitz erklären möchte, ist mir verdächtig.«[66]

In einer Notiz der Erstausgabe seines Romans hatte Alfred Andersch die Quelle dieser Sätze bezeichnet: Bernd Naumanns gesammelte Berichte über das Frankfurter Auschwitz-Verfahren, die 1965 unter dem Titel *Auschwitz – Bericht über die Strafsache gegen Mulka und andere vor dem Schwurgericht Frankfurt* erschienen waren. Die zitierten Zeilen entstammen der Zeugenaussage von Dr. Ella Lingens, die am 22. März 1964 dem Gericht über ihre Erlebnisse in Auschwitz berichtet hatte. Doch zu den aller ersten Bemerkungen, die Naumann von dieser Zeugin festgehalten hatte, zählt ihre Feststellung: »Ganz entscheidend war der unerhörte Zufall, dem man ausgeliefert war. Die ersten paar Wochen entschieden über Leben und Tod.«[67]

Mit Ella Lingens sprach hier eine Zeugin von der Rolle des Zufalls im Zusammenhang mit Auschwitz, die in kaum steigerbarer konkreter historischer Nähe zum Vernichtungsort und ihren Tätern gestanden hatte. Ihre Unmittelbarkeit zu den Verbrechen legt einen genetischen, authentischen Zusammenhang nahe zwischen der konkreten Einsicht in das Procedere der Massenmorde und der Rolle des Zufalls. Doch eine genauere Betrachtung ihrer Zeugenaussage verdeutlicht eklatante Unterschiede zu der Zufallstheorie von Anderschs Efraim. Ella Lingens war als nichtjüdische Deutsche, die Juden zur Flucht verholfen hatte, verhaftet und – als politischer Häftling – nach Auschwitz verbracht worden.

Ihre Rede über die Bedeutung des Zufalls steht im Kontext der Erörterung nach »der Chance des Überlebens« allgemein und ihres Überlebens im Besonderen. Trotz der Bedeutung, die vor allem der ersten Selektion und auch den ersten Wochen über die Überlebenschancen auch der Juden zukam, war solche Kontingenz jedoch vollständig aufgehoben im Projekt der »Endlösung«, das die vollständige Vernichtung der Juden vorsah. Die oft geschilderte und beschriebene Rationalität, mit der die NS-Ausrottungspolitik betrieben wurde, ist geradezu lesbar als konzentrierte Anstrengung, jedmöglichen Zufall, durch den ein Jude dem ihm vom Nationalsozialismus bestimmten Los entkommen konnte, auszuschließen; das Systematische der nationalsozialistischen Verfolgungspolitik gegenüber den Juden zielte auf lückenlose Erfassung – und Vernichtung – der Juden in Europa. Die Kontingenz, die die Zeugin Ella Lingens in ihrer Aussage vor dem Frankfurter Gericht beschreibt, galt allenfalls für jene, die der spezifischen Totalität, die der *rassistisch* konstituierten Verfolgung eignete, nicht ausgesetzt waren. Der Zufall, von dem Efraim spricht, wenn er sagt, es sei »purer Zufall« gewesen, »dass vor zwanzig Jahren jüdische Familien ausgerottet wurden«,[68] ist ohne jede Verbindung zu dem Zufall, dessen Rolle die Zeugin Lingens in Frankfurt zu kennzeichnen versucht hat; von einer Legitimation gar der Zufallstheorie Efraims durch die Lingens-Aussage kann keine Rede sein.

Die offenkundige Differenz legt nahe, dass eine Nähe dieser Theorie zur authentischen Zeugenaussage gar nicht behauptet, eine Legitimation gar nicht beansprucht worden sein könnte. Eine genaue Lektüre der entsprechenden Roman-Passagen muss diese Annahme in nachhaltigen Zweifel ziehen. Wenn auf die kursivierte Aussage über die Verbrennung des Babys der Satz folgt: »Wer mir Auschwitz erklären möchte, ist mir verdächtig« – d. h. jener Satz, der Efraims Zufallstheorie *in nuce* verkörpert –, dann wird die originale Zeugenaussage im Narrativ des Romans unzweideutig in den Dienst einer Beleg-Logik genommen, der zufolge Grausamkeiten wie die von Lingens in Frankfurt tatsächlich geschilderte direkt als Beweis der fundamentalen Unerklärbarkeit der Massenverbrechen fungieren, d. h. der Herrschaft des Zufalls in der Geschichte. Eine solche Funktionalisierung der Lingens-Aussage erforderte zudem, über ihre originäre Gattung – als Zeugenrede vor Gericht – hinwegzusehen. Lingens' Zeugnis war Bestandteil einer Sammlung von Dokumenten, die zuallererst darauf zielten, etwaige »Zufälle« zu trennen von zuweisbarer und nachweisbarer Schuld; und erst die Hoffnung, dass mit ihrer Hilfe solche Schuld würde festgestellt werden können, hat vielen überlebenden Zeugen ermöglicht, ihre Erinnerung an jene Zeit wiederaufzurufen. Zeugnisse wie dieses – vor einem deutschen Gericht vorgetragene – waren geknüpft an die Auffassung, dass – wenn auch die Täter in den Lagern letztlich »ganz normale Menschen (waren), die durchaus wussten, was Gut und Böse ist«[69] – kategoriale Optionen menschlichen Handelns bestanden haben, mit anderen Worten: Schuld und Schuldige existieren müssen. In Efraims ein-sinniger Funktionalisierung des Lingens-Zeugnisses für seine Zufallstheorie dagegen ist dieser genuine, nicht etwa nur ›historische‹, sondern explizit gattungskonstituierende Quellpunkt der Zeugenaussage unkenntlich geworden.

Das Subjekt dieser Leistungen ist Alfred Andersch, nicht etwa seine Figur Efraim. Darauf deutet nicht nur das eher äußerliche Indiz, dass der zeithistorisch exakt situierte jüdische Überlebende seine Aufzeichnungen am 15. November 1962 abbricht, mithin nicht er, sondern nur der Autor, der seinen Roman nach eigener Aussage im Winter 1966/67 abschloss, Zugang zu der in den Textfluss montierten Originalaussage hatte. Nachdrücklicher weist darauf die Behandlung der Schuldfrage generell, wie sie sowohl den Roman *Efraim*, aber auch andere Werke Anderschs bestimmt. Ruth Klüger hat darauf aufmerksam gemacht, dass die Deutschen, mit denen Efraim in Berlin Kontakt aufnimmt, sich alle »mit der Nazi-Vergangenheit beherzt und intensiv« auseinandersetzen, »frühere Mitläufer oder gar frühere Nazis gibt es unter ihnen nicht.«[70] Wenig zufällig erscheint Klüger auch der Sachverhalt, »dass trotz der vielen Deutschen, mit denen er in Berührung kommt, es am Ende nur *einen* Menschen gibt (hier spielt Klüger an auf Efraims Chefredakteur Keir Horne, d. V.), der von sich sagen kann, er habe einen Mitmenschen verraten, nur einen, der sich schuldig fühlt und fühlen sollte, und dieser eine hat auf alliierter Seite gekämpft und ist Engländer.«[71] Hier sieht Klüger eine prekäre Parallele insbesondere zu Anderschs Roman *Sansibar*.[72]

Wie authentisch in diesen Zügen tatsächlich der Autor spricht, nicht seine jüdische Figur, verdeutlicht zudem ein vergleichsweise frühes Dokument aus Anderschs Schriftstellerleben. Schon einmal war Alfred Andersch mit der Thematisierung der NS-Massenverbrechen in den Vernichtungslagern durch ein Gericht auf deutschem Boden konfrontiert worden – in den Nürnberger Prozessen. Damals hatte er im *Ruf* mit Nachdruck festgestellt: »Die Kämpfer von Stalingrad, El Alamein und Cassino, denen auch von ihren Gegnern jede Achtung entgegengebracht wurde, sind unschuldig an den Verbrechen von Dachau und Buchenwald.«[73] So sehr sich Andersch auch in der Folge mit Aspekten der NS-Epoche auseinander zu setzen versuchte – noch der *Efraim*-Roman von 1967 tastet an keiner Stelle an, was in diesem Satz von 1946 behauptet war.

Auf welche Weise in *Efraim* darüber hinaus Subjektgeschichte wirkte, hat W. G. Sebald in einem Aufsehen erregenden Aufsatz unter dem Titel »Der Schriftsteller Alfred Andersch« markiert. Sebald weist dort darauf hin, dass Andersch sich im Februar 1942 von seiner Frau Angelika, die einer deutsch-jüdischen Familie entstammte, und ihrer gemeinsamen Tochter trennte und im März 1943 die Scheidung vollzog. »Es bedarf kaum der näheren Erläuterung«, schreibt Sebald, »welcher Gefahr Angelika Albert damit ausgesetzt war in einer Zeit, da es (...) um die möglichst zügige Durchführung der Endlösung ging. Idl Hamburger, die Mutter Angelikas, war bereits im Juni 1942 aus dem Münchner Judenlager in der Knorrstraße 148 nach Theresienstadt ›überstellt‹ worden, von wo sie nicht mehr zurückkehren sollte.«[74] Im Esther-Motiv des *Efraim*-Romans erkennt Sebald eine »verschobene« Thematisierung jenes Konfliktpotentials, das Anderschs eigene Trennung während des Krieges aufgeworfen hatte: »Die Geschichte von der verlorenen (und, wie Efraim uns klarmacht, von ihrem Vater verratenen) Tochter ist in der Textanlage sozusagen um eine Ecke verschoben und dargestellt in einer Weise, die es, so paradox das klingen mag, dem Autor erlaubt, davon abzusehen, dass er mit ihr an das Trauma seines eigenen moralischen Versagens rührt. Zwischen der Erzählfigur Keir Horne und dem Autor Andersch gibt es nämlich keinerlei identifikatorische Verbindung. Weit davon entfernt, sein *alter ego* zu erkennen in Keir Horne, der ›Esther 1925 gezeugt haben (muss), nachdem er sich eine der schönsten Frauen des damaligen Berlin unter den Nagel gerissen hat‹, wählt er George Efraim zu seinem Stellvertreter.«[75]

Subjektgeschichtliche Arbeit am NS-Trauma hatte Briegleb gekennzeichnet als die Anstrengung von Subjekten, »zur ›Wahrheit‹ ihrer Geschichte (zu) kommen, indem sie die ›Wendepunkte‹ ihres Lebens aktualisieren.«[76] Im direkten Vergleich insbesondere mit Horst Krüger wird offenkundig, dass die autobiographischen Spuren, die Andersch-Kenner in dessen Roman erkennen, und ihr prekärer Eingang in literarische Gestaltung gerade *nicht* jenes radikalisierende Moment rückhaltloser Rechenschaftslegung repräsentieren, das gefordert ist, will der Autor tatsächlich »zur ›Wahrheit‹ seiner Geschichte kommen«. Die im *Efraim*-Roman poetologisch entfaltete Strategie einer unausgesetzten Rede über die *Shoah ohne* Thematisierung der eigenen Person und ihrer Geschichte hat im Gebrauch der Frankfurter Zeugenaussage ihre geradezu paradigmatische Verdichtung gefunden: Der Autor hat ein Textzeugnis, das der konkreten äußersten Nähe zu den Vernichtungsverbrechen entstammt, verwendet und die Kraft dieses Zeugnisses, das dort Geschehene aufzurufen, genutzt, d. h. sich der Unmittelbarkeit zu den Verbrechen, die diesem Zeugnis eignet, ausgesetzt – und zugleich hat er verstanden, dieses gleiche Zeugnis – entgegen dem ihm immanenten Wahrheitsbegehren – zu wenden in die Beglaubigung einer Zufallstheorie, die Kausalität, Ursachen und Schuld nicht kennt. Welche Rolle Ella Lingens Aussage zum Zufall im Lager in der Genese von Andersch-Efraims Zufallstheorie tatsächlich gespielt hat, ist zuletzt sekundär. Was bleibt, ist die Anziehungskraft, die dieser O-Ton aus dem Frankfurter Gericht auf den Schriftsteller ausgeübt hat – und seine wie unwillkürlich erbrachte Leistung, noch dieses Zeugnis in die äußerste Ferne zu jeder Schuldfrage zu rücken, ja, sie geradezu durch es delegitimieren zu lassen. Die Anziehungskraft, das Faszinosum der Zeugnisse rührte aus dem Wissen, dass dort auch von ihnen selbst, von Andersch und seinen Kollegen in der deutschen Nachkriegsliteratur, die Rede war. Die Leistung dagegen hatte ihren Quellpunkt in Schuldwissen und Schuldlast: Was unaushaltbar scheinen mochte, schien geradezu selbst nach Verschiebung zu rufen. Dieser Modus aus Anziehung und Abstoßung, eines lastenden Schweigens im vermeintlich direktesten, dramatischsten Sprechen vom Unaussprechlichen ist in der deutschen Nachkriegsliteratur zu einem Narrativ geworden. Doch es ist Alfred Andersch, der es wie kaum ein anderer auf seine Spitze, in seine lastende Kenntlichkeit getrieben hat.

V. Vertagung

Auf dem Höhepunkt des öffentlichen Spektakels um *Die Ermittlung*, der Klimax einer vermeintlichen durch Literatur hervorgerufenen Wirkung, markierte der hessische Generalstaatsanwalt Fritz Bauer, welche Rolle den deutschen Autoren aus seiner Sicht in dieser Stunde zufalle. Auf einem prominent besetzten Podium im Württembergischen Staatstheater Stuttgart am 24. Oktober 1965 aus Anlass der Erstaufführung der *Ermittlung* sagte Bauer: »Dieser Appell an uns alle, Auschwitz im Alltag, in jeder Stunde zu widerstehen, jenem Auschwitz, das immer wieder, jeden Tag, jede Minute an uns herantritt, gegenüber *Nein* zu sagen –

das war der Schrei unserer Staatsanwälte. Ich wünschte, dass der Dichter das in Worte fasste, so dass wir alle erfüllt und erschüttert werden und Auschwitz nun wirklich ein lebendiges Ereignis ist, das wir realisieren. (...) wir Juristen in Frankfurt haben erschreckt gerufen nach dem Dichter, der das ausspricht, was der Prozess auszusprechen nicht im Stande ist.«[77]

Bauer formuliert bei dieser Gelegenheit – nach Reich-Ranicki – weitere Kriterien, an denen seiner Meinung nach die deutsche Literatur der Zeit – wenn nicht jetzt, so doch in der historiographischen Distanz späterer Jahre – zu messen und zu beurteilen sein wird. Hat die deutsche Literatur dazu beigetragen, ihren deutschen Lesern Auschwitz »ein lebendiges Ereignis« werden zu lassen, »das wir realisieren«? Haben deutsche Autoren ausgesprochen, »was der Prozess auszusprechen nicht im Stande ist«? Gehören die deutschen Schriftsteller – so hatte Reich-Ranicki gefragt – »zu jenen, die zudecken oder zu jenen, die aufdecken«?

Wer, als Leser, aus dem deutschen Literaturbetrieb eine Antwort von vergleichbarer Klarheit auf diese klaren Fragen erwartet hat, lauscht seit rund dreißig Jahren vergebens. Die Rechenschaft, zu der Reich-Ranicki aus Anlass der Frankfurter Auschwitz-Prozesses aufgefordert hat, hat sich der deutsche Literaturbetrieb nicht abgelegt; er hat sie, murmelnd, vertagt. Sowohl den notorischen Verweisen auf vorgebliche Musterbeispiele selbstkritischer »Bewältigungsliteratur« als auch den biedermännischen Selbstbekenntnissen zu einem Antifaschismus etwa nach dem Muster der Gruppe 47 haftet eine nervöse Bemühtheit an, eine deutliche Ahnung, dass sie nicht tatsächlich zu überzeugen vermögen. Wohl mag sich mancher Leser in den zurückliegenden Jahren sein Urteil gebildet haben – der Literatur*betrieb* hat bis heute keine Summe gezogen, die den ganz klaren, wenn man will: ganz kompromisslosen Fragen Reich-Ranickis gerecht würde.

In eine solche Rechenschaft wären gewiss nicht nur jene Texte wie die hier diskutierten einzubeziehen, in denen der Frankfurter Auschwitz-Prozess unmittelbar Spuren hinterlassen hat. Doch dieser exklusive Focus mag etwas von den spezifischen Dynamiken verdeutlichen, die deutschsprachiges Schreiben im Gegenüber zum Nationalsozialismus und seinen Massenverbrechen bestimmt. Diese Vertagung der Rechenschaftslegung durch den Literaturbetrieb, das Ausbleiben einer umfassenden, entschiedenen Selbstkritik, einer diskursiven Zwischenbilanz deutscher Literatur im Nachraum des NS-Faschismus werden fortgesetzt, als Hypothek, mitgeschleppt von der deutschen Gegenwartsliteratur. Aus ihr klingen, eigentümlich verfremdet, immer noch die Fragen von 1964. Es ist dieser unwillkürliche Klang, in der die Gegenwärtigkeit des Vergangenen heute literarisch am authentischsten, am unmittelbarsten zum Ausdruck zu kommen scheint.

Anmerkungen

1 Dieser Aufsatz ist den Beiträgen zu dem Symposium »›In einer deutschen Angelegenheit‹ – Der Frankfurter Auschwitz-Prozess in der westdeutschen Nachkriegs- und Gegenwartsliteratur«, das im Mai 1998 in Bremen stattfand, tief verpflichtet. Drei der dort gehaltenen Vorträge sind inzwischen in überarbeiteter Form erschienen: Alfons Söllner, »Peter Weiss': Die Ermittlung in zeitgeschichtlicher Perspektive«, in: Stephan Braese, Holger Gehle, Doron Kiesel, Hanno Loewy (Hg.), *Deutsche Nachkriegsliteratur und der Holocaust*. Frankfurt am Main, New York 1998, S. 99-128; Holger Gehle, »Gedächtniswechsel. Martin Walsers Essay ›Unser Auschwitz‹ im Werkkontext«, in: Michael Hofmann, Martin Rector, Jochen Vogt in Verbindung mit der Internationalen Peter Weiss Gesellschaft (Hg.), *Peter Weiss Jahrbuch für Literatur, Kunst und Politik im 20. Jahrhundert*, Bd. 8 (1999); Timothy Kyle Boyd, »Ein Erinnerungsgang durch *Das zerbrochene Haus* von Horst Krüger«, im vorliegenden Band.

2 Marcel Reich-Ranicki, »In einer deutschen Angelegenheit«, in: ders., *Wer schreibt, provoziert – Kommentare und Pamphlete*. Frankfurt am Main 1993, S. 109-112, hier S. 109 f.

3 Ebd.

4 Ebd., S. 110.

5 Vgl. den Begriff in der Anwendung auf ein anderes Beispiel bei Fredrik Benzinger, »Sigtuna 1964 – Eine dramatische Episode in den deutsch-schwedischen Literaturbeziehungen«, in: Stephan Braese (Hg.), *Bestandsaufnahme – Studien zur Gruppe 47*. Berlin 1999, S. 209-227, hier S. 211.

6 Reich-Ranicki, »Angelegenheit«, S. 110 f.

7 Ebd., S. 111.

8 Ebd.

9 Ebd.

10 Ebd., S. 112.

11 Vgl. hierzu etwa Braese u. a. (Hg.), *Nachkriegsliteratur*.

12 Vgl. Marcel Reich-Ranicki, *Mein Leben*. Stuttgart 1999, S. 409 ff., 387, 405, 468, 471 f.

13 Reich-Ranicki, »Angelegenheit«, S. 112.

14 Martin Walser, »Unser Auschwitz«, in: *Kursbuch* 1, Juni 1965. Hg. von Hans Magnus Enzensberger, S. 189-200, hier S. 190, 197.

15 Holger Gehle, »Martin Walsers Auschwitz-Texte« (unveröffentlichtes Vortragsmanuskript), S. 3 f.

16 Walser, »Unser Auschwitz«, S. 200.

17 Hermann Kesten, »Die jungen Autoren«, in: ders., *Der Geist der Unruhe*. Köln, Berlin 1959, S. 112-115, hier S. 114. Vgl. auch Stephan Braese, »›...nicht uns zugehörig‹ – Hermann Kesten und die Gruppe 47«, in: ders. (Hg.), *Bestandsaufnahme*, S. 175-207, bes. S. 186 f.

18 Walser, »Unser Auschwitz«, S. 193.

19 *Atlas zusammengestellt von deutschen Autoren.* Berlin (West) 1979, S. 8.
20 Peter Weiss, »Meine Ortschaft«, in: *Atlas*, S. 26-36, hier S. 27.
21 Ebd., S. 28-32.
22 Ebd., S. 36.
23 Klaus Briegleb, »Vergangenheit in der Gegenwart«, in: Klaus Briegleb, Sigrid Weigel (Hg.), *Gegenwartsliteratur seit 1968.* München, Wien 1992, S. 73-116, hier S. 76.
24 Ebd., S. 80.
25 Ebd., S. 81.
26 Wolfgang Hildesheimer, »Die Subjektivität des Biographen«, in: ders., *Das Ende der Fiktionen – Reden aus fünfundzwanzig Jahren.* Frankfurt am Main 1988, S. 123-138, hier S. 136.
27 Söllner, »Weiss' Ermittlung«, S. 115.
28 Vgl. ebd., S. 114.
29 Peter Weiss, *Notizbücher 1960-1971.* Bd. 1, Frankfurt am Main 1982, S. 211.
30 Söllner, »Weiss' Ermittlung«, S. 104.
31 Peter Weiss, »Fluchtpunkt«, in: ders., *Werke in sechs Bänden.* Bd. 2, Frankfurt am Main 1991, S. 246 f.
32 Ebd., S. 247 ff. Vgl. auch Sigrid Korff, »Die Treue zum Detail – W. G. Sebalds *Die Ausgewanderten*«, in: Stephan Braese (Hg.), *In der Sprache der Täter – Neue Lektüren deutschsprachiger Nachkriegs- und Gegenwartsliteratur.* Opladen 1998, S. 167-197, hier S. 168 f., sowie Söllner, »Weiss' Ermittlung«, S. 107 ff.
33 Klaus Briegleb, »Einleitung – Diskursanalytische Variationen«, in: ders., *Unmittelbar zur Epoche des NS-Faschismus – Arbeiten zur politischen Philologie 1978-1988.* Frankfurt am Main 1989, S. 29-102, hier S. 70.
34 Vgl. etwa die Werke Anne Dudens, Alexander Kluges, Heimrad Bäckers und einige Kommentare: Alexander von Bormann, »›Besetzt war sie, durch und durch‹ – Traumatisierung im Werk von Anne Duden«, in: Braese u. a. (Hg.), *Nachkriegsliteratur*, S. 245-267; Jürgen Nieraad, »Shoah-Literatur – Weder Fiktion noch Dokument – Alexander Kluges *Liebesversuch* und Heimrad Bäckers *nachschrift*«, in: Braese (Hg.), *Sprache der Täter*, S. 137-148.
35 Reich-Ranicki, »Angelegenheit«, S. 112, und oben.
36 Briegleb, »Vergangenheit«, S. 76.
37 Horst Krüger, »Nachwort: Zehn Jahre später«, in: ders., *Das zerbrochene Haus – Eine Jugend in Deutschland.* München 1986, S. 181-187, hier S. 181.
38 Ebd., S. 181 f.
39 Peter Brückner, hier zitiert nach Boyd, in diesem Band.
40 Krüger, *Haus*, S. 27.
41 Klaus Briegleb, »Negative Symbiose«, in: Briegleb, Weigel (Hg.), *Gegenwartsliteratur*, S. 117-150, hier S. 134.
42 Krüger, *Haus*, S. 181.
43 Ebd., S. 186.
44 Ebd.
45 Ebd., S. 9.
46 Vgl. auch Boyds Beitrag im vorliegenden Band.
47 Grete Weil, »B sagen«, in: dies., *Happy, sagte der Onkel.* Frankfurt am Main 1982, S. 69-109, hier S. 79. Zitiert wird im Folgenden nach dieser, vergriffenen, Ausgabe. 1999 ist die Erzählung jedoch in einer anderen Zusammenstellung erneut aufgelegt worden: Grete Weil, *Erlebnis einer Reise.* Zürich 1999, dort S. 111-154.

48 Vgl. Bernd Naumann, *Auschwitz – Bericht über die Strafsache Mulka u. a. vor dem Schwurgericht Frankfurt*. Frankfurt am Main, Bonn 1965.
49 Weil, »B sagen«, S. 83.
50 Ebd.
51 Ebd., S. 98 f.
52 Ebd., S. 100.
53 Ebd., S. 102 f.
54 Ebd., S. 106.
55 Ebd., S. 106 ff.
56 Ebd., S. 100.
57 Dan Diner, »Negative Symbiose«, in: ders. (Hg.), *Ist der Nationalsozialismus Geschichte? Zu Historisierung und Historikerstreit*. Frankfurt am Main 1987, S. 185-197.
58 Vgl. dazu Stephan Braese, »Grete Weil's America: A Self-Encounter at the Moment of the Anti-Authoritarian Revolt«, in: *Germanic Review*, Vol. 75 (Spring 2000), no 2, pp. 132-148, sowie das Kapitel »Tertium non dabitur: Im Moment der Revolte« in: ders., *Die andere Erinnerung – Jüdische Autoren in der westdeutschen Nachkriegsliteratur* [erscheint im Frühjahr 2001].
59 Maria Frisé, »Leben nach Auschwitz – Erzählungen von Grete Weil«, in: *Frankfurter Allgemeine Zeitung* (8. Juli 1968).
60 [Anonym], »Erfüllte Hühner«, in: *Der Spiegel* (5. August 1968).
61 Vgl. Grete Weil, *Leb ich denn, wenn andere leben*. Zürich, Frauenfeld 1998, S. 248 f. Vgl. auch Weils intimes Geis-Portrait im selben Band, S. 116 f.
62 Zitiert nach Lisbeth Exner, *Land meiner Mörder, Land meiner Sprache – Die Schriftstellerin Grete Weil*. München 1998, S. 87.
63 Den diesem Abschnitt zugrunde liegenden Hinweis auf Andersch sowie eine Reihe äußerst instruktiver Anschluss-Überlegungen verdanke ich Hanno Loewy.
64 Alfred Andersch, *Efraim*. Zürich 1976, S. 140.
65 Ebd., S. 31 f.
66 Ebd., S. 141.
67 Naumann, *Auschwitz*, S. 115.
68 Andersch, *Efraim*, S. 31.
69 Naumann, *Auschwitz*, S. 115.
70 Ruth K. Angress [d.i. Klüger], »Gibt es ein ›Judenproblem‹ in der deutschen Nachkriegsliteratur?«, in: *Neue Sammlung*, 26. Jg. (1986), H. 1, S. 22-40, hier S. 28.
71 Ebd.
72 Ebd.
73 Alfred Andersch, »Notwendige Aussage zum Nürnberger Prozess«, in: *Der Ruf*, Nr. 1, 15. August 1946.
74 W. G. Sebald, »Der Schriftsteller Alfred Andersch«, in: ders., *Luftkrieg und Literatur*. München, Wien 1999, S. 121-160, hier S. 133.
75 Ebd., S. 153.
76 Briegleb, »Vergangenheit«, S. 76, und oben.
77 »Auschwitz auf dem Theater? Ein Podiumsgespräch im Württembergischen Staatstheater Stuttgart am 24. Oktober 1965 aus Anlass der Erstaufführung der *Ermittlung*«, in: Braese u. a. (Hg.), *Nachkriegsliteratur*, S. 71-97, hier S. 75 f.

Ein Erinnerungsgang durch *Das zerbrochene Haus* von Horst Krüger

Timothy Boyd

> »Sicher ist, dass bei mir am Anfang jeden Aufbruchs das Gefühl der heimischen Sackgasse steht.«
> Horst Krüger[1]

Der erste Frankfurter Auschwitz-Prozess wirkte sich unmittelbar und entscheidend auf die literarische Entwicklung von Horst Krüger aus. Mitte der sechziger Jahre zog Krüger im Alter von 45 Jahren von Baden-Baden nach Frankfurt am Main, um das Leben eines freischaffenden Schriftstellers zu beginnen.[2] In der Stadt, die seine Wahlheimat wurde, lernte er den hessischen Generalstaatsanwalt Fritz Bauer kennen, der ihn zum Auschwitz-Prozess einlud.

Am 27. Februar 1964, dem 20. Verhandlungstag, besuchte Krüger die Sitzungen im Römer zum ersten Mal. Was er dort an diesem Tag und bei weiteren Besuchen über den Zeitraum von vier Wochen zu sehen und zu hören bekam, forderte ihn zur Auseinandersetzung mit der eigenen Vergangenheit heraus. Krüger war kein Mitglied der NSDAP und gewiss kein Kriegsverbrecher gewesen, sondern ein zwangseingezogener Soldat der deutschen Wehrmacht, der seine Waffenbereitschaft für Hitler am Ende des Krieges kündigte und zu den Alliierten überlief. Aber Krüger stammte, genau wie manche der Männer, die in Frankfurt unter Anklage standen, aus einer biederen, deutschen Beamtenfamilie. Er konnte sich ohne weiteres an die Begeisterung seiner Mutter bei der Lektüre von Hitlers *Mein Kampf* erinnern. In einer Prozess-Reportage, die Krüger in *Der Monat* veröffentlichte, berichtete er, wie sich seine Eindrücke beim Gerichtsverfahren mit prägnanten, aufstörenden Momenten der eigenen Vergangenheit in Alpträumen und Erinnerungsschüben vermengten.[3]

Das Erleben der Vorgänge im Gericht stellte Krüger vor brennende Fragen nach dem eigenen Verhältnis zum Jüngstvergangenen und zur

Gewalt. Anstatt den Fragen auszuweichen, beschloss Krüger, die eigene Geschichte bis 1945 aufzuarbeiten. Mit diesem Vorhaben verband er denselben Anspruch, dem sich die hessische Staatsanwaltschaft in der Anklage gegen Mulka und andere gestellt hatte: Wahrheitsfindung. Er unternahm den Versuch, eine »wahre« Geschichte seiner eigenen, zugeschütteten Vergangenheit zu erschreiben, und verfasste ein Buch, dessen Aufdeckungskraft in historischer Rückschau einmalig bleibt.

»Reise in die eigene Vergangenheit«[4]

Horst Krüger, Jahrgang 1919, fährt mit der S-Bahn durch Berlin, »das dröhnende, singende Trauma [seiner] Kindheit« (S. 9),[5] um zum Vorort Eichkamp zu gelangen, den er zwanzig Jahre zuvor mit dem Satz im Kopf verließ: »Nie wieder gehst du nach Eichkamp zurück – nie mehr.« (S. 39). Schließlich holte ihn aber doch etwas dorthin zurück.

Das zerbrochene Haus besteht aus sechs Kapiteln: »Ein Ort wie Eichkamp«, »Ein Requiem für Ursula«, »Mein Freund Wanja«, »Die Verhaftung«, »45, Stunde Null« und »Gerichtstag«. In jedem Kapitel schildert und hinterfragt Krüger Ereignisse und Zusammenhänge, die sein Leben grundlegend zeichneten. Sein kindheitliches Damals war ein schauderhaft emotionsarmer, von staatstreuer Beamtenhand gelenkter Alltag. Aber als Hitler an die Macht kam, drang ein akutes Empfinden von »wir sind wieder wer« und »mit uns geht es aufwärts« bis hinter die stets sorgsam verschlossenen Türen von Krügers biederem Elternhaus.

Der Autor fragt sich das ganze Buch hindurch: Wie hängt meine private Geschichte mit der großen Geschichte zusammen, die sich zunächst draußen vor der Tür abspielte, aber doch immer mehr eindrang, bis sie eines Tages die Wände und Fundamente des Hauses in Trümmer verwandelte? Es geht ihm vor allem darum, dies *zu verstehen*. »Eichkamp war einfach meine Jugend unter Hitler, und ich möchte es wiedersehen und möchte endlich begreifen, wie das damals war unter Hitler. Jetzt ist schon mehr als eine Generation vergangen. Alles, was damals das Dritte Reich war: der Fackelzug Unter den Linden und der Jubel im Radio und der Rausch der Erneuerung, ist vorbei, vergangen, vergessen. (...) Jetzt müsste man es doch verstehen, meine ich. (...) ich komme nach Eichkamp, weil mich die Frage quält, wie das eigentlich war, was wir heute alles nicht mehr begreifen können.« (S. 11)

Der Schreibende geht das Rätsel der eigenen Vergangenheit mit kühlem Sachverstand an. Aber gleichzeitig stolpert er im heillosen Durcheinander. Er behauptet zwar, »alles, was damals das Dritte Reich war, ist vorbei, vergangen, vergessen«, aber das stimmt nicht. Denn es heißt schon im nächsten Satz, dass Angstträume ihn heimsuchen. Vieles von damals ist ganz und gar nicht »vorbei, vergangen, vergessen«: »Nachts führen mich manchmal meine Träume nach Eichkamp zurück. Es sind schwere, angstvolle Träume. Träume, nach denen ich morgens gegen sechs wie zerschlagen erwache. Dreißig Jahre sind eine lange Zeit, Zeit einer Generation, Zeit zu vergessen. Warum kann ich nicht vergessen?« (S. 11)

Unwillkürliche Regungen hielten Krüger vom ruhigen Schlaf ab. Es ist bezeichnend für die Schreibweise Krügers, dass eine Traumschilderung am Anfang steht. Der Autor lädt zum Nachvollzug eines seiner »schweren, angstvollen Träume« ein, der spürbar vermittelt, wie sich die Konturen der eigenen Geschichte mit denen der allgemeinen Geschichte vermischen. »Mein Traum: Ich komme nach Eichkamp, ich stehe vor unserem Haus. Lange Risse ziehen sich durch die Außenwände, unser Haus ist von Pressluftbomben beschädigt.« (S. 11) Aber im Innern des Hauses leben die Eltern, als wäre alles in Ordnung. Der Traumblick durchwandert die biedere Inneneinrichtung. »Im Herrenzimmer sitzt meine Mutter und liest meinem Vater aus einem Buch vor. Der Raum ist klein, niedrig und auf jene unbeschreiblich dissonante Weise möbliert, die man damals bürgerlich nannte. (...) Mein Vater sitzt teilnahmslos an seinem schwarzlackierten Schreibtisch. Er hat wie immer Akten vor sich, er kratzt sich wie immer am Kopf, an seiner ›Wunde‹: Verdun 1916.« Die »Teilnahmslosigkeit« und die vielen »wie immer« verweisen auf die lustlose Lebensart des Vaters. Der Blick wandert weiter zur Mutter hin, deren Begehren auf ein Buch fixiert ist. »Das Licht der Lampe fällt mild über das Buch. Ihre Hände sind schmal, die Finger lang und feingliedrig und huschen nervös über die Zeilen. Sie hat katholische Augen: dunkel, gläubig, basedowstark. Etwas Verkündigendes liegt in ihrer Stimme. Sie liest aus einem Buch vor, das den Titel trägt *Mein Kampf*. Es ist Spätsommer 1933.« (S. 11f.)

Krügers allzu lebensnaher Alptraum verdichtet vieles von dem, was sich in *Das zerbrochene Haus* manifestieren wird. Bis ins Detail erscheint die heimische Stube genauso wie im Spätsommer 1933. Aber der Zustand des Hauses passt nicht zu dieser erinnerten Zeit. Die Wände und der Boden sind aufgerissen, als hätten die Pressluftbomben, die eigentlich erst zwölf Jahre später im März 1945 auf Eichkamp fielen, ihre

Verwüstungsspur vorab hinterlassen. Hier sind zwei Zeiträume ineinander verschoben. Wie passen sie zusammen? Besagt der Traum, dass das Zerstörungspotential des Krieges irgendwie von vornherein hier zu Hause war, hinter der Fassade einer bürgerlichen Ordnung? Was ist der latente Gehalt eines Traums von Wirklichkeit, in der die Mutter ihr Begehren an die Verführungskraft faschistischer Ideologie angebunden hat?

Um Antworten auf solche Fragen zu finden, kehrte Krüger nach Eichkamp zurück. Er fuhr mit der S-Bahn wieder hin, ging gewohnte Wege nach mehr als zwei Jahrzehnten, um letztlich vor einer Lücke zum Stehen zu kommen. »Und dann bin ich plötzlich da. Aber da ist nichts. Da ist nur ein Loch: Geröll, vermodertes Holz, zerbrochene Steine, viel Sand und Grund wieder drüber, ein zerbeulter Koffer liegt unten im Kellergeschoss. (...) Das also ist deine Vergangenheit, das ist dein Erbe, das haben sie dir hinterlassen. Hier bist du aufgewachsen. Das war deine Welt.« (S. 16 f.) Wiederholt gelangt der Reisende bei seinen Erinnerungsgängen an einen ganz realen Riss in der Landschaft sowohl außen, als auch in seinem Innern, und grundlegend ist die Frage nach der Gewalt, die den Riss verursachte und die das Haus zerbrach. Der Erzähler bleibt vor der Leerstelle stehen, und sagt sich, »wenn ich das alles jetzt verstünde, was sich in diesem Haus zutrug, so wüsste ich, wie das damals war – das mit Hitler und den Deutschen.« (S. 17)

Während seines Gangs durch Eichkamp sinnt der Erzähler nach. »In den zwölf Jahren unter Hitler bin ich in Eichkamp eigentlich nie einem wirklichen Nazi begegnet. Das ist es, das zieht mich zurück.« (S. 12) Wenn da gewisse Unterschiede ganz eindeutig gewesen wären, dann wäre alles viel einfacher. Es gäbe die Nazis, die sich Unverzeihliches zu Schulden kommen ließen, und die Nicht-Nazis, die nichts dafür konnten. Aber so war das nicht. Krüger stellt fest: »Ich bin ein typischer Sohn jener harmlosen Deutschen, die niemals Nazis waren und ohne die die Nazis doch niemals ihr Werk hätten tun können. Das eben ist es.« (S. 18)

Krügers Vater war ein protestantischer Preuße, der nach einer Verwundung bei Verdun als Amtmann in den Staatsdienst trat. Während der Woche verließ er das Haus immer zur selben Zeit. Er saß jeden Tag möglichst auf demselben Sitz in der S-Bahn. Er war kein Nazi, »trat nie in die Partei ein, wusste nie etwas von Auschwitz (...)«. (S. 21) Ihm waren Ausschreitungen und Rechtsverstöße zuwider, aber, »er war immer zu Treue und Loyalität verpflichtet«. (S. 22) Gemäß dem Gesetz des Vaters war das Zusammenleben in Krügers Zuhause, und, so vermutet der

Autor, in anderen Häusern an vielen »Orten wie Eichkamp«, durch einen akuten Mangel an Spontanität, Kommunikation und Lebensfreude gekennzeichnet. Krüger beschreibt das sonntägliche Frühstück als steifes, unerfreuliches Ritual. Es bildete einen Höhepunkt des Tages, wenn der Vater die sargförmige Standuhr im Esszimmer aufzog. Alles hatte seine Ordnung. Artikulationen von Lust und Begeisterung hatten Seltenheitswert. »Meine Eltern waren nicht nur unpolitisch, sondern auch unerotisch und asexual. Vielleicht gehört das alles zusammen, über die Liebe wurde genauso geschwiegen wie über die Politik. Es war wohl alles zu niedrig.« (S. 27) »So war das bei uns. Das deutsche Kleinbürgerhaus sperrt aus seinen engen Stuben nicht nur den Staat, sondern auch die Liebe aus. Es fragt sich – rein soziologisch –, was dann noch übrigbleibt zum Leben. Ohne Politik und Sexualität.« (S. 28)

In Krügers Erinnerung zeichnet sich das Elternhaus also durch eine zum Lebensstil erhobene Engagements- und Lustlosigkeit aus. Krügers Ausführungen legen es nahe, dass der Mangel an emotional erregenden Erlebnissen im Familiären eine starke »Anfälligkeit« für lusterweckende Affekte »von außen« bedingte, und zwar nicht nur bei ihm zu Hause. »Rausch und Verklärung sind die Schlüsselworte für den Faschismus, für seine Vorderseite, wie für seine Rückseite Terror und Tod die Schlüsselworte sind, und ich glaube, dass auch die Eichkamper sich gerne berauschen und verklären ließen. Das war der Punkt ihrer Anfälligkeit. Hier waren sie waffenlos.« (S. 20) Nach dem Empfinden des Autors gab es einen großen Hunger nach Lustgewinn, den der Faschismus auf mehreren Ebenen ansprechen konnte. Im Nachwort zu *Das zerbrochene Haus* hebt Krüger diesen Zusammenhang hervor: »Ich entdeckte, was mir zuvor selber nicht so bewusst war, das Phänomen des unpolitischen deutschen Kleinbürgertums, das in seiner sozialen Unsicherheit, in seiner Labilität und Bedürftigkeit nach Irrationalismen das fruchtbare Vorfeld für die innere Machtergreifung des Nationalsozialismus in Deutschland abgab.« (S. 183) Im Haushalt der Krügers brachte vor allem die Mutter eine ausgeprägte »Bedürftigkeit nach Irrationalismen« zum Vorschein. »Meine Mutter hatte immer ein starkes Bedürfnis nach geistlichem Zuspruch und Umgang mit höheren Mächten – schon lange vor Hitler.« (S. 24) Hitler sprach die Sehnsüchte der Mutter an, ihren Drang nach »Höherem« und ihre Vorliebe für »das Musische«. Seine opulenten Bauprojekte in Berlin taten ihr »physisch wohl«. Ihr Hitler-Zuspruch beruhte auf einem Lustgewinn, den sie im »höheren« Reich der Ideale von ihm empfing.

Mehr als der Vater bindet die Mutter das private, bürgerliche Geschehen im verschlossenen Haus der Krügers an die gewaltigen »Mühlsteine der Geschichte« (S. 107) Dieser Spur geht Krüger konsequent nach. Es ist, als müsse er die Angstquelle aufdecken, die in seinem Traum genau dann überläuft, wenn er den Bewegungen der »feingliedrigen« Finger seiner Mutter folgt und sieht, dass ihre Erregung einem Buch gilt, das den Titel *Mein Kampf* trägt. In einem ganz realen Sinne »weiß« der Träumende, dass seine Mutter diesen Text vom übermächtigen Übervater der deutschen Haushalte empfangen hatte. Und er weiß auch, dass dessen Verheißung Vernichtung lautete.

Die Vernichtung im Eigenen

Es gab einen Verlust in Krügers Familie, der nicht als »kriegsbedingt« anzusehen ist. Krüger hatte eine ältere Schwester, Ursula, die im Frühjahr 1938 eine fatale Konzentration Quecksilber trank. Schmerzhaft, lakonisch, unnachgiebig, erzählt Krüger im Kapitel »Ein Requiem für Ursula« vom langsamen Sterben seiner Schwester. Auch hier eröffnet Krüger die Erzählung mit einer Bahnfahrt; diesmal von Eichkamp zum Friedhof. Und auch dieser Erinnerungsgang führt den Autor an den Rand einer Lücke; in diesem Fall das Grab seiner Schwester. Krüger hatte den Ruheplatz mehrere Jahre nicht besucht. Er war inzwischen ausgehoben worden. Von Schuldgefühlen geplagt, erkannte der einzige Überlebende seiner Familie, dass seine Schwester keinen Ort mehr hatte, außer in seiner Erinnerung.

Eines Montagmorgens fanden Krügers Eltern ihre Tochter hingestreckt auf dem Bett, eine dunkle Blutspur auf dem Kissen. Der Bruder fand ein Röllchen mit der Aufschrift »Achtung, Gift!!« (S. 47). Er glaubte sofort die Beweggründe seiner Schwester zu kennen, und zum ersten Mal fühlte er sich ihr nahe. »Familie ist Kälte, ist Fremdheit, ist Eis, niemand kann zu dem anderen. Familiäre Worte sind Formeln und familiäre Gespräche erstarrte Missverständnisse (...) Erst jetzt verstehe ich dich. Du bist meine Schwester. Im Tod sind wir seltsam vereint.« (S. 49) Krüger war stolz auf seine Schwester, dass sie den Mut hatte, der Kälte der Familie zu entfliehen. Aber leicht gelang ihr das Entkommen nicht. Es dauerte drei Wochen, bis die Auflösung ihrer Organe soweit vorangeschritten war, dass Ursula sterben konnte. Diese Zeit nutzte die Mutter, um einen Plan umzusetzen, der ihr eines Abends als Antwort auf das große Familienunglück in den Sinn gekommen war: Ursula musste zum Katholizismus bekehrt werden. »Dieser Montag, so sagte sie einmal beim Essen, sei ein deutlicher Wink des Himmels gewesen.« (S. 57) Während das Gift in Ursulas Körper »die Organe sehr langsam in blutenden Matsch« auflöste (S. 54), organisierte die Mutter ihre Bekehrung, die zwangsläufig im Schnellverfahren vollzogen werden musste. Es gelang ihr, einen Kleriker, Pater Ambrosius, für das Vorhaben zu gewinnen. Das Krankenzimmer wurde in eine Weihstätte verwandelt, und letztlich konnte Ursula »erlöst« werden. Dem Mädchen wurde posthum von der Mutter zur Ehre gereicht, dass sie sich niemals während ihres kurzen Lebens mit »niedriger« Lustbefriedigung abgegeben hatte. Krüger schreibt: »Gemeinsam mit Pater Ambrosius waren meine Eltern zu der Erkenntnis gekommen, dass Ursula im ehrwürdigen Stande der Jungfräulichkeit in die Ewigkeit eingegangen war. (...) Sie war ein virgo intacta, wie meine Mutter mit geistlicher Hilfe feststellen konnte«. (S. 63) Krügers Mutter klammerte sich an mythische Verklärungsformeln, die sie am realen Geschehen gänzlich vorbeischauen ließen.

Der Bruder war offenbar der einzige, der über Gründe für den Selbstmord nachdachte. Beim Anblick der Leiche seiner Schwester sprach er sie in Gedanken an. »Warum sagst du es nicht? Sage es doch: Es hat nie gestimmt, alles war furchtbar, war schrecklich, und das Leben bei euch eine immerwährende Qual. Warum sagst du es nicht: Dieser Boden war schlecht, war mürbe, war faul und modrig; aus Eichkamps Häusern können jetzt nur diese giftigen Pilze des Todes erwachsen. (...) diese Welt da draußen, diesen Vater, diese Mutter, die wolltest du nicht. Ich verstehe das doch. Es muss eine Erlösung sein, aus solchen Gefängnissen wegzusterben.« (S. 62)

Auch der Bruder nimmt das Sterben Ursulas als Gelegenheit wahr, eigene Erlösungsphantasien in einen lebensentleerten Körper zu projizieren. Allerdings sind seine Phantasien denen der Mutter entgegengesetzt und wohl auch näher am »wahren« Krankheitsbild. Seine Diagnose beruht auf der am eigenen Leib gesammelten Erfahrung. »Es muss eine Hoffnung gewesen sein, als du zum erstenmal das Röllchen mit dem Totenkopf sahst. Ich stelle es mir vor: eine ungeheure Hoffnung, dass nun etwas geschehen würde. So steigt das Nichts aus der Tiefe empor, schlägt sich wie Feuchtigkeit durch die Wände der Generationen durch, frisst sich ein ins Fleisch der Kinder und bricht plötzlich aus (...).« (S. 62) Krügers Ausführungen über die religiöse Berauschung seiner Mutter im Umgang mit dem tragischen Verlust ihrer Tochter zeigen auf, wie hochdosiert das Gift der Gefühllosigkeit in seinem Zuhause verabreicht wurde. Wie in einem absurden Theaterstück führt die Mutter gnadenlos vor, wie »Rausch und Verklärung« der Verdrängung einer sich ins Eigene einschreibenden Spur von »Terror und Tod« (vgl. S. 20) dienen. Wenn der Autor kaltherzig beschreibt, wie verständlich er den Selbstmord seiner Schwester fand und wie sehr er es genoss, eine unverhoffte Abwechslung zu den gewohnten Routinen im Elternhaus zu erleben, wird sichtbar, wie weit sich das Gift auch in sein Fleisch eingefressen hatte. Die Erzählung kulminiert in einer Szene, die dies aberdeutlich anzeigt. Bei der Totenfeier erhob sich Onkel Hans, wedelte mit einem Fünfzigmarkschein, und bat Pater Ambrosius um ein Requiem für Ursula. »Pater Ambrosius wollte wohl noch bescheiden abwehren, aber er kam nicht mehr dazu, denn plötzlich musste etwas mit mir geschehen sein. Ich muss wohl lautlos zusammengesackt sein und klatschte plötzlich mit meinem Kopf hart auf ein Kristalltellerchen. (...) Es war ein rasender Krampf in mir, vom Magen her zog sich alles zusammen, würgte und presste nach oben. Mein Oberkörper krümmte sich nach vorn, und dabei muss ich wohl für eine Sekunde bewusstlos gewesen sein. Denn als ich wieder zu mir kam, sah ich, dass ich mich quer über den Tisch erbrochen hatte. Da lag Braungefärbtes feucht auf weißem Linnen und erinnerte mich sofort an Blut im Kissen.« (S. 69)

Etwas behauptete sich unwillkürlich, unerwartet und unpassend. Der Körper rebellierte, noch bevor der Geist die Regung unterbinden konnte. Das Erbrechen markiert den Übergang zu einem »wahren« Empfinden von Verlust und Tragik, nicht als Inszenierung, sondern als erlebte Erschütterung. Krüger stürzte in den Garten. Er hörte, wie seine Mutter ihrem Bruder zur Begründung gab, »schließlich war es seine Schwester. (...) Und bei diesem Gedanken spüre ich, wie plötzlich etwas in mir zerspringt, zerbricht, kaputtgeht: mein Stolz, mein Hochmut und meine Kälte. Zum erstenmal nach drei Wochen weicht diese böse und schreckliche Erstarrung von mir. Zum erstenmal fühle ich Schmerz, richtigen, einfachen Schmerz in mir.« (S. 69 f.) Die zynische Ironie, die den Erzählmodus des Kapitels »Ein Requiem für Ursula« bestimmt, bricht im Moment dieses erinnerten »Zerspringens« und »Fallens« ab, und eine tiefe Trauer verweist in einen Abgrund im Eigenen. Der Verlust der eigenen Schwester markiert konkret die Vergiftung der eigenen Kindheit und die Zersetzung des eigenen Gefühlslebens.

Aktualisierung

In seinem Nachwort zu *Das zerbrochene Haus* beschreibt Krüger, wie seine Besuche beim ersten Frankfurter Auschwitz-Prozess ihn dazu drängten, über die eigene Vergangenheit zu schreiben. Raus damit, dachte sich der Autor, dessen Hang zur erzählerischen Psychoanalytik vielfach zum Ausdruck kommt.[6] Was sich nun in ihm anmeldete, musste auf den Tisch. Er musste sich einem »Selbstprüfungsprozess« (S. 182) unterziehen. Es ist eigentümlich, wie die Erinnerung an Ursulas Tod ein weiteres Mal nach Ausdruck verlangt und sich dabei als Allegorie der historischen Entwicklung in Deutschland zu lesen gibt. Gerade das »Motiv« des Sterbens von Ursula eröffnet einen Reflexionsraum, in dem rätselhafte Verknüpfungen zwischen Privatgeschichte und der allgemeinen Geschichte Form annehmen. Im Nachwort erinnert sich Krüger, wie »das Familienmotiv« sich beim Schreiben »immer beherrschender nach vorne« schob, und wie die Auseinandersetzung mit dem Tod seiner Schwester zu einer Zentralmetapher seines Buches wurde. »Das Elternhaus wurde dabei, fast ungewollt, zu einer Metapher für Deutschland. Der Titel, den ich bewusst wählte (...), ist präzis mein Thema: Ich spreche nicht von einem kaputten, einem zerstörten, einem geteilten Haus – es ist zerbrochen aus innerer Fäulnis. (...) Insofern ist das Kapitel ›Ein Requiem für Ursula‹ der Schlüssel zum ganzen Thema. Es wird die rational nicht mehr ganz zu fassende, biologische Selbstauflösung einer deutschen Familie beschrieben, ihr innerer Zerfallsprozess, ihre unbewusste Sympathie mit dem Tod.« (S. 184)

Krüger ließ die Szenenräume in sich aufkommen, in denen geschichtsmächtige Kräfte sich schmerzhaft in die eigenen Lebensmomente einschrieben. Im Schreiben geriet (»fast ungewollt«) die Reaktivierung der Szenen zur Metapher für den Zerfall der deutschen Kultur in den dreißiger und vierziger Jahren. Die Gewalt, die sich hinter den Wänden des kleinbürgerlichen Haushalts ereignete, artikulierte sich auf der Grundlage einer »unbewussten Sympathie mit dem Tod«, die nicht nur bei Krügers zu Hause war. Das Vermögen, einen Todesfall, den man doch irgendwie, und vielleicht sogar maßgeblich mit bedingt hatte, in einen »Wink des Himmels« zu verwandeln, lässt sich durchaus extrapolieren und auf die Entwicklung beziehen, die sich während des leidvollen Sterbens von Krügers Schwester auf der Bühne der Geschichte im großen Stil zu vollziehen begann. Eine ausgeprägte Neigung zur Verklärung von realen Gewaltverhältnissen und zur Verdrängung von ihren Folgen sollte nicht nur in Krügers Familie Geschichte machen.

Das gespaltene Ich

Der Erzähler von *Das zerbrochene Haus* fragt nur scheinbar naiv nach den Hintergründen der eigenen Familiengeschichte. Ein in vielen Hinsichten sachkundiges, gereiftes Traumaopfer kehrt zurück an den Ort seines Verdrängtwordenseins, und spürt den Rissen eines Gewaltgeschehens nach, das es gezeichnet hat. Ein Teil von Krügers Persönlichkeit befand sich schon damals, während der Traumatisierung, in einer Abseitsstellung gegenüber der lückenhaft geordneten Welt daheim. Dieser Zusammenhang kommt bei der Schilderung des Rituals des sonntäglichen Frühstücks zum Ausdruck. »Ich meinte immer, ich säße gar nicht an diesem Familientisch, sondern irgendwo draußen im Garten, ganz allein im Grünen frühstückend, herrliches Fest der Einsamkeit. Es muss wohl eine böse und höhnische Art gewesen sein, die anderen zu übersehen.« (S. 23) Krügers Abwesenheit diente ihm als Abwehr gegen die Kälte des in Ordnungsritualen erstarrten Zusammenlebens. Eigentlich setzte dieses Verhalten nur die fatale Chronik von Innenflucht und Kontaktlosigkeit fort, vor der sich Krüger als Kind schützen wollte. Doch zurückblickend erweist sich diese Distanz gegenüber den Eltern und dem Zugriff der elterlichen Ordnung als frühes Anzeichen für ein Selbstverständnis, das in der Erfahrung von Differenz zu einem bedrückenden System erworben wurde.

Die Schule gewährte dem jugendlichen Krüger die Möglichkeit, der Starrheit seines Lebens zu Hause in geistige Bereiche zu entfliehen. Insbesondere fühlte er sich vom »Musischen« angezogen, das in seiner Familie, und vor allem von seiner Mutter hochgeschätzt, aber nirgendwo spürbar umgesetzt wurde. In seinen Erlebnisschilderungen stellt Krüger andauernd Vergleiche an zwischen Erlebtem und Szenen aus Opern, Theaterstücken, Literatur und Philosophie. Das Sterben seiner Schwester, z. B., kam dem Neunzehnjährigen wie eine Szene aus einer »Puccini-Oper« vor (vgl. S. 48). Es ist deutlich, dass diese ästhetisierte Wahrnehmungsweise nicht nachträglich aufgekommen ist, sondern schon damals sich zu bilden begann. Krügers Erzählung zeigt auf, dass seine damalige Faszination für das »Schöne« und »Höhere« bei Autoren wie Nietzsche und Hölderlin ja auch einer Symptomatik unterlag, in der eine »unbewusste Sympathie mit dem Tod« blind nach Artikulationswegen suchte.

Aber es gab eben diese Differenz zwischen dem unreifen, heranwachsenden Ich und der Welt, in der es unzureichend versorgt wurde. Im Kapitel »Mein Freund Wanja« erzählt Krüger die Geschichte einer Freundschaft, die das unversorgte Ich, das nach einem anderen Leben innerlich lechzte, zu neuen Wahrnehmungen verhalf. »Wanja war meine andere Möglichkeit, die zu leben ich nie die Kraft gehabt hätte. Er war auf eine unerhörte Weise gegen die Ordnung damals. (...) Er war vollkommen anders und besaß so ziemlich alle Fehler, die man damals in Berlin-Grunewald unter Adolf Hitler haben konnte: Er kam aus proletarischen Kreisen, er war Halbjude und Halbrusse. (...) Wanja war die Inkarnation des Außenseiters.« (S. 77 f.) Die einnehmende Verführungsenergie des Jungen bestand in seinem Vermögen, mitten in einem unmöglichen Abseits mit Freude leben zu können. Der junge Krüger fühlte sich geradezu magisch angezogen von einer Lebensessenz, die ihm Wanja vermittelte. »Er war vollkommen frei und genoss mit einer grimmigen Lust die Freuden der Freiheit. Er hatte Lust zu leben, Lust dazusein, Lust, die Welt an sich zu reißen. (...) Er liebte das Leben.« (S. 78) Und Wanja erkannte und benannte das Fehlende in Krügers Leben. »›Schön und gut, du bist ganz gescheit‹, sagte er manchmal zu mir, ›aber es fehlt dir einfach das Beste.‹ – ›Das Beste‹, fragte ich, ›was ist das?‹ – ›Die Lust‹, sagte er (...) man braucht ein Stück (...) wahnsinnige Lust um hierzusein.‹« (S. 79) Diese Differenz zwischen den beiden war die Grundlage von Krügers Anziehung. Sie ließ Krügers Welt nicht intakt, sondern machte ihre Leere akut spürbar. Er erinnert sich wie Wanja ein schwermütiges Lied anstimmte, während Krüger ihm *Hyperion* und *Zarathustra* vorlas. Auf einmal kam Krüger alles »so sinnlos und leer« vor. »Ich spüre eine dunkle Qual in mir, eine schreckliche Wut. Ich sehe auf die Eichkamper Straßen: alles Sackgassen, alles Irrtümer, alles Fehlwege, auch wenn man sie mit Hölderlin und Nietzsche ausschmückt. Eichkamps Straßen führen alle ins Nichts, hier ist kein Leben, und ich beginne plötzlich, Wanja zu hassen. (...) Ich laufe weg, laufe die Treppe hinunter. Meine Mutter steht unten in der Küche am Herd und rührt in einer schlesischen Suppe und sagt: ›Muss das denn sein, dass du ihn immer hierher bringst? Er soll doch ein Halbjude sein. Mein Gott, Junge, du wirst uns noch alle ins Unglück stürzen.‹« (S. 82)

Die Freundschaft zu Wanja brachte einen Widerstreit in Krügers

Weltempfinden immer stärker zum Vorschein. Derweil stürzte Deutschland ganz Europa immer tiefer »ins Unglück«.

Nach dem Abitur begann Krüger ein Studium der Philosophie. Wanja war »ernster, verschwiegener geworden«. (S. 83) Eines Tages erhielt Krüger von Wanja und einer Frau, die Wanja ihm vorgestellt hatte, den Auftrag, eine kleine Anzahl von Briefen bestimmten Personen in der Stadt zuzustellen. »Auf solche Weise geriet ich im Frühjahr 39 (…) in eine illegale Gruppe, die mitten in Deutschland und mitten im Dritten Reich gegen Hitler arbeitete. Ich war sehr erstaunt. Ich habe sie niemals gesucht, ich habe sie niemals gefragt, ich bin niemals ein Held gewesen, ich rutschte so rein. Ich hasste diesen Staat, aber dass man gegen ihn etwas tun könne, wäre mir nie in den Sinn gekommen.« (S. 84) So geriet Krüger durch seine Faszination für die Andersartigkeit seines Freundes in eine Abseitsstellung, die Folgen hatte. Irgendwann verteilten die jungen Leute Flugblätter und wurden erwischt und verhaftet. Krüger erzählt davon eingehend im Kapitel »Die Verhaftung«. Einige Wochen lang saß er im Untersuchungsgefängnis in Moabit. Die Ankläger verfügten über seine abgefangenen Briefe. Das »typische Pubertätsgestammel der Bürgerjugend damals mit Neunzehn« (S. 109), das darin zum Ausdruck kam, ließ Krüger in ihren Kenneraugen harmlos erscheinen. Am Ende ließ der Untersuchungsrichter Krüger laufen. Befund des Gerichts: »Bei guter Behandlung vielleicht noch für den völkischen Staat zu retten.« (S. 118)

Aber Wanja kam nicht so schnell wieder frei. Krüger sah ihn erst zwei Jahre später, als er von der Front in Frankreich nach Berlin abgerufen wurde, um gegen seinen alten Freund auszusagen. Als Gefreiter stand er im Gerichtssaal und erblickte Wanja und die Frau von damals, Anni Korn. »Sie sind nach zwei Jahren Haft kaum wiederzuerkennen, so klein und weiß und stumm sind sie geworden. (…) Sie haben meine Kindheit in Eisen gelegt, sie haben den törichten Traum meiner Jugend in Handschellen gelegt: Da schießt was zusammen, da schnappt etwas ein, was draußen immer getrennt bleiben wird. (…) Mein Gott, es hat mir immer an deiner Kraft und deinem Wahnsinn gefehlt, Wanja. Du hast nein gesagt und ich ja. Das ist eine wahnsinnige Welt geworden: Ja oder nein, jetzt sind wir alle in diesem Knäuel verfangen.« (S. 87)

Wanja wurde zu fünf Jahren Gefängnis verurteilt. Das erfuhr Krüger nicht damals, sondern viele Jahre später, als er ganz zufällig über den Namen seines Jugendfreundes bei einer Zeitungslektüre stolperte. Es stellte sich heraus, dass Wanja Nahostkorrespondent des *Neuen Deutschlands* geworden war. Nach einigen Erkundungen erhielt Krüger eine Einladung zu einem Journalistentreffen, wo die zwei sich wieder begegneten. Wanja war inzwischen überzeugter Kommunist geworden, dogmatisch, trocken und unbeweglich. Die beiden hatten sich nicht viel zu sagen. Die Zeit und die Umstände hatten sie auseinander getrieben.

Auch in dieser Entwicklung, wie bei der Erzählung über die Selbsttötung von Krügers Schwester, scheint sich die große Geschichte in den einzelnen gebrochenen Lebenslinien abzuzeichnen. »Wanja, wir sind eine verpfuschte Generation. Wir hatten kein richtiges Elternhaus. So hast du dir die Partei zur Mutter und die Rote Armee zum Vater gewählt, und ich habe so gar nichts als meine Erinnerungen, meine Ironie und meine späten Neurosen. Ich sitze hier in Frankfurt und schreibe für den Westen – natürlich. Und du sitzt in Kairo und schreibst für den Osten – natürlich. Ist das denn wirklich natürlich? Das ist ja eine abscheuliche Geschichte: so eine richtige Kitschgeschichte und Romanze der deutschen Teilung – gesamtdeutscher Schmus. Man kann das niemandem mehr anbieten. Warum schreibt das Leben so schlechte Geschichten? Zwei Schuljungens aus Berlin, die (...) im großen Krieg der Deutschen auseinandergewälzt wurden wie Deutschland – sie konnten zueinander nicht kommen.« (S. 96)

Das Weltgericht

Krüger erzählt nur sehr wenig über seine Soldatenzeit unter Hitler. Im Nachwort zu *Das zerbrochene Haus* heißt es: »Ein weiteres Kapitel, das meine Kriegserlebnisse als deutscher Obergefreiter zwischen 1941 und 1945 beschreiben sollte und das sinngemäß zwischen ›Die Verhaftung‹ und ›45, Stunde Null‹ gehört hätte, ist mir immer wieder misslungen. Militärzeit und Krieg fanden gewissermaßen außerhalb meiner Ich-Erfahrungen statt. Ich habe sie mir, jedenfalls bis heute, nicht wirklich zu eigen machen können. Dem kritischen Leser muss hier eine Lücke klaffen, zu der ich mich bekenne.« (S. 183) Krüger ließ diese Lücke auch weiterhin auf sich beruhen. Eine Ausnahme bildet eine Passage in seinem Aufsatz »Die Lage mit fünfzig«.

Krüger berichtet von seiner Verwundung. »Einmal schossen sie mir auch in den Bauch. Ich war damals sechsundzwanzig, und es war tatsächlich Krieg. Meine Hoffnung war eingetroffen; ich hatte sie mutig ergriffen. Es muss in Monte Cassino gewesen sein, und als der dumpfe

Schlag mich traf und es mir so warm um den Bauch wurde, weil Blut immer warm ist, solange wir leben, hatte ich wieder das merkwürdige Gefühl: also gut, jetzt ist eigentlich alles in Ordnung. Du musst jetzt nur noch umkippen, musst etwas stöhnen und schreien wie alle Verwundeten – das macht man doch so? Dann wirst du hier ein recht ordentliches Ende finden. Es ist ja nicht ungewöhnlich, als Soldat an einem Bauchschuss im Felde zu sterben. Es ist auch nicht unehrenhaft: ein deutsches Ende. Man kennt das. Du bist also untergebracht in der Welt. Der Krieg hat dich hier wie eine große Mutter zugedeckt, aber so war es nicht. Sie kam nicht, die große Mutter. Ich starb einfach nicht mit den Kugeln im Bauch. Man weiß ja: im Kriege trifft es immer die Falschen, die, die eigentlich leben wollen.«[7]

Vermutlich gab es wenige Zeiten in Krügers Leben, in der seine »unbewusste Sympathie mit dem Tod« so triebhaft zum Vorschein kam. Und auch hier scheint die Sehnsucht nach einem wohlgeordneten Verschwinden aus dem Leben mit dem Gedanken an die »große Mutter«, die alles »zudeckt«, verbunden zu sein. Man bedenke Krügers Traum, den er am Anfang seiner Reise in die eigene Vergangenheit schildert. Ist es nicht klar, dass dieses Ich im Traum von dem Verlangen bewegt ist, selbst das Objekt der Zuneigung und des Enthusiasmus der ansonsten lustfeindlichen Mutter zu sein? Aber es kann sich nicht dorthin begeben, wo ihre Erregung hinzielt, ohne sich selbst zu opfern. Krüger ist in den Kampf gezogen worden, der nicht seiner war, und es hätte ihn fast das eigene Leben gekostet.

Die Auslassung der Kriegserlebnisse ist nicht als Aussparung einer Tätererfahrung, wohl aber eines Traumas anzusehen. Da verlor sich das Ich. Da klappte das Buch um ihn zu. Im Kapitel »45, Stunde Null« erzählt Krüger wie er gewissermaßen wieder zu sich kam. Es war Ostern 45, und er lag in einem Schützengraben am Dortmund-Ems-Kanal, um den Rückzug der SS sicherzustellen. »Das war mein erstes Erstaunen nach so vielen Jahren: SS hat Angst, SS auf der Flucht.« (S. 123)

Als Krüger seinen Posten kurz verließ, sah er, wie ein Freund, der zusammen mit ihm bei Monte Cassino verwundet worden war, von einem eifrigen Offizier erschossen wurde, wohl weil der Freund ohne Erlaubnis von der Frontlinie weggegangen war. »Für mich (…) war es die Stunde, wo ich erwachte, wo ich aufschreckte aus vierjährigem Soldatenschlaf, wo ich sagte: Es ist aus, es ist Schluss, du bleibst keinen Tag mehr in diesem Volk. Es war meine Sekunde der Wahrheit. Es war plötzlich nur Wut und Hass und Protest in mir: Hermann, jetzt haben sie dich umgebracht, dich aus Cassino, dich aus Westfalen, sie haben Millionen Menschen erschossen, wir alle haben geschossen, unsere Hände alle voll Blut. (...) Der Krieg ist ein abscheuliches, sinnloses Gemetzel geworden, so abscheulich wie unsere deutsche Mythologie: blutende Walstatt, König Etzels Tod und Kriemhild und Siegfried und Trauer über Walhall.« (S. 127)

Krüger beschloss, in derselben Nacht zu desertieren. Er konnte einen anderen Gefreiten dazu überreden, mitzugehen. Sie überquerten den Fluss in der Dunkelheit, und es gelang ihnen, den von Hitler kontrollierten deutschen Boden zu verlassen. Krüger erlebte diesen Gang als eine Selbstbefreiung. »Ich war vierzehn Jahre, als Hitler zur Macht kam, ich kannte nur dieses Reich, sein Reich, unser Reich, ich kannte nur Hass und Krieg und dass wir uns alle bis zum letzten aufopfern müssten. Ich hatte immer nur gehört, dass draußen die Juden, die Bolschewisten, die Plutokraten herrschten, alles Feinde, alles Wilde, alles Untermenschen, die unser armes, stolzes Land zertreten, vernichten wollten. (...) Hier ist zum erstenmal Deutschland ohne Hitler, hier ist Erde, die er nicht mehr beherrscht. Seine Macht ist gebrochen. Diese Erde ist gut.« (S. 133)

Landeinwärts wanderten die zwei und wurden letztlich von den Amerikanern festgenommen. Krüger wurde einem Mr. Levison vorgestellt, einem jüdischen Intellektuellen, der sein Heimatland noch rechtzeitig hatte verlassen können und nun als Dolmetscher in der amerikanischen Vorstoßtruppe diente. Sie unterhielten sich über Philosophie und Deutschland. Krüger erzählte, wie er ein Semester bei Heidegger in Freiburg studiert hatte, und Mr. Levison gab Problematisches zu bedenken. »Und da dachte ich mit einemmal: Siehst du, so etwas gibt es, immer hast du so etwas gesucht und wusstest nicht, ob es das überhaupt gibt. Mein Gott, wie kann das denn sein? Du hast fünfundzwanzig Jahre in Deutschland gelebt und vier davon bei der Wehrmacht, hast immer geschwiegen, hast immer alles hingenommen, fühltest dich nie in Deutschland zu Hause, und du bist noch nicht eine Stunde beim Feind und fühlst dich bei ihm schon zu Hause. Du bist nicht mehr allein auf der Welt. Der Feind – das ist deine Welt.« (S. 139)

Krüger setzte die amerikanischen Offiziere darüber in Kenntnis, dass nur noch eine zusammengebrochene Bande von Verletzten ohne Munition am anderen Ufer des Dortmund-Ems-Kanals auf die Armee wartete. So stellten die Amerikaner ihre Artillerie ein und nahmen die Stellungen der verbliebenen deutschen Soldaten ohne weiteres Blutvergießen ein. Mit einem positiven Vermerk in seinem Sollbuch kam Krüger in ein Internierungslager der Alliierten.

Eines Tages ging die Nachricht von Hitlers Tod um: »Das hast du nie für möglich gehalten – sei ehrlich. Nie hast du gehofft, dass er sterben würde, immer hast du geglaubt, dass er der Mächtigere, der Größere, der Stärkere sei. Er oder du – das war immer für ihn entschieden.« (S. 143) Über die nächsten Monate bekam Krüger zu sehen, wie Mitglieder der SS von den gewöhnlichen Soldaten getrennt wurden. Er glaubte einen Vorgang zu beobachten, der im höchsten Maße »gerecht« war. Er glaubte zu sehen, wie »das Gute« über »das Böse« triumphierte und Gerechtigkeit einklagte.

Und der Erzähler lässt sich zu Metaphern hinreißen, die zu erkennen geben, dass zerbrochene Teile jenes Weltbildes, das seine Mutter mit seltener Leidenschaft pflegte, die Umrisse seiner Welt mit gestalten. Wie seine Mutter im Traum, offenbart er eine Neigung zur Verkündigung im biblischen Maßstab. Allerdings verkündet er Entgegengesetztes: »Und ich dachte: Du hast also Hitler überlebt. (...) Du wirst anfangen zu leben. (...) Du hast es mit deinen Augen gesehen, dass es so etwas gibt. Sage es den anderen weiter, es ist uns so lange verheißen: der Traum der Völker, Gerechtigkeit. Tausendneunhundertfünfundvierzig nach Jesus Christus: Da war einmal ein Jahr, da war die Weltgeschichte fast das Weltgericht.« (S. 147)

Gerichtstag

Krüger erwartete weitaus weniger von dem Gerichtsverfahren, das er neunzehn Jahre später in Frankfurt auf Einladung von Fritz Bauer besuchte. Er fuhr hin, weil ihm »Auschwitz« wie »eine mythische Chiffre vom Tode« vorkam, eine »Metapher des Bösen in unserer Zeit«. Er wollte diesen »Spuk« entzaubern, indem er den Prozess mit eigenen Augen verfolgte. »Ich fahre zum Auschwitz-Prozess, um diesen Mythos in mir aufzuklären. Ich will nur dasitzen und zuhören, zusehen und beobachten.« (S. 150)

Bereits im ersten Augenblick im Gerichtssaal machten sich aber Irritationen bei ihm bemerkbar. »Ich habe einen guten Platz, ich kann alles übersehen, aber alles wirkt zugleich so seltsam, so unverständlich und wirr auf mich. Da sitzen etwa hundertzwanzig oder hundertdreißig Deutsche in diesem Saal. Bürger unseres Landes, Bundesdeutsche aus dem Jahr 64, und ich kann nicht erkennen, wer hier eigentlich die Ankläger und wer die Angeklagten sind. Da ist nichts zu unterscheiden.« (S. 156)

In der Pause macht ihn ein Bekannter darauf aufmerksam, wer unter Anklage steht. »Und da begreife ich zum erstenmal, dass all diese freundlichen Leute vorhin im Saal, die ich für Journalisten oder Anwälte oder Zuschauer hielt, dass sie ja die Angeklagten sind und dass man sie natürlich nicht unterscheiden kann von uns allen.« (S. 163) Dass es nicht möglich war, die bestialischen Handlungen, die während des Verfahrens von zahlreichen Zeugen detailliert geschildert wurden, mit dem Erscheinungsbild der angeklagten Männer in einen deutbaren Zusammenhang zu bringen, beunruhigte den Besucher zutiefst. »Es muss doch da etwas zu unterscheiden sein. Irgendwie muss es sie doch bedrücken, absondern, einsam machen. Man kann doch nicht mit der Last von Auschwitz auf den Schultern hier herumspazieren, als sei eine Theaterpause.« (S. 164)

Krüger war davon überzeugt, dass die Schuld sich ins Verhalten und Aussehen der Täter hätte einschreiben müssen, aber er hatte sich geirrt. Die Zeugenaussagen über den mechanischen Ablauf der Vernichtungsmaschinerie in Auschwitz, die Feststellung, dass die Angeklagten größtenteils beruflich erfolgreich in der Gegenwart lebten, brachten Krüger zu der unerwarteten Erkenntnis: »Die Mörder sind angenehme und korrekte Beamte.« (S. 165) Während des Prozesses schienen die Angeklagten Krüger ganz und gar nicht vom schlechten Gewissen und Alpträumen geplagt zu sein. Ihre Verdrängungsapparatur funktionierte offenbar weitaus besser als seine eigene. Er bemerkte die grundlegende Unterscheidung zwischen den anwesenden Opfern und den Tätern. »Täter und Opfer haben beide überlebt. Ihr Überleben und ihre Konfrontation ist die Voraussetzung dieses Prozesses. Was sie trennt, ist heute vor allem die Psychologie der Erinnerung, der Mechanismus des Vergessens. Die einen wollen vergessen, aber können es nicht. Die anderen sollten sich hier erinnern, aber sie können es nicht. Sie haben alles vergessen ...« (S. 170).

Krüger stellt die Frage, ob die Grundsätze der Psychoanalyse in Bezug auf die im Auschwitz-Prozess ermittelten Schuldtaten ihre Gültigkeit bewahren. »Freud hat immer gelehrt, dass Schuld nie vergessen, sondern nur verdrängt werden kann und dass sie aus der Verdrängung zu Neurosen und Zwängen führt. Aber stimmt Freud angesichts von Mulka und Genossen? Wo sind da Neurosen? Und ist Bewusstmachen, Aussprechen wirklich Erlösung?« (S. 170) Diese letzten Fragen bleiben im Szenenraum des Gerichtssaals hängen. Krüger erkannte folgerichtig, dass die Suche nach Antworten auf eine solche Ansammlung von Fragen zu aller erst bei einem selbst anfangen muss.

Bezogen auf seine im Laufe des Winters 1964/1965 zu Papier gebrachte »Bewusstmachung« der eigenen Vergangenheit könnte eine Antwort lautet, dass die »Neurosen« und »Zwänge« sich zunächst ja genau in den scheinbar harmlos angepassten Erscheinungsformen bürgerlichen Lebens artikulieren. Für den als deutscher Kleinbürger im »Dritten Reich« aufgewachsenen Krüger war es jedenfalls klar, dass »Bewusstmachen, Aussprechen« der einzige Befreiungsweg für ihn selbst und wohl für die Deutschen im allgemeinen war. Und so machte er sich an die Arbeit.

Nachgetragenes

Als Krüger 1966 seine Jugendautobiographie *Das zerbrochene Haus. Eine Jugend in Deutschland* veröffentlichte, erntete er großen Applaus von prominenter Stelle. Marcel Reich-Ranicki schwärmte von einer mutigen und ehrlichen Erinnerungsarbeit. Krüger sei es gelungen, ein »Deutschlandbild ohne Lüge« zu zeichnen – und das im Hinblick auf einen Abschnitt deutscher Geschichte, dessen Vergegenwärtigung zumeist heftiges Verleugnen und zwanghafte Ausblendungsreflexe hervorrief.[8] Gerade dies hatte der erste Frankfurter Auschwitz-Prozess aufgezeigt: Wahrhaftigkeit im Umgang mit einer Vergangenheit, in der *jeder brav gebliebene deutsche Staatsbürger* am Nicht-Wahrhaben eines effizienten Massenvernichtungsvorgangs beteiligt gewesen war, konnte im deutschen Selbstverständigungsdiskurs der sechziger Jahre nur mit Mühe und Schmerz und Nachdruck errungen werden. Wolfgang Koeppen bescheinigte Krüger, dies erkannt und eine Schreibform gefunden zu haben, die trotz aller Widerstände einen kulturellen Verdrängungszusammenhang auf seine »wahren« Wurzeln hin befragt.[9]

Bevor Krüger nach Frankfurt zog, und *Das zerbrochene Haus* schrieb, verlieh er dem literarischen Nachtprogramm des Südwestfunks als Redakteur ein »besonderes geistiges Profil«, indem er Diskussionsrunden mit prominenten Intellektuellen wie Theodor W. Adorno, Ernst Bloch und Alexander Mitscherlich ausstrahlte.[10] Krüger waren also grundlegende Problemstellungen und Betrachtungsweisen der Frankfurter Schule sowie psychoanalytisch informierte Befragungen der NS-Zeit als kulturelles Trauma nicht nur vertraut, sondern auch ausgesprochen wichtig. Wie die kritische Theorie, zeichnet sich Krügers probende Wahrheitssuche durch eine grundlegende Skepsis gegenüber den eigenen Voraussetzungen aus. Wissen und Nicht-Wissen um Auschwitz überschatten alle Denkwege. Der Blick orientiert sich an Verdichtungsmomenten der Einschreibung von Geschichte in das Bewusstsein und in den Körper der Subjekte. Und Krügers Schreibarbeit entspricht präzise einer Definition, die Peter Brückner der kritischen Theorie in seiner 1980 erschienenen Jugendbiographie *Das Abseits als sicherer Ort. Kindheit und Jugend zwischen 1933 und 1945* einmal gab: »Wie werden die ›versunkenen Erfahrungen‹ bewusst? Indem wir lernen, die Rätsel unserer Lebensgeschichte im Kontext der Geschichte unserer Gesellschaft zu lösen, und zwar im Detail, und indem wir der Reflexion vertrauen, solange sie Erfahrung und Objektivität fühlbar vermittelt. Das, vor allem, ist *kritische Theorie*.«[11] Zu einem solchen Lernen leistete Krüger mit *Das zerbrochene Haus* einen einmaligen Beitrag.

Horst Krüger starb am 21. Oktober 1999 im Alter von 80 Jahren in Frankfurt am Main. Über die Jahrzehnte nach dem Erscheinen von *Das zerbrochene Haus* erwarb sich der Autor die Ehre, der letzte Vertreter des deutschen Feuilletons zu sein.[12] Seine beliebteste Erzählform war der Reisebericht, mikro- und makrokosmische Reflexionen über sich und Deutschland und die Welt. Diese Neigung machte sich bereits in *Das zerbrochene Haus* bemerkbar. Da machte Krüger eine grundlegende Schreiberfahrung, die er bei all seinen weiteren Reisen beherzigte. Immer nachdem er wieder nach Frankfurt zurückgekehrt war, und er schon begonnen hatte, seine Reiseeindrücke zu vergessen, begab er sich an den Schreibtisch: »Jetzt setz dich hin, denk einmal nach. Lass die Erinnerungen kommen. Steig ein in den Schacht der Vergangenheit. Du warst in der Welt – Introversionen eines Extravertierten? Hol alles raus aus dir. Es steckt ja alles im Schacht deiner Vergangenheit. Schreiben ist eine ganz eigene Art, der Wahrheit auf die Spur zu kommen. Schreiben heißt immer nur eins: sich erinnern. Es ist nicht wahr, dass wir etwas vergessen können, in Wirklichkeit. Wir schieben nur ab, legen beiseite, verdrängen, je nach Bedarf. Es gibt das Gedächtnis, dieses Archiv unseres Lebens, in dem unten alles getreulich gesammelt und gespeichert ist wie in einem Schallarchiv. Man kann es jetzt abrufen, hochkommen lassen, schreiben.«[13]

Dass Krüger, ausgehend von einer Beschäftigung mit dem Frankfurter Auschwitz-Prozess, sich ins »Archiv seines Lebens« begab, und zu

Papier brachte, was ihm dabei »hochgekommen« ist, gehört zu den großen Glücksfällen der deutschen Literaturgeschichte.

Anmerkungen

1 Horst Krüger, »Wieviel Welt braucht der Mensch« in: Marcel Reich-Ranicki (Hg.), *Ein Schriftsteller auf Reisen.* Hamburg 1989, S. 186-216, hier S. 186.

2 Biographisches nach dem Krieg: »Am 9. November 1949 wurde [Krüger] aus amerikanischer Kriegsgefangenschaft nach Freiburg im Breisgau entlassen. Dort, im Hause des Dichters Reinhold Schneider, erhielt er die Mitteilung vom Tod der Eltern in Berlin. Ab 1946 erste Hilfsarbeiten im Herder Verlag. Ab 1947 literarischer Mitarbeiter im Feuilleton der neu gegründeten *Badischen Zeitung*. Im selben Jahr erste Publikationen in der von Alfred Döblin herausgegebenen Monatsschrift *Das goldene Tor*. 1948 Eheschließung mit der Ärztin Hildegard Lange-Undeutsch, Scheidung 1955. Ab 1952 Übersiedlung nach Baden-Baden, wo Krüger als Redakteur das literarische Nachtprogramm des Südwestfunks leitete. (...) Nach fünfzehnjähriger Tätigkeit kündigte Krüger 1964 seine Redakteursposition im Südwestfunk (...) Das Bedürfnis, aus der Enge des idyllischen Baden-Baden in die Weite der wirklichen Welt herauszutreten, war übermächtig geworden.« Krüger, »Wieviel Welt«, S. 281 f.

3 Horst Krüger, »Im Labyrinth der Schuld«, in: *Der Monat*, Mai 1964. Eine überarbeitete Fassung dieses Berichts bildet das letzte Kapitel von *Das zerbrochene Haus.*

4 So beschrieb Krüger sein erstes Buch im 1976 geschriebenen Nachwort zur Neuauflage von *Das zerbrochene Haus.* Horst Krüger, *Das zerbrochene Haus. Eine Jugend in Deutschland.* München 1994, S. 183.

5 Die Seitenangaben beziehen sich auf *Das zerbrochene Haus.*

6 Krüger beantwortete eine Frage des *FAZ-Magazins* nach seiner Lieblingsbeschäftigung mit »Psychoanalyse«, vgl. ders., »Wieviel Welt«, S. 274.

7 Horst Krüger, »Die Lage mit fünfzig«, in: ders., »Wieviel Welt«, S. 252.

8 Marcel Reich-Ranicki, »Ein Deutschlandbild ohne Lüge«, in: ders., *Ein Schriftsteller auf Reisen*, S. 64-72.

9 Wolfgang Koeppen, »Hitler, der bleibt uns«, in: Reich-Ranicki (Hg.), *Ein Schriftsteller auf Reisen*, S. 53-58.

10 Vgl. Reich-Ranicki (Hg.), *Ein Schriftsteller auf Reisen*, S. 282.

11 Peter Brückner, *Das Abseits als sicherer Ort. Kindheit und Jugend zwischen 1933 und 1945.* Berlin 1980, S. 88.

12 Dieses Urteil fällten u. a. Reich-Ranicki und Jean Améry. Vgl. Reich-Ranicki (Hg.), *Ein Schriftsteller auf Reisen*, S. 16 f. u. S. 88 f.

13 Krüger, »Wieviel Welt«, S. 195f.

Zeugin aus der Hölle

Ronny Loewy

Die Dreharbeiten zum Film Zeugin aus der Hölle[1] begannen am 9. August 1965, mithin zwölf Tage vor dem Prozessende und der Urteilsverkündung im ersten Frankfurter Auschwitz–Prozess. Zeugin aus der Hölle ist auf der einen Seite ein durchaus konventioneller Spielfilm des in die Krise geratenen Kommerzkinos der BRD, mit zahlreichen Konzessionen an den habituellen Zuschauergeschmack. Auf der anderen Seite ist dieser Film ein kostbares Dokument der Filmgeschichte in der Bundesrepublik Deutschland. Er gehört zu den wenigen Spielfilmen aus der BRD, übrigens bis heute, in denen der Holocaust als ein Problem der deutschen Nachkriegsgesellschaft in Erscheinung tritt.[2] Darüber hinaus ist Zeugin aus der Hölle neben dem Fernsehspiel Mord in Frankfurt[3] aus dem Jahr 1968 der einzige Spielfilm, in dem der Frankfurter Auschwitz–Prozess thematisiert wird, ohne dass dieser Prozess namentlich und tatsächlich vorkommt.

Drehbuchentwicklung und Produktionsvorbereitung des Films reichen weit zurück in die Zeit des Prozessverlaufs. Artur Brauner[4] hat den Film in Berlin produziert. Der Produzent Brauner, selbst Holocaust Überlebender aus Lodz, hatte den jugoslawischen Regisseur Zica Mitrovic mit der Regie des Films beauftragt. Mitrovic, geboren 1921 in Belgrad, war zu diesem Zeitpunkt ein erfolgreicher Filmregisseur in seinem Land. Er hatte ca. ein Dutzend Spielfilme über den Zweiten Weltkrieg, den Partisanenkampf und die Befreiung von deutscher Besatzung in Jugoslawien inszeniert.[5] Das Drehbuch schrieb die Frau des Regisseurs, Frieda Filipovic, zusammen mit Michael Mansfeld, einem Autor und Journalisten, der mit Enthüllungen über fortwirkende Karrieren von Nationalsozialisten in der BRD bekannt geworden war.[6]

Zeugin aus der Hölle ist ein Thriller. Der Inhalt: Staatsanwalt Hoffmann von der Zentralen Stelle der Landesjustizverwaltungen zur Aufklärung nationalsozialistischer Verbrechen in Ludwigsburg besucht in Belgrad den Schriftsteller Bora Petrovic, der kurz nach dem Krieg in einem Buch über Verbrechen in deutschen Vernichtungslagern berichtet hat, welches auf Aussagen der Überlebenden Lea Weiss beruhte. Lea Weiss soll als Zeugin nunmehr gegen einen KZ–Arzt ihre Aussagen, die sie damals Petrovic mitgeteilt hat, vor Gericht wiederholen. Sie weigert sich und behauptet, dass ihre Aussagen von einst erfunden gewesen seien. Hoffmann bittet Petrovic, mit ihm nach Deutschland zu kommen, um Lea Weiss umzustimmen. Aber alle Versuche von Petrovic sind vergeblich. Zu groß ist die Scham des Opfers, im Gegensatz zum notorisch guten Gewissen der Täter. Im KZ war Lea Weiss zu Liebesdiensten mit dem Lagerkommandanten gezwungen und später zu medizinischen Versuchen missbraucht worden. Die Ermittlungen zu einem Strafverfahren

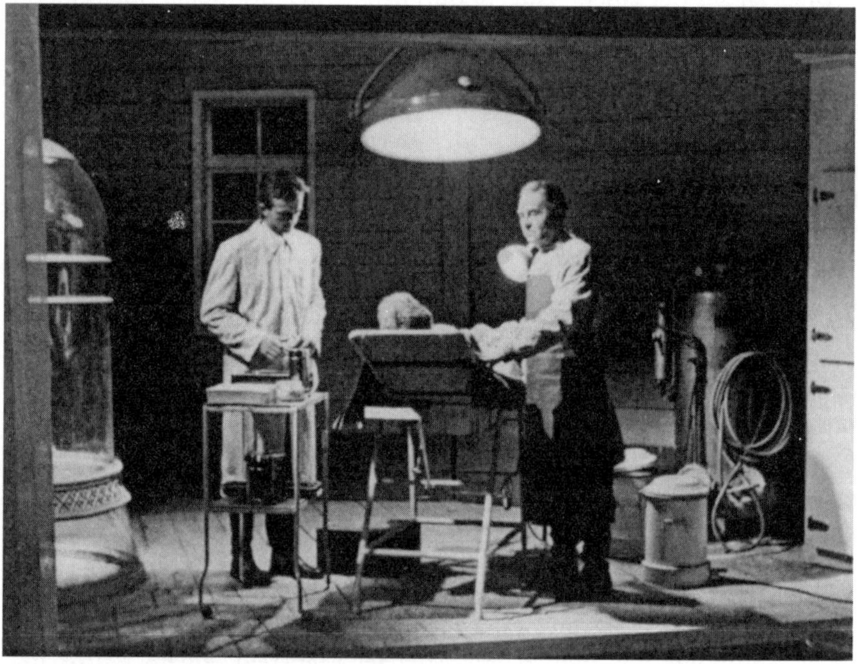

Zeugin aus der Hölle: KZ-Arzt, gespielt von Hans Zesch-Ballot, bei einem medizinischen »Versuch« (Deutsches Filminstitut Frankfurt am Main)

20 Jahre nach Kriegsende, in die sie hineingezogen wird, zwingen sie die Leiden aus der Zeit im KZ in Angstträumen wieder zu erleben und treiben sie schließlich in den Selbstmord.

Bekanntlich tauchten beim Auschwitz-Prozess immer wieder Zweifel an den Aussagen der Zeugen auf, die sich – und in Anbetracht ihres Leidens war dies um so verständlicher – rund 20 Jahre nach dem Geschehen in einigen Details nicht mehr genau zu erinnern vermochten. Die Aussagen erschienen defizitär zum Ereignis und die Verteidiger versuchten, in Umgehung der Erkenntnis, dass es sich um nichts anderes als divergente Wirklichkeits–Konstruktionen von Opfern und Tätern handelte, diesen Umstand zugunsten der Angeklagten zu nutzen. Wie ein roter Faden zieht sich das Wissen davon durch den gesamten Film.

Die psychologische Situation der Zeugen, die sich die Rekonstruktion der erfahrenen Leiden abverlangten und sie im Prozess neuerlich durchleben mussten, spiegelt sich in dem Zögern der Hauptfigur des

ZEUGIN AUS DER HÖLLE, Irene Papas, Daniel Gélin, Heinz Drache (v. l. n. r.) (Deutsches Filminstitut Frankfurt am Main)

Films ZEUGIN AUS DER HÖLLE, Lea Weiss, dieses System des Terrors vor einem deutschen Gericht zur Sprache zu bringen. Hinter der Entscheidung zur Aussage, die die Zeugin Lea Weiss im Film für sich schließlich mit Selbstmord beantwortet, standen nicht nur die Zweifel, dem neuerlichen Durchleben des Leidens nicht gewachsen zu sein. Dahinter stand auch der Wunsch, die ganze Wahrheit aussprechen zu können, einschließlich der eigenen Einbezogenheit in das Terrorsystem des Lagers, die das Überleben in Auschwitz möglich gemacht hatte. Nicht nur im Film freilich sind die schwerwiegenden Zweifel der Zeugin und des Staatsanwalts berechtigt, im Rahmen eines Gerichtsverfahrens – des Auschwitz–Prozesses – diese Problematik aufzuarbeiten.

Zahlreiche Parallelen zwischen dem Auschwitz–Prozess in Frankfurt und der Filmstory über Ermittlungen und Vorbereitungen zu einem Prozess, angesiedelt in West–Berlin, lassen sich präzise benennen. Die fiktive Filmstory handelt von einem – fiktiven eben – bereits 1945 veröffentlichten Bericht der Überlebenden Lea Weiss, welcher wiederum einen Staatsanwalt von der Zentralen Stelle in Ludwigsburg Mitte der sechziger Jahre dazu veranlasst, die Zeugin für einen Prozess ausfindig zu machen. Auffallend ist, dass Lea Weiss im Film eine bisweilen ähnliche respektive irgendwie übereinstimmende Geschichte hat mit der Zeugin Dunia Wasserstrom und ihrer Aussage gegen den Angeklagten Boger.

ZEUGIN AUS DER HÖLLE ist freilich keine Schlüsselgeschichte der Zeugin Dunia Wasserstrom. Auch liegen dem Film keine derart genauen Prozessbeobachtungen zugrunde, wie zu DIE ERMITTLUNG von Peter Weiss, in der die Aussage der Dunia Wasserstrom derjenigen der Zeugin #5 entspricht.[7]

Die Zeugin Dunia Wasserstrom, geboren 1909 in Schitomir in der Ukraine, mittlerweile französische Staatsbürgerin, wie auch Lea Weiss, nunmehr Lea Clement, sah sich in einer Vernehmung in Paris unmittelbar nach dem Krieg noch außerstande, die Angaben zu machen, die sie über das in Auschwitz Erlebte im Prozess zu Protokoll gab. Dunia Wasserstrom berichtete, dass Boger im November 1944 ein Kind, das einen Apfel in der Hand hatte, an einer Barackenwand erschlagen hatte. Sie musste das Blut von der Wand abwischen und wurde eine Stunde später zu Boger zu einer Häftlingsvernehmung gerufen. Als sie hereinkam, so heißt es im Urteil des Auschwitz–Prozesses, habe Boger gerade den Apfel gegessen. Die Zeugin erklärte, sie habe nach dem Krieg immer weinen müssen, wenn sie Kinder gesehen habe. Sie habe, als sie schwanger gewesen sei, »die Frucht beseitigen lassen, weil sie Angst gehabt habe, dass sie

Oben: Irene Papas in KZ-Montur am Klavier (Deutsches Filminstitut Frankfurt am Main)
Unten: Dunia Wasserstrom mit Hermann Langbein (Schindler Foto-Report)

in Erinnerung an dieses schreckliche Erlebnis immer weinen müsse, wenn sie ihr eigenes Kind sähe.«

Mit Außenstehenden habe Dunia Wasserstrom lange nicht darüber sprechen können. Erst allmählich und zunächst nur über ihre Deportation hat sie sich mitteilen können und erst drei Jahre vor dem Auschwitz-Prozess habe sie ihre Geschichte von Auschwitz einem Schriftsteller, ebenso wie Lea Weiss dem Autor und einstigen Freund Bora Petrovic im Film, erzählen können.[8]

Von »Übertreibungen« und »Phantasien« ist im Film auch stets die Rede, wenn Zweifel, auch Selbstzweifel, an der Glaubwürdigkeit der Schilderungen von Lea Weiss aufkommen.

Aus dramaturgischen Erwägungen folgt der Film weitgehend einer fiktiven Handlung. Auch ist die Filmgeschichte angereichert um die Dimension einer sexuellen Beschädigung der Zeugin Lea Weiss.[9] Von einer solchen ist im Zusammenhang von der Zeugin Dunia Wasserstrom, so weit aus dem Auschwitz-Prozess bekannt, nichts überliefert.

Die Zeugin in der Realität wie im Film kann ihre Geschichte, ein erstes Mal zumindest, nur einem Schriftsteller mitteilen – als müsse man sie erfinden, fiktionalisieren, der literarischen Phantasie überantworten. Im Film verschweigt Lea Weiss ihre 1945 bereits einmal erzählte Geschichte jahrelang und versucht ein »neues« Leben zu beginnen. Die Zeugin Lea Weiss muss auch ihre Rolle als »Prostituierte« – Dunia Wasserstrom war hingegen in Wirklichkeit eine Dolmetscherin von Boger – weiterhin übernehmen, andernfalls wird sie zum Opfer des Systems. Die Angst davor, dass ihr die Glaubwürdigkeit vor Gericht abgesprochen wird, ist offensichtlich; auch Lea Weiss in ZEUGIN AUS DER HÖLLE hat in ihrem ersten Bericht nicht die vollständige Geschichte erzählt und ist sich bewusst, dass dies ihr zum Vorwurf gemacht werden wird.
Unbenannt im Film bleibt der entscheidende Punkt: Lässt sich überhaupt vor dem Gericht ihre Rolle als Prostituierte des KZ-Arztes – beinahe schon ein Klischee, aber freilich nicht nur – vermitteln und wie wird das Urteil darüber ausfallen? Oder anders gesagt. Ist das Gericht ernsthaft überhaupt an ihrer Geschichte interessiert? Die Antwort der Lea Weiss lautet eindeutig: Nein. Ihre praktische Antwort darauf ist der Selbstmord.

Kommerziell war ZEUGIN AUS DER HÖLLE ein Flop, wenngleich über die Besucherzahlen in den Kinos keine zuverlässigen Angaben überliefert sind. Der Misserfolg des Films lässt sich auch an den nicht sehr zahlreichen und wenig inspirierten Filmkritiken erkennen. Den Zusammenhang des Films mit dem Frankfurter Auschwitz-Prozess benannte seinerzeit in einem Artikel »Im tödlichen Käfig der Erinnerungen«[10] als einziger der Filmkritiker Henning Harmsen:

»In der ehemaligen Giftgasfabrik an Berlin-Spandaus Verlängerter Daumstrasse, seit 1949 Artur Brauners firmeneigenes Atelier der (...) CCC scheint sich in jüngster Zeit (dem Genius loci zum Trotz?) Beträchtliches zusammenzubrauen. Obwohl der unermüdliche, geschäftstüchtige und vom Film besessene Brauner vor Monaten die Schließung seines Ateliers ankündigte (...), riskiert er nun in enger Zusammenarbeit mit der Belgrader ›Avala-Film‹ – diesmal betont ohne Rücksicht auf die traurigen Gewohnheiten deutscher Filmkonfektion – die Realisierung eines Filmes, an den man ohne Zweifel nicht die bei kommerziellen Massenproduktionen üblich Elle anlegen kann. (...) Das Drehbuch (...) erzählt die erschütternde Geschichte eines unheilbaren Traumas: Das Trauma der Jüdin Lea Weiss (Irene Papas), die als Häftling Nr. 23 735 in einem deutschen Konzentrationslager Grauenvolles erlebte und nun, zwanzig Jahre danach, von Hotel zu Hotel auf der Flucht vor den Furien und Halluzinationen einer furchtbaren Vergangenheit, vergeblich dem Käfig der Erinnerungen zu entrinnen versucht.

Mit der Verzweiflung eines Menschen, der nur von dem Gedanken beseelt ist, der Tortur seiner Angstträume zu entfliehen, weigert sie sich, in einem Prozess gegen den früheren KZ-Arzt Berger (jetzt wissenschaftlicher Direktor einer großen pharmazeutischen Fabrik) als Hauptbelastungszeugin auszusagen: ›Wir können nicht mehr aussagen, wir können nicht mehr! Macht Schluss damit! Lasst uns in Frieden!‹ Am Ende, ausgelöst durch den Schock eines von ihr in ihrer krankhaften Angst missverstandenen Zufalls, stürzt sie sich aus einem Hotelfenster zu Tode.

›Jetzt können wir uns – nicht ohne Besorgnis – fragen,‹ schrieb der im KZ Gusen bei Mauthausen inhaftiert gewesene, zum Tode verurteilte und zur Strafkolonie in einem Steinbruch begnadigte Jean Cayrol in seinem Essay ›Lazarus unter uns‹, ›was aus den Träumen derer, die die Konzentrationslager überstanden haben, geworden ist, und ob es eine nächtliche Fortsetzung alles dessen gibt, was im Fleisch und im Geist geduldet worden ist... Wie soll es gelingen, etwas zuzugeben, was uns jahrelang unter einer Form der Halluzination erschienen ist...‹ (...)

Zur Bedeutung des Auschwitz-Prozesses in Frankfurt meinte der 38jährige Schriftsteller Martin Walser (...), hier laufe Geschichtsforschung mit, Enthüllung, moralische und politische Aufklärung einer Bevölkerung, die offenbar auf keinem anderen Wege zur Anerkennung des Geschehens zu bringen gewesen sei.«

Harmsens vorsichtig zuversichtliches Fazit lautet: »Wenn es dem deutsch-jugoslawischen Gemeinschaftsfilm ›Bittere Kräuter‹ in künstlerisch überzeugender Weise gelänge, eine ähnlich aufklärende, die allgemeine Indolenz zerstörende und das Bewusstsein schärfende Wirkung auszuüben, so hätte er wohl seinen tieferen Sinn erfüllt.«

Dass ZEUGIN AUS DER HÖLLE ein sehenswerter Kinofilm wurde, verdankt er vor allem der überragenden schauspielerischen Leistung von Irene Papas als Lea Weiss,[11] die im Jahr zuvor gerade mit ZORBA, THE GREEK / ALEXIS ZORBAS (Griechenland 1964 / Regie: Michael Cacoyannis) weltweit einen riesigen Kinoerfolg gefeiert hatte. Die Rolle des Autors Bora Petrovic war mit dem französischen Kinostar Daniel Gelin auch großartig besetzt,[12] in einer undankbaren Rolle allerdings. Er verkörpert keine authentische Figur, ist er doch nicht mehr als ein Gegen-

ZEUGIN AUS DER HÖLLE, Irene Papas, Daniel Gélin (v. l. n. r.) (Deutsches Filminstitut Frankfurt am Main)

über, eine Projektionsfläche für Lea Weiss. Werner Peters in der Rolle des Rechtsanwalts von Walden, der mit Lea Weiss ein übles Spiel trieb (er war zugleich Vertreter des KZ-Arztes Dr. Berger wie auch der scheinbar selbstlose, hilfsbereite Rechtsbeistand der davon nichts ahnenden Lea Weiss), war dem deutschen Kinopublikum sowohl in der BRD wie in der DDR bekannt als Darsteller vor allem deutscher Sekundärtugenden verpflichteter Zeitgenossen in Uniform wie in Zivil.[13] Der Ludwigsburger Staatsanwalt war mit Heinz Drache besetzt, in diesen Jahren vor allem dem Kinopublikum als Polizeiinspektor in deutschen Edgar Wallace Verfilmungen vertraut, ein Beleg dafür, wie allzu deutlich ZEUGIN AUS DER HÖLLE die Kodierungen des Kinos seiner Zeit verrät.

Anmerkungen

1 ZEUGIN AUS DER HÖLLE / GORKE TRAVE / BITTERE KRÄUTER (Arbeitstitel) / WITNESS OUT OF HELL (1965–1967 / BR Deutschland / Jugoslawien) *Produktion:* CCC–Filmkunst, Berlin/West / Avala Film, Belgrad; *Produzent:* Artur Brauner, Aleksandar Krstic; *Produktionsleitung:* Peter Hahne, Aleksandar Krstic; *Geschaftsführung:* Gerda Hausding; *Aufnahmeleitung:* Harald Zimmer, Alexandar Radulovic; *Regie:* Zica Mitrovic; *Regieassistenz:* Thomas Grimm, Stojan Culibrk; *Script:* Lilo Hänsel, Stefanija Kruskar; *Drehbuch:* Frieda Filipovic, Michael Mansfeld; *Buchvorlage:* Frieda Filipovic (Idee); *Übersetzung:* Jovan Curcic (Dolmetscher); *Kamera:* Milored Markovic; *Kameraführung:* Boza Miletic; *Standfotografie:* Branko Todorovic; *Beleuchtung:* Heinrich Dodzinsky; *Schnitt:* Katarina Stojanovic, Ursula Kahlbaum; *Ton:* Fodor Jeler, Max Galinsky, Wolfgang Ernst; *Bühne (Key Grip):* Kurt Neumeier; *Ausstattung:* Heinrich Weidemann, Miomir Denic; *Requisiten:* Klaus Haase; *Kostüme:* Jelisavete Gobecki; *Garderobe:* Charlotte Jungmann; *Masken:* Heinrich Stamm, Zorica Randic. *Darsteller:* Irene Papas (Lea Weiss), Heinz Drache (Hoffmann, Staatsanwalt), Daniel Gélin (Bora Petrovic, Autor und Redakteur), Werner Peters (von Walden, Rechtsanwalt), Jean Claudio (Carlos Bianchi), Alice Treff (Frau von Keller), Hans Zesch–Ballot (Dr. Berger), Franco Tatic, Radmila Gutesa, Petar Banicevic. *Länge:* 2278 m / 83 Min.; *Format:* 35mm/sw/1:1,37; *Drehzeit:* 09.08.1965 bis 09.10.1965; *Uraufführung:* 29.06.1967 Berlin/West (City); *Studioaufnahmen:* CCC Studios, Berlin/West; Avala–Studios, Belgrad; *Außenaufnahmen:* Jugoslawien.

2 Unter dem Thema »Die Vergangenheit in der Gegenwart. Konfrontationen mit dem Holocaust in den Filmen der deutschen Nachkriegsgesellschaften« hat die Arbeitsgruppe »Cinematografie des Holocaust« auf ihrer Jahrestagung in Frankfurt am Main im Dezember 1999 im Deutschen Filmmuseum Filme gesichtet und diskutiert, in denen Folgen der Judenvernichtung ein Ereignis der jeweiligen Gegenwartsgesellschaft – BRD oder DDR – darstellen. Vgl. Claudia Dillmann, Ronny Loewy (Hg.), *Die Vergangenheit in der Gegenwart. Konfrontationen mit dem Holocaust in den Filmen der deutschen Nachkriegsgesellschaften*. Frankfurt am Main 2001.

3 MORD IN FRANKFURT (1968 / BR Deutschland); *Produktion:* Westdeutscher Rundfunk (WDR), Köln; *Regie:* Rolf Hädrich; *Drehbuch:* Rolf Hädrich; *Kamera:* Jost Vacano; *Schnitt:* Herbert Labusga; *Musik:* Carl Thomas; *Darsteller:* Vaclav Voska, Joachim Ansorge, Christiane Schröder, Monika Lundi, Walter Blum, Dirk Dautzenberg; *Länge:* 77 Min.; *Uraufführung*: 30.01.1968 ARD. *Inhalt:* Der Mord an einem Taxifahrer löst den Ruf nach der Todesstrafe aus. Gegenübergestellt in einer Parallelhandlung wird die Bedrohung eines polnischen Zeugen in einem NS–Prozess und die Proben zu einem Theaterstück über Auschwitz.

4 Artur Brauner, Jahrgang 1918, ist einer der erfolgreichsten Produzenten des Konfektionskinos der BRD. Seit der Gründung seiner Produktionsfirma CCC Film GmbH 1946 in Berlin hat Brauner, angefangen mit MORITURI (1947-1948 / Regie: Eugen York), zahlreiche Filme produziert, deren Geschichten im Nationalsozialismus spielen, wie MENSCH UND BESTIE (1963 / Regie: Edwin Zbonek), SIE SIND FREI, DR. KORCZAK (1973-1974 / Regie: Aleksander Ford), CHARLOTTE (1980 / Regie: Frans Weisz), ZU FREIWILD VERDAMMT (1983-1984), BITTERE ERNTE (1984-1985 / Agnieszka Holland), DER ROSENGARTEN (1989-1890 / Regie: Fons Rademaker), HITLERJUNGE SALOMON (1989-1890 / Regie: Agnieszka Holland), womit nur diejenigen Filme genannt sind, die von deutschen Tätern und jüdischen Opfern handeln.

5 Seine bekannteren Filme zu diesen Themen sind u. a. ESALON DOKTORA M. / DIE KOLONNE DES DR. M. (1955), SIGNALI NAD GRADOM / LOSUNG UNBEKANNT (1960), KAPETAN LESI / KAPITÄN LESI (1960), OBRACUN / ABRECHNUNG AM SILBERFLUSS (1962), DO POBEDATA I PO NEA / BIS ZUM SIEG UND WEITER (1966), UZICKA REPUBLIKA / 67 TAGE – DIE REBUBLIK VON UZICE (1974).

6 Michael Heinze-Mansfeld erregte Anfang der fünfziger Jahre großes Aufsehen, als er in zwei Artikelserien in der *Frankfurter Rundschau* die NS-Vergangenheit des Auswärtigen Amtes der neuen Bundesrepublik und ihres Diplomatenkorps enthüllte (»›Ihr naht Euch wieder...‹, - Einblicke in die Personalpolitik des Bonner Auswärtigen Amtes«, 1. - 6.9.1951, und »›Ich sehe diese würd'gen Peers...‹ in der Personalpolitik des Auswärtigen Amtes«, 16. - 24.11.1951); ein Thema, das ihn zeitlebens nicht mehr loslassen sollte. Wenige Jahre vor seinem Tod veröffentlichte er zu dieser Thematik den Schlüsselroman: *Bonn, Koblenzer Strasse: Der Bericht des Robert von Lenwitz*. München 1967. Die Charakter-Konstruktion insbesondere des Anwaltes von Walden und des KZ-Arztes Dr. Berger dürfte aus seiner Feder stammen.

7 Vgl. Peter Weiss, *Die Ermittlung*. Frankfurt am Main 1965, S. 65 ff.

8 Dunia Wasserstrom ist in Lublin aufgewachsen und studierte Kunstgeschichte in Danzig und später in Paris, wo sie bis zur Deportation nach Auschwitz zusammen mit ihrem Mann und ihrer Familie lebte. Als Häftling Nr. 10308 arbeitete sie in der Politischen Abteilung als Dolmetscherin im Büro des Unterscharführers Hans Andreas Draser. Im Januar wurde sie nach ihrer Flucht auf dem Todesmarsch von der Roten Armee befreit. Dunia Wasserstrom kehrte nach Paris zurück und emigrierte später nach Mexico, wo sie zur Zeit des Auschwitz-Prozesses lebte. Zur Biographie von Dunia Wasserstrom und ihren Erinnerungen an Auschwitz vgl. Dunia Wasserstrom, *Tragedie de la Deportation*. Paris 1954; Dunia Wasserstrom (als Dounia Ourisson-Wasserstrom), »Ein Häftling wird gesucht«, in: *Auschwitz. Zeugnisse und Berichte*. Hg. v. H. G. Adler, Hermann Langbein, Ella Lingens-Reiner. Frankfurt am Main 1962; Dunia Wasserstrom, *El Holocausto*. Ciudad de Mexico 1963; Dunia Wasserstrom, *Le Secrets du Bureau Politique d'Auschwitz*. Paris 1964; Dunia Wasserstrom, *A Tale of One January*. London 1966; Dunia Wasserstrom, *Nunca*

jamas... ! Ciudad de Mexico 1975, »Frauen, die ihre Geschichte nicht erzählten: Dunia Wasserstrom«, in: *Schreiberinnen des Todes*. Hg. v. Lore Shelley. Bielefeld 1992, S. 281 ff.

9 Im Auschwitz-Prozess haben – in einem ganz anderen Zusammenhang als mit den Aussagen von Dunia Wasserstrom – zwei ehemalige SS-Richter über eine Beziehung zwischen Rudolf Höß und dem Häftling Eleonore Hodys berichtet, welche Höß im Sommer 1944 schließlich mit der Tötung von Eleonore Hodys beenden wollte, was die SS-Richter verhindert hätten. Ein in der Verhandlung genanntes Tagebuch von Eleonore Hodys ist nicht als überliefert oder gar als veröffentlicht bekannt.

10 Henning Harmssen, in »Im tödlichen Käfig der Erinnerungen«, *Hannoversche Allgemeine* (04.09.1965).

11 Irene Papas, Jahrgang 1926, spielte in mehreren Filmen des griechischen Filmregisseurs Michael Cacoyannis mit, der sie in mit seinem Film ELECTRA (1961) in der Titelrolle bekannt machte. Noch im gleichen Jahr trat sie auf in der weiblichen Hauptrolle in der Alistair McLean Verfilmung THE GUNS OF NAVARONE (1961 / Regie: J. Lee Thompson) mit, bevor sie an der Seite von Anthony Quinn die unendlich schöne Witwe in ZORBA, THE GREEK / ALEXIS ZORBAS spielte.

12 Daniel Gélin, Jahrgang 1921, gehörte 1965 zu den großen Stars des französischen Kinos. Zu den bekanntesten Filmen in seiner Schauspielerkarriere zählten bereits LA RONDE (1950 / Regie: Max Ophüls), LE PLAISIER (1951 / Regie: Max Ophüls), LE TESTAMENT D'ORPHÉE (1959 / Jean Cocteau).

13 Werner Peters, Jahrgang 1918, spielte bis zu seiner Rolle in ZEUGIN AUS DER HÖLLE in mehr als 80 Filmen, darunter auch in 12 Filmen der DEFA. Sein chargenhaftes Auftreten legte ihn mit großem Wiedererkennungswert fest auf Rollen autoritärer Charaktere. Zum Beispiel spielt er in ROTATION (1948-1949 / Regie: Wolfgang Staudte) einen jungen fanatischen Nationalsozialisten, in DER UNTERTAN (1948-1949 / Regie: Wolfgang Staudte) den Kaiser und Militär sich bedingungslos unterwerfenden Fabrikanten Diederich Hessling, in STRAFBATALLION 999 (1959 / Regie: Harald Philipp) einen Befehl und Gehorsam maßlos exerzierenden, sadistischen Offizier.

Nazi-Prozesse und Holocaust-Überlebende

Israel 1950-1967[1]

Hanna Yablonka

Mehr als 500.000 Menschen, überwiegend Überlebende des Holocaust, kamen zwischen 1945 und den sechziger Jahren als Einwanderer aus Europa nach Israel; sie bilden bis heute die größte Gemeinschaft von Überlebenden. Als Überlebende bezeichne ich die gesamte jüdische Bevölkerung Mitteleuropas, die direkt – in den Ghettos, den Konzentrationslagern und im Untergrund – und indirekt – durch Verlust ganzer Familien und Deportation und anschließender Flucht aus den von den Nazis besetzten Ländern – unter den Nazis gelitten hatte.

Diese Gruppe war und ist nicht monolithisch, weder im Hinblick auf ihre Holocausterfahrungen noch auf ihren Hintergrund vor der *Shoa*. Aber sie hatte eins gemeinsam: Das Trauma, das ihr bisheriges Leben erschüttert hatte, und der Entschluss, in das – für die meisten – rätselhafte Israel auszuwandern. Anders als Überlebende, die sich für andere Länder entschieden, trafen sie in Israel auf eine Gesellschaft, in der sie keine Minorität mehr waren. Viele beteiligten sich sogar am Unabhängigkeitskrieg, der auf die Staatsgründung folgte, und bezogen daraus ein unmittelbares Gefühl der Zugehörigkeit zu ihrem neuen Volk. Und schließlich muss die einzigartige Erfahrung der Einwanderung in eine neu entstehende statt in eine festgefügte Gesellschaft berücksichtigt werden.

Dazu kommt der demographische Faktor: Die Einwanderer waren relativ jung, hatten eine Berufsausbildung und bereits kleine Familien gegründet.[2] Dadurch gelang es ihnen, die israelische Gesellschaft nachhaltig zu penetrieren,[3] ökonomisch wie kulturell. Im folgenden geht es um die kulturellen Aspekte dieser Penetration. Ich will zeigen, dass die Überlebenden das Wissen über den Holocaust, seine Interpretation und das Gedenken wesentlich prägten, und diese These anhand des *Gesetzes zur Bestrafung von Nationalsozialisten und Kollaborateuren* (1950) und seiner wirksamsten Anwendungen analysieren: die Prozesse gegen die jüdischen Kapos und den Eichmann-Prozess.

Die Kapo-Prozesse

In den fünfziger Jahren wurde der Holocaust mehrfach wie folgt öffentlich thematisiert:

1950 verabschiedete das israelische Parlament das *Gesetz zur Bestrafung von Nationalsozialisten und Kollaborateuren*, das es Israel ermöglichte, Nazis und Nazi-Kollaborateure anzuklagen. Dieses Gesetz war sowohl rückwirkend als auch exterritorial: Es betraf Straftaten, die vor der Gründung des Staates Israel und außerhalb des israelischen Staatsgebiets, nämlich in Europa, begangen worden waren.

1952 wurde das sehr kontrovers diskutierte Deutsch-Israelische Wiedergutmachungsabkommen zwischen der israelischen und der Regierung der Bundesrepublik Deutschland unterzeichnet, durch das der Staat Israel Millionen DM erhielt. Erklärter Zweck der Gelder war nicht der »Schadensersatz« für die jüdische Tragödie, sondern die Versorgung Hunderttausender Holocaust-Überlebender, die nach der Staatsgründung 1948 in Israel eingewandert waren.

1953 wurde das *Gesetz zur Errichtung einer Gedenkstätte für die Helden und Opfer der Shoa, Yad Vashem*, verabschiedet. Mit diesem Gesetz wurde der Grundstein für den Bau der zentralen Gedenkstätte an den Holocaust gelegt. Das führte zu einer Art Nationalisierung des Erinnerungsprozesses.

1954 trat das *Gesetz über die Kriegsversehrten des Zweiten Weltkriegs* in Kraft, das kriegsversehrten Veteranen des Zweiten Weltkriegs materielle staatliche Vergünstigungen zusprach. Damit waren sie den Veteranen der israelischen Streitkräfte gleichgestellt und als Soldaten im Dienste des jüdischen Volkes anerkannt.

1959 kam es zur Verabschiedung des *Gesetzes zum Gedenktag für die Helden und Opfer des Holocaust*, das einen Tag zur nationalen Erinnerung an die sechs Millionen im Holocaust ermordeten Juden festlegte. Dieses Gesetz zur Bündelung der Erinnerung schrieb gleichzeitig fest, dass die ermordeten europäischen Juden als israelische Staatsbürger betrachtet wurden.

Die Überlebenden standen entweder im Mittelpunkt dieser Gesetze oder hatten sie mit initiiert. Die beiden letzten, das *Gesetz zur Behand-*

lung der Kriegsversehrten des Weltkriegs und zum *Gedenktag an die Helden und Opfer des Holocaust*, für das sich die Überlebenden stark eingesetzt hatten, haben einen Bezug zu unserem Thema, aber das wohl beste Beispiel ist das *Gesetz zur Bestrafung von Nationalsozialisten und Kollaborateuren*, auf dessen Grundlage die sogenannten Kapo-Prozesse geführt wurden.

Der Großteil der Überlebenden war nach der Staatsgründung in Israel eingewandert, 300.000 Überlebende in nur drei Jahren. Kurz darauf erhielt die israelische Polizei zahlreiche Hinweise auf eingewanderte Kapos, Angehörige der jüdischen Miliz oder andere Funktionsträger aus den Ghettos und Lagern. Israel besaß aber damals noch kein Gesetz, das die Verurteilung von Nazis oder sogenannten Funktionsträger-Helfershelfern gestattet hätte, und die Polizei war machtlos. Erst durch den Druck, den die Überlebenden durch Briefe und Beschwerden ausübten, kam es zu dem *Gesetz zur Bestrafung von Nationalsozialisten und Kollaborateuren.*

Es mag überraschen, aber der israelische Gesetzgeber wusste sehr genau, dass durch dieses Gesetz praktisch nur Juden vor Gericht gestellt werden konnten. Das zeigt die Äußerung des damaligen Justizministers Pinchas Rosen, der das Gesetz in die *Knesset* (Israels Parlament) einbrachte: »Das Gesetz zielt auch auf die Helfershelfer der Nazis (...) und leider können wir nicht sicher sein, dass bei uns keine sind (...). Das Gesetz kann dazu beitragen, die Atmosphäre unter den Überlebenden zu verbessern, die nach Israel gekommen sind. Jeder, der ihre Probleme kennt, weiß, wie schmerzhaft es für sie ist – dieses Problem von Misstrauen und gegenseitigen Anschuldigungen (...). Das Gesetz zielt darauf, die Verbrecher zu bestrafen (...). Sorgen wir dafür, dass unser Lager rein ist (...).«[4] Das heißt, die Überlebenden selbst haben maßgeblich zu dem kontroversen Konzept der »Schuld der Opfer« am eigenen Tod beigetragen und es für sich und die Israelis definiert. Dieses Konzept war grausam und tröstlich zugleich: Grausam, weil es die Diskussion von den wirklichen Mördern, den Nazis, auf ihre Opfer, die Juden, verschob; tröstlich, weil es implizit besagte, die Juden seien ganz so hilflos nicht gewesen. Im Grunde besagte es, es seien Menschen wie Adam Czerniaków[5] und Mordechai Chaim Rumkowski gewesen, die die zumindest teilweise Rettung des jüdischen Volkes verhindert hätten.

Czerniaków war der Vorsitzende des Judenrats im Warschauer Ghetto, dem man vorwarf, die Ghetto-Bevölkerung beruhigt und ihr vermittelt zu haben, Gehorsam gegenüber den Nazis sei der Schlüssel zum

Überleben. Czerniaków hat tatsächlich versucht, eine gewisse »Normalität« im Ghetto aufrechtzuerhalten. Als ihm die Deutschen 1942 dann aber befahlen, Menschen für die Vernichtung auszuliefern, weigerte er sich und nahm sich das Leben, um sich der Durchführung des Befehls zu entziehen. Rumkowski war Vorsitzender des Judenrats im Ghetto Lodz und dürfte der wohl umstrittenste Vorsitzende eines Judenrates überhaupt gewesen sein. Er hielt Arbeit für das Mittel zum Überleben und presste die Bevölkerung des jüdischen Ghettos zur Zwangsarbeit. Er kooperierte auch dann noch, als ihm die Nazis befahlen, Menschen zur Vernichtung auszuwählen, und lieferte den Deutschen die jüdischen Kinder unter zehn Jahren aus, weil er glaubte, mit der Opferung des schwächsten Teils der Bevölkerung dem Rest eine größere Chance zu geben. Durch seine Zusammenarbeit mit den Nazis, sowohl in materieller Hinsicht als auch insbesondere in Fragen von Leben und Tod, wurde er zu einem herausragenden Beispiel für die sogenannte schädliche jüdische Kollaboration mit den Deutschen.[6]

Das Konzept der »Schuld der Oper« nahm der *Shoa* ihre Totalität und ihren Determinismus. Tatsache ist auch, dass in den fünfziger Jahren über vierzig Juden, aber nur ein Nazi[7] in Israel vor Gericht gestellt wurden; ein Jude wurde sogar zum Tode verurteilt. Der zweite und wichtigste Nazi, dem in Israel je der Prozess gemacht wurde, war Adolf Eichmann.

Der Eichmann-Prozess

Der Prozess gegen Adolf Eichmann war ein bewusstseinsbildendes Ereignis in der relativ kurzen Geschichte des Staates Israel, der in einer Reihe mit zwei oder drei weiteren nationalen Erfahrungen steht: der Unabhängigkeitserklärung (1948), dem Sechstagekrieg (1967) und dem Yom Kippur-Krieg (1973).

Ich will die Bedeutung des Eichmann-Prozesses als eine Erfahrung beschreiben, die das geprägt hat, was eine gesamte Generation vom Holocaust wusste, und die Art und Weise, wie sie ihn interpretierte.

Das Jahr des Eichmann-Prozesses war das »*Bar Mitzva*«-Jahr des Staates Israel.[8] Die Unabhängigkeit, die die Bevölkerung nur wenige Jahre zuvor so begeistert hatte, war mittlerweile selbstverständlich geworden, insbesondere für die Generation, die in den Staat hineingeboren wurde. Dazu kam, dass Israel seit dem Rückzug vom Sinai 1956 einige der ruhigsten Jahre in seiner kurzen Existenz genoss: Der nationale Status war gefestigt, militärische Konflikte mit den benachbarten arabischen Staaten waren nicht unmittelbar zu befürchten.

In dieser Situation wichen die nationalen und egozentrischen Instinkte des Landes einer tiefer reichenden Konzentration auf nationale Ereignisse und insbesondere auf die Struktur des sozialen Lebens. Für unser Thema ist wichtig, dass das Land jetzt bereit war, die Stimmen der Einwanderergruppen wahrzunehmen, die seit der Mitte der fünfziger Jahre die Mehrheit der Bevölkerung stellten.

Die größte Einwanderergruppe waren die Holocaust-Überlebenden; sie zählten Ende der fünfziger Jahre mehr als eine halbe Million Menschen, ein Viertel der damaligen Gesamtbevölkerung.

Der Eichmann-Prozess war der erste Prozess gegen einen deutschen Naziverbrecher in Israel, und er befreite die Überlebenden sofort von der schweren Last der »Schuld der Opfer«. Dazu kamen die 110 Zeugen, ebenfalls überwiegend Überlebende, deren Aussagen im Mittelpunkt des Prozesses standen. Sie erzählten ihre Geschichte in einem Prozess, über den umfangreicher berichtet wurde als je zuvor über ein israelisches Gerichtsverfahren. Sie waren unter Tausenden ausgewählt worden, die sich freiwillig gemeldet hatten, von den Landsmannschaften empfohlen worden waren oder zu den 2.700 Zeugen gehörten, deren Aussagen bereits in *Yad Vashem* gesammelt worden waren. Verantwortlich für die Auswahl waren die zuständigen Polizeibeamten und später vor allem Oberstaatsanwalt Gideon Hausner.

Jeder Zeuge repräsentierte eine andere Gemeinschaft und eine andere Erfahrung. Zum ersten Mal hörten alle Israelis die Geschichte der *Shoa* als eine persönliche Geschichte. Jetzt hieß es nicht mehr »die sechs Millionen«, sondern: »Eine Person, eine Geschichte.« Deshalb hat man den Eichmann-Prozess auch als Privatisierung der *Shoa* bezeichnet. Er hat die Wahrnehmung der *Shoa* in Israel für immer verändert.

Viele Holocaustforscher stehen vor dem epistemologischen Problem, dass Information in Wissen und Bewusstsein gespalten ist. Das heisst, ein Informationsfluss wird nicht sofort in konkretes Wissen übersetzt; es gibt eine zeitliche Lücke, bevor sich Wissen in ein Bewusstsein verwandeln kann, aus dem Handeln entsteht. Je entsetzlicher die Information ist, desto mehr Zeit braucht dieser Prozess. In der Zeit des Holocaust selbst, aber auch noch in der Nachkriegszeit war dieses Problem evident. Wie man heute weiß, war es der Eichmann-Prozess, durch den die angesammelte Information in Wissen verwandelt wurde.

Haim Guri, einer der prominentesten Dichter des Landes, der vor allem die Unabhängigkeitskriege besungen hat, saß täglich im Gerichtssaal und veröffentliche seine brillanten Beobachtungen in *Lamerchav*, einer Tageszeitung der Arbeiterbewegung. Er entwickelte im Lauf der Verhandlung ein sehr feines und genaues Gespür für die Bedeutung des Prozesses für die israelische Bevölkerung und deren Bewusstsein vom Holocaust. Auch vierzig Jahre nach dem Prozess gibt es keine exaktere Beschreibung: »Wir wussten es, oder nicht? Ja. Wir wussten es vor dem Eichmann-Prozess. Es gab *Yad Vashem*, es gab das Museum im Kibbuz der Ghetto-Kämpfer (*Beit Lochamei Hagetaot* – d. Red.). Aber als das alles in die Hände der Ankläger kam und Teil der Anklage wurde, als diese Dokumente das Schweigen der Archive verließen, da sprachen sie *wie zum ersten Mal*, da war das, was man bisher wusste, etwas ganz anderes als das, was man jetzt wusste. Dieser Prozess setzte eine ungeheure Energie frei: ›Jetzt verstehe ich und begreife‹. Der Holocaust fand jetzt statt und nicht vorher, nicht vor dem Beginn des Prozesses. Die Archive begannen ihr schreckliches Leben. Einen Augenblick fühlten wir uns im Chaos, aber das wurde schon bald durch die grausame Ordnung der Fakten und Details ersetzt. Die Unbestimmtheit der Verallgemeinerung wich einer *detaillierten* Reinszenierung der Zerstörung.«[9]

Auch hierbei spielten die Überlebenden eine Hauptrolle. Die meisten Zeugen wurden von Überlebendenorganisationen, den Landsmannschaften oder der Zeugen-Abteilung von *Yad Vashem* empfohlen, die ebenfalls von einer Überlebenden geleitet wurde, Frau Rachel Aurbach; Ende der fünfziger Jahre hatte die Zeugen-Abteilung bereits mehr als 2.700 Erlebnisberichte Überlebender gesammelt, die in Israel ihre neue Heimat gefunden hatten.[10]

Die Überlebenden trugen also nicht nur entscheidend zur Gestaltung der dramatischen Elemente des Prozesses bei, sondern waren auch wesentlich daran beteiligt, dass die Verhandlung über die Anklage gegen Eichmann hinaus zu einem Prozess über den Holocaust wurde. Damit wurden die Überlebenden letztlich zu einer der unumstrittensten Gruppen und einem starken moralischen Anker in der israelischen Gesellschaft. Der Prozess hatte auch zwei wichtige Konsequenzen für die Einstellung zu den Überlebenden. Erstens setzte ein Nachdenken über die Aufnahme der Überlebenden in der israelischen Gesellschaft ein. So fragte Haim Guri: »Hätten wir diesen Menschen mehr geben können, als wir gegeben haben?«

Zweitens unterschied man jetzt zwischen Israelis und Menschen, die »dort« gewesen waren (das israelische Codewort für die Schrecken der

Nazis): »Nein, ich wage es nicht,« schrieb Haim Guri, »mein hiesiges Leid mit nur einer Sekunde des Schreckens und des Schmerzes derer zu vergleichen, die *dort* gewesen sind.«[10] Die Folge war, dass die Israelis jetzt eine Entwicklung legitimierten, in der Kritik am jüdischen Verhalten in Europa während des Zweiten Weltkriegs nicht mehr erlaubt war. Die Überlebenden schienen von »Schafen, die ins Schlachthaus geführt werden« zu »heiligen Opferlämmern« geworden zu sein und hatten anscheinend eine doppelte Funktion: Sie verschafften dem jüdischen Verhalten während des Zweiten Weltkriegs Legitimität und sie erreichten die jungen Israelis, oft bereits *Sabras*,[11] die mit der zentralen Bedeutung eines jüdischen Staates aufgewachsen waren und den Zionismus als nationaler Identität übernommen hatten. Die *Shoa* zum Bestandteil dieser Identität zu machen, kam einer Revolution gleich.

Wieder waren es die Überlebenden, die in den Jahren nach dem Prozess diese dramatische Veränderung durchsetzten. Ich will nur auf drei der vielen Aspekte des Prozesses hier näher eingehen: die Veränderungen im Charakter des Gedenktages an die Opfer und Helden des Holocaust, die Entscheidung, die jüdischen Gemeinden unsterblich zu machen, und die Reisen israelischer Jugendlicher nach Polen. Sie alle repräsentieren die Veränderung. Da viele der Überlebenden mittlerweile finanziell abgesichert waren, konnten sie all ihre Zeit und Energie für die Wiederbelebung der Vergangenheit einsetzen. Sie waren denn auch an den im folgenden dargestellten Entwicklungen aktiv beteiligt.

Veränderungen in den Mustern der nationalen Erinnerung

I. Der Gedenktag für die Helden und Opfer des Holocaust

Als das *Gesetz über den Gedenktag an die Helden und Opfer des Holocaust* 1959 in der *Knesset* verabschiedet wurde, hieß es knapp, »Radiosendungen sollten die Einzigartigkeit dieses Tages würdigen und die öffentlichen Vergnügungsstätten angemessene Themen aufgreifen...«.[12] Öffentliche Vergnügungsstätten blieben denn auch geöffnet, einschließlich der Kinos und Theater. Wenige Wochen, bevor die Verhaftung Eichmanns bekannt wurde, erhielt Ben Gurion einen Brief des Begründers der »Vereinigung kriegsversehrter Kämpfer gegen den Nazismus« (*Association for Invalid Fighters against Nazism*), Yitzhaq Zandman, der sich über diesen Zustand beschwerte. Zandman erhielt die Antwort, Israel sei ein Rechtsstaat und die Regierung verpflichtet, das Gesetz zu schützen. Der Befehl, Vergnügungsstätten zu schließen, verstoße gegen das Gesetz.[13]

Ein Jahr später, unmittelbar vor der Eröffnung des Prozesses und wenige Wochen vor dem Gedenktag, erhielt Ben-Gurion einen weiteren Brief in derselben Angelegenheit. Absender war diesmal Leo Kubovy, Direktor von *Yad Vashem*. Er verwies auf die zweihundert Journalisten, die zum Prozess erwartet wurden, und warnte unter anderem: »Die Form, in der die israelischen Juden ihrer Toten und Heiligen gedenken, wird der Welt als Kriterium gelten für unsere Aufrichtigkeit, für die Tiefe unseres Gefühls und die Lektion, die wir gelernt haben.«[14]

Jetzt wurde das Gesetz geändert: Das *Gesetz über den Gedenktag für die Helden und Opfer des Holocaust* erklärte diesen Tag zu einem Tag der Trauer im Wortsinne und setzte ihn so mit dem Gedenktag für die Toten der israelischen Streitkräfte gleich.

II. Auf der Suche nach den verlorenen Gemeinden

Durch den Prozess hatten viele Überlebende jetzt freien Zugang zu Israels politischen Eliten in der Regierung und der *Knesset*. Diesen Zugang nutzten manche, um das Wissen über die *Shoa* bei Jugendlichen zu vertiefen, unter anderem durch Reisen israelischer Jugendlicher nach Polen, die »uns und der ganzen Welt die Kontinuität und Identifizierung der jüdischen Jugend mit den ermordeten Juden Europas demonstrieren« sollten. Zudem sei dies »der effektivste Weg, ihnen zu einem jüdischen Bewusstsein zu verhelfen«.[15]

Interessant ist, dass hier zum ersten Mal der Schwerpunkt nicht auf das israelische, sondern auf das jüdische Bewusstsein gelegt wurde, das zudem an den Holocaust gebunden war. Zweifellos zeigt sich hier der Beginn einer Entwicklung, der die *Shoa* zu einem beherrschenden Aspekt bei der Ausprägung der nationalen israelischen Identität macht. Auch die wachsende Sympathie mit den europäischen Juden allgemein ist als Teil dieser Entwicklung zu sehen. Der Beginn des Prozesses, in der die Diaspora zu einem legitimen Bestandteil der israelischen Kultur wurde, ist in hohem Maße den Überlebenden geschuldet.

Die Geburt des Staates Israel war damit nicht länger ein Bruch in der jüdischen Geschichte, sondern Teil dieser Geschichte: Die historische Kontinuität war wiederhergestellt. Derselbe Prozess zeigt sich in dem Projekt der Verewigung der jüdischen Gemeinden. In den Anweisungen für die Patenschaften israelischer Schulen für jüdische Gemeinden in der

Diaspora hieß es: »4. Orientalische Gemeinden sollten besonders berücksichtigt werden (...). 5. Besonders berücksichtigt werden sollte die Kultur sowie die geistige und soziale Welt der Juden vor der Vernichtung«.[17] Das heißt, unter den breiten Fittichen des durch den Eichmann-Prozess entstandenen nationalen Konsenses sollten sich auch die Israelis versammeln, die vom Prozess betroffen waren, obwohl die *Shoa* keine persönliche Bedeutung für sie hatte.

Auch hier wieder lässt sich erkennen, dass es die Überlebenden waren, die im Mittelpunkt des Prozesses standen. Sie waren die Quelle der Information, aber auch die Quelle der emotionalen Erregung für Schüler und Studenten. Die Entwicklung ist eindeutig: In dem Maße, in dem die Dichotomie zwischen Israelis, Diaspora-Israelis und Juden verschwamm und die Vorstellung Israels als Teil der Diaspora akzeptiert wurde, wurden die Überlebenden zur unerlässlichen, lebenden Brücke zwischen »dort« (Diaspora) und »hier« (Israel).

Die oben beschriebene Atmosphäre hatte weitreichende und langfristige Auswirkungen, von denen ich nur zwei näher beschreiben will: die Neufassung des Begriffs »Israel« im Sinne einer veränderten nationalen und kulturellen Identität, und eine Veränderung in der israelischen Sicht der Außenwelt.

III. Die neuen Israelis und ihre Weltsicht

Für die Israelis waren die Begriffe »Holocaust« und »Wiedergutmachung« viele Jahre unlösbar miteinander verbunden, entweder in der Formulierung »Holocaust und Wiedergutmachung« oder »vom Holocaust zur Wiedergutmachung«.

Der Begriff »Holocaust und Wiedergutmachung« hatte von Anfang an mehr als einen Aspekt. Es war eine Form, den Holocaust zu bewältigen, eine Bewältigung, die in den ersten Jahren nach dem Ereignis einer Art positiver Verschleierung bedurfte, um sich den Schrecken, die ihm innewohnten, emotional annähern zu können.

In gewissem Sinne erfüllte die Kombination der Begriffe »Holocaust und Heldentum« eine ähnliche Funktion, doch war diese Koppelung in sich widersprüchlich, im Gegensatz zu dem komplementären Begriffspaar »Holocaust und Wiedergutmachung«. Das Wort »Wiedergutmachung« bezog sich im wesentlichen auf die Gründung des Staates Israel, umfasste aber auch Aspekte der Entschädigung für das, was durch den Holocaust verlorengegangen war – für die Nation als Ganzes wie für den einzelnen Überlebenden. Damit wurde dem Holocaust zugleich auch ein gewisser Sinn zugeschrieben: die Opfer und das schreckliche Blutvergießen waren nicht wertlos, die Millionen nicht umsonst gestorben. Durch die Verbindung der Begriffe »Holocaust« und »Wiedergutmachung« konnte den Überlebenden im Rahmen der Erneuerung Israels eine Botschaft vermittelt und ihrer Rehabilitierung Inhalt und Struktur verliehen werden. Damit erhielt der Akt der Erneuerung zusätzliche Gültigkeit.

Der Eichmann-Prozess personifizierte all diese Aspekte, vom Stolz über Eichmanns Ergreifung bis hin zur tatsächlichen Gerichtsverhandlung, die als Prozess des Volkes gegen seinen Tyrannen galt, als legislative Essenz der Phase der Souveränität im Leben des jüdischen Volkes – im Gegensatz zur Phase der Diaspora. Das hat der Staatssekretär des Außenministeriums, Haim Yahil, sehr präzise beschrieben: »Es gibt nur zwei Dinge, die den besonderen Charakter des Staates Israel als jüdischen Staat vor der ganzen Welt zeigen. Zum einen der Staat Israel als Wiedergutmacher (...). Das Recht auf Rückkehr und unser Zivilrecht mit allem, was damit verbunden ist. (...) Und zum anderen das Land als Ankläger im Dienste seines Volkes. Für mich, und das sage ich aus voller Überzeugung und ohne Übertreibung, steht der Eichmann-Prozess als tragisches Symbol, als großes Symbol derselben bitteren Gerechtigkeit zwischen uns und unseren Verfolgern, die uns gefangengenommen haben, gleichberechtigt neben der Wiedergutmachung, der Einwanderung und Integration der jüdischen Massen in unser Land.

Ich habe seit dem Unabhängigkeitskrieg nie mehr so stark empfunden, dass wir Geschichte schreiben, wie in dieser besonderen Phase«.[18]

Dieser Rausch der Erneuerung, der sich mit dem Prozess verband, hatte mehrere, auch widersprüchliche, Konsequenzen. Welche stärker waren, lässt sich erst aus der zeitlichen Distanz beurteilen. Der Prozess galt als offensichtlichste Bekundung der Tatsache, dass der souveräne Staat Israel das gesamte jüdische Volk repräsentierte[19] und nur der Staat Israel jedem Juden die Macht gab, »über seine Mörder und Feinde zu richten«.[20] Es ist paradox, dass gerade diese Sichtweise zu der herablassenden Definition von Israelis und Juden führte – bis an den Rand der Internalisierung antisemitischer Klischees und der Entfremdung zwischen Israelis und Juden, die weiterhin in der Diaspora lebten.

Haika Grossman[21] nahm kein Blatt vor den Mund: »Ihr habt uns (Israelis) unter allen Nationen und allen Juden auserwählt«,[22] sagte sie mit Bezug auf das berühmte jüdische Gebet *»Ata Bechrtanu mikol*

Ha'amim« (»Du, Gott, hast Israel aus allen Völkern erwählt, uns, die Juden, zum auserwählten Volk gemacht«).

Holocaust und Eichmann-Prozess dienten aber vor allem zur Klärung der Lektion, die gelernt werden musste. Oberstaatsanwalt Gideon Hausner sagte: »In Hinblick auf den Einfluss des Volkes auf unser Land wäre es das beste, wenn wir alle die Bedeutung des großen Holocaust und der Lektionen, die wir daraus gelernt haben, in uns trügen.«

Und er scheute nicht vor der Aussage zurück, es gebe »keine Garantie dafür, dass sich der Holocaust nicht woanders wiederholt, und wir müssen an diesem Land festhalten, an ihm arbeiten, es beschützen und jeden einzelnen Stein und Fels erhalten, denn es ist unsere letzte Zuflucht«.[23]

Ein zentraler Bestandteil des Bewusstseins von der Unabhängigkeit ist deshalb die sogenannte »Lektion des Holocaust«.

Die Vorstellung, Israel sei die sichere Zuflucht für die Juden der Welt, unterschied sich beträchtlich vom klassischen zionistischen Konzept. Zwar liegt beiden Konzepten ein großes katastrophisches Element – die eindeutige Gefährdung der Juden in der Diaspora – zugrunde, aber während der klassische Zionismus bis zur Staatsgründung und noch einige Jahre danach das Leben des jüdischen Volkes und das Bild des Juden revolutionieren und ein perfektes neues Land mit einer perfekten Gesellschaft schaffen wollte, reduzierte das neue Konzept die gesellschaftlichen und humanistischen Bestrebungen des Zionismus auf nichts als eine sichere Zuflucht für die Juden.

Paradoxerweise verliefen aber dieselben Prozesse, die die Differenz zwischen Israelis und Juden intensivierten, parallel zu erneuten Bindungen an die Diaspora, die von der Diaspora repräsentierte jüdische Welt und die jüdische *Mainstream*-Geschichte. Die Holocaust-Überlebenden prägten diese Bindungen maßgeblich mit. In der älteren Generation wirkte die Erfahrung der Unabhängigkeit stark und unerschüttert weiter, doch bei der jüngeren Generation, die in diesem Staat geboren war und die seine Existenz als selbstverständlich akzeptierte, ersetzte die jüdische Identität jetzt allmählich, aber nachhaltig und eindeutig die israelische und in diesem Prozess fungierten die Überlebenden als »lebende Bindeglieder«.

So war es denn langfristig auch die damalige junge Generation, auf die der Prozess den stärksten Einfluss hatte. Für diejenigen, die den Prozess prägten (Polizisten, Staatsanwälte, Politiker), war der Holocaust ein Kapitel in der Geschichte der europäischen Juden. Die Wirkungen der

Aussagen, die die orientalischen Juden, vor allem aus Nordafrika, über ihre Erfahrungen im Zweiten Weltkrieg machten, wurden ignoriert. Und dennoch wurde der Eichmann-Prozess zu einem kathartischen Ereignis für alle Israelis und hatte tiefe Auswirkungen auf die Jugend, gleich ob europäischer oder orientalischer Herkunft.

Langfristig zeigen sich im wesentlichen zwei allgemeine Wirkungen: eine Verschiebung in der Bedeutung der Existenz des Staates Israel und eine pessimistische Einstellung zur Position des jüdischen Volkes im Verhältnis zu anderen Völkern. Durch die zentrale Bedeutung, die dem Holocaust im Eichmann-Prozess eingeräumt wurde, erlebten die jungen Israelis das Narrativ des Holocaust ohne jeden historischen oder vergleichbaren Kontext. Die *Shoa* wurde so als ultimatives Übel begriffen, das sich ausschließlich gegen Juden richtete.

Der umfassendere historische Kontext des Zweiten Weltkriegs und das Schicksal der anderen Völker verschwanden aus dem Bewusstsein der Jugend. Mehr noch, der Eichmann-Prozess schuf eine von Hass und Grausamkeit überquellende Weltsicht, ein dunkles Bild, in das kaum ein Lichtstrahl drang (der einzige »gute Nichtjude« war der deutsche, evangelische Probst Heinrich Grüber, und auch der rettete nur die Juden, die zum Christentum konvertiert waren[24]). Und wem das noch nicht reichte, für den gab es die dramatische, unvergessliche Aussage von »Ka-Tzetnik«, dessen wirklichen Namen niemand kannte, der die Bezeichnung der Konzentrationslagerhäftlinge zu seinem Namen gemacht hatte und bis heute als der berühmteste Holocaust-Autor in Israel gilt.[25] Er trat beim Eichmann-Prozess zum ersten Mal öffentlich auf, und seine Aussage ist unvergessen, was auch daran liegt, dass er im Zeugenstand in Ohnmacht fiel und ins Krankenhaus gebracht werden musste.

Er hatte Auschwitz während seiner Aussage als »anderen Planeten« bezeichnet – eine Formulierung, die er noch bedauern sollte, die sich aber bei den Israelis festsetzte und der Wahrnehmung des Holocaust einen Anflug von Mystizismus gab.

Das dargebotene Bild war das der Erhebung aller gegen ein Volk, für das niemand seine Stimme erhob, und es wurde begleitet von dem Gefühl eines vorherbestimmten, unkontrollierbaren jüdischen Schicksals.[26] Der Prozess zeichnete weitgehend das metahistorische Bild des vollständigen, mythischen Bösen. Viele Jugendliche empfanden und formulierten eine Kluft zwischen dem jüdischen Volk, personifiziert im Staat Israel, und dem Rest der Welt. Sie freundeten sich mit dem Gedanken an, ein verfolgtes und verfluchtes Volk zu sein, das niemals wahrhaft gleichberechtigt neben den anderen Völkern stehen würde.

Der Eichmann-Prozess förderte diese Entwicklung auch durch die Gleichsetzung von Nazis und Arabern, die es beide auf die Vernichtung der Juden abgesehen hätten.

Es gab durchaus Menschen, die diese düstere Entwicklung mit all ihren Gefahren erkannten. Gegen Ende des Prozesses schrieb Rabbi Schulweiss aus Kalifornien einen Brief an den damaligen Erziehungsminister Abba Eban mit der Überschrift: »Und was kommt nach dem Prozess?«[27] In diesem sehr langen Brief listete Schulweiss eine große Zahl Nichtjuden auf, die ihr Leben riskiert hatten, um Juden zu retten, und dann in Vergessenheit geraten waren. Er kam zu einer hochinteressanten Schlussfolgerung: »Ein sehr wichtiger und schmerzlicher Schritt ist abgeschlossen – der Nachweis der Fähigkeit des Menschen zur Vernichtung. Aber damit dieses menschliche Drama seinen moralischen Zweck erreicht, muss ein zweiter Schritt folgen. Es darf nicht vergessen werden, dass neben dem Bösen Freundlichkeit, Nächstenliebe, Mut und Menschenliebe existieren. Es reicht nicht, die Schurken vor Gericht zu stellen; man muss die guten Seelen suchen und finden und darf sie nicht der Vergessenheit anheim geben. Können wir es uns leisten, bei der Bekämpfung des Bösen das Gute zu vernachlässigen?«

Schulweiss bot an, eine Institution zur Ehrung der Gerechten unter den Völkern zu gründen: »Dieses Zeugnis kann die halbe Wahrheit von der Fähigkeit des Menschen zur Zerstörung und zum Hass ergänzen.« Tatsächlich wurde nach diesem Brief im Budget von *Yad Vashem* für die Jahre 1962-63 eine Summe zur Gründung einer Institution für die »Gerechten« bereitgestellt. Die Aktivitäten dieser Einrichtung waren allerdings relativ gering und nicht in der Lage, ein funktionierendes Gegengewicht zu dem nachhaltigen, eindimensionalen Eindruck zu schaffen, den der Eichmann-Prozess bei den israelischen Jugendlichen hinterlassen hatte.

Diese Geisteshaltung führte zu einem neuen Verständnis der Bedeutung des jüdischen Staates. Sie galt als Lektion, und diese Lektion wurde von Pädagogen und vom Prozess selbst verstärkt. Die Essenz dieser neuen Auffassung machte Gideon Hausner in einem Schreiben an die Israelischen Streitkräfte (IDF) deutlich. Darin hieß es unter anderem: »Der Staat Israel ist eine entscheidende, existentielle Notwendigkeit für das jüdische Volk. Angesichts der Hilflosigkeit der Opfer der Shoa, der

Gräuel der Mörder, des Schweigens der Umstehenden behauptet sich die schlichte, natürliche Unabhängigkeit Israels.«[28]

Die Botschaft war komplex. Sie beinhaltete Stärke (manifest in der Ergreifung Eichmanns und im Prozess des souveränen jüdischen Staates gegen ihn) und Schwäche, Normalität und Anomalität, Zusammenschluss und Einsamkeit sowie ein verzweifeltes Bedürfnis nach der Anerkennung der Welt.

In den folgenden Jahren musste jeder Israeli selbst entscheiden, welchen Teil der Botschaft er annehmen wollte. Die öffentliche Wirkung ist offensichtlich das Ergebnis der Gesamtsumme all dieser persönlichen Entscheidungen. Sie haben das moderne Israel maßgeblich geprägt und liefern den besten Schlüssel zu seinem Verständnis. Wenn man wie ich dem Eichmann-Prozess formative Bedeutung für die Einstellung der heute führenden Generation zur israelischen Identität, zu Israel und dem Rest der Welt zuschreibt, dann liefert das hier Beschriebene Hinweise, mit dem man sie besser verstehen kann.

Aus dem Englischen übersetzt von Irmgard Hölscher

Anmerkungen

1 Dieser Aufsatz basiert auf meinem neuen Buch *Tik Plili 40/61. Medinat Israel neged Adolf Eichmann* (*Criminal case 40/61. The State of Israel versus Adolf Eichmann*). Tel Aviv 2001, in dem ich verschiedene Aspekte des Eichmann-Prozesses, seiner Vorbereitung und seiner Wirkungen auf die israelische Gesellschaft darstelle.

2 Vgl. Hanna Yablonka, *Survivors of the Holocaust. Israel after the War.* New York/N. Y. 1999, S. 1-18.

3 »Penetration« meint einen aktiven Prozess im Gegensatz zur passiven Integration.

4 Pinchas Rosen, *Divrei Haknesset* (Knesset minutes), 27.3.1950, S. 1147-1148. Vgl. auch Hanna Yablonka, »The Nazis and Nazi collaborators punishment law. History, Implementation and Point of view«, in: *Katedra*, vol. 82 (1996), S. 135-153.

5 Adam Czerniaków (1880-1942), umstrittener Vorsitzender des »Judenrates« im Warschauer Ghetto. Beging im Juli 1942 Selbstmord, um sich nicht an der Auswahl der zur Deportation anstehenden jüdischen Bevölkerung Warschaus beteiligen zu müssen: »Sie verlangen von mir, mit eigenen Händen die Kinder meines Volkes umzubringen. Es bleibt mir nichts anderes übrig, als zu sterben.« Vgl. seine Mitte der sechziger Jahre nach *Yad Vashem* gelangten Tagebuchaufzeichnungen *Aus dem Warschauer Ghetto. Das Tagebuch des Adam Czerniaków 1939-1942*. München 1986.

6 Mordechai Chaim Rumkowski (1877-1944). Nach der Auflösung des Ghettos in Lodz kurz vor der Befreiung durch die sowjetische Armee wurde Rumkowski mit seiner Familie nach Auschwitz deportiert und dort vermutlich Ende August 1944 ermordet.

7 Es handelte sich um einen slowakischen Kriegsverbrecher namens Baniak, der aus Israel ausgewiesen wurde. Er war nach Israel gekommen, weil er wusste, dass der neue Staat damals noch kein Gesetz gegen getarnte Nazis und ihre Helfershelfer besaß.

8 »*Bar Mitzwa*«: Bezeichnung für einen Jungen, der das dreizehnte Lebensjahr, in der jüdischen Tradition das Alter der Volljährigkeit, erreicht hat.

9 *Lamerhav* (10.9.1961).

10 Rachel Aurbach, »Zeugen und Zeugnisse im Eichmann-Prozess«, in: *Yad Va-Shem*, Vol. 28 (Dezember 1961), S. 35-42.

11 *Lamerhav* (10.9.1961).

12 Bezeichnung für die im Lande geborenen Israelis (*Zahar*, hebr., eigentlich die Frucht des Feigenkaktus; innen süß, außen stachelig – entsprechend dem Selbstbild der *Zaharim* – d. Red.).

13 *Divrei Haknesset* (8.4.1959).

14 Brief Zandmans an Yitzhaq Levi, Deputierter des Büroleiters des Premierminister, 28.3.1960, und von Levi an Zandman, 31.3.1960; State of Israel Archives (ISA/SIA), Prime Minister Office, Container G/6299, File 13/762.

15 Brief von Kubory an Ben Gurion, 18.1.1961, ISA/SIA, Container G/6299, File 13/762.

16 Brief von Fredka Mazia (Überlebende und Zeugin im Eichmann-Prozess) an Yossef Shochat, Referent des Staatssekretärs im Erziehungsministerium, 10.3.1965, ISA/SIA, Erziehung, Container GL/3A/907, File 1423.

17 Konferenz zum Projekt »Schulen übernehmen Patenschaften für Gemeinden«, 24.4.1964, ISA/SIA, Erziehung, Container GK/3, File 22/4762.

18 Als »Geheim« gekennzeichnetes Schreiben an die Mitarbeiter des Außenministeriums, wenige Tage vor dem Beginn des Prozesses. ISA/SIA, Außenministerium, Hs/91/3352.

19 *Lamerhav* (7.6.1960).

20 *Davar* (19.4.1961), S. 1.

21 Haika Grossman, geb. 1919 in Bialystok, Mitglied der zionistischen Jugendorganisation »*Haschomer Hazair*«, Partisanin und Untergrundkämpferin im Ghetto Bialystok, 1948 Emigration nach Palästina, ab 1969 Abgeordnete in der *Knesset* für die »Vereinigte Arbeiterpartei« (MAPAM) und zeitweise stellvertretende Vorsitzende. Über ihren Kampf als Partisanin veröffentlichte sie 1988 das Buch *The Underground Army*. Gestorben 1996.

22 *Al Hamishmar* (4.5.1962), S. 3.

23 Als »Geheim« gekennzeichnetes Schreiben an die Mitarbeiter des Außenministeriums, ISA/SIA, Außenministerium, Hs/91/3352.

24 Heinrich Grüber (1891-1975), evangelischer Theologe und Seelsorger, Leiter des von der »Bekennenden Kirche initialisierten »Büros Grüber«, das Christen jüdischer Abstammung vor der Rassenverfolgung schützen sollte. Aufgrund dieser Tätigkeit von 1940 bis 1943 Inhaftierung in den Konzentrationslagern Sachsenhausen und Dachau. Überzeugt von der Kollektivschuld aller Deutschen kam Grüber 1961 als ein-

ziger deutscher Zeuge zum Eichmann-Prozess, um über seine Verhandlungen mit den NS-Behörden und insbesondere Eichmann auszusagen – d. Red.

25 Alle seine Bücher handeln vom Holocaust und Auschwitz, wo er inhaftiert war. Dazu zählen *Höllenfahrt. Das kurze Leben der Daniela Preleschnik*. Gerlingen 1980; *Shivitti. Eine Vision*. München 1991; *Ich bin der SS-Mann. Eine Vision*. Zürich 1994 und *Das Haus der Puppen*. München 1995.

26 Vgl. Simon Herman, Yochanan Perez, Ephraim Yuchtman, *Reactions to the Eichmann trial in Israel. A study in high involvement. Studies in Psychology*. Jerusalem 1965, S. 98-118.

27 Zwi Schulweiss an Abba Eban, o. Dt., ISA/SIA, GL/3/907/1638.

28 »The conclusion a soldier must conclude«, in: *Bamachane – The soldiers weekly* (20.6.1961).

Eine Bühne zur Selbstdarstellung der Kultur

Kriegsverbrecherprozesse in Australien

Kathy Laster[1]

Kriegsverbrecherprozesse: eine Bestätigung der »neuen Nation«

In Kriegsverbrecherprozessen wird die Bewältigung der Vergangenheit von einem politischen zu einem juristischen Problem. Traditionellen Gerichten fällt aber der Umgang mit so schwierigen Fragen nicht gerade leicht. Die rechtliche Klärung der Fehler eines vergangenen Systems zwingt sie zu einem unglaublichen Spagat: Einerseits müssen sie ihr Engagement für einen wie auch immer gearteten Begriff des Naturrechts (das die allgemeinen Prinzipien des internationalen Rechts widerspiegelt) beweisen, andererseits die formalen Verfahrensregeln einhalten, die die Rechte des Angeklagten garantieren. Die Spannung zwischen (inhaltlicher) »Gerechtigkeit« und (prozeduraler oder technischer) »Fairness« lässt sich oft nicht auflösen. Traditionell wird dieses Dilemma dadurch umgangen, dass man die Verfolgung staatlicher Verbrechen einem rechtlichen Zwitter überträgt: an quasi-legale Tribunale oder Kommissionen, die mit außerordentlichen Vollmachten ausgestattet sind, um das gewünschte Ergebnis zu erreichen, aber gleichzeitig die äußeren Zeichen der in der jeweiligen Rechtsordnung üblichen Verfahren wahren (Gerichtssäle, Richter, Regeln und/oder Formalien für das Einbringen von Evidenz). Auf dieser Grundlage agierten die eigenartigen multinationalen Gerichte bei den Kriegsverbrecherprozessen in Nürnberg und Tokio.[2]

Es kommt weit seltener vor, dass die Strafverfolgung von Kriegsverbrechen unmittelbar den normalen Gerichten eines Landes übertragen wird. Diese Strategie hat einen doppelten gesellschaftlichen Nutzen: Sie legitimiert die neue Ordnung, indem sie sie von ihrem korruptem oder gesetzlosen Vorgänger unterscheidet, und sie rehabilitiert die Autorität des Rechtssystems, das sich nach allgemeiner Wahrnehmung zu stark in die Praktiken des alten Regimes verstrickt hatte. Der Rückgriff auf die Rechtsordnung betätigt in stabilen Gesellschaften meist explizit das Vertrauen der jeweiligen Kultur darauf, dass ihr System »Gerechtigkeit« walten lässt. Zweifellos war das der Subtext beim französischen Prozess gegen Klaus Barbie und beim israelischen Prozess gegen John Demjanjuk. Das erklärt auch, warum sich der Vorsitzende Richter im Demjanjuk-Prozess so sehr über den wiederholten Vorwurf des bunten Verteidiger-Teams ärgerte, es handele sich um einen »Schauprozess«.[3] Aber lässt man die negativen Konnotationen einmal beiseite, die das Wort durch die absurden Versuche Stalins hat, seine Prozesse zu legitimieren, dann muss man feststellen, dass jeder, vor allem jeder offen politische Prozess tatsächlich ein öffentliches Schauspiel ist. In diesen außergewöhnlichen Fällen bekommt die scheinbar normale Aufgabe, über Schuld oder Unschuld zu urteilen und Strafen festzulegen, eine symbolische und didaktische Funktion für ein nationales wie internationales Publikum.

In diesem Aufsatz werde ich anhand der Unterscheidung von instrumentellen und symbolischen Funktionen des Strafrechts
1. das novellierte Kriegsverbrechergesetz (*War Crimes Amendment Act*) von 1988 und
2. den einzigen Prozess analysieren, der in Australien auf der Grundlage dieses Gesetzes im Jahre 1990 geführt wurde.

Beim symbolischen Recht, so eine These, geht es um das widersprüchliche Zusammenspiel von Gesetzgebung und tatsächlichen Prozessen, die nach diesen gesetzlichen Bestimmungen geführt werden:

- Gesetzgebung dient dazu, neu festzulegen und zu bestätigen, was (und wer) an der Macht ist,
- während die Prozesse die instrumentellen Auswirkungen dieser Festlegung vermeiden und somit gleichzeitig öffentlich Fairness und korrekte Prozessführung demonstrieren.

Eine Analyse des Kriegsverbrecherprozesses und insbesondere der in seinem Verlauf deutlich werdenden kulturellen Missverständnisse zeigt, dass sich das australische Gericht tatsächlich nicht (instrumentell) mit den Ereignissen des Holocaust (bzw. der Erinnerung daran) in Europa beschäftigen wollte (und dafür auch nicht die Voraussetzungen besaß). Im Hintergrund standen vielmehr hier (wie auch beim *Mabo*-Prozess)[4] die Entwicklung und die politische Bestätigung eines (multikulturellen) »postmodernen Nationalismus« in Australien sowie die zugehörige Auseinandersetzung konkurrierender Eliten.

Australien war in dieser postkolonialen Phase seiner Geschichte aktiv damit beschäftigt, Fragen der nationalen Identität zu klären. Dazu gehörte in einer multikulturellen Gesellschaft wie der australischen auch die Auseinandersetzung mit den Fehlern des extensiven Einwanderungsprogramms der Nachkriegszeit und den Konsequenzen der kulturellen Diversität, um eine »postmoderne« nationale Identität formulieren zu können.

Australien als sicherer Zufluchtsort für Kriegsverbrecher

1986 machte die Enthüllung des Rundfunkjournalisten Mark Aarons von der *Australian Broadcasting Commission* die Öffentlichkeit darauf aufmerksam, dass nach dem Zweiten Weltkrieg Hunderte von »Kriegsverbrechern« in ihrem Land Zuflucht gefunden hatten. Der moralische Schandfleck war nicht so sehr die bloße Anwesenheit angeblicher Kriegsverbrecher, sondern die Andeutung, die Regierung habe sich mit ihrem Einwanderungsprogramm zum Komplizen gemacht und sie wissentlich ins Land gelassen. Im Vorwort zu Mark Aarons Buch behauptete der Präsident des Rates der australischen Juden, Isi Leibl, die australische Regierung und der australische Geheimdienst (ASIO), dessen Mitglieder naiver gewesen sein mochten als ihre britischen und amerikanischen Kollegen, hätten in ihrem Bemühen, sich dem Kampf des Westens gegen die Sowjetunion anzuschließen, die Verbrechen der nach dem Zweiten Weltkrieg eingewanderten Nazis und Nazisympathisanten bewusst ignoriert.[5]

Die australische Labor-Regierung, die in den achtziger Jahren wieder an die Macht gekommen war, war einer Untersuchung dieser Folge des virulenten Anti-Kommunismus der früheren (konservativen) nationalliberalen Regierung keineswegs abgeneigt. Die gebetsmühlenartigen Warnungen vor der »roten Gefahr« hatten die »sozialistische« *Labor Party* effektiv diskreditiert und maßgeblich dazu beigetragen, dass sie ein Vierteljahrhundert nicht mehr an die Macht gekommen war. Die Regierung veranlasste also eine Untersuchung, die feststellen sollte, ob in Australien noch Kriegsverbrecher lebten und wie sie gegebenenfalls an ihre Aufenthaltsgenehmigung gekommen waren.[6]

Die Untersuchungskommission kam in ihrem Abschlußbericht allerdings zu der Auffassung, es gebe keine Beweise für eine Pflichtverletzung des ASIO oder gar für die Mithilfe bei der Einwanderung dieser Personen.[7] Im wesentlichen wurde empfohlen, die Praxis der Vereinigten Staaten und Kanadas zu übernehmen und Kriegsverbrecher an die jeweiligen Länder auszuliefern oder sie, falls das nicht möglich war, auszubürgern und abzuschieben. Als letztes Mittel in den Fällen, »in denen bedeutende Kriegsverbrecher anders nicht vor Gericht gestellt werden können«,[8] empfahl die Kommission, das Kriegsverbrechergesetz (*Commonwealth*) von 1945 zu novellieren und damit den australischen Gerichten die Möglichkeit zu geben, im Lande lebende Nazikriegsverbrecher selbst vor Gericht zu stellen.

Überraschenderweise ignorierte die Regierung die Option der Auslieferung und Abschiebung und ließ umfangreiche Ermittlungen durchführen, die eine strafrechtliche Verfolgung von Kriegsverbrechern durch die australische Justiz stützen konnten. Diese Ermittlungen ergaben eine Liste von rund siebzig Verdächtigen, zu deren Überprüfung eine Sonderkommission (*Special Investigation Unit* – SIU) eingesetzt wurde. In kurzer Zeit wurde die SIU jedoch mit Informationen über mehrere hundert potentielle Straftäter überschwemmt, die angeblich in Australien lebten. Ende 1988 hatte sich das Feld (durch Krankheit und/oder Tod potentieller Angeklagter und Zeugen) auf etwa zwei Dutzend Fälle verengt.[9] Gegen nur drei Beklagte wurde ein Strafverfahren eingeleitet: Ivan Timofeyevich Polyukovich, Heinrich Wagner und Mikolay Berezowsky. Die Anklage gegen Berezowsky wurde wegen mangelnder Beweise im Vorverfahren abgewiesen, das Verfahren gegen Wagner stellte der Oberstaatsanwalt (*Commonwealth Director of Public Prosecutions*) nach dessen Herzanfall ein. Nur die Ermittlungen gegen Polyukovich führten zu einem Prozess und einem Urteil.

Die Anklage wurde aufgrund des 1988 novellierten Kriegsverbrechergesetzes (*Commonwealth*) erhoben, das im Januar 1989 in Kraft getreten war und die Verfolgung von Kriegsverbrechen nicht mehr, wie das Vorläufergesetz, den Militärgerichten, sondern ausschließlich den Strafgerichten übertrug. Um Befürchtungen zu zerstreuen, das Gesetz könne auch auf ehemalige australische Soldaten angewandt werden, beschränkte es sich auf Verbrechen, die in Europa während des Zweiten Weltkriegs (d. h. vom 1. September 1939 bis 8. Mai 1945) im Zuge von Feindseligkeiten im Krieg, in besetzten Ländern oder auf dem Gebiet eines sich im Kriegszustand befindlichen oder besetzten Landes begangen worden waren. Das Gesetz definierte Kriegsverbrechen als solche Taten, die in Australien als schwerer krimineller Tatbestand gelten (z. B. Mord, Totschlag, schwere Körperverletzung, Verstümmelung, Vergewaltigung, unzüchtige Handlungen und Entführung oder Kuppelei; §6). Damit blieb das australische Strafgesetzbuch Kriterium für den Beweis der Straftat. Die Definition enthielt auch eine alternative oder zusätzliche Basis für die Anklage: die umfassendere völkerrechtliche Definition der »Verbrechen gegen die Menschlichkeit«. Um als Kriegsverbrechen gelten zu können, mussten solche Straftaten im Zuge politischer, rassischer oder religiöser Verfolgung mit der Absicht begangen worden sein, eine nationale, ethnische, rassische oder religiöse Gruppe ganz oder teilweise zu vernichten (§7).

Kriegsverbrecherprozesse waren in Australien nicht unbekannt. Australien hatte sich aktiv an den Kriegsverbrecherprozessen in Tokio beteiligt, bei denen der australische Richter Sir William Webb den Vorsitz führte. Nach dem Kriegsverbrechergesetz von 1945 waren über neunhundert Japaner angeklagt worden; 644 wurden verurteilt und 148 hingerichtet. Verglichen mit ähnlichen zeitgenössischen Initiativen in anderen Ländern war der neue Vorstoß zur Anklage von Kriegsverbrechen aber überraschend und ungewöhnlich. Australien hatte im Zweiten Weltkrieg unmittelbar nur wenig mit den Ereignissen in Europa zu tun, da die australischen Truppen überwiegend im Pazifik und in Afrika eingesetzt waren. Darüber hinaus ist das Gesetz von 1988 auch eine juristische Merkwürdigkeit: Es ist rückwirkend und betrifft Verbrechen, die vor fünfzig Jahren von Menschen, die zu diesem Zeitpunkt nicht der australischen Gerichtsbarkeit unterstanden, an Menschen begangen wurden, die keine australischen Staatsbürger waren.

Australien ist durch sein aktives Einwanderungsprogramm nach dem Krieg zur Heimat vieler jüdischer Holocaust-Überlebender geworden, und die australische Gesellschaft allgemein ist über den Holocaust durchaus informiert und sich seiner bewusst.[10] Dennoch lässt sich das hiesige Interesse kaum mit den Leidenschaften und Feindschaften vergleichen, die sich mit der Anklage von Kriegsverbrechen in anderen Teilen der Welt verbinden. In Australien fehlt der starke moralische Imperativ zu Maßnahmen der Wiedergutmachung, der sich in einem Land wie Deutschland feststellen lässt.[11]

Die Gründe für den so unerwarteten und kontroversen Weg, den die australische Regierung eingeschlagen hat – und zwar ohne offenkundige öffentliche Unterstützung –, bedürfen einer genaueren Analyse. Im folgenden werde ich zeigen, dass sich in den Kriegsverbrecherprozessen in Australien die Bereitschaft der herrschenden Eliten manifestierte, durch aktive Auseinandersetzung mit der Geschichte Australiens und Eingestehen der Fehler der Vergangenheit eine neue nationale Identität zu schaffen.

Die Umsetzung erfolgte in einem Zusammenspiel von symbolischer Gesetzgebung (die Novellierung des Kriegsverbrechergesetzes), öffentlicher Demonstration ihrer energischen Durchführung (die ursprünglichen Ermittlungen) und fehlender Durchsetzung vor Gericht. Letzteres wurde durch peinlich genaues Einhalten der Prozessordnung erreicht, womit sich erneut die Gelegenheit bot, ein Element der »neuen« australischen Identität zu bestätigen: juristische Fairness, ein fairer Prozess. Durch die große historische und kulturelle Distanz zum Holocaust in Europa kam es zu signifikanten Missverständnissen, die wiederum zu der faktischen Unfähigkeit beitrugen, den alten Mann – Polyukovich – zu verurteilen.

Die Kosten der Kriegsverbrechen

Die neue Initiative zur Verfolgung von Kriegsverbrechen war im Land selbst äußerst umstritten. Einflussreiche Teile der Gesellschaft äußerten ernste Einwände gegen die juristischen, wirtschaftlichen und gesellschaftlichen Kosten so außergewöhnlicher Prozesse.

Viele Kommentatoren, vor allem Anwälte, wiesen sofort darauf hin, wie schwierig eine Anklage nach dem Kriegsverbrechergesetz sein würde, von einer Verurteilung ganz zu schweigen. Eine erfolgreiche Anklage musste sich auf die dürftige Identifizierung durch gebrechliche Zeugen stützen, alte Menschen, die in manchen Fällen zur Tatzeit Kinder oder Jugendliche gewesen waren. Alles hing von der Zuverlässigkeit der Erinnerung nach fünfzig Jahren ab. Und selbst wenn man die Zuverlässigkeit der Erinnerung voraussetzte, ergaben sich zahlreiche praktische Probleme für die Beweiserhebung. Es war keineswegs sicher, dass die Zeugen willens oder fähig sein würden, die weite Reise nach Australien auf sich zu nehmen, um vor einem australischen Gericht auszusagen.

Es gab auch signifikante Vorbehalte gegen die Authentizität von Dokumenten aus der UdSSR. Obwohl sich Behauptungen, die Sowjetunion habe Beweise gefälscht, um im Westen lebende, antisowjetisch eingestellte Staatsbürger zu diskreditieren, schließlich als unbegründet erwiesen, beherrschten solche Bedenken die Parlamentsdebatten zur Frage der Angemessenheit des Gesetzes.

Erfahrene Anwälte wie Athol Moffit, der bei Kriegsverbrecherprozessen in Borneo als Ankläger aufgetreten und eine zeitlang Präsident des Berufungsgerichts von New South Wales gewesen war, warnten, nicht nur die Anklage, sondern auch die Angeklagten selbst seien »in jedem Fall in ihrer Verteidigung notwendig behindert«.[12] Für den früheren Vizegouverneur von Südaustralien, Sir Walter Crocker, war die Anklage von Kriegsverbrechern von vornherein zum Scheitern verurteilt und nichts weiter »als ein gefundenes Fressen für Anwälte«.[13] Und es gab weitere juristische Auseinandersetzungen, unter anderem über die Frage, ob die Verfassung es der *Commonwealth* Regierung gestatte, im Rahmen ihrer Befugnisse für auswärtige Angelegenheiten ein rückwirkendes Gesetz zu beschließen.[14]

Selbst der damalige Oberstaatsanwalt (*Director of Public Prosecutions*), Mark Weinberg, räumte in seinem Jahresbericht an das Parlament ein, die Anklage von Kriegsverbrechen »könne rechtliche Fragen aufwerfen, mit denen sich die australische Rechtswissenschaft bislang nicht beschäftigt hat«.[15] Für den Oberstaatsanwalt war die Stichhaltigkeit der Anklagepunkte gegen Polyukovich so wichtig, dass er vor der Anklageerhebung auf der zeit- und kostenaufwendigen Exhumierung eines Massengrabes in der Ukraine bestand. Die logistischen und finanziellen Probleme dieses Unternehmens sollte man nicht unterschätzen.

Während der Ermittlungen und der Strafverfolgung selbst gab es Kritik an den hohen Kosten für die Allgemeinheit; die Schätzungen reichten von zwanzig bis vierzig Millionen Dollar,[16] nicht nur wegen der Reisekosten für Zeugen aus aller Welt, sondern auch wegen der öffentlichen Mittel für die Verteidigung der Angeklagten. Trotz dieser gesellschaftlichen Bedenken wurde das Kriegsverbrechergesetz im Repräsentantenhaus von beiden Parteien unterstützt. Im Senat dagegen meinten manche Oppositionsmitglieder, die aus moralischen Gründen die Gesetzesentscheidung der Regierung nicht kritisieren zu können glaubten, es sei besser, sich aus finanziellen Gründen dagegen zu wenden. Ein Senator der Regierungspartei meinte zu den höhnischen Bemerkungen über die hohen Kosten der Maßnahmen, der Streit ähnele einem Streit über »die Gastarife von Auschwitz«, und entfachte mit diesem unpassenden Vergleich einen unmittelbaren politischen Sturm.[17]

Viele Kritiker des Gesetzes warnten aber weniger vor den ökonomischen, sondern vor den sozialen Kosten des Gesetzes und prophezeiten düster mögliche ethnische Spannungen und gesellschaftlichen Dissens. Ein liberaler Senator meinte: »Wie gesagt, bereits jetzt behaupten die Sprecher einiger Gruppen von europäischer Herkunft, das Gesetz richte sich nicht gegen Einzelne, sondern gegen ihre ganze Gruppe, und sei das Ergebnis sowjetischer Agitation. Wie die Vorlagen des Ständigen Ausschusses des Senats belegen, haben in diesen Gruppen antijüdische Ressentiments zugenommen und sie nehmen weiter zu.«[18]

Dr. David Penman, der mittlerweile verstorbene Erzbischof von Melbourne, warnte vor dem Spaltungspotential von Kriegsverbrecherprozessen und meinte, »als Nation sollten wir zu Vergebung und Gnade bereit sein«.[19] Doch die Regierung ließ sich weder von den Problemen noch von der Kritik beirren und verfolgte ihren Kurs weiter.

Moralische Fragen: »Wir haben keine Wahl«

Die bizarre Verschwörungstheorie, die eine Verbindung zwischen der »jüdischen Lobby« und den pro-jüdischen Sympathien und Verpflichtungen des damaligen Premierministers Bob Hawke herstellte, z. B. *The Canberra Times*,[20] war eine sehr einfältige Erklärung für das Festhalten der Regierung am Kriegsverbrechergesetz. Solche Personifizierungen sind nicht nur falsch (schließlich waren viele einflussreiche führende jüdische Persönlichkeiten wie zum Beispiel der Richter am Bundesgericht und Präsident der Menschenrechtskommission, Einfeld, gegen die Prozesse), sondern ignorieren auch den kulturellen Kontext politischer Entscheidungen. Die Bereitschaft der politischen Eliten Australiens zu einer moralischen Haltung in der Innen- wie Außenpolitik zählte in den neunziger Jahren zu den auffallendsten Merkmalen der politischen Szene Australiens.

Das vergleichbare innenpolitische Thema war das Gesetz zur Einrichtung eines Gerichtes, das die Forderungen der *Aborigines*-Gemeinden nach Rückgabe ihres Landes (*Native Title*) beurteilen sowie Entschädigungen für die Gemeinden festsetzen sollte, die von ihrem Land vertrieben worden waren und deshalb keine Rückgabe-Forderungen stellen konnten. Diese gesetzliche Regelung erfolgte aufgrund der bahnbrechenden Entscheidung des Obersten Bundesgerichts im Fall *Mabo vs. Queensland*. Das Gericht hatte in seinem kontroversen Urteil die bis dahin bestehende Rechtslage aufgehoben, die besagte, dass Großbritannien Australien als »*terra nullius*« erworben hatte. Dank dieser Doktrin, einer Konstruktion des internationalen Rechts aus dem 18. Jahrhundert, konnten die ursprünglichen weißen Siedler sich alles Land aneignen und den australischen Ureinwohnern ihr Gesetz und ihren Willen aufzwingen. Bei der Prüfung der historischen Beweislage akzeptierte die Mehrheit der Richter, dass die Kolonialregierung bewusst die zahlreichen Beweise für den Landbesitz der *Aborigines* ignoriert oder verschleiert hatte, darunter auch die Beweise für ein geordnetes Regierungssystem und Gesetze. In untypisch klaren und engagierten Worten verurteilte das Oberste Bundesgericht die Art und Weise, in der das angloamerikanische Recht (*Common Law*) »die Ureinwohner in ihrer eigenen Heimat zu Eindringlingen und zu Bettlern um einen Ort zum Leben« gemacht hatte.[21] Die *Mabo*-Entscheidung und das anschließende von der Regierung erlassene »*Native Title*«-Gesetz waren sehr umstritten, aber wie bei der Frage des Kriegsverbrechergesetzes verteidigte die Regierung auch hier ihre Position mit moralischen Argumenten: »Was wert ist, getan zu werden, ist nur selten einfach. Ich glaube – wie meiner festen Überzeugung nach auch die meisten Australier –, die fundamentalen Fragen anzugehen, die manche Bürger Australiens von anderen trennen, ist es wert, getan zu werden, und sollte jetzt getan werden«.[22]

Die zeitliche Verbindung zwischen dem *Mabo*-Prozess und den Kriegsverbrecherprozessen war kein Zufall. Der Wiederannäherung an die indigene Bevölkerung genauso wie der Verfolgung von Kriegsverbrechern lag die Bereitschaft der Regierung zu einer aktiven Auseinandersetzung mit der Vergangenheit zugrunde. In seiner Einführungsrede zum Internationalen Jahr der indigenen Völker 1992 sagte Premierminister Keating: »Wir haben nichts zu befürchten und nichts zu verlieren, wenn wir die historische Wahrheit akzeptieren«, und erklärte öffentlich:

> »*Wir* haben das traditionelle Land genommen und das traditionelle Leben zerstört.
> *Wir* haben die Krankheiten mitgebracht. Den Alkohol.
> *Wir* haben gemordet.
> *Wir* haben den Müttern die Kinder genommen.
> *Wir* haben diskriminiert und ausgeschlossen.
> Es war *unsere* Ignoranz und *unser* Vorurteil.«[23]

Selbst die zynischsten Kommentatoren geben bereitwillig zu, dass Keating bei seinem Einsatz für die Versöhnung von *Aborigines* und Weißen bewusst den Zorn wichtiger und mächtiger Interessengruppen in Kauf nahm. Dasselbe lässt sich über das unbeirrbare Engagement der Hawke-Regierung für die Verfolgung von Kriegsverbrechen sagen. Für ein früheres Kabinettsmitglied war dieses Engagement »das beste, was wir in der Regierung je gemacht haben«. Und der frühere Leiter der Sonderkommission (*Special Investigation Unit*) sprach gar von einer »zivilisierenden Aktivität«.[24]

Ein kanadischer Kommentator, der Australien besuchte, beschrieb diese juristischen und kulturellen Entwicklungen als Manifestationen einer »Rechtsphilosophie der Reue«,[25] aber eine solche Analyse erfasst den Charakter des australischen Denkens nur zum Teil. Man schlägt sich hier nicht gequält an die Brust. Wie Keating nüchtern feststellte, gelten in Australien »Schuldgefühle nicht als besonders konstruktiv«,[26] und »Reue« wird von Australiern anders verstanden als zum Beispiel von Kanadiern oder Europäern. Die Regierung reagierte auf das *Mabo*-Urteil und die Verfolgung von Kriegsverbrechern nicht mit öffentlich zur Schau getragenen Schuldgefühlen oder Abscheu über die Fehler der Vergangenheit, sondern mit pragmatischen und zukunftsorientierten Gesetzesinitiativen, die geeignet waren, ein robustes, positives Selbstbild zu bestätigen.[27]

Das Selbstbild der jungen, neuen, postkolonialistischen Nation verlangte nach einer weißen Weste. Der Nationalstolz musste sich auf die Fähigkeit stützen, »vor uns und der Welt erklären zu können, dass Australien eine erstklassige soziale Demokratie *ist* und dass wir so sind, wie wir sein sollten – *wahrhaftig* das Land der Fairness und der besseren Chancen«.[28]

Dieses Selbstgefühl war zum Teil an ein wachsendes Gespür für das internationale Ansehen Australiens gekoppelt. Der frühere Leiter der Sonderkommission (SIU) (heute Stellvertretender Ankläger beim Internationalen Menschenrechtstribunal gegen das frühere Jugoslawien), sagte: »Ursprünglich hat die australische Regierung damit vor der ganzen Welt erklärt, dass die Taten der Täter untersucht und, sofern Beweise vorliegen, verurteilt werden, unabhängig davon, wie viele Jahre seit ihren Kriegsverbrechen und ihren Verbrechen gegen die Menschlichkeit vergangen und wie weit sie vom Tatort geflohen sind.«[29]

Normalerweise sind Politik und Moral keine guten Bettgenossen. Doch in seiner Politik gegenüber den *Aborigines* profitierte Keating, nicht anders als vor ihm Hawke in seiner Politik gegenüber Kriegsverbrechen, von einem Wechsel in der kulturellen Stimmung Australiens, unabhängig davon, ob ihre Haltung auf aufrichtiger Überzeugung oder politischer Vernunft beruhten. Selbst die Programmatiker und Intellektuellen der Liberalen erklärten die unerwartete Niederlage ihrer Partei bei der Wahl von 1993 mit diesem Wechsel. Sie begriffen, dass sie es versäumt hatten, über wichtige neue Mitspieler in der Wählerschaft zu sprechen, vor allem aber mit ihnen zu sprechen: Frauen, *Aborigines* und Menschen mit einer neuen Vision der nationalen Gegenwart. *Labor* gewann trotz unbestrittener Schwächen im wirtschaftlichen Bereich die Wahl »über die Kultur. *Labor* siegte, weil die Partei intuitiv besser auf das sich entwickelnde neue Selbstgefühl des Landes reagierte.«[30]

Aber moralische Selbstgefälligkeit, so beliebt sie bei Politikern und ihren Wählern auch sein mag, ist fehl am Platz. Anders als in anderen Gesellschaften im Übergang hat die Radikalität des kulturellen Einstellungswandels in Australien einen konservativen Kern – man kann mit traditionellen Mitteln eine allmähliche Veränderung erreichen. Das *Mabo*-Urteil des Obersten Gerichtshofs wurde oft als Beweis für die Flexibilität des *Common Law* und seiner Fähigkeit gedeutet, sich angesichts veränderter gesellschaftlicher Umstände selbst zu verändern. Genauso bewies auch das novellierte Kriegsverbrechergesetz, dass die altehrwürdigen strafrechtlichen Prinzipien nicht nur immer noch relevant, sondern vor allem auch »fair« waren.

Im Unterschied zu den früheren Kriegsverbrecherprozessen in Tokio und Nürnberg wurde der Erfolg nicht mehr danach beurteilt, ob die Rechtsordnung imstande war, offenkundige und schreckliche Verbrecher zu verurteilen. Ironischerweise hofften vielmehr viele (und sagten das auch recht unverblümt), die Rechtsordnung möge ihre Fairness dadurch beweisen, dass sie alte, gebrechliche Männer, angeklagt wegen vor langer Zeit und in weit entfernten Ländern begangener Verbrechen, eben *nicht* verurteilte. Und dieser Herausforderung wurde die Rechtsordnung dann auch gerecht.

Juristische Fairness

Aufgabe des Parlaments war es, die Novellierung des Kriegsverbrechergesetzes zu verabschieden, so dass die Gerichte die strafrechtliche Verantwortung derjenigen beurteilen konnten, die unter diesem Gesetz angeklagt wurden. Am Ende der hitzigen Debatte im Senat erklärte Justizminister Michael Tate: »Wir sind davon überzeugt, dass die Schutz- und Kontroll-Rechte unseres Prozeßrechts die Garantie dafür sind, dass es keine Schauprozesse mit festgelegten Ergebnissen gibt und all diejenigen, die wegen dieser Verbrechen angeklagt werden, vor unseren Gerichten die Gerechtigkeit finden, die ihnen zusteht und die verleugnet wurde, als der Rechtsstaat unter dem Naziregime zusammenbrach und Europa von Krieg und Zerstörung heimgesucht wurde.«[31] Als Reaktion auf Kritik am Gesetzesentwurf stellte die Präambel des novellierten Kriegsverbrechergesetzes unmissverständlich fest, es sei »im Interesse der Gerechtigkeit, dass die angeklagten Personen einen fairen Prozess bekommen und ihnen alle Rechte zustehen, die Angeklagte in Prozessen vor diesen Gerichten genießen, wobei vor allem Fragen wie die Schwere der Anschuldigung und die Zeit, die seit den vorgeblichen Verbrechen vergangen ist, Berücksichtigung finden.«[32]

Am 25. Januar 1990, einen Tag vor dem Nationalfeiertag, wurde nach dem novellierten Gesetz die Anklage gegen den Rentner Ivan Polyukovich aus *South Australia* erhoben. Polyukovich war damals 73 Jahre alt und lebte mit seiner Frau in Seaton, einer verschlafenen Vorstadt von Adelaide, wo er Bienen züchtete und seinen Garten pflegte. Nachbarn beschrieben ihn als höflich und bescheiden. Der Fall erregte zunächst großes Aufsehen in den Medien und der Nachbarschaft, aber nach vielen Verzögerungen und Vertagungen, die insgesamt drei Jahre dauerten, verlor dieser scheinbar sensationelle Kriegsverbrecherprozess an Nachrichtenwert, und die Strafkammer konnte den Fall als »normalen Prozess« abwickeln.

Die Anklage gegen Polyukovich veränderte sich mit der Zeit beträchtlich, sowohl was die Zahl als auch die Art der ihm vorgeworfenen Taten anging. Als der Angeklagte dem Gericht vorgeführt wurde und Freilassung auf Kaution beantragte, wurde er in neun Fällen des Mordes an insgesamt 24 Personen sowie der Beteiligung an dem Massenmord an 850 Menschen in der Nähe der Stadt Sernicki beschuldigt, »deren Namen unbekannt sind und die als Juden aus dem Ghetto Sernicki bezeichnet werden«. Durch die Ausdünnung des Beweismaterials reduzierte sich die Anklage im Prozess auf zwei Punkte: einen Mord sowie Beihilfe zum Mord an den Juden von Sernicki. Die Verhandlung dauerte von der Anklageerhebung bis zum Urteil insgesamt drei Jahre und wurde schließlich von einer Jury entschieden, die in nur einer Stunde ihr Urteil fällte: »Nicht schuldig«.

Die Anwälte im Polyukovich-Prozess waren sich der historischen und internationalen Bedeutung des Falles ganz und gar bewusst. Laut Staatsanwalt Greg James ruhten »die Augen der Welt« auf Australien.[33]

Allerdings war der Fokus der weltweiten Aufmerksamkeit im einheimischen Verständnis durchaus beschränkt. Den Australiern war die »Fairness« des Strafprozesses das wichtigste, wobei Fairness die Einhaltung der formalen juristischen Vorschriften bedeutete. Diese Vorschriften kollidierten gelegentlich mit umfassender definierten Elementen inhaltlicher Gerechtigkeit. Die Staatsanwaltschaft war in diesem ungewöhnlichen Fall vor allem peinlich darum bemüht, der Verteidigung alle Möglichkeiten einzuräumen. Sie wollte »vor aller Öffentlichkeit uneingeschränkt zeigen, dass die Krone alles getan hat und alles tun wird, was in ihrer Macht steht, selbst auf die Gefahr hin, sich in Nachteil zu bringen, um über jeden Zweifel hinaus allen und jedem deutlich zu machen, dass sich der Prozess auf authentisches Beweismaterial stützt, aufgrund dessen eine Jury zu einem Schuldspruch kommen kann.«[34]

Die Verteidigung arbeitete mit traditionellen Taktiken wie Verzögerung und bestand gelegentlich auf strikten Beweisen, ohne aber je den Holocaust zu leugnen. Die deutsche »Endlösungs«-Politik war eine »allgemein akzeptierte Tatsache«, die von der Anklage nicht bewiesen werden musste. Der Verteidiger Michael David begann das Kreuzverhör des angesehenen amerikanischen Historikers Raul Hilberg, der als Sachverständiger zur deutschen Vernichtungspolitik gegen die Juden aussagte, mit den Worten: »Herr Professor, Sie können davon ausgehen, dass bei meinen Fragen die Nazipolitik der Judenvernichtung nicht in Zweifel steht.« [35]

Die Verteidigungsstrategie aus den kanadischen Kriegsverbrecherprozessen, die sich auf die »Literatur der Holocaustleugner« stützte, tauchte in den australischen Prozessen weder konkret noch abstrakt auf. Es gab auch keine Versuche, mit Befangenheitsanträgen zum Beispiel jüdische Jurymitglieder auszuschließen.[36] Wenn überhaupt, bestand der australische Ansatz darin, die Vorgänge – möglicherweise allzu sehr – zu normalisieren und den Fall als normalen Strafprozess abzuwickeln. Um Hannah Arendts berühmte Bemerkung abzuwandeln: In Australien ist nicht das Böse »banal«, sondern nur die Strafverfolgung.

Holocaust auf australische Art

Polyukovich war im Krieg Waldhüter (*forest warden*) in der Ukraine gewesen und wurde wegen seiner Beteiligung an der Liquidierung des Ghetto Sernicki angeklagt. In Sernicki, einer abgelegenen landlichen

Kleinstadt, in der Ukrainer und Juden seit achthundert Jahren gemeinschaftlich zusammengelebt hatten,[37] wurden 1942, einen Tag vor dem jüdischen Neujahrsfest, im Morgengrauen etwa 800 jüdische Bewohner in sechs Gruppen zu einem vorbereiteten Massengrab vor der Stadt geführt. Vor der Grube mussten sie sich entkleiden und Kleider und Wertgegenstände beiseite legen. Dann wurden die nackten Menschen, überwiegend Frauen und Kinder, von einer kleinen Gruppe deutscher Soldaten erschossen. Die Männer hatte man schon vorher unter ähnlichen Umständen erschossen.

Die Anklage gegen Polyukovich lautete nicht auf Beteiligung an den Massenerschießungen, die ja von deutschen Soldaten durchgeführt worden waren, sondern darauf, dass er der örtlichen Miliz bei der Ergreifung kleiner jüdischer Gruppen geholfen hatte, die der Massenerschießung entkommen waren. In der Verhandlung wurde behauptet, er habe die Tochter des Müllers und ihre zwei Kinder gefangen, zur Grube geführt und erschossen. Außerdem wurde er der Beihilfe zu Kriegsverbrechen beschuldigt, weil er den deutschen Truppen allgemein geholfen und den deutschen Soldaten Nahrung und Getränke zum Massengrab gebracht habe.

In diesem Fall mussten Nachweise für historische Ereignisse erbracht werden, die von den Erfahrungen durchschnittlicher Australier sehr weit entfernt waren. Man hätte erwarten können, dass die große Zahl der Toten das Verbrechen nur schrecklicher machte, aber große Zahlen haben psychologisch eine betäubende Wirkung. Es war die Aufgabe der Anklage, der Jury klar zu machen, dass jeder einzelne Tote »ein Mensch mit einem Namen, mit einer Persönlichkeit und mit seiner Bedeutung« war. Technisch gesehen musste die Anklage die Namen der Getöteten nicht belegen: »Wir hätten es einfach bei 500 Juden belassen können. Aber das hätte unserer Meinung nach dem Ereignis die wahre Realität genommen.«[38]

Die Anklage wollte deshalb der Jury achtzehn Dokumente übergeben, darunter auch Photos des Massengrabs. Dagegen legte die Verteidigung Einspruch ein: Da die Geschichte und die Existenz des Massengrabs unbestritten sei, seien diese Dokumente überflüssig und unnötig makaber. Der Richter, dem an einem möglichst zügigen Ablauf gelegen war, scheute den Zeitaufwand einer »Geschichtsstunde« für die Jury. Der Staatsanwalt erwiderte verärgert: »Wir untersuchen hier schließlich keinen Mord, sondern ein Kriegsverbrechen. Man kann natürlich der Jury in groben Zügen vortragen, dass der Angeklagte zugegeben hat, dass diese Todesfälle durch die Durchführung der Sowjetischen (sic) Politik zustande gekommen sind. Aber sonst (ohne solche Bilder) hätte ich gar nichts, was sie von einem Mord vor fünfzig Jahren in einem anderen Land unterscheidet, und ich denke da an Christopher Marlowe: ›Das war in einem anderen Land …‹ Wir müssen der Jury in gewissem Rahmen die Realität verdeutlichen. Für viele Menschen auf der Welt war es unvorstellbar, dass das, was wir beweisen können, im besetzten Osteuropa geschah.«[39]

Der um eine Normalisierung des Prozesses bemühte Richter erwiderte: »Hier geht es aber nicht darum, der Welt Beweise vorzulegen, sondern der Jury«.[40]

Normale Prozesse sind aber für den Umgang mit historisch und kulturell »außerordentlichen« Ereignissen schlecht geeignet. Der Präsident der Menschenrechtskommission und Richter am Bundesgericht (*Federal Court of Australia*), Einfield, sah dieses Problem voraus. Er begründete seine Ablehnung der Verfolgung von Kriegsverbrechen damit, dass die Strafprozessordnung ein forensisches Schlachtfeld sei und kein Ort der Wahrheitssuche. Da es bei Strafprozessen um individuelle Schuld geht, ist ihr Fokus ahistorisch. Die Geringschätzigkeit, mit der die Arbeit des Chefhistorikers der Sonderkommission (*Special Investigation Unit*), Professor Konrad Kwiet, behandelt wurde, macht den Konflikt der verschiedenen Disziplinen besonders deutlich. Kwiet war schockiert, dass nur drei Seiten aus seiner dreijährigen historischen Forschungsarbeit über die Waldhüter in benachbarten Regionen vom Gericht als Beweis zugelassen wurden. Dazu kam, dass er auf die Fragen der Staatsanwaltschaft nur mit Ja oder Nein antworten durfte, um das juristische Verfahren nicht zu stören.

Allgemeiner gesehen lag das Problem des Nachweises von Kriegsverbrechen vor australischen Gerichten in der Tradition des *Common Law*, die mit dokumentarischen Beweisen schon immer Schwierigkeiten gehabt hat. Bei den Methoden des Strafprozesses als streitiges Verfahren[41] handelt es sich um eine mündliche Tradition, die zur Überprüfung der Aussagen »lebendiger« Zeugen entwickelt wurden, Zeugen, die man sehen und hören kann und deren Aussagen sich im Kreuzverhör überprüfen lassen. Diese gerichtliche Befragung wurde hier durch die fast unüberwindlichen sprachlichen und kulturellen Probleme zusätzlich erschwert.[42]

Dem Gericht war es buchstäblich unmöglich, die Zuverlässigkeit der

Aussagen der jüdischen und ukrainischen Zeugen, die so anders waren als der »Durchschnittsaustralier«, fair zu beurteilen.

Oft genug war die kulturelle Kluft unüberwindlich – für beide Seiten. Die Zeugen verstanden die australische Prozesspraxis nicht, insbesondere das Wesen der sprachlichen Manipulation beim Kreuzverhör. Ein älterer Zeuge beklagte sich durch seinen Dolmetscher:

»Ich habe nicht verstanden, was Sie mich gefragt haben. Ich habe es überhaupt nicht verstanden. Ich bin hundertmal gefragt worden – und wenn ich gefragt werde, habe ich nicht die Kraft zu antworten. Ich bin 67 Jahre alt. Man muss mir nicht das Gehirn verdrehen. Immer und immer wieder dasselbe sagen. Ich bin ein Mann, der die Wahrheit sagt, der davon überzeugt ist, dass das, was er sagt, die Wahrheit ist. Wir könnten dem Menschen jahrelang zusetzen, aber...«. [43]

Nach zahlreichen ähnlichen Episoden fühlte sich der Richter zu der Überlegung genötigt: »Vielleicht gehen wir allzu selbstverständlich davon aus, dass unser System universell ist und universell bekannt – die Vorstellung, dass man jemanden nicht nur ins Kreuzverhör nehmen, sondern auch dieselben Fragen viele Male stellen kann, immer wieder, bevor jemand eingreift; für uns ist das Routine, und die Gesellschaft allgemein ist daran gewöhnt – sie sieht es im Fernsehen. Aber vielleicht ist es ja heilsam, daran zu denken, dass es Orte gibt – Orte in Westeuropa zum Beispiel – wo ein Kreuzverhör nicht erlaubt ist, nicht zum System gehört...«.[44]

Die Abschrift des Prozesses zeigt immer wieder auch die australische Unkenntnis der kulturellen Werte im alten Europa. So wollte zum Beispiel der Richter nicht akzeptieren, wie unproblematisch sich die Zeugen gegenseitig als »Juden« und »Ukrainer« identifizierten. Das Problem: »Was ist ein Jude?«, Herzstück des jahrhundertealten europäischen Rassenbewusstseins, erfasste er überhaupt nicht. Er beharrte aus juristischen Gründen auf dem strengen Beweis der ethnischen Identität, denn andernfalls »wird angenommen, ein junger Mensch könne einen Juden erkennen, sobald er ihn sieht. Wenn er das kann, dann muss es Gründe dafür geben. Es ließe sich erklären. Vielleicht mit dem Namen oder etwas Ähnlichem, ich weiß es nicht.«

Das Ergebnis bestand in einer Reihe von Fragen an Bauern über einen Gegenstand, den sie für selbstverständlich hielten. In den verwirrten Reaktionen der Zeugen schwang Ungeduld mit: »Ein Jude ist eben ein Jude, das weiß doch jeder.«

Diese kulturelle Beschränktheit war auch in anderen Phasen des Prozesses evident. Die Verteidigung bemühte sich zum Beispiel in ihrem Plädoyer, Zeugenaussagen über das Geschehen unmittelbar vor der Massenerschießung zu diskreditieren. Die Zeugen hatten berichtet, dass die Deutschen ein bizarres Zugeständnis gemacht und dem Rabbi gestattet hatten, noch einmal zu seiner Gemeinde zu sprechen. In absolut naivem Unglauben führte nun die Verteidigung aus, wie unwahrscheinlich diese Aussage sei. Es schien einem australischen Publikum des ausgehenden 20. Jahrhunderts unbegreiflich, dass ein jüdischer Rabbi seiner unmittelbar zum Tod verurteilten Gemeinde die »Schuld« an ihrem Schicksal geben könnte:

»Nun, meine Damen und Herren, das ist Ihre Entscheidung. Sie könnten es merkwürdig finden, ...dass da ein Rabbi eine Rede halten darf und dann sagt, in gewisser Weise sei es die Schuld des jüdischen Volkes wegen seiner Sünden. Nun weiß man das natürlich nie genau, und ich will Sie auch wirklich nicht unter Druck setzen, aber Sie könnten den Eindruck haben – und das ist Ihre Entscheidung –, dass das eine recht phantasievolle Aussage ist. Jüdische Menschen, die wissen, dass sie jetzt sterben werden; es ist nicht so, dass sie diesen schrecklichen Folgen entgehen könnten – in gewissem Sinne gibt der Rabbi ihnen die Schuld. Nun, meine Damen und Herren, das könnten Sie sehr merkwürdig finden.«[45]

Aus dieser angenehmen Ecke der Welt betrachtet, wirkte vieles, was sich in den damaligen, dunklen Zeiten ereignete, schlicht unwahrscheinlich. Gegen Ende des Prozesses berichtete zum Beispiel einer der ukrainischen Zeugen, ein alter Mann, »Held des Großen Patriotischen Krieges«, der damals Zwangsarbeiter gewesen war und das Massengrab nach dem Massaker zuschütten musste, von einem schockierenden Erlebnis, über das er vorher noch nie gesprochen hatte:

»Ich sah, wie sich die Erde bewegte, und ich konnte die Stimme eines Kindes darunter hören, ›Mama‹ oder so ähnlich, und danach sah ich nichts mehr. Ich bin fast – ich bin ohnmächtig geworden, und ich fing an zu weinen, denn – gut, wenn es sich um einen alten Menschen gehandelt hätte, der vielleicht irgendwie schuldig gewesen wäre, dann wäre es vielleicht etwas anderes gewesen, aber es war ein Kind.«

Dieser bewegende Bericht des alten Mannes, der erkannte, dass er in dem blutigen Massengrab wahrscheinlich ein Kind lebendig begraben hatte, stieß auf Skepsis. Australien hat eine stoische Kultur und einen Kommunikationsstil, der zu ironischem *Understatement* neigt.[46] Der Bericht des alten Mannes wurde bestenfalls als rhetorische Ausschmückung eines Bauern gewertet, der seiner Aussage Gewicht verleihen wollte. Die Verteidigung griff diese dramatische Szene dankbar auf und benutzte sie dazu, die Aussage wegen offensichtlicher »Exzesse« zu diskreditieren. Auch die Staatsanwälte waren peinlich berührt von dieser überraschenden Erinnerung – der Zeuge hatte »des Guten zuviel getan«. Um glaubhaft zu sein, musste man aus den Kriegsverbrechen etwas machen, was der durchschnittliche Australier kannte und verstand. Zur Erklärung der so fremden Orte und Zeiten griffen die Anwälte beider Seiten zu Metaphern aus einem Bereich, der unmittelbare lokale Relevanz besaß – dem Sport.

Sportliche Analogien dienten dazu, die Zuverlässigkeit von Identifizierungen alter Menschen fünfzig Jahre nach dem Ereignis zu begründen oder auch zu bestreiten. Da die einzelnen Zeugen nur zu fragmentarischen Augenzeugenberichten fähig waren, musste die Anklage die Jury dazu bringen, die Gesamtheit der Aussagen als zutreffenden Bericht über die Ereignisse dieses schrecklichen Tages zu akzeptieren.

»Volkstümlich ausgedrückt, kann man sagen, dass es ungefähr so viele Spieler gab wie in einem *Football-Team* (gezählt wurden maximal 20 Angehörige der ukrainischen Miliz, wobei andere Zeugen von einer sehr viel geringeren Anzahl ausgingen). Bei der Identifizierung eines Warwick Capper oder Cazaly (eine australische *Football*-Legende) haben Sie (...) das Feld auf zumindest die Mitglieder des jeweiligen *Football-Teams* beschränkt.«[47]

Und um sicherzustellen, dass die Jury den Angeklagten als Mitglied der Tätergruppe akzeptierte, machte die Anklage geltend: »Wenn Sie, Euer Ehren, zum Beispiel sagen sollten, von den Besuchern im Stadion von Adelaide könne niemand den *Football*-Spieler, der den Ball hat, auf 20m identifizieren (...) selbst wenn er eine Nummer auf dem Rücken trägt (...) dann gehört es doch mit zur Beweisaufnahme, ob er mit ihm aufgewachsen ist, in derselben Schule war wie er, ob es sein Cousin ist oder so etwas, (...) ob er an diesem Tag in Cazalys Trikot gespielt hat (...), dass müsste dem Zeugen vorgetragen werden.«[48]

Ausschlaggebend für die Anklage war, dass der Angeklagte Beihilfe zu den Verbrechen gegen die Menschlichkeit geleistet hatte, die an diesem schicksalhaften Tag in Sernicki begangen wurden. Sie behauptete, der Angeklagte sei, wenn auch wohl kein Haupttäter, dann doch eindeutig »Mitglied im Team der Angreifer« gewesen: »Jemand spielt als Teil eines Teams, wenn er zeigt, dass er sich so verhält wie das Team und durch das, was er auf dem Spielfeld getan hat und dass das von derselben Art war wie das, was die anderen Teammitglieder gemacht haben.«

Und der Richter erwärmte sich für diese Analogie: »Wenn wir hier Ihre *Football* (Analogie) aufgreifen, halten Sie dann den Angeklagten für den *Orange Boy*[49] oder nicht?«

Der Staatsanwalt erwiderte umgehend: »Zumindest der *Orange Boy*. Gut möglich, dass er auf der Reservebank saß.«

Aber trotz aller Bemühungen der Anklage blieb am Ende Christopher Marlowes Problem übrig: »Aber das war in einem anderen Land ...«. Mit offensichtlicher Erleichterung konnte die australische Presse berichten, dass die Jury nach drei Jahren weniger als eine Stunde brauchte, um einen Rentner aus Adelaide in allen Anklagepunkten freizusprechen.

Die Rechtfertigung des Pozesses

Das Urteil der Jury wurde allgemein akzeptiert und als Sieg der australischen Rechtsordnung gefeiert. Justizminister Kerr begrüßte die Entscheidung als Bestätigung der australischen Justiz: »Gegenstand der Rechtsordnung ist nicht die Rache, und genauso wenig dient sie dazu, eine Verurteilung zu gewährleisten: Wir wussten von Anfang an, dass es für die Anklage sehr schwer werden würde, Beweise zu beschaffen.«[50]

In der Presse wurde das Urteil von Befürwortern wie Gegnern der ursprünglichen Gesetzesnovellierung überwiegend begrüßt. Man hatte einen kranken, alten und etwas verwirrten Mann »laufen lassen« und damit das komplizierte Problem vermieden, wie man einen so ungewöhnlichen und mitleiderregenden Angeklagten wegen eines so außergewöhnlichen Verbrechens bestrafen sollte. Die Vertreter der jüdischen Gemeinden begrüßten die Entscheidung in ähnlicher Weise. Auch sie waren »mit dem Urteil zufrieden, denn wir haben volles Vertrauen in die australische Rechtsordnung«. Das Kriegsverbrecherkapitel in der australischen Rechtsgeschichte war beendet, genauso plötzlich, wie es begonnen hatte. Obwohl es noch einige gedämpfte Forderungen nach Wiederaufnahme der Kriegsverbrecherprozesse gab, verweigerte die Regierung konsequent jede weitere Untersuchung und Anklage. Der einzigartige und kulturell signifikante Augenblick in Australiens Geschichte, in dem die Untersuchung der Verpflichtungen einer multikulturellen Nation möglich wurde, war verstrichen, im Guten wie im Bösen.

Die Gesetzesnovellierung und der Polyukovich-Prozess haben ihren Zweck erfüllt: Die australische Regierung hatte »das Rechte« getan und sich mit einigen »Fehlern« bei der Einwanderung in der Nachkriegszeit adäquat befasst; das Gericht hatte seinerseits seinen Nutzen bewiesen und diese Fälle »fair« abgewiesen. Der wohl treffendste Beweis für die Beziehung zwischen dem Freispruch im Kriegsverbrecherprozess und dem Vertrauen in die Rechtsstaatlichkeit ist die australische Reaktion auf eine vergleichbare Gerichtsentscheidung im Ausland: die erfolgreiche Berufungsverhandlung gegen die Verurteilung von John Demjanjuk (der »Ivan der Schreckliche« von Treblinka) vor dem obersten Gerichtshof in Israel. Die australischen Zeitungen priesen die einstimmige Entscheidung des Gerichts und behaupteten, hier habe sich »wieder einmal gezeigt, dass das israelische Gerichtssystem der Rechtsstaatlichkeit verpflichtet ist, ungeachtet aller Grausamkeiten, die dem jüdischen Volk seit Menschengedenken zugefügt worden sind«. Bei aller Kritik an Israels politischer und militärischer Position blieb die australische Presse bei ihrer Unterstützung Israels, weil es »in diesem Teil der Welt insofern herausragt, als es so grundlegende Garantien der Menschenrechte wie die Unabhängigkeit der richterlichen Gewalt vertritt und daran festhält, dass ein Angeklagter das Recht auf einen fairen Prozess nach dem Gesetz bekommt«.[51] In den Beurteilungen anderer werden die impliziten Werte des Beobachters oft am deutlichsten.

Juristische Hinterlassenschaften

Gerichtssäle sind lokale Theater und die Narrative von Prozessen idealisierte kulturelle Dramen. In den Kriegsverbrecherprozessen bestätigte sich Australiens eigentümliche Vorstellung von seiner nationalen Identität. Wie bei allen Selbstdarstellungen bleiben die Merkmale und Eigenschaften meist schlecht umrissen, vage und widersprüchlich. Mit der Entscheidung, australische Staatsbürger der schrecklichen Verbrechen der Vergangenheit anzuklagen, glaubten die herrschenden Eliten Australiens, »das Rechte zu tun«. Aber der Prozess war in gewissem Sinne auch eine Vorführung dessen, was, wie vage immer, »australisch« ist: Fairness und Toleranz.[52] Indirekt erlaubte die Entscheidung des Gerichts den herrschenden Eliten, an der Behauptung einer aufrichtigen Auseinandersetzung mit den Konsequenzen eines pragmatischen Einwanderungsprogramms festzuhalten. Und durch die Garantie aller gesetzlichen

Rechte und Möglichkeiten für den Anklagten demonstrierte die australische Rechtsordnung gleichzeitig die allgemeinere gesellschaftliche Verantwortung für »faires Vorgehen«.

Die australische Auffassung von »Fairness« gründet in einem liberalen Vertrauen in die Rechtsstaatlichkeit. Aber das ist eine seltsam altmodische Auffassung. Das Festhalten an der Ideologie der Rechtsstaatlichkeit läuft anderen, scheinbar dominanteren zeitgenössischen Trends in der Rechtsprechung zuwider. Kommentatoren sehen die westlichen Rechtssysteme in einer Phase rascher Transformation, geprägt von einer globalen Tendenz, normative und legale Fragen den Prinzipien von Systemrationalität und Kosteneffektivität unterzuordnen.[53] Im gesamten *Common Law* mit seinem streitigen Verfahren hat die neue Ideologie einer technokratischen Justiz die Arbeitsmethoden und institutionellen Ziele von Strafprozessen dramatisch verändert.[54] An die Stelle der traditionellen Beschäftigung mit dem Recht des Angeklagten auf einen fairen Prozess sind Effizienz, Kostensenkung und *Case-flow*-Management getreten.[55]

Der Stimmungsumschlag hin zu den Opferrechten hat ebenfalls dazu beigetragen, dass die traditionellen Regelungen und Praktiken der Beweiserhebung ausgesetzt werden, um die Berücksichtigung der Bedürfnisse und der Verletzbarkeit der Opfer zu gewährleisten.[56]

Aber in der Debatte um das Kriegsverbrechergesetz und die Einschätzung des Prozesses und des Urteils blieb die profunde und nachdrückliche linke wie rechte Kritik an der Praxis des streitigen Strafverfahrens aus. Im Gegenteil, man akzeptierte das formale Verfahren, weil es das gewünschte Ergebnis brachte. Man kann in dieser Akzeptanz des Prozesses natürlich ein einzigartiges Beispiel für den »Widerstand« gegen die unvermeidliche Rationalisierung der Rechtsordnung sehen. Kriegsverbrecherprozesse und andere symbolische Prozesse zeigen aber auch, dass die Veränderungen der Rechtsordnung nicht so überwältigend sind, wie es zunächst scheinen mag. Es spricht einiges für die Vermutung, dass »Ineffizienz« eine Funktion hat. Die symbolische Funktion des Gesetzes verlangt, dass Gerichte als »irrationale« Theater beibehalten werden. Selbst in einer globalisierten Wirtschaftsordnung mag die Unterschiedlichkeit der Rechtsordnungen ihre Funktion haben: Sie ermöglicht immer wieder einmal (so in einer Formulierung von Arup[57]) die Vorführung von nationalen Bravourstücken.

Aus dem Englischen übersetzt von Irmgard Hölscher

Anmerkungen

1 Die Autorin bedankt sich bei Prof. Dr. Heinz Steinert für seine großzügige Hilfe bei der inhaltlichen Überarbeitung der Fassung für das deutsche Publikum.

2 Vgl. Arnold Brackman, *The Other Nuremberg. The Untold Story of the Tokyo War Crimes Trials*. Glasgow 1990, S. 341.

3 Vgl. John Teichholz, *The Trial Of Ivan the Terrible. The State of Israel vs. John Demjanjuk*. Sydney 1990.

4 Vgl. Kathy Laster, »Australia's Sorry Judges. Nationalism and Collective Memory«, in: Suzanne Karstedt (Hg.) *Collective Memory and Law*. London 2000 (im Erscheinen), S. 23.

5 Vgl. Mark Aarons, *Sanctuary. Nazi Fugitives in Australia*. Melbourne 1990, Vorwort.

6 Vgl. Andrew Menzies, *Review of Material Relating to the Entry of Suspected War Criminals into Australia*. Department of Special Minister of State, Australian Government Publishing Service. Canberra 1987, S. 3f.

7 Vgl. ebd., S. 177 ff.

8 Vgl. ebd., S. 166.

9 Vgl. David Bevan, *A Case to Answer. The Story of Australia's First European War Crimes Prosecution*. Adelaide 1994, S. 20.

10 Vgl. Jennifer Balint, (1994) »Towards the Creation of Anti-Genocide Community. The Role of Law«, in: *Australian Journal of Human Rights*, vol. 1 (1994), S. 12-42.

11 Vgl. Suzanne Karstedt, »Coming to terms with the past in Germany after 1945 and 1989. Public Judgements on Procedures and Justice«, in: *Law and Policy*, vol. 20 (1998), S. 15-56.

12 *Sydney Morning Herald* (17.11.1988).

13 Ebd. (20.5.1993).

14 Vgl. Robert Lumb, »The External Affairs Power and Constitutional Reform«, in: *Australian Law Journal* (1988), S. 679-689; Colin Gilbert, »Extra Territoriality Laws and the Australia Acts«, in: *Federal Law Review*, vol. 17 (1987), S. 25-44.

15 *The Age* (27.1.1990).

16 Ebd. (19.5.1990) und *The Advocate* (11.12.1993).

17 *Sun-Herald* (23.3.1994).

18 Parlamentsdebatte, Senat, 15. Dezember 1988, S. 4247.

19 *The Age* (27.12.1990).

20 *The Canberra Times* (11.12.1993).

21 *Australian Law Reports*, Vol. 107 (1992), S. 15 f.

22 Paul Keating, *Prime Minister's speech, delivered at Redfern NSW at the Launch of the International Year for the World's Indigenous People*. Parliament House, Canberra 1992, S. 13 f.

23 Ebd., S. 16.

24 *The Australian* (16.6.1994).

25 Vgl. Jeremy Webber, »The Jurisprudence of Regret. The Search For Standards of Justice in Mabo«, in: *Sydney Law Review*, vol. 17 (1995), S. 5-45.

26 Vgl. Keating, *Prime Minister's speech*, S. 4.

27 Vgl. Kathy Laster, Veronica Taylor, »Law for Our Multicultural Society? No Worries«, in: Hugh Selby (Hg.), *Tomorrow's Law*. Sydney 1995.

28 Keating, *Prime Minister's speech*, S. 1.

29 Vgl. Graham Blewett, *Report on the Investigation Of War Criminals In Australia*. Attorney General's Department. Australian Government Publishing Service. Canberra 1994. S. 575.

30 Mary Kalantzis, John Cope, »Opinion«, in: *Sydney Morning Herald* (18.3.1993), S. 10.

31 Parlamentsdebatte, 20.12.1988.

32 Präambel c des Kriegsverbrechergesetzes von 1945 in der novellierten Fassung.

33 Bevan, *Case*, S. 55.

34 Abschrift Einstellungsantrag *Reid vs. Polyukovich*, S. 253.

35 Abschrift Vorverfahren *Reid vs. Polyukovich*, S. 104. Wir haben »*committal*« mit »Vorverfahren« übersetzt, »*pre-trial*« mit »Vorverhandlungen« und »*trial*« mit »Hauptverhandlung«.

36 Abschrift der Vorverhandlungen *Reid vs. Polyukovich*, S. 380.

37 Vgl. Kathy Laster, »Crime and Punishment«, in: *Meanjin*, Jg. 54 (1995), H. 4, S. 626-639.

38 Abschrift der Vorverhandlungen *Reid vs. Polyukovich*, S. 830.

39 Vorverhandlungen *Reid vs. Polyukovich*, S. 828.

40 Abschrift der Vorverhandlungen *Reid vs. Polyukovich*, S. 829.

41 Es wird von den Parteien und ihren Vorbringungen gesteuert und strebt eine »Entscheidung« an, im Gegensatz zum kontinentalen inquisitorischen Verfahren, das vom Richter gesteuert wird und eine »Wahrheit« anstrebt.

42 Vgl. Ludmilla Stern, »Court Interpreting and the War Crimes Prosecution. What Went Wrong«, in: *Migration Action*, Jg. 18 (1995), H. 1. Melbourne 1995; Laster, *Sorry Judges*.

43 *Reid vs. Polyukovich*, Vorverfahren, S. 1212.

44 *Reid vs. Polyukovich*, Vorverhandlungen, S. 210.

45 *Reid vs. Polyukovich*, Hauptverhandlung, S. 1931.

46 Vgl. Christine Beal, »Did you have a Good Weekend? Or why there is no such thing as a simple question in cross-cultural encounters«, in: *Australian Review Of Applied Linguistics*, Vol. 15 (1992), S. 23-52.

47 Abschrift Vorverfahren *Reid vs. Polyukovich*, S. 243 f.

48 Ebd., S. 75.

49 Der *Orange Boy* bringt bei Spielunterbrechungen den Orangensaft für die Spieler.

50 *Sydney Morning Herald* (15.1.1994).

51 *The Australian* (8.8.1993).

52 Vgl. Laster, Taylor, *Law*.

53 Vgl. Wolf Heydebrand, »Globalization and the Rule of Law at the End of the 20th Century«, in: A. Febbrajo, D. Nelken, V.Oglıatı (Hg.), *European Yearbook in the Sociology of Law: Patterns of Control and Social Processes*. Mailand 2001 (im Erscheinen).

54 Vgl. Patrick O'Malley, »Volatile and Contradictory Punishment«, in: *Theoretical Criminology*, Jg. 3 (1999), H. 2, S. 175 f.

55 Vgl. Roger Douglas, Kathy Laster, *Reforming the People's Court. Victorian Magistrates' Reaction to Change*. Criminology Research Council. Canberra 1992; dies.,

Victim Information and the Criminal Justice System. Adversarial or Technocratic Reform? Faculty of Law and Management Research Report. Melbourne 1994.

56 Vgl. Kathy Laster, Patrick O'Malley, »Sensitive New-age Laws. The Reassertion of Emotionality in Law«, in: *International Journal of Sociology of Law*, Jg. 24 (1996), S. 21-40.

57 Vgl. Christopher Arup, *The New World Trade Organisation Agreements. Globalizing Law Through Services and Intellectual Property.* Cambridge 2000 (im Erscheinen), Kapitel 5: »The Case of Legal Services«.

Der Holocaust vor Gericht?

Bericht über den Londoner Irving-Prozess

Peter Longerich

Der Fall

Im Jahre 1993 veröffentlichte Deborah Lipstadt, Professorin für Moderne Jüdische Geschichte an der Emory University in Atlanta, ein Buch unter dem Titel *Denying the Holocaust.*[1] Die Arbeit, die auch in deutscher Übersetzung erschien,[2] befasste sich mit dem internationalen Phänomen des Leugnens des Mordes an den europäischen Juden. In diesem Buch setzte sich Deborah Lipstadt auf insgesamt fünf Seiten mit dem britischen Schriftsteller David Irving auseinander, den sie als einen der führenden Holocaust-Leugner bezeichnete. Im September 1996 verklagte Irving Lipstadt sowie Penguin Books (den Verlag, der die amerikanische und britische Taschenbuchausgabe besorgte) wegen Verleumdung. Er behauptete, die Äußerungen Lipstadts gegen ihn seien falsch und Teil einer internationalen Kampagne, mit deren Hilfe versucht werde, seine Reputation als Autor zu zerstören.

Irving zog mit Bedacht in Großbritannien vor Gericht und nicht in den Vereinigten Staaten. Er ging dabei sicherlich von der Überlegung aus, dass das britische Verleumdungsrecht, das *libel law*, für ihn vorteilhaft sei, da es die Beweislast der beklagten Seite zuweist. Diese britische Rechtsauffassung folgt einem einfachen Grundsatz, wie der Richter im Fall Irving/Lipstadt, Charles Gray, in seinem Urteil erläutern sollte: »*Defamatory words are presumed under english Law to be untrue*«.[3] Bewiesen werden muss allerdings von der beklagten Seite die »*substantial truth*«, wenn auch nicht jedes Detail.

Verlag und Autor beschlossen, sich der Klage zu stellen und keine außergerichtliche Einigung zu suchen, wie von Irving angeboten. Sie entschlossen sich ferner zu einer umfassenden Verteidigung, d. h. eine

Reihe führender Anwälte zu beauftragen und ein internationales Team von Gutachtern aufzubieten. Beide Seiten vereinbarten, ohne Jury zu verhandeln, da die Materie zu komplex erschien. Die gerichtliche Auseinandersetzung wurde daher von einem einzelnen Richter geleitet und entschieden.

Verhandelt wurde vor dem High Court in London, dem höchsten englischen Zivilgericht über einen Zeitraum von drei Monaten, an insgesamt 32 Verhandlungstagen. Der Prozess endete, wie zu erwarten, mit einer vollständigen Niederlage Irvings. Seine Verleumdungsklage wurde zurückgewiesen, er hatte zudem die Kosten des Verfahrens zu tragen.

Das Besondere an dem Prozess Irving gegen Lipstadt war die Tatsache, dass hier die Argumentation eines führenden »revisionistischen« Historikers in einem sehr gründlichen und umfassenden Verfahren Punkt für Punkt überprüft und mit dem durch eine Reihe von Experten referierten Forschungsstand konfrontiert wurde. Durch das System des wechselseitigen Kreuzverhörs, das über viele Wochen stattfand, entstanden für beide Seiten so etwas wie verschärfte Prüfungsbedingungen – eine Methode der Wahrheitsfindung, die in ihrer Rigidität weit über die in den Geisteswissenschaften üblichen Praktiken hinausgeht. Fast möchte man sie auch für innerwissenschaftliche Auseinandersetzungen empfehlen.

Dabei erwies es sich als vorteilhaft, das neben dem Hauptgutachten von Richard Evans, das sich mit Person und Werk Irvings befasste, vier weitere historische Spezialgutachten vorlagen, die sich nicht (oder nicht in erster Linie) auf die Argumentation von Irving einließen, sondern den Stand der Forschung referierten: Während Robert Jan van Pelt und Christopher Browning sich mit der Architekturgeschichte von Auschwitz bzw. mit der Evidenz für die Durchführung der »Endlösung« befassten, hatte der Verfasser über den systematischen Charakter des Judenmords sowie über Hitlers Rolle hierin zu berichten. Zusätzlich lag ein Gutachten des Politikwissenschaftlers Hajo Funke über Irvings Verbindungen zu rechtsradikalen Kreisen in Deutschland vor.

Eine der ersten Aufgaben des Richters war es festzulegen, worüber überhaupt gestritten wurde. Nach Anhörung beider Seiten formulierte er als Gegenstand des Streits:

– Dass Irving ein Verteidiger und Parteigänger Hitlers sei, der Zuflucht genommen habe zur Verdrehung von Beweisen, zur Manipulation und zur verzerrten Wiedergabe von Dokumenten, der Daten falsch wiedergegeben und doppelte Maßstäbe bei der Bewertung der Beweise angelegt habe – dies alles, um seinen eigenen Zwecken zu dienen, nämlich Hitler zu entlasten und ihn als jemanden darstellen zu können, der eine sympathische Einstellung gegenüber den Juden gehabt habe.

- Dass Irving einer der gefährlichsten Sprecher auf dem Gebiet des Leugnen des Holocausts sei, der bei zahlreichen Gelegenheiten abgestritten habe, dass die Nationalsozialisten die bewusst geplante Vernichtung der Juden unternommen hätten, und der behauptet habe, es sei ein jüdisches Täuschungsmanöver, dass Gaskammern in Auschwitz benutzt worden seien, um diese Vernichtungsabsicht auszuführen.
- Dass Irving, um den Holocaust zu leugnen, Belege falsch wiedergegeben, Quellen falsch zitiert, Statistiken gefälscht, Informationen falsch ausgelegt und historische Beweise zurechtgebogen habe, so dass sie mit seiner neofaschistischen politischen Zielsetzung und seiner ideologischen Überzeugung in Übereinstimmung gebracht werden konnten.
- Dass Irving sich mit einer Reihe von Repräsentanten extremistischer und antisemitischer Gruppen und Personen zusammengetan und bei einer Gelegenheit zugestimmt habe, an einer Konferenz teilzunehmen, an der vorgesehen war, Repräsentanten von terroristischen Organisationen sprechen zu lassen.
- Dass Irving, ohne Erlaubnis und unter Verletzung eines von ihm geschlossenen Abkommens Mikrofiches der Goebbels-Tagebücher aus einem Moskauer Archiv entfernt und ins Ausland transportiert und sie damit der realen Gefahr einer Beschädigung ausgesetzt habe.
- Dass Irving aus all diesen Gründen als Historiker diskreditiert sei.[4]

Der Kläger

David Irving, Jahrgang 1938, der nie ein Geschichtsstudium abgeschlossen hatte, aber größten Wert darauf legte, als Historiker anerkannt zu werden, ist Verfasser zahlreicher zeitgeschichtlicher Bücher, die sich insbesondere mit dem nationalsozialistischen Deutschland und mit dem Zweiten Weltkrieg befassen.

Bereits sein erstes Buch, *The Destruction of Dresden* (Kimber-Verlag), aus dem Jahre 1963 (in Deutschland unter dem Titel *Der Untergang Dresdens* 1964 bei Reinhold Mohn verlegt) erregte erhebliches Aufsehen wegen der Behauptung, der alliierte Angriff auf die Stadt habe bedeutend mehr Opfer gekostet als bis dahin angenommen. Unter den Büchern, die er in den folgenden Jahren publizierte, erregten vor allem zwei ähnliches Aufsehen: Zum einen der 1967 erschienene Titel *The Destruction of Convoy PQ 17* (Cassel & Co), in dem Irving den Beweis zu führen versuchte, die Vernichtung eines britischen Konvois durch deutsche U-Boote und Flugzeuge im Nordatlantik im Jahre 1942 sei maßgeblich die Schuld des Marineoffiziers gewesen, der den Verband seinerzeit führte (*Die Vernichtung des Geleitzugs PQ 17*, Knaus 1982). Der angegriffene Offizier verklagte jedoch Irving erfolgreich wegen Verleumdung und erstritt als Schadensleistung 40.000. Pfund – der höchste Betrag, der bis zu diesem Zeitpunkt jemals in einem englischen Verleumdungsverfahren dem Kläger zugesprochen worden war.[5]

Erhebliche Diskussionen löste Irving auch mit seinem ebenfalls 1967 erschienenen Buch *Accident* (Kimber) aus, in dem er die Behauptung aufgestellt hatte, der im britischen Exil lebende polnische General Sikorski sei auf Anordnung Churchills ermordet worden (deutsche Ausgabe: *Mord aus Staatsräson,* erschienen bei Rütten und Loening 1969).

Irvings umfangreichstes Werk *Hitler's War*, eine um die Person Hitlers zentrierte Gesamtdarstellung des Zweiten Weltkriegs, erschien zuerst 1977 (Viking Press), 1991 noch einmal in einer textlich veränderten und erheblich erweiterten Neuauflage (Focal Point).

Kritik löste vor allem Irvings Behauptung aus, Hitler habe den Mord an den europäischen Juden nicht nur nicht angeordnet, sondern er habe ausdrücklich und wiederholt die Ermordung von Juden verboten und auch erst frühestens im Oktober 1943 von der systematischen »Liquidierung« (Irvings bevorzugter Ausdruck) der europäischen Juden erfahren. Immerhin konzediert Irving in der ersten Ausgabe dieses Buches noch, dass eine solche massenweise »Liquidierung« tatsächlich stattgefunden habe. Sie sei zum einen das Ergebnis von *ad hoc* Maßnahmen untergeordneter Behörden im Osten gewesen, zum anderen hätte die SS-Führung eigenmächtig Hitlers Deportationsbefehle erweitert. Auch machte Irving hinsichtlich der behaupteten Unschuld Hitlers eine wesentliche Einschränkung: Hitler habe den Massenmord an den sowjetischen Zivilisten in der zweiten Jahreshälfte 1941, der unter dem Stichwort Partisanenbekämpfung durchgeführt wurde, ohne Gewissensbisse hingenommen.[6]

Als Irving 14 Jahre später die zweite Auflage seines Buches publizierte, sollte er diese Einschränkung allerdings ebenso fortlassen wie seine Erklärung, die Massenmorde im Osten seien das Resultat von *ad hoc*

Maßnahmen und Eigenmächtigkeiten der SS-Führung gewesen. Diejenigen Passagen der ersten Auflage, die sich mit dem Mord an Juden beschäftigten, schwächte er größtenteils erheblich ab oder ließ sie ganz fort. Gleichzeitig versuchte er, sein zentrales Anliegen, Hitler habe nicht die Absicht gehabt, die europäischen Juden umzubringen, weiter zu untermauern.[7] Nach *Hitler's War* folgten zahlreiche weitere Publikationen, unter anderem zu weiteren Größen des NS-Staates wie Göring, Goebbels, Heß und Rommel.[8]

Irving erhebt insbesondere den Anspruch, sich in seinen Büchern auf Primärquellen zu stützen und nicht auf die Forschungen anderer Historiker zurückzugreifen, ja, er hat einen gewissen Stolz darin entwickelt, die Sekundärliteratur grundsätzlich zu ignorieren. Es ist unbestritten, dass Irvings Stärke in der Quellensuche liegt. So gelang es ihm, zahlreiche Dokumente von privater Seite, insbesondere von ehemaligen Funktionären des NS-Regimes bzw. ihren Familien, zu beschaffen. Solche Quellen hat er in der Vergangenheit in Archiven deponiert und damit auch anderen Historikern zugänglich gemacht.

Gerade wegen der intensiven Quellenarbeit und wegen seines Fleisses haben Irvings Werke einiges Lob erfahren, sie sind aber insgesamt von der historischen Fachkritik überwiegend mit starken Vorbehalten bzw. ablehnend aufgenommen worden. Der Tenor dieser Kritik ist, dass Irving zwar ein erfolgreicher Rechercheur sein mag, die Qualität seiner Analyse des Materials aber unvergleichlich schwächer ist, nicht zuletzt wegen seiner Ignoranz gegenüber den Arbeiten anderer Autoren.[9]

Nachdem bereits Irvings provozierende These von 1977, Hitler habe den Judenmord nicht angeordnet, bei den Historikern auf starken Widerspruch gestoßen war, sollte sein Ruf weiter beschädigt werden, als er 1988 als Sachverständiger in dem kanadischen Verfahren gegen den rechtsradikalen Aktivisten Ernst Zündel auftrat und das Gutachten eines zweifelhaften »Experten«, Fred Leuchter, für plausibel erklärte. Leuchter hatte behauptet, dass in den Trümmern der Krematorien von Auschwitz nichts auf die frühere Existenz von Gaskammern hindeute, was er unter anderem durch einen Vergleich der Rückstände von Zyklon B in den ehemaligen Gaskammern und in einem Desinfektionsraum zu beweisen suchte. Irving publizierte das Gutachten unter seinem eigenen Imprint und schrieb ein Vorwort. Der Leuchter-Report stellte sich jedoch als völlig unhaltbar und amateurhaft heraus. Unter anderem war es Leuchter entgangen, dass man um Läuse zu vernichten, eine 22 mal größere Konzentration von Zyklon B benötigt als zur Tötung von Menschen.

Während des Londoner Prozesses sollte sich Irving denn auch weitgehend von dem Leuchter-Report distanzieren.[10]

Nach seinem öffentlichen Eintreten für Leuchter war Irvings Reputation bereits erheblich beschädigt. Als die *Sunday Times* mit ihm 1992 eine Vereinbarung schloss, um die von ihm in Moskau aufgefundenen Goebbels-Tagebücher auszugsweise zu veröffentlichen, führte dies zu einem Sturm der Entrüstung; die Zeitung kündigte schließlich die mit Irving geschlossene Vereinbarung.[11] Ebenso stellte 1996 der amerikanische Verlag St. Martin's Press unter öffentlichem Druck die Verbreitung der Goebbels-Biographie Irvings ein.[12]

Obwohl Irvings Ansichten hinsichtlich der Ermordung der Juden und Hitlers Rolle in diesem Prozess in der historischen Fachwelt allgemein abgelehnt werden, wollten sich dennoch keineswegs alle Angehörigen der historischen Zunft von Werk und Person vollkommen distanzieren bzw. damit aufhören, Irving zu zitieren. So brachen etwa Irvings Kontakte mit dem Münchner Institut für Zeitgeschichte und seinen Beschäftigen trotz des Skandals um den Leuchter-Report nicht vollkommen ab.[13] Insbesondere in der britischen Historiographie zum Zweiten Weltkrieg gilt Irving nach wie vor als kenntnisreicher Militärhistoriker. So betonten etwa zwei ausgewiesene Kenner des Zweiten Weltkrieges, der emeritierte Historiker Donald Cameron Watt und der Verteidigungsexperte des *Daily Telegraph*, der Militärhistoriker Sir John Keegan – von Irving unter der Drohung gerichtlichen Zwangs als Leumundszeugen geladen – sie hielten Irvings Ansichten über den Judenmord für fundamental falsch, wollten jedoch deswegen nicht das gesamte Werk verwerfen. Beide wiederholten dieses partielle Lob unmittelbar nach der Urteilsverkündung in Zeitungskommentaren.[14] Auch der Leser der neuen Hitler-Biographie von Ian Kershaw wird feststellen, dass dieser führende britische Historiker des Nationalsozialismus immer wieder Irving zitiert, vorwiegend zur militärischen Geschichte des Zweiten Weltkriegs, und nicht weniger als neun seiner Bücher im Literaturverzeichnis aufführt.

Was den Mord an den Juden Europas angeht, so besteht Irvings Technik darin, dort anzusetzen, wo in der historiographischen Aufarbeitung Schwachstellen und Lücken vorhanden sind. Ohne Zweifel hat sich diese Technik in einigen Fällen als anregend für die Forschung erwiesen. So ist seine provozierende Behauptung, Hitler habe die Endlösung nicht nur nicht befohlen, sondern auch nicht gewollt und (bis Oktober 1943) nichts über sie gewusst, durchaus Ausgangspunkt für eine Reihe ernsthafter historischer Arbeiten gewesen. Dass es allerdings eines solchen Anstoßes von dieser Seite überhaupt bedurfte, wirft eher ein trübes Licht auf den Zustand, in dem sich die Forschung in diesem Zeitraum befand.

Das Urteil

Das Urteil ist in seiner gründlichen Darstellung und Abwägung der vor Gericht vorgetragenen Argumente eine außerordentlich eindrucksvolle Lektüre. Es ist eine Lektion in historischer Aufklärung und ein wahrer Fundus für den argumentativen Umgang mit typischen Behauptungen der sogenannten Holocaust-Revisionisten.

Schon wegen dieser außerordentlichen Qualität scheint es mir gerechtfertigt zu sein, das umfangreiche Urteil in seinen wesentlichen inhaltlichen, zum Teil außerordentlich komplexen Punkten zu referieren, zumal die deutsche Medienberichterstattung über den Fall insgesamt gesehen weder besonders umfassend noch informativ war (mit der Ausnahme der *FAZ*, die eine eigene Korrespondentin entsandte).[15] Ich möchte dabei im folgenden versuchen, die vor Gericht ausgetauschten historischen Argumente in ihrer juristischen Relevanz für den Fall zu präsentieren.

Wichtig erscheint mir zunächst, mit einer Reihe von relativ weit verbreiteten Irrtümern über den Fall Irving gegen Lipstadt aufzuräumen. In dem Prozess ging es nicht in erster Linie um die Frage, ob die Ermordung der europäischen Juden nun stattgefunden habe oder nicht.

Richter Gray betonte, es sei nicht seine Aufgabe, »*to make findings of facts as to what did and what did not occur during the Nazi regime in Germany*«. Natürlich werde es notwendig sein, sich mit historischem Material zu beschäftigen, doch ausschließlich »*because I must evaluate the criticisms of or (as Irving put it) the attack upon his conduct as an historian in the light of the available historical evidence. But it is not for me to form, still less to express, a judgement about what happened. That is a task for historians.*«[16]

Das Gericht hatte demnach nicht die Grenzen einer legitimen wissenschaftlichen Debatte zu ziehen. Vielmehr fungierte der Gerichtssaal als ein Forum, in der die Methodik professioneller Historiographie mit der Arbeitsweise des Autors Irving verglichen wurde. Zu beantworten war die Frage, ob die Kritik an Irving so weit gehen durfte, ihn der systematischen Verfälschung historischer Tatsachen zu bezichtigen.

Nicht um den Holocaust ging es in erster Linie in dem Prozess, sondern um die Erhaltung der Meinungsfreiheit – der Meinungsfreiheit der Autorin Deborah Lipstadt. Irving war es, der mit Hilfe der Justiz die Kritik von Lipstadt zum Schweigen bringen wollte. Hätte er gewonnen, hätte Lipstadt ihr Buch einstampfen lassen können und auf sie bzw. ihren Verlag wäre eine hohe Schadensersatzforderung zugekommen. Die Möglichkeiten, künftig jemanden in Großbritannien als einen »*Holocaust denyer*« zu bezeichnen, wären erheblich eingeschränkt worden, Irving hätte mit gutem Erfolg versuchen können, seine Auffassung über das Schicksal der Juden im Zweiten Weltkrieg als eine legitime, vom historiographischen *mainstream* abweichende Lesart zu verkaufen. Lipstadt zu verteidigen, bedeutete also für das Recht auf Meinungsfreiheit einzutreten.

Das Urteil befasste sich im Einzelnen mit drei großen Komplexen. Zunächst ging Richter Gray auf die Einzelkritik ein, die die Verteidigung an Irvings Arbeitsweise geübt hatte. Es war ihr dabei darauf angekommen, mit Hilfe einer umfassenden und bis ins kleinste Detail gehenden Analyse deutlich zu machen, dass Irving historische Dokumente entstellte und verzerrt wiedergab, also seine Arbeitsweise nicht den Standards entsprach, die an einen professionell arbeitenden Historiker zu stellen sind. Dabei handelte es sich nicht etwa um eine zufällige Auswahl von Fehlleistungen aus dem umfangreichen Werk Irvings, sondern gerade um die Fälle, die von Irving immer wieder als Glieder einer »Beweiskette« für die von ihm behauptete Distanz Hitlers zum Holocaust angeführt worden waren.[17] Zweitens sollte das Urteil die Frage des Wissens und der Verantwortung Hitlers für den Mord an den Juden noch einmal im Kontext abhandeln und drittens schließlich setzte sich Richter Gray mit dem Komplex Auschwitz auseinander.

a) Irvings Arbeitsweise

Um das Ergebnis dieses Teils des Urteils vorwegzunehmen: Nach genauer Prüfung von insgesamt neunzehn Einzelfällen kam der Richter zu der Schlussfolgerung, dass in den meisten dieser Fälle »*Irving has significantly misrepresented what the evidence, objectively examined, reveals*«.[18]

Um die Arbeitsweise Irvings näher kennen zu lernen, lohnt es sich, die wichtigsten dieser Punkte zu referieren.

In seinem Buch *Hitler's War* behauptete Irving, Hitler habe während des Münchner Putsches vom 9. November 1923 eine Gruppe von Nationalsozialisten wegen der Plünderung eines jüdischen Geschäfts zur Rechenschaft gezogen.[19] Er wollte anhand dieses Beispiels seine These belegen, dass Hitlers Vorstellungen zur Behandlung der Juden auf ein »Embargo« hinausliefen, nicht jedoch auf irgendwelche Gewalttätigkeiten. Detaillierter erzählt Irving diese Geschichte in seinem Buch über Göring.[20] Danach habe Hitler den Führer einer Gruppe von Nationalsozialisten, einen ehemaligen Leutnant, wegen der Plünderung eines jüdischen Geschäfts auf der Stelle aus der NSDAP ausgeschlossen. Hier gibt Irving auch an (allerdings ohne näheren Beleg), woher er diese Geschichte hat: Aus der Aussage eines ehemaligen Polizisten namens Hofmann, der diese Episode während des Hitler-Prozesses 1924 schilderte.[21]

Aus dem Protokoll des Prozesses vor dem Volksgericht München geht nun eindeutig hervor, dass Hofmann, zur Zeit des Putsches nicht nur Polizist, sondern gleichzeitig Chef der Nachrichtenstelle der NSDAP war und wegen seiner engen Bindung an die NSDAP durch das Gericht als nicht besonders glaubwürdig eingestuft wurde. Die Episode, über die Hofmann berichtete, der Überfall einiger Nationalsozialisten auf ein jüdisches Lokal, hatte sich auch nicht während des Putsches ereignet, sondern einige Zeit davor.[22]

Irving gab hierzu im Londoner Prozess an, sein Verleger habe ihn seinerzeit dazu gezwungen, den Fußnoten-Apparat von Göring erheblich zu kürzen; deswegen (und nicht um das Auffinden der Aussage unmöglich zu machen) habe er die Fundstelle nicht abdrucken können. Er habe aus der Aussage Hofmanns nicht erkennen können, wie seine wahre Haltung gegenüber Hitler war. Der Richter wies diese Position Irvings zurück: Irving hätte erkennen müssen, dass Hofmanns Verbindung zu Hitler seine Zeugenaussage unglaubwürdig mache. Irvings Darstellung, Hitler habe während des Putsches versucht, die Ordnung aufrechtzuerhalten, sei somit falsch.[23]

Ein weiterer Hauptpunkt war Hitlers Rolle während des Pogroms vom 9. und 10. November 1938. Irving hat stets behauptet, Hitler habe den Pogrom nicht nur nicht inszeniert, er habe auch bis spät in den Abend hinein keine Kenntnis von den Ereignissen gehabt und habe dann, nachdem er die Wahrheit entdeckt habe, versucht, den Pogrom zu stoppen.[24]

Gegen diese Behauptung lassen sich nun eine ganze Reihe von Dokumenten ins Feld führen. Da ist zum einen Goebbels' Tagebucheintragung vom 9. November 1938: »In Kassel und Dessau große Demonstrationen gegen die Juden, Synagogen in Brand gesteckt und Geschäfte demoliert. Nachmittags wird der Tod des deutschen Diplomaten vom Rath gemeldet. Nun aber ist es g(ar). Ich gehe zum Parteiempfang im Alten Rathaus. Riesenbetrieb. Ich trage dem Führer die Angelegenheit vor. Er bestimmt: Demonstrationen weiterlaufen lassen. Polizei zurückziehen. Die Juden sollen einmal den Volkszorn zu spüren bekommen. Das ist richtig.«[25]

In seiner Darstellung der Ereignisse in *Goebbels* paraphrasiert Irving Hitlers Anordnungen über die Demonstrationen und den Polizeieinsatz so, als ob sie sich auf die Situation in München bezögen, wo tatsächlich bis zu diesem Zeitpunk überhaupt keine antijüdischen Ausschreitungen stattgefunden hatten. Er berücksichtigt nicht den Kontext des Tagebucheintrags, aus dem sich aber ergibt, dass die »Angelegenheit«, die Goebbels mit Hitler bespricht, sich auf die Demonstrationen und Brandstiftungen in Kassel und Dessau bezieht. Hitlers Anordnung, die Polizei zurückzuziehen (von Irving falsch mit »*Hold back the police*« übersetzt) erscheint demnach bei ihm als rein lokale, auf München bezogene Maßnahme, während aus dem Text des Goebbels-Tagebuchs klar hervorgeht, dass es sich hier um eine allgemeine Ermächtigung Hitlers zum »weiterlaufen lassen« handelt. In der folgenden Darstellung versucht nun Irving, Goebbels, der nach dem Gespräch mit Hitler die versammelte Parteiprominenz unverblümt zum gewaltsamen Vorgehen gegen die deutschen Juden aufforderte, als den Hauptverantwortlichen für den Pogrom darzustellen. Zum Beweis für Goebbels »Alleinschuld« zitiert er den Abschlußbericht des Obersten Parteigerichts zu den Ereignissen des 9./10. November 1938, wonach der Propagandaminister »mündliche Anweisungen« erteilt habe, die von den anwesenden Parteifunktionären als deutliches Signal zur Auslösung des Pogroms verstanden wurden. Allerdings hatte Goebbels nach dem Bericht des Obersten Parteigerichts in seiner Brandrede auch folgendes gesagt: »Der Führer habe auf seinen Vortrag entschieden, dass derartige Demonstrationen von der Partei weder vorzubereiten noch zu organisieren seien, soweit sie spontan entstünden, sei ihnen aber auch nicht entgegenzutreten.«[26] Diese Passage sucht der Leser bei Irving vergebens.

Irving zitiert in seinem Goebbels-Buch des weiteren die Nachkriegsaussage von Hitlers Adjutanten Julius Schaub: »Hitler sandte Schaub und seine Kameraden auf die Straße, um die Plünderungen zu stoppen.« Nun wird aber durch die entsprechenden Passagen in den Goebbels-Tagebüchern, die man im übrigen in Irvings *Goebbels* ebenfalls finden kann, deutlich, dass Schaub und seine alten Kameraden vom ehemaligen »Stoßtrupp Hitler« die Zerstörungen der Geschäfte in München maßgeblich organisierten: »Der Stoßtrupp Hitlers geht gleich los, um in München aufzuräumen. Das geschieht denn auch gleich. Eine Synagoge wird in Klump geschlagen (...). Wagner (bayerischer Gauleiter, P. L.) bekommt kalte Füße und zittert für seine jüdischen Geschäfte. Aber ich lasse mich nicht beirren. Unterdeß (sic) verrichtet der Stoßtrupp sein Werk. Und zwar macht er ganze Arbeit. (...) Schaub ist ganz in Fahrt. Seine alte Stoßtruppvergangenheit erwacht.«[27]

Irving behauptet ferner, Heydrich habe, nachdem er über den Pogrom informiert worden sei, an alle Polizeibehörden die Anweisung telegrafiert, Gesetz und Ordnung wiederherzustellen, Juden und jüdisches Eigentum zu schützen und den laufenden Vorfällen Einhalt zu gebieten.[28] Tatsächlich ging es Heydrich in seinem Telegramm darum, die angelaufenen Gewaltmaßnahmen in die richtigen Bahnen zu lenken, wie sich anhand des Originaltexts zeigen lässt: Es sollten keine Nichtjuden und keine Ausländer behelligt werden; die Plünderung von jüdischen Geschäften und Wohnungen war untersagt, ihre Zerstörung aber ausdrücklich erlaubt; »Synagogenbrände«, so heißt es hier ausdrücklich, sollten nur dann stattfinden, »wenn keine Brandgefahr für die Umgebung vorhanden ist«.[29] Diese Anweisung stimmt inhaltlich mit dem Fernschreiben überein, das Gestapo-Chef Müller kurz vor Mitternacht an die ihm unterstellten Dienststellen sandte: »Es werden in kürzester Zeit in ganz Deutschland Aktionen gegen Juden insbesondere gegen deren Synagogen stattfinden. Sie sind nicht zu stören. Jedoch ist im Benehmen mit der Ordnungspolizei sicherzustellen, dass Plünderungen und sonstige besondere Ausschreitungen unterbunden werden können (...) Es ist vorzubereiten die Festnahme von etwa 20-30.000 Juden im Reiche.« [30]

Ähnlich versuchte der Stab des Stellvertreters des Führers kurz vor drei Uhr nachts – unter ausdrücklicher Berufung auf eine Weisung von »allerhöchster« Stelle, also von Hitler – die Zerstörungen in kontrollierte Bahnen zu lenken: »Auf ausdrücklichen Befehl allerhöchster Stelle dürfen Brandlegungen an jüdischen Geschäften oder dergleichen auf gar keinen Fall und unter gar keinen Umständen erfolgen.«[31] Irving paraphrasiert dieses Telegramm mit den Worten, der Stab Heß habe hiermit versucht, »dem Wahnsinn ein Ende zu machen«, erweckt also den Eindruck, als ob die eindeutig auf eine Begrenzung der Zerstörungen gerichtete Anweisung sich auf die gesamte Aktion vom 9. und 10. November bezöge.

Nach Abwägung dieser und zahlreicher weiterer Punkte kam der Richter zu der Schlussfolgerung, Irvings Darstellung der Rolle der NS-Führung bei dem Pogrom *»distorts the evidence«*. Insbesondere seine Behauptung, Hitler habe alles in seiner Macht stehende getan, um die Gewalt gegen Juden zu verhindern, beruhe auf *»misrepresentation, misconstruction and ommission of the documentary evidence.«*[32]

Der Richter befand des weiteren, dass Irvings Darstellung zweier Eintragungen in Himmlers Telefonkalender vom 30. November bzw. dem 1. Dezember 1941 irreführend sei.[33] Diese Eintragungen dienten Irving als wichtige Belege für seine spektakuläre These, Hitler habe den Judenmord nicht gewollt. Im einzelnen geht es dabei um folgenden Sachverhalt:

In *Hitler's War* hatte Irving geschrieben, Himmler sei am 30. November zu einer Besprechung mit Hitler in das Hauptquartier Wolfsschanze zitiert worden, auf der sicherlich über das Schicksal der Berliner Juden gesprochen worden sei. Um 1.30 Uhr sei Himmler veranlasst worden, von Hitlers Bunker aus Heydrich telefonisch den expliziten Befehl durchzugeben, Juden nicht zu liquidieren und am nächsten Tag habe Himmler den SS General Oswald Pohl angerufen, um ihm den Befehl mitzuteilen: »Juden haben zu bleiben, wo sie sind«. Aus dieser Rekonstruktion der Ereignisse zog nun Irving in der Einleitung zu dem Buch die Schlussfolgerung, Hitler habe am 30. November den Befehl gegeben, »die Juden« nicht zu liquidieren.[34]

Tatsächlich findet sich in dem betreffenden Himmler-Telefonkalender über das Gespräch mit Heydrich nur die Eintragung: »Judentransport aus Berlin. Keine Liquidierung«.[35] Diese Äußerung bezieht sich auf einen Transportzug mit 1.000 Juden aus Berlin, der die Reichshauptstadt am 27. November 1941 verlassen hatte und am Morgen des 30. November in Riga eintraf. Alle Menschen aus diesem Zug wurden sofort nach der Ankunft erschossen, wie bereits in den Tagen zuvor 5.000 Juden aus dem Reichsgebiet, die ursprünglich nach Riga deportiert werden sollten, aber nach Kowno umgeleitet worden waren. Himmlers Order, die Juden aus dem Berliner Transport nicht an Ort und Stelle zu erschießen, scheint also zu spät gekommen zu sein oder sie wurde ignoriert.

In der Tat befand sich Himmler am 30. November in Hitlers Hauptquartier. Es gibt aber keinerlei Hinweis darauf, dass er Himmler vor seiner für 14.30 Uhr angesetzten Besprechung traf, und wir wissen auch nicht, wo sich in dem weitläufigen Bunkerkomplex das Telefon befand, das Himmler benutzte. Irvings Behauptungen über eine Besprechung Hitler-Himmler um die Mittagszeit des 30. November, bei der das Schicksal der Juden behandelt worden sei, ist also ein reines Phantasieprodukt, ebenso seine Behauptung, Himmler sei veranlasst worden, aus Hitlers Bunker zu telefonieren (so heißt es noch etwas gewunden im Textteil des Buches, in der Einleitung ist dann ganz deutlich von einem Befehl Hitlers die Rede). Außerdem erweckte Irving den Eindruck, es habe sich bei dem Befehl allgemein um »Juden«(Textteil) oder um »die Juden« (Einleitung) gehandelt, während es sich doch eindeutig um einen »Judentransport *aus Berlin*« handelte.[36]

Bei der Telefonnotiz vom 1. Dezember 1941 über das Gespräch mit Pohl ist Irving ein schwerwiegender Lesefehler unterlaufen: Dort ist nicht von Juden die Rede, sondern von »Verwaltungsführern der SS«, die zu bleiben haben, wo sie sind.[37]

Irvings Darstellung der Ereignisse vom 30. November und 1. Dezember ist durch die Fachkritik seit langem als vollkommen verzerrt und haltlos bloßgestellt worden.[38] Angesichts dieser Kritik hatte Irving Mitte der achtziger Jahre damit begonnen, von seinem ursprünglichen Standpunkt abzurücken. So hatte er bereits konzediert, dass sich der angebliche Befehl Hitlers nicht auf alle Juden, sondern nur auf einen Transport aus Berlin bezogen habe. Allerdings wiederholte er in der Neuausgabe seines Buches *Hitler's War* von 1991 die falsche Lesart »Juden haben zu bleiben«.[39] Vor Gericht erweckte Irving den Eindruck, als wolle er sich nur teilweise von seiner Darstellung aus dem Jahre 1977 distanzieren.[40] Es konnte nicht überraschen, dass der Richter zu der Schlussfolgerung kam, dass Irvings ursprüngliche Darstellung der Ereignisse nicht haltbar war.[41] Auch der Hinweis Irvings auf neue Quellenfunde, aus denen hervorgeht, dass Friedrich Jeckeln, der verantwortliche SS-Führer in Riga, wegen der Erschießungen zur Rechenschaft gezogen wurde, weil sie gegen entsprechende Richtlinien des RSHA verstießen,[42] konnte den Richter nicht davon überzeugen, dass Hitler am 30. November 1941 den Stop der Morde an den europäischen Juden angeordnet hätte.

Ferner beschäftigt sich das Urteil mit der Art und Weise, in der Irving eine Reihe von Aussagen Hitlers über die »Judenfrage« in der kritischen Phase vom Herbst 1941 bis Sommer 1942 so zu interpretieren versuchte, dass sie mit seiner These in Übereinstimmung zu bringen seien, Hitler sei bis zum Oktober 1943 nicht über die systematische Vernichtung informiert, ja geradezu ein »Freund der Juden« gewesen.

Bei den Dokumenten, um die es in diesem Abschnitt des Urteils ging, handelte es sich – neben Bemerkungen Hitlers vom 25. Oktober 1941 sowie vom 21. November des gleichen Jahres[43] – vor allem um Hitlers Rede vor den Reichs- und Gauleitern vom 12. Dezember 1941. In dieser Rede erklärte Hitler laut Tagebuch-Eintragung Goebbels', er sei nun entschlossen, in der »Judenfrage (...) reinen Tisch zu machen. Er hat den Juden prophezeit, dass, wenn sie noch einmal einen Weltkrieg herbeiführen würden, sie dabei ihre Vernichtung erleben würden. Das ist keine Phrase gewesen. Der Weltkrieg ist da, die Vernichtung des Judentums muss die notwendige Folge sein. Die Frage ist ohne jede Sentimentalität zu behandeln.«[44] Sechs Tage nach dieser Rede, am 18. Dezember 1941, findet sich in Himmlers Dienstkalender folgender Eintrag über ein Treffen mit Hitler: »Judenfrage/als Partisanen auszurotten«.[45] In einem Brief Himmlers an den Chef des SS-Hauptamtes, Gottlob Berger, heißt es unter dem 28. Juli 1942: »Die besetzten Ostgebiete werden judenfrei. Die Durchführung dieses sehr schweren Befehls hat der Führer auf meine Schultern gelegt.«[46]

In seiner zusammenfassenden Bewertung machte der Richter deutlich, Irvings Versuch, diese Aussagen mit seiner These von der Distanz Hitlers zum Judenmord in Übereinstimmung zu bringen, zeichne sich durch a *»distinct air of unreality«* aus.[47] Für einen Historiker käme es darauf an, Dokumente in ihrem historischen Kontext zu interpretieren, und die einschlägigen Hitler-Äußerungen zum Schicksal der Juden ließen sich nun einmal nicht losgelöst sehen von seinem bekannten Antisemitismus, von der Vorstellung »rassischer Reinheit«, wie sie in der NS-Ideologie vertreten werde oder von der Geschichte der antisemitischen Politik vor Beginn des Zweiten Weltkriegs. Es gehe auch nicht an, Hitlers Zustimmung zur Politik der Deportation und der systematischen Erschießung von jüdischen Zivilisten in der Sowjetunion außer Betracht zu lassen. Das Bild, das Irving seinen Lesern von Hitler und seiner Einstellung gegenüber den Juden gebe, so der Richter abschließend, stünde im deutlichen Widerspruch zur Beweislage.[48]

Erheblichen Raum in der Verhandlung nahm die Diskussion über die Tagebucheintragung Goebbels' vom 27. März 1942 ein, die eines der wichtigsten Quellenzeugnisse für das Wissen eines der engsten Mitarbeiter Hitlers über die »Endlösung« darstellt. Der Text lautet wie folgt:

»Aus dem Generalgouvernement werden jetzt, bei Lublin beginnend, die Juden nach dem Osten abgeschoben. Es wird hier ein ziemlich barbarisches und nicht näher zu beschreibendes Verfahren angewandt, und von den Juden selbst bleibt nicht mehr viel übrig. Im Großen kann man wohl feststellen, dass 60 % davon liquidiert werden müssen, während nur noch 40% in die Arbeit eingesetzt werden können. Der ehemalige Gauleiter von Wien, der diese Aktion durchführt, tut das mit ziemlicher Umsicht und auch mit einem Verfahren, das nicht allzu auffällig wirkt. An den Juden wird ein Strafgericht vollzogen, das zwar barbarisch ist, das sie aber vollauf verdient haben. Die Prophezeiung, die der Führer ihnen für die Herbeiführung eines neuen Weltkriegs mit auf den Weg gegeben hat, beginnt sich in der furchtbarsten Weise zu verwirklichen. Man darf in diesen Dingen keine Sentimentalitäten obwalten lassen. Die Juden würden, wenn wir uns ihrer nicht erwehren würden, uns vernichten. Es ist ein Kampf auf Leben und Tod zwischen arischer Rasse und dem jüdischen Bazillus. Keine andere Regierung und kein anderes Regime könnte die Kraft aufbringen, diese Frage generell zu lösen. Auch hier ist der Führer der unentwegte Vorkämpfer und Wortführer einer radikalen Lösung, die nach Lage der Dinge geboten ist und deshalb unausweichlich erscheint. Gott sei Dank haben wir jetzt während des Krieges eine ganze Reihe von Möglichkeiten, die uns im Frieden verwehrt wären. Die müssen wir ausnutzen. Die in den Städten des Generalgouvernements freiwerdenden Ghettos werden jetzt mit den aus dem Reich abgeschobenen Juden gefüllt, und hier soll sich dann nach einer gewissen Zeit der Prozess erneuern. Das Judentum hat nichts zu lachen (...).«[49]

In der 1977er Ausgabe von *Hitler's War* referiert Irving diesen Eintrag in einem Halbsatz, ohne jedoch auf Einzelheiten einzugehen. Er behauptet sodann, Goebbels habe Hitler über sein Wissen im unklaren gehalten, denn zwei Tage später, so Irving, habe sich Goebbels über ein Treffen mit Hitler lediglich dessen Bemerkung notiert: »Die Juden müssen aus Europa heraus, wenn nötig unter Anwendung brutalster Mittel.«[50]

Diese Darstellung wurde durch den Richter, der hier wiederum dem Gutachter Evans folgte, als irreführend und durch die begleitenden Umstände nicht gedeckt bezeichnet.[51] Dass die entscheidende Initiative von Hitler ausging, und nicht von Goebbels, macht sowohl die Bemerkung des Propagandaministers vom 27. März über Hitler als »unentwegter Vorkämpfer und Wortführer einer radikalen Lösung« deutlich, aber auch der von Goebbels hergestellte Bezug zu seiner »Prophezeiung«

vom 30. Januar 1939. Die Darstellung von Irving war auch schon deswegen nicht haltbar, da das Treffen Goebbels' mit Hitler nicht, wie Irving behauptete, am 29. März stattfand, sondern bereits am 19. März, also vor der entscheidenden Tagebucheintragung von Goebbels.

Nach Auffassung des Richters war es gerade Irvings Behandlung des sogenannten »Schlegelberger-Dokuments« – von ihm stets als ein Schlüsseldokument für die These von der Unschuld Hitlers am Judenmord dargestellt – die ein *»important light on the quality of his historiography«* warf.[52]

In dieser Notiz hat vermutlich ein Beamter des Justizministeriums vermerkt, möglicherweise der Staatssekretär Franz Schlegelberger selbst, der Chef der Reichskanzlei, Lammers habe zu ihm gesagt, »der Führer habe ihm gegenüber wiederholt mitgeteilt, dass er die Lösung der Judenfrage bis nach dem Kriege zurückgestellt wissen wolle. Demgemäß haben die gegenwärtigen Erörterungen nach Meinung von Herrn Reichsminister Lammers lediglich theoretischen Wert. Er werde aber auf alle Fälle dafür besorgt sein, dass nicht durch einen überraschenden Vortrag von anderer Seite ohne sein Wissen grundsätzliche Entscheidungen gefällt werden.« [53]

Die Notiz ist undatiert und nicht unterschrieben, Datierung und Autorenschaft sind auch nicht annähernd zweifelsfrei zu bestimmen. Es kann vom Frühjahr 1942 stammen, wie Irving vorschlägt, aber auch früheren Datums sein, möglicherweise aus dem Jahre 1941. Das Schriftstück gibt den Informationsstand von Lammers wieder, es wird aber nicht gesagt, wann dieser die entsprechende Information von Hitler erhalten habe (und man kann natürlich auch die Möglichkeit nicht ausschließen, das Lammers den Autor der Notiz falsch informiert hat). Datiert das Schriftstück aus dem Zeitraum vor der Wannseekonferenz (20. Januar 1942), dann hat die Information, Hitler wolle die »Lösung der Judenfrage« auf das Kriegsende verschieben, keine besondere Bedeutung. Datiert man es aber tatsächlich auf den Zeitraum Februar bis April 1942 und nimmt an, dass es sich um den aktuellen und akkurat wiedergegebenen Informationsstand von Lammers handelt, dann stellt sich die Frage, was die Bedeutung der Formulierung »Lösung der Judenfrage« sein könnte. Es spricht einiges dafür, dass damit die Frage der »jüdischen Mischlinge« gemeint sein könnte, die ja auch nach der Wannseekonferenz noch nicht entschieden war und Gegenstand der Beratungen zwischen den zuständigen Ministerien (einschließlich das der Justiz) bildete. Wenn man sich aber der Interpretation Irvings anschließt, dass damit die

»Endlösung« der gesamten »Judenfrage« gemeint war, dann besteht ein offener Widerspruch zum Protokoll der Wannseekonferenz: Denn hierin bekundete Heydrich zwar implizit, dass sich das gesamteuropäische Deportationsprogramm vollständig erst in der Zeit nach Kriegsende durchführen lasse, es brachte aber gleichzeitig zum Ausdruck, wann dieses Programm beginnen sollte: Sobald die militärische Situation es erlaube, das heißt also voraussichtlich im kommenden Frühjahr. Ebenso aber müsste Irving angesichts seiner Deutung des Dokuments erklären, wie diese angebliche Aussage Hitlers sich zu der Tatsache verhält, dass im Mai, Juni und Juli die Massenmorde auf ganz Polen, die Slowakei, das Reichsgebiet und Westeuropa ausgedehnt wurden, die Ermordung der Juden also nun in vollem Umfang einsetzte.[54]

In jedem Fall lässt das Dokument breiten Interpretationsspielraum. Was der Richter aber kritisierte, war die Entschiedenheit, mit der Irving auf seiner Interpretation beharrte und alle anderen Deutungen vernachlässigte; ferner seine Weigerung, den Kontext zu den wenige Monate später beginnenden europaweiten Deportationen herzustellen.[55]

Ein weiteres Dokument, dass im Prozess eine erhebliche Rolle spielte, war ein Protokoll eines Treffens zwischen Hitler, dem Reichsaußenminister Ribbentrop und dem ungarischen Staatschef Horthy am 17. April 1943 auf Schloss Kleßheim, bei dem die beiden deutschen Politiker eindeutige antisemitische Erklärungen abgaben:

»Auf die Gegenfrage Horthys, was er denn mit den Juden machen sollte, nachdem er ihnen so ziemlich alle Lebensmöglichkeiten genommen habe – erschlagen könne er sie doch nicht – erklärte der Reichsaußenminister, dass die Juden entweder vernichtet oder in Konzentrationslager gebracht werden müssten. Eine andere Möglichkeit gäbe es nicht.«

Unmittelbar nach diesem *Statement* seines Außenministers brach Hitler in eine antisemitische Hasstirade aus: »Wo die Juden sich selbst überlassen wären, wie z. B. in Polen, herrsche grausames Elend und Verkommenheit. Sie seien eben reine Parasiten. Mit diesen Zuständen habe man in Polen gründlich aufgeräumt. Wenn die Juden dort nicht arbeiten wollen, würden sie erschossen. Wenn sie nicht arbeiten könnten, müssten sie verkommen. Sie wären wie Tuberkilbazillen zu behandeln, an denen sich ein gesunder Körper anstecken könne. Das wäre nicht grausam, wenn man bedenke, dass sogar unschuldige Naturgeschöpfe wie Hasen und Rehe getötet werden müssten, damit kein Schaden entstehe. Weshalb sollte man die Bestien, die uns den Bolschewismus bringen wollten, mehr schonen? Völker, die sich der Juden nicht erwehren, verkamen.«

In seiner Darstellung dieses bemerkenswerten diplomatischen Gesprächs verfuhr Irving in *Hitlers' War* wie folgt: Zunächst verbannte er die Äußerung Ribbentrops in eine Fußnote und unterbrach damit den sehr entlarvenden Fluss des Protokolls. Den Ausbruch Hitlers rahmte Irving mit einem Kommentar ein, der erklären sollte, dass Hitlers Wut auf die polnischen Juden erklärbar sei: Sie verübten Morde und Sabotage und wären in Warschau dabei, einen bewaffneten Aufstand vorzubereiten. Allerdings findet sich in Hitlers Äußerung gegenüber Horthy nichts von dem; was nicht verwunderlich ist, denn der Warschauer-Ghetto-Aufstand begann auch erst zwei Tage nach dem Gespräch, am 19. April. Dem fügte Irving, ohne dies kenntlich zu machen, eine Passage aus dem Gespräch Hitlers mit Horthy vom Vortag an:

In der 1991er Ausgabe seines Buches änderte Irving diese Passage. Er gab nun an, dass der Hassausbruch Hitlers vor dem Hintergrund der sowjetischen Morde von Katyn und dem alliierten Bombenkrieg gegen Deutschland zu verstehen sei. Der Richter kam zu der Schlussfolgerung, dass Irvings Darstellung, insbesondere seine Vermischung der beiden Protokolle, eine pervertierte Wiedergabe des Gespräches sei.

Ferner standen im Verfahren drei Reden zur Debatte, in denen sich Himmler im Zeitraum Herbst 1943 bis Frühjahr 1944 vor einem großen Zuhörerkreis offen zur Ermordung der Juden und zur Verantwortung für dieses Verbrechen äußerte.[56] So sagte er in einer Rede vor den Reichs- und Gauleitern vom 6. Oktober 1943 unter anderem:

»Es trat an uns die Frage heran: Wie ist es mit den Frauen und Kindern? – Ich habe mich entschlossen, auch hier eine ganz klare Lösung zu finden. Ich hielt mich nämlich nicht für berechtigt, die Männer auszurotten – sprich also, umzubringen oder umbringen zu lassen und die Rächer in Gestalt der Kinder für unsere Söhne und Enkel groß werden zu lassen. Es musste der schwere Entschluss gefasst werden, dieses Volk von der Erde verschwinden zu lassen. Für die Organisation, die den Auftrag durchführen musste, war es der schwerste, den wir bisher hatten.«[57]

Während Himmler hier den Eindruck erweckt, die Entscheidung, Frauen und Kinder umzubringen, sei maßgeblich durch ihn erfolgt (er bezog sich hier offensichtlich auf den Spätsommer und Herbst 1941, als die Erschießungen in den besetzten sowjetischen Gebieten auf Juden beiderlei Geschlechts und jeden Alters ausgedehnt wurden), spricht er am Ende dieses Absatzes von einem »Auftrag«, den »wir«, also die SS, zu erfüllen hatte. Da Himmler als Reichsführer SS nur einen Vorgesetzten hatte, Adolf Hitler, ist für seine Zuhörer klar, dass sein Vorgehen durch die höchste Autorität im NS-Staat gedeckt war. Noch deutlicher wurde Himmler bei zwei weiteren Reden, die er am 5. und am 24. Mai 1944 im Rahmen eines weltanschaulichen Schulungskursus vor hohen Offizieren der Wehrmacht hielt. Nun sprach er von einem Befehl, den er und die SS auszuführen hatten:

»Die Judenfrage ist in Deutschland und im allgemeinen in den von Deutschland besetzten Ländern gelöst. Sie wurde entsprechend dem Lebenskampf unseres Volkes, der um die Existenz unseres Blutes geht, kompromisslos gelöst (...). Sie mögen mir nachfühlen, wie schwer die Erfüllung dieses mir gegebenen soldatischen Befehls war, den ich befolgt und durchgeführt habe aus Gehorsam und vollster Überzeugung. Wenn Sie sagen: ›Bei den Männern sehen wir das ein, nicht aber bei Kindern‹, dann darf ich an das erinnern, was ich in meinen ersten Ausführungen sagte.«[58]

Und in der Rede vom 24. Mai 1944 heisst es: »Eine andere Frage, die maßgeblich für die innere Sicherheit des Reiches und Europa war, ist die Judenfrage gewesen. Sie wurde nach Befehl und verstandesmäßiger Erkenntnis kompromisslos gelöst.« Himmler fuhr fort: »Ich habe mich nicht für berechtigt gehalten – das betrifft nämlich die jüdischen Familien und Kinder – in den Kindern die Rächer groß werden zu lassen, die dann unsere Väter und Enkel umbringen. Das hätte ich für feige gehalten. Folglich wurde die Frage kompromisslos gelöst.«[59] In dieser Passage bekannte Himmler aber erneut, wie in der Rede vom 6. Oktober, dass die Entscheidung zur Ermordung von Frauen und Kindern auf seine eigene Initiative zurückging, aber selbstverständlich im Rahmen einer umfassenden Aufgabenstellung, die ihm von höchster Stelle erteilt worden war.

Man könnte im übrigen noch eine weitere ähnliche Äußerung Himmlers vom 21. Juni 1944 anfügen, die er ebenfalls im Rahmen eines weltanschaulichen Schulungskurses machte:

»Es war die furchtbarste Aufgabe und der furchtbarste Auftrag, den eine Organisation bekommen konnte: der Auftrag, die Judenfrage zu lösen.«[60]

Irving versuchte, diese eindeutigen Aussagen zu umgehen, indem er in der ersten Auflage von *Hitler's War* die Behauptung aufstellte, die inkriminierende Passage vom 5. Mai sei in dem Redemanuskript, das Himmler Hitler vorlegte, möglicherweise nicht enthalten gewesen.[61] Himmler, der eigentliche Verantwortliche für die Morde, habe also die Schuld auf Hitler abgeladen, ihn also hintergangen – und dies vor Dutzenden vor hochrangigen Zeugen! In der späteren Auflage des Buches erwähnt Irving die Äußerungen Himmlers vom 5. Mai ganz einfach nicht mehr. Was die beiden Reden vom 6. Oktober und vom 24. Mai anbelangt, so versucht er den Eindruck zu erwecken, Himmler habe die Gesamtverantwortung für die Morde übernommen.

Der Richter kam hier zu der eindeutigen Schlussfolgerung, dass Irvings Umgang mit der sich aus diesen Reden ergebenden Evidenz weder fair noch objektiv sei. Die Behauptung Irvings, die einschlägige Manuskriptseite der Ansprache vom 5. Mai sei ausgewechselt worden, wies er als »phantasiereich« zurück; das Fehlen der Rede vom 5. Mai 1944 sei eine »schuldhafte Auslassung«.[62]

Aus alledem zog der Richter am Endes dieses Abschnitts des Urteils folgende Schlussfolgerung: »*Irving treated the historical evidence in a manner which fell far short of the standard to be expected of a conscientious historian. Irving in those respects misrepresents and distorted the evidence which was availabe to him.*«[63]

b) Hitlers Rolle

Im nächsten Abschnitt des Urteils hatte der Richter die Frage zu beantworten, wie Hitlers Haltung gegenüber den Juden einzuschätzen und wie sein Wissen und seine Verantwortung für die Politik der Vernichtung zu bewerten sei.

Zunächst befasste sich der Richter mit der Frage nach dem Antisemitismus Hitlers. Irving hatte während des Verfahrens eingestanden, dass Hitler vor 1933 ein rabiater Antisemit gewesen sei, jedoch dabei in erster Linie taktische Motive verfolgt habe; nach 1933 habe er jedoch das Interesse an dem Thema verloren, vom den er sich keine weiteren Vorteile mehr versprach.[64] Diese Argumentation, so der Richter, sei angesichts der in dem Gutachten über Hitlers Rolle im Rahme der Judenverfolgung aufgeführten Belege »*hopeless*«, auf eine weitere Erörterung dieses Punktes verzichtete er.[65]

Im Anschluss hieran wandte sich der Richter dem entscheidenden Punkt zu, wie Hitlers Haltung gegenüber den Juden im Zeitraum nach 1941 zu bewerten sei. Da Irving im Zuge der Verhandlung im Kern die Aussagen der Gutachter Browning und Longerich über das Ausmaß und die Systematik der Erschießungen von jüdischen Zivilisten in der Sowjetunion akzeptiert und konzediert hatte, die Zahl der Opfer könnte bis

1,5 Millionen betragen, konzentrierte sich die gesamte weitere Diskussion auf Hitlers Wissen um diese Vorgänge.[66] Diese konnten aber dokumentarisch eindeutig nachgewiesen werden,[67] so dass Irving schließlich auch in diesem Punkt einräumen musste, dass Hitler die Massenmorde von Juden im Osten sanktioniert habe, wie der Richter eindeutig feststellte.[68] Damit kam der Richter zu der klaren Schlussfolgerung, Irvings wiederholte öffentliche Darstellung, die Erschießungen in der Sowjetunion seien zufällig, nicht autorisiert und auf Initiative einzelner Kommandeure oder Einheiten zustande gekommen, als »*misrepresenting the historical evidence*«.[69]

Ebenso konzedierte Irving angesichts der vorgelegten Beweise die Tatsache, dass Juden ab Ende 1941 in großer Zahl (auch wenn er sich hier nicht präzise festlegen lassen wollte) in Gaswagen ermordet wurden.[70] Er bestritt auch nicht die Existenz des Vernichtungslagers Chelmno, einer Gaswagenstation.[71]

Der nächste zu klärende Hauptpunkt waren die Vorgänge in den Vernichtungslagern, wobei die Prozessparteien sich einig waren, den Komplex Auschwitz zunächst zurückzustellen. Der Richter kam zu der Schlussfolgerung, dass die historischen Beweise für die Ermordung von Hunderttausenden von Menschen in den Lagern Chelmno, Belzec, Sobibor und Treblinka sowie in Semlin (bei Belgrad) überwältigend seien.[72] Der Richter unterzog sich der Mühe, diese Beweise dokumentarischer und demographischer Natur sowie Augenzeugenberichte in insgesamt 31 Punkten zusammenfassend zu referieren. [73]

Irving unternahm nicht einmal besondere Anstrengungen, um diesen Teil der Geschichte der Ermordung der europäischen Juden in Frage zustellen. Im Prinzip gestand er zu, dass in den Vernichtungslagern in großem Umfang und systematisch mit Hilfe von Gas gemordet worden war.[74] Irvings »Zweifel« bezogen sich indessen auf das Ausmaß der Morde und insbesondere auf die Frage der Rolle und Verantwortung Hitlers. Seine Position wurde durch die Tatsache, dass er nach dem Eindruck des Richters in der Verhandlung bereits Hitlers zentrale Rolle für die systematischen Erschießungen im Osten konzediert hatte, nicht gerade erleichtert.[75] Andererseits hatte Irving stets behauptet, dass Hitler bis zum Oktober 1943 über das gesamte Ausmaß des europaweiten Mordens, insbesondere über die Vernichtungslager, nicht informiert gewesen sei; der Genozid sei hinter seinem Rücken geplant und durchgeführt worden.[76]

Irvings Argumentation beruhte zu einem erheblichen Teil darauf, dass ein schriftlicher Befehl Hitlers zur systematischen Ermordung der europäischen Juden nicht vorliegt. Der Richter wandte jedoch ein, dass man angesichts der großen Geheimhaltung des gesamten Mordprogramms auch nicht erwarten könne, ein solches Dokument zu finden.[77] Auch die Tatsache, dass Hitler nach Beginn des Mordprogramms immer noch von der Absicht gesprochen habe, die Juden nach Madagaskar oder an einen anderen Ort außerhalb Europas zu deportieren, beeindruckte den Richter nicht sonderlich, da das Prinzip der Geheimhaltung nun einmal eine Tarnsprache notwendig mache.[78]

Wiederum breitete der Richter über zahlreiche Seiten eine Zusammenfassung des ihm vorliegenden historischen Materials aus,[79] um dann zu der Schlussfolgerung zu kommen, es gebe substantielle, wenn nicht vollkommen unwiderlegbare Beweise dafür, dass Hitler nicht nur über die Morde in den Vernichtungslagern unterrichtet war, sondern dass er hierzu befragt worden sei und den Massenmord gutgeheißen habe.[80]

Neben einzelnen Quellenaussagen stützt sich der Richter dabei auf die Überlegung, dass es einfach irreal wäre sich vorzustellen, Himmler habe eine Operation diesen Ausmaßes ohne die Zustimmung Hitlers begonnen. Diese Überlegung werde durch verschiedene Eintragungen in Himmlers Dienstkalender gestützt, die zeigten, dass die »Judenfrage« bei den häufigen Treffen der beiden Männer eine Rolle spielte.[81]

c) Auschwitz

Während Irving zu Prozeßbeginn in seinem *witness statement*[82] nicht von seinen früheren Aussagen abrückte, es habe in Auschwitz keine Gaskammern gegeben habe, modifizierte er seine Position während des Prozesses: Danach habe in Auschwitz eine Gaskammer existiert, allerdings lediglich für die Entwesung von Kleidung. Er räumte allerdings auch ein, dass im Lager auch Juden *»on some scale«* durch Gas ermordet worden seien.[83]

Nach Würdigung der durch den Gutachter van Pelt vorgetragenen Argumente kam der Richter zu der Schlussfolgerung, dass die »Konvergenz« der vorgelegten Beweisstücke eindeutig zeigte, dass Hunderttausende von Menschen in Auschwitz durch Zyklon B getötet wurden.

Zwar seien einige der von Irving vorgebrachten Zweifel an bestimmten Zeugenaussagen und Dokumenten nicht vollkommen von der Hand zu weisen,[84] doch sei der »kumulative Effekt« der verschiedenen Kategorien von Beweisen erheblich.[85] Der Richter würdigte dabei insbesondere folgende Dokumente:

1. Die erhaltenen Bauunterlagen: Sie dokumentieren die charakteristischen Veränderungen an den ursprünglichen Bauplänen der Krematorien II und III (die nach van Pelt zunächst nicht als Mordstätten, sondern nur zur Leichenverbrennung vorgesehen waren) sowie die Konstruktion der Krematorien IV und V. Zwar enthielten diese technischen Dokumente keine direkten Hinweise auf die in diesen Krematorien eingebauten Gaskammern, doch gebe es, wie van Pelt aufgezeigt, einige besondere Merkmale, die auf eine solche Verwendung hindeuteten. Dazu gehörte etwa die Tatsache, dass bei der Änderung der Pläne für das Krematorium II die Doppeltüren zum sogenannten Leichenkeller 1 umgehängt wurden: Sie waren nun nach außen (statt wie ursprünglich nach innen) zu öffnen. Die einzig sinnvolle Erklärung für diese Änderung ist nach van Pelt, dass nach innen öffnende Türen für eine Gaskammer ungeeignet waren, da die Opfer in ihrer Todesangst instinktiv nach der Türe drängten und somit die Leichen die Tür versperrten.[86] Van Pelt wies noch auf eine zweite wichtige Veränderung der Pläne für das Krematorium II hin: Danach wurde eine ursprünglich vorgesehene Rutsche, auf der die Leichen in den Leichenkeller befördert werden sollten, durch eine Treppe ersetzt.[87] Mit anderen Worten: Man erwartete nicht mehr die Anlieferung von Leichen, sondern lebenden Menschen, die über die Treppe in den »Umkleideraum« gehen sollten. Die weitere Veränderung betraf das Ventilationssystem, durch das die vergiftete Luft aus der Gaskammer (die ursprünglich als Leichenhalle geplant war) abgesaugt und Frischluft zugeführt wurde.[88]

2. Daneben würdigte der Richter eine Reihe von Dokumenten, die auf die Existenz von Anlagen zur Ermordung von Menschen mit Hilfe von Gas in Auschwitz verweisen. So ist in einem Protokoll eines Treffens der Auschwitz-Bauleitung und der Firma Topf, die für den Bau der Verbrennungsöfen zuständig war, von »Badeanstalten für Sonderaktionen« die Rede (19. August 1942). [89] In dem sogenannten »Kinna-Report« vom 16. Dezember 1942 machte ein SS-Untersturmführer gleichen Namens nach einem Besuch in Auschwitz die Bemerkung, man habe ihn dort auf Schwierigkeiten bei der Liquidation von arbeitsunfähigen polnischen Häftlingen hingewiesen, da nach einer Anweisung des RSHA »entgegen der bei den Juden angewandten Maßnahmen Polen eines natürlichen Todes sterben« müssten.[90] Von Pelt hatte in seinem Report weitere Dokumente dieser Art aufgeführt: In einem Brief des Leiters der

Auschwitz-Bauleitung, Bischoff, vom 29. Januar, der an den SS-Brigadeführer Kammler, dem Chef des SS-Bauwesens, gerichtet war, ist die Rede von einem »Vergasungskeller«.[91]

In einem weiteren Brief vom 31. März 1943 erinnerte Bischoff die Deutschen Ausrüstungswerke an einen zuvor erteilten Lieferauftrag: Es handelte sich um eine gasdichte Tür für den Leichenkeller des Krematoriums III, die genauso wie die entsprechende Tür im Krematorium II, mit einem »Guckloch aus doppelt 8mm Glas mit Gummidichtung und Beschlag« auszuführen sei.[92]

In einem Brief vom 6. März1943 wurde vorgeschlagen, die Luft im Leichenkeller mit Hilfe des Ventilationssystems vorzuheizen – eine merkwürdige Idee für einen Raum, in dem Leichen aufbewahrt werden sollte, jedoch nach van Pelt verständlich, wenn man weiß, dass Zyklon B sich bei höheren Temperaturen schneller ausbreitet.[93]

Schließlich hob der Richter den Brief von Bischoff an Kammler vom 28. Juni 1943 hervor, in dem die angestrebte Kapazität aller fünf Krematorien in Auschwitz-Birkenau mit 4756 verbrannten Leichen pro Tag angegeben wird. Damit lag die Einäscherungskapazität, wie van Pelt in einem sorgfältigen Vergleich der Zahlen zeigen konnte, weit über der »normalen« Sterblichkeitsquote, die in einem Konzentrationslager zu erwarten war.[94]

3. Ferner hob der Richter hervor, dass eine ganze Reihe von Zeugenaussagen in bemerkenswerter Weise mit den schriftlichen Dokumenten übereinstimmten. Er nannte unter anderem die Aussagen von Henryk Tauber, Stanislaw Jankowski, Szlama Dragon (ehemalige Angehörige des »Sonderkommandos« in Auschwitz – Red.) sowie die Zeichnungen von Olère, ebenso aber Aussagen von der Seite der Täter, insbesondere die des ehemaligen Kommandanten Höß und von Pery Broad.

Der Richter beschäftigte sich sodann eingehend mit den Zweifeln von Irving an diesen in eindeutiger Weise »konvergierenden« Beweisen. Irving selbst hatte in seinem Kreuzverhör zugegeben, dass der von ihm zu einem früheren Zeitpunkt gelobte »Leuchter Report« fundamentale Fehler aufweise.[95]

Irving hatte daher im Prozess versucht, an einer anderen angeblichen Schwachstelle in der Auschwitz-Forschung einzuhaken: Die Tatsache nämlich, dass die Löcher, durch die die Kanister mit dem tödlichen Zyklon B durch die Decke des Krematoriums II in die Gaskammer geworfen wurden, heute nicht mehr eindeutig nachweisbar sind:[96] Auf den Luftaufnahmen, die die amerikanische Luftwaffe während des Krieges machte, sind zwar einige Punkte auf dem Dach des Krematoriums II zu sehen, die aber nicht vollkommen eindeutig zu interpretieren sind; in dem Trümmerhaufen, den das 1944 gesprengte Krematorium II heute darstellt, sind sie erst recht nicht mehr zu erkennen. Niemand weiß, ob die Löcher, die ein besonderes und verräterisches Charakteristikum des Gebäudes darstellten, nicht vor der Sprengung zubetoniert wurden. Ein solches Verfahren würde jedenfalls zu der Politik der SS passen, sämtliche Spuren des Vernichtungsprozesses nach Möglichkeit zu tilgen.

Die Argumentation Irvings, die Löcher seien nie vorhanden gewesen, ist schon auf den ersten Blick recht eigenartig. Denn erstens schob er die Entdeckung der fehlenden Löcher erst 1998 nach, also lange nachdem er damit begonnen hatte, die Existenz von Gaskammern in Auschwitz in Abrede zu stellen. Außerdem erweckte er während des Prozesses zeitweise den Anschein, als ob er die Existenz einer Kammer zur Entwesung von Kleidung mit Hilfe von Zyklon B zugäbe (so jedenfalls der Eindruck des Richters[97]). Vor allem aber verfolgte Irving im Prozess die Taktik, sich ganz auf die angeblich nie vorhandene Gaskammer in Krematorium II einzuschießen, während er die von van Pelt in seinem Gutachten breit dargestellte Baugeschichte der Gaskammern in den Krematorien I, III, IV und V sowie in den beiden provisorischen »Bunkern« weitgehend vernachlässigte. Da diese Argumentation prozesstaktisch sinnlos war, muss man wohl zu der Schlussfolgerung kommen, dass es Irving hier ganz darauf ankam, im Kreuzverhör van Pelts bestimmte publikumswirksame Effekte zu erzielen – was ihm tatsächlich nicht gelingen sollte. Im Gegenteil, die Argumentation Irvings wurde in diesem Punkte besonders gut durchschaubar: Keine sichtbaren Löcher – also hat es die Löcher nicht gegeben; wenn es die Löcher nicht gab, gab es in Krematorium II keine Gaskammer; wenn es im Krematorium II keine Gaskammer gab, gab es auch im gesamten Auschwitz-Komplex keine solche Anlagen; ohne die Todesfabrik Auschwitz kein Holocaust.

Nach sorgfältiger Abwägung aller Beweise kam Richter Gray jedoch zu der eindeutigen Schlussfolgerung, dass der »kumulative Effekt« der ihm vorgelegten Beweise, d. h. in erster Linie die im Kern übereinstimmenden Augenzeugenberichte, für die Existenz von Einwurflöchern in der Decke von Krematorium II sprechen würde.[98]

Ebenso wies der Richter das Argument von Irving zurück, das Krematorium II hätte eventuell als Luftschutzkeller gedient.[99] Der Richter weigerte sich auch, Irvings Berechnung einer gewaltigen und nirgendwo nachweisbaren Koksmenge fur Auschwitz nachzuvollziehen. Er ließ sich stattdessen von van Pelt überzeugen, dass bei kontinuierlichem Betrieb lediglich 10 % der Menge Koks verbraucht werde, die die in einem Krematorium normal übliche Einzelverbrennung einer Leiche erfordere.[100]

Der Spruch des Richters

Schließlich hatte der Richter die entscheidende Frage zu beantworten, ob man Irving als »*Holocaust denyer*« bezeichnen könne, wobei er die von Evans eingeführte Definition (die Irving nicht bestritten hatte) zugrunde legte.[101] Danach ist also ein »*Holocaust denyer*«, wer mehrere der folgenden Behauptungen verbreitete:

- dass Juden nicht oder zumindest nicht in signifikanter Anzahl in Gaskammern ermordet wurden
- dass die Nationalsozialisten nicht die Politik verfolgten bzw. den systematisch angelegten Versuch unternahmen, die europäischen Juden zu vernichten
- dass die Zahl der ermordeten Juden nicht Millionen betrage
- dass der Holocaust größtenteils oder vollständig eine Erfindung der alliierten Propaganda sei, die von jüdischen Kreisen nach dem Krieg aufrechterhalten worden sei, um Vorteile zu erlangen.[102]

Zur Beantwortung der Frage nach Irvings Haltung zur Ermordung der europäischen Juden hatte der Richter eine größere Anzahl von *Statements* Irvings, die dieser bei seinen öffentlichen Auftritten in den USA, Kanada, Australien, Deutschland und anderswo abgegeben hatte, zusammengetragen und nach den vier genannten Kategorien (Gaskammern, systematischer Charakter der NS-Politik, Zahl der Opfer, Erfindungen der Alliierten) geordnet.[103] Bei der Aneinanderreihung dieser Zitate zeigte sich, dass Irving sich bei seinen öffentlichen Auftritten vor meist rechtsradikalem Publikum weitaus drastischer und unverblümter geäußert hatte, als in seinen Büchern. Eine Kostprobe aus diesem Zitatenschatz erübrigt sich daher auch.

Der Richter stellte sodann klar, dass jemand, der nur bestimmte Aspekte des Holocaust leugne, deswegen nicht einfach ein »*Holocaust denyer*« sei. Auch habe er die Tatsache zu berücksichtigen, dass Irving bei seinen öffentlichen Ansprachen sich eines »*vivid und colourful style*« bediene.[104] Aber auch wenn man alles dies berücksichtige, so sei doch das Ergebnis vollkommen eindeutig: »*Irving qualifies as a Holocaust denyer.*«[105] Insbesondere habe Irving immer wieder die Existenz von Gaskammern geleugnet, und zwar in denkbar anstößiger Weise.[106] Aber auch seine Äußerungen über die Erschießungen von jüdischen Zivilisten, seine Versuche, die Opferzahlen herunterzurechnen und seine Behauptung, die Gaskammern seien eine britische Propagandalüge, seien als Anstrengungen zu werten, den Holocaust zu verharmlosen.[107]

Aus dem bisher gesagten folgere aber nun, dass diese Äußerungen Irvings sachlich nicht fundiert, ja eindeutig falsch seien. Aus den dem Gericht vorliegenden Äußerungen Irvings[108] ergebe sich außerdem eindeutig, dass Irving Antisemit sei: Seine Äußerungen richteten sich *»against Jews, either individually or collectively, in the sense that they are by turns hostile, critical, offensive and derisory in their references to semitic people«*. Der Richter setzte sich sodann mit verschiedenen Erklärungen auseinander, die Irving für seine antijüdischen Äußerungen angeboten hatte: Er habe nur die Ursachen des Antisemitismus erklären wollen bzw. er sei selbst Angriffen von jüdische Seite ausgesetzt gewesen.[109] Der Richter machte klar, dass er diese »Erklärungen« nicht akzeptieren könne; die Stoßrichtung der entsprechenden Äußerungen Irvings sei zu eindeutig. Der Richter ließ auch keinen Zweifel daran, dass Irving aufgrund verschiedener Äußerungen als Rassist bezeichnet werden könne.[110]

Sodann ging der Richter näher auf Irvings Verbindungen mit Personen und Organisationen der rechtsradikalen Szene ein, vor allem in Deutschland und den Vereinigten Staaten,[111] so insbesondere auf Irvings wiederholte Auftritte bei Veranstaltungen der NPD und der DVU, seine langjährige Beziehung zu dem »revisionistischen« *»Institute of Historical Review«* sowie seine Kontakte zur amerikanischen *»National Alliance«*, einer neonazistischen Organisation. Aus Irvings einschlägigen Kontakten mit dieser Szene zog der Richter die Schlussfolgerung, er sei *»a right-wing pro-Nazi polemicist«*.[112]

Schließlich befasste sich der Richter noch mit Irvings Darstellung der Zerstörung Dresdens. Nach einer sorgfältigen Abwägung der vorgetragenen Dokumente und Beweise kam er zu der Bewertung, dass Irvings noch in den neunziger Jahren wiederholt aufgestellte Behauptung, die Zahl der Toten habe über 100.000 gelegen, *»lacked any evidential basis and were such as no responsible historian would have made.«*[113]

In einigen untergeordneten Punkten gab der Richter Lipstadt nicht recht: Die angebliche Entwendung von Originalen der Goebbels–Tagebücher aus einem Moskauer Archiv war nicht zu beweisen. Ebenso hatte die Verteidigung Lipstadts von vorneherein darauf verzichtet, den

Nachweis zu führen, Irving sei 1992 als Sprecher einer anti-zionistischen Konferenz in Schweden vorgesehen gewesen. Die Verteidigung hatte auch nicht versucht, Lipstadts Behauptung zu untermauern, Irving habe ein Selbstporträt Hitlers über seinem Schreibtisch hängen. Allerdings stellte der Richter klar, dass diese Punkte für die Beurteilung der Frage, ob Lipstadt die Reputation Irvings als Historiker beschädigt habe, irrelevant seien.[114]

Schließlich und endlich hatte der Richter zu entscheiden, ob die Behauptung Lipstadts zuträfe, Irving habe die nun zur Genüge bewiesenen Verfälschungen und Verzerrungen aus ideologischen Motiven absichtlich begangen, weil er ein Verteidiger bzw. Parteigänger von Hitler sei, und weil er versucht habe, diesen zu entlasten. Dieser Punkt war für das Ergebnis des Prozesses entscheidend. Wäre der Richter zu der Schlussfolgerung gekommen, Irvings »Irrtümer« seien »unschuldig« gewesen, also einfache Fehler oder Missverständnisse, hätte er die Aussagen Lipstadts als verleumdend zurückweisen, also der Klage Irvings stattgeben müssen.[115]

Indem er noch einmal eine kurze Zusammenschau der vor Gericht nachgewiesenen Fehlleistungen Irvings bot, stellte der Richter fest, dass alle diese Fehler in die gleiche Richtung wiesen: Sie dienten dazu, Hitler zu entlasten und sie reflektierten Irvings Parteilichkeit.[116] Es sei offensichtlich, dass Irving das historische Beweismaterial so manipuliere bzw. falsch wiedergebe, dass es zu seinen eigenen vorgefassten Meinungen passe.[117] Es sei ferner offenkundig, dass Irving bei der Bewertung des historischen Materials doppelte Standards anlege, also die Authentizität unwillkommener Dokumente und Zeugenaussagen (insbesondere von Überlebenden) infrage stelle, jedoch fragwürdige Quellen und persönliche Berichte dann leichtfertig akzeptiere, wenn sie seine Sichtweise unterstützten.[118] Aus alledem folgte der Urteilsspruch: Der beklagten Seite war Recht zu geben.[119]

Nach dem Prozess

Ein Mammutprozess wie das Londoner Verfahren, ein Großereignis im komplizierten Dreiecksverhältnis von Jurisprudenz, Geschichtswissenschaft und publizierter Meinung, lädt ein zum Nachdenken über eine ganze Reihe von Punkten. Dazu gehört natürlich insbesondere die Frage, was die Konsequenzen des Urteils in Bezug auf die sogenannten

»Revisionisten« und den Umgang mit ihnen sein werden. Für Irving jedenfalls bedeutet das Urteil (abgesehen von der Tatsache, dass er im Prinzip die Kosten der Gegenseite zu tragen hat) einen drastischen Verlust an Reputation. Der Vorwurf unredlicher Arbeitsweise trifft einen Autor, der einst davon lebte, in breiten Schichten historisch interessierter Leser Anerkennung zu genießen. Das Urteil ist nicht, wie Irving glauben machen will, der Höhepunkt einer internationalen Kampagne sinistrer Kräfte gegen ihn, sondern das vorläufige Ende einer sich über zwei Jahre hinziehenden Selbstdemontage, ein langwieriger Prozess, dessen wichtigste Stationen sein Versuch einer Exkulpation Hitlers in seiner Biographie aus dem Jahre 1977 und seine Anerkennung des »Leuchter-Reports« im Jahre 1988 bildeten.

Der Verlust an Reputation mag für Irving in gewisser Weise durch die erhebliche *Publicity* aufgewogen werden, die ihm der Fall bescherte. Sein Kalkül, möglichst während jedes Verhandlungstages eine schlagzeilenreife Zeile über den Holocaust zu servieren, die so ungeheuerlich war, dass sie das Interesse der Pressebank erregen musste, erwies sich dabei zunächst als erfolgreich – bis dann die Journalisten das Interesse nach und nach verloren. Kompensieren konnte er dies zum Teil durch seine gut gemachte Internet-Seite, in die er zahlreiche Prozessdokumente einstellte und die so für viele, die den Prozess verfolgten, eine unersetzbares Informationsquelle schuf.

Zu verhindern war diese *Publicity* nicht. Sie wäre auch dann eingetreten, wenn Lipstadts Verteidigung weniger aufwendig erfolgt wäre und sie wäre erst recht hereingebrochen, wenn man sich außergerichtlich geeinigt hätte und Irving somit die Gelegenheit gegeben hätte, über den Rückzug der Gegenseite zu triumphieren. *Publicity* ist seit fast vier Jahrzehnten der Motor des Einmann-Unternehmens David Irving, der sich von einer Sensation zur nächsten hangelt und dabei auch in Kauf nimmt, empfindliche Niederlagen zu erleiden.

Ob der Gewinn an *Publicity* den Reputationsverlust aufwiegen kann, ob der drohende endgültige Verlust an Respekt beim breiten Leserpublikum durch die hohe Präsenz im Sensationsjournalismus und durch eine Märtyrerrolle innerhalb der extremen Rechten aufgewogen werden kann, erscheint fraglich. Immerhin wurde Irving, sicherlich der intelligenteste und kenntnisreichste Autor im Lager der »Revisionisten«, während des Prozesses gezwungen, so erhebliche inhaltliche Konzessionen zu machen, die ihn nun eigentlich wiederum vom Lager der wirklich rabiaten Holocaust-Leugner trennen müssten.

In der öffentlichen Meinung Großbritanniens herrscht nach dem Prozess Übereinstimmung darüber, dass damit zugleich jeder weiteren Diskussion um die Einführung einer Rechtsvorschrift gegen das Leugnen des Holocaust der Boden entzogen ist. Das britische Verfahren, mit dieser Problematik fertig zu werden, hat sich ganz offensichtlich als überlegen erwiesen: Formal bleibt der gesamte Komplex der öffentlichen Meinungsbildung überlassen, dem revisionistischen Diskutanten jedoch wurde der juristische Ehrenschutz verweigert, und zwar mit einer expliziten Begründung, die seine Position vollkommen ramponiert hat.

Diese Haltung gegenüber dem Phänomen des Holocaust-Leugnens steht im deutlichen Gegensatz zu der auf Repression, auf Verbote und Strafen setzenden deutschen Politik, und es erscheint gerade im Lichte verstärkter deutscher Anstrengungen zur Auseinandersetzung mit dem Rechtsradikalismus in Deutschland reizvoll, die Rechtskultur und die politische Kultur beider Länder miteinander zu vergleichen.

Für die Historiografie, die sich mit dem Holocaust beschäftigt, bedeutet der Prozess wohl keine Zäsur. Zwar trug das Londoner Verfahren dazu bei, eine Reihe von Buchprojekten auf den Weg zu bringen, doch die beteiligten Historiker waren ja nicht gefordert, Grundlagenforschung zu betreiben, sondern hatten in erster Linie den an sich bekannten Forschungsstand vor Gericht auszubreiten.

Für den Historiker war es faszinierend zu sehen, dass die Debatten im Gerichtssaal sich immer wieder bestimmten Schlüsseldokumenten zuwandten: In stundenlangen Diskussionen ging es, teilweise fast in der Art eines quellenkritischen Seminars, um Auswahl, Authentizität, Datierung, Urheberschaft, Übersetzung und Auslegung der einschlägigen Quellen. Im Hintergrund der Debatte standen deutlich sichtbar Grundfragen der Historiographie: Etwa das Verhältnis von Fakten und Interpretation, die Herstellung von Kausalitäten, die Angemessenheit sprachlicher Darstellungen und nicht zuletzt der Anspruch der Historiker, in ihren Texten ein wahrheitsgetreues Abbild vergangener Ereignisse zu liefern. Dass dieser Wahrheitsanspruch keineswegs unterschiedliche Interpretationen ausschließt, wurde ebenfalls deutlich: Die Gutachter waren sich durchaus nicht in allen Fragen vollkommen einig, sie stellten aber klar, dass solche Interpretationsunterschiede Teil eines nachvollziehbaren argumentativen Prozesses sind.

Deutlich wurde im Prozess vor allem, dass historiographische Darstellungen – im Unterschied zu fiktionalen Texten – nicht beliebige Narrationen sind, in erster Linie bestimmt durch den Einfallsreichtum des

Autors, dem es freisteht, die reichlich vorhandenen Quellen wie einen Steinbruch zu benutzten, um den einmal festgelegten Plot seiner Geschichte zu illustrieren. Dargelegt werden konnte vielmehr, dass sich ein historiographischer Text vor allem durch eine Reihe von Merkmalen auszeichnet, die die Geschichtsschreibung als Genre konstituiert und die Professionalität des Historikers ausmacht: Die Aussagen historiographischer Texte beruhen stets auf Dokumenten, deren Auswertung muss aber unter strikter Beachtung einer Reihe von Grundregeln erfolgen (wie etwa Vollständigkeit, Rekonstruktion des historischen Kontextes, Einheitlichkeit der Bewertungsmaßstäbe etc.); die Geschichte, die erzählt wird, muss kohärent sein, und sie muss so transparent dargelegt werden, dass sie einer intersubjektiven Überprüfung standhalten kann. Die Arbeit des Klägers an diesen professionellen Maßstäben zu messen – dies war der Kern des Londoner Verfahrens.

Anmerkungen

1 Deborah Lipstadt, *Denying the Holocaust. The Growing Assault on Truth and Memory*. New York 1993.

2 *Betrifft: Leugnen des Holocaust.* München 1994.

3 Das Urteil liegt gedruckt vor: *The Irving Judgement. David Irving v. Penguin Books and Professor Lipstadt.* London u. a. 2000.

4 *Judgement*, 2.11.

5 *The Times* (18.2.1970).

6 Einleitung, S. XIII ff. In der bereits zwei Jahre zuvor bei Ullstein erschienenen deutschen Ausgabe (*Hitler und seine Feldherren.* Frankfurt am Main, Berlin, Wien 1975) fehlt dieses *Statement* jedoch ebenso wie die meisten der umstrittenen Passagen über die nationalsozialistische Judenverfolgung. Diese deutsche Ausgabe erschien in erweiterter Form, nun in zwei Bänden, noch einmal 1983 (Pawlak).

7 Irving, *Hitler's War* (1991), insb. Einleitung, S. 16-21. Eine eingehende Untersuchung der einschlägigen Passagen beider Bücher hat Evans in seinem Gutachten vorgenommen: Richard Evans, *David Irving, Hitler and Holocaust Denial.* Export Wittness Report, Kapitel 3.3.c, künftig zitiert als Gutachten Evans.

8 Goebbels, *Mastermind of the Third Reich.* London 1996 (Focal Point, deutsch: im Arndt-Verlag 1997); *Göring.* London 1989 (bei Harper Collins, deutsch: bei Arndt 1987); *Heß. The Missing Years.* London 1987 (Macmillan, deutsch: bei Stocker 1987); *The Trail of the Fox. The Life of Field Marshal Erwin Rommel.* London 1977 (Weidenfeld and Nicolson, deutsch: bei Hoffman u. Campe 1978).

9 Ich folge bei dieser Bewertung dem Gutachten von Richard Evans. Zu den wichtigsten kritischen Rezensionen von David Irvings Hauptwerk, *Hitler's War*, durch ausgewiesene Fachleute zählen: Hugh Trevor-Roper, in: *The Sunday Times* (12.6.1977);

Donald Cameron Watt, in: *The Daily Telegraph* (6.6.1978); Martin Broszat, »Hitler und die Genesis der ›Endlösung‹. Aus Anlass der Thesen von David Irving«, in: *Vierteljahrshefte für Zeitgeschichte*, Jg. 25 (1977), H. 4, S. 739-775; A. J. P. Taylor, in: *The Observer* (18.6.1978); Charles Snydor jr., »The Selling of Adolf Hitler. David Irving's War«, in: *Central European History*, Vol. 13 (1979), S. 169-199.

10 *Judgement*, 7.77-89, 7.113-117, 13.79-80.

11 *The Independent* (11.7.1992).

12 *New York Times* (5.4.1996).

13 So fertigte Irving etwa 1992 die erste Kopie von einer aus einem Moskauer Archiv »entliehenen« Glasplatte mit Teilen der Goebbels-Tagebücher auf einem Readerprinter des Instituts für Zeitgeschichte an. Irving sagte während des Prozesses aus, der entscheidende Hinweis auf den bis dahin unbekannten Aufbewahrungsort der Tagebücher sei im Jahre 1992 aus dem Institut für Zeitgeschichte gekommen. High Court of Justice, *Irving v. Penguin and Lipstadt*, 1996 I 133, Protokoll der Verhandlung, 11.1.2000, S. 62 ff.

14 Donald Cameron Watt, »History still needs its David Irvings«, in: *Evening Standard* (11.4.2000); John Keegan, »The trial of David Irving – and my part in his downfall«, in: *The Daily Telegraph* (12.4.2000).

15 Eva Menasses Reportagen aus dem Gerichtssaal sind jetzt in einer erweiterten Fassung als Buch erschienen: *Der Holocaust vor Gericht. Der Prozess um David Irving*. Berlin 2000.

16 *Judgement*, 1.3.

17 Zur Begründung der Auswahl *Evans-Gutachten*, 4.3 a.

18 *Judgement*, 13.9.

19 Irving, *Hitler's War* (1991), S. 18.

20 Irving, *Göring*, S. 59.

21 *Judgement*, 5.16-5.25; *Gutachten Evans*, 4.3.b , der die genaue Fundstelle der Aussage beibrachte.

22 *Der Hitler-Prozess 1924. Wortlaut der Hauptverhandlung vor dem Volksgericht München*. 4 Teile, Teil 2. Hg. u. kommentiert v. Lothar Gruchmann und Reinhard Weber unter Mitarbeit von Otto Gritschneder. München 1998, S. 540 ff. Der Vorsitzende Richter kommentierte Hofmanns Aussage mit den Worten: »Es ist das ein ganz schönes Zeichen von Ihnen, wenn Sie zu Gunsten Ihres Führers aussagen.«

23 *Judgement*, 13.12.

24 Irving, *Goebbels*, S. 273 ff.

25 Elke Fröhlich (Hg.), *Die Tagebücher von Joseph Goebbels*. Teil I, Bd. 6, München u. a. 1998. Dort auch die Lesart g.(ar).

26 Bericht des Obersten Parteigerichts, Februar 1939, Bundesarchiv, Koblenz, NS 36, Nr. 16, gedruckt in: Peter Longerich (Hg.), *Die Ermordung der europäischen Juden. Eine umfassende Dokumentation des Holocaust*. München 1989, S. 43 f.

27 Fröhlich, *Tagebücher Goebbels*, 10.11.1938.

28 Irving, *Goebbels*, S. 276.

29 Telegramm von 1.20 Uhr, abgedruckt in: *International Military Tribunal (IMT)*, Bd. XXXI, 3051 PS.

30 Telex von 23.56 Uhr, 374 PS , gedr. in: *IMT XXV*, S. 377.

31 Telegramm von 2.56 Uhr, Bundesarchiv Berlin, früheres BDC, Sammlung Schumacher, Nr. 240/I.

32 *Judgement*, 13.14-13-18, Zitate 13.18.

33 *Judgement*, 13.21-13.23.
34 Irving, *Hitler's War*, S. 332.
35 Peter Witte u. a. (Hg.), *Der Dienstkalender Heinrich Himmlers 1941/42*. Hamburg 1999, S. 278.
36 Hierzu in allen Einzelheiten *Gutachten Evans*, 4.3.d IV.
37 Witte, *Dienstkalender* , S. 280.
38 So bereits in der mittlerweile »klassischen« Kritik von *Hitler' War* durch Broszat, *Hitler*, S. 761 f.
39 *Judgement*, 5.99; Irving, *Hitler's War* (1991), S. 427.
40 Einzelheiten in *Judgement*, 5.104, 5.107.
41 *Judgement*, 5.97-5.100, 13.21-23.
42 Irvings Position ist referiert in: *Judgement*, 5.107 und 5.108. Siehe hierzu Witte, *Dienstkalender*, Eintragung vom 1. und 4. Dezember 1941, S. 280 f. und 283 f.
43 Werner Jochmann (Hg.), *Monologe im Führerhauptquartier 1941-44. Die Aufzeichnungen Heinrich Heims*. Hamburg 1980, S. 106-108 sowie Fröhlich, *Tagebücher Goebbels*, 22.11.1941. Siehe hierzu *Judgement*, 5.125-5.129.
44 Fröhlich, *Tagebücher Goebbels*, 13.12.1941; *Judgement*, 5.128.
45 Witte, *Dienstkalender*, S. 294; *Judgement*, 5.130.
46 Institut für Zeitgeschichte, München, NO 626.
47 *Judgement*, 13.26.
48 Ebd., 13.31.
49 Fröhlich, *Tagebücher Goebbels*, Teil II, Band 3, S. 561.
50 Irving, *Hitler's War* (1977), S. 392. Fälschlicherweise bezieht Irving Goebbels' Äußerungen auf Auschwitz und Treblinka. Treblinka war zu diesem Zeitpunkt noch nicht errichtet. Goebbels' Erwähnung von Globocnik und Lublin deutet jedoch daraufhin, dass er das Vernichtungslager Belzec meinte, wo die Morde am 17. März. begannen.
51 Judgement, 5. 173 13.37. In diesem Zusammenhang entstand eine Debatte aus Irvings Behauptung, eine Reihe von Äußerungen Hitlers deuteten daraufhin, dass er im Frühjahr und Sommer 1942 immer noch an die Deportation der Juden in außereuropäische Gebiete dachte und nicht an einen Massenmord in Vernichtungslagern. Hierzu wandte die Verteidigung ein, Hitler habe sich bei diesen Gelegenheiten angesichts eines größeren Zuhörerkreises einer Tarnsprache bedient: Fröhlich, *Tagebücher Goebbels*, 30.5.1941, sowie Tischgespräch vom 24.7.1942, Henry Picker (Hg.), *Hitlers Tischgespräche im Führerhauptquartier*. Stuttgart 1976, S. 456 f.; *Judgement*, 5.182-5.185.
52 Ebd., 13.33.
53 BA Berlin, R 22/52.
54 Hierzu *Judgement*, 13.33-13.35.
55 Ebd., 13.36.
56 Ebd., 5.222-5.230.
57 *Heinrich Himmler, Geheimreden 1933 bis 1945 und andere Ansprachen*. Hg. v. Bradley F. Smith u. Agnes F. Peterson. Frankfurt am Main, S. 169.
58 Rede v. 5. Mai 1944, IfZ, MA 314, Bl. 3449ff. (3475).
59 IfZ, MA 316, Bl. 4609 ff. (4639).
60 IfZ, MA 315, Bl. 3945 ff. (3961).
61 Als Anhaltspunkt für diese Behauptung kann Irving lediglich den Umstand anfüh-

ren, dass die entsprechende Seite in einem anderen Format getippt wurde – was jedoch bei Redemanuskripten nicht unüblich ist.

62 *Judgement*, 13.46.

63 Ebd., 13.51.

64 Ebd., 13.53.

65 Ebd., 13.54.

66 Ebd., 13.56.

67 Nämlich insbesondere durch die Berichte der Einsatzgruppen, die sogenannten Ereignismeldungen; ferner durch den Funkspruch des Gestapo-Chefs Müller vom 1. August an die Einsatzgruppen, wonach »dem Führer (...) von hier aus lfd. Bericht über die Arbeit der Einsatzgruppen vorgelegt werden« sollte, Zentrale Stelle Ludwigsburg, Dokumentation UdSSR, Nr 401, sowie durch Himmlers »Meldung an den Führer über Bandenbekämpfung« Nr. 51 v. 29.12.1941, in der er Hitler darüber informierte, dass innerhalb von vier Monaten im Zuge von Aktionen gegen »Banden« in den besetzten Ostgebieten 363.211 »Juden exekutiert« worden seien, BA Berlin, NS 19, Nr. 2566.

68 *Judgement*, 13.57.

69 Ebd., 13.58.

70 Ebd., 13.60.

71 Ebd., 6.109.

72 Ebd., 13.62.

73 Ebd., 6.75-105.

74 Ebd., 6.106 sowie 6.110.

75 Ebd., 13.64 sowie 6.46.

76 Ebd., 6.134.

77 Ebd., 13.66.

78 Ebd., 13.66. Zu Hitlers Äußerungen, die Juden »aus Europa« herauszudrängen oder sie nach »Zentralafrika« zu deportieren siehe Fröhlich, *Tagebücher Goebbels*, 27.4.1942 und 30.5.1942, S. 184, 405.

79 *Judgement*, 6.81-105.

80 Ebd., 13.67 sowie 6.105. Der Richter stellte hier klar, dass er die entsprechenden Ausführungen in den Gutachten von Browning und Longerich im vollen Umfang akzeptierte.

81 Ebd., 13.67.

82 Siehe auch ebd., 13.68.

83 Ebd., 13.68-69.

84 Ebd., 13.73-74.

85 Ebd., 13.75.

86 Ebd., 7.60; Aussage van Pelt, Protokoll der Verhandlung, 26.1.2000, S. 28 ff.

87 Ebd., 7.61; Robert-Jan van Pelt, Deborah Dwork, *Auschwitz. Von 1270 bis heute.* Zürich/München, S. 359.

88 Ebd., 7.62.

89 Ebd., 7.66; Gutachten van Pelt, S. 341, Original in Staatlichen Museum, Auschwitz (SMA), BW 30/27.

90 Ebd., 7.67; Original im Archiv der Polnischen Hauptkommission, Fall Sporrenberg, T. 2, 363 z, gedruckt in: Biuletyn Glownej Komisji Badania Zbrodni Hitlerowskich w Polsce, XIII (1960), S. 18F-19F.

91 Gutachten van Pelt, S. 342; Original im SMA, BW 30/34.

92 Gutachten van Pelt, ebd.
93 Ebd., 7.68. Protokoll der Verhandlung, 28.1.2000, S. 16ff.
94 Ebd. 7.69, 13.76; Gutachten van Pelt, S. 367. Original in Sonderarchiv, Moskau, 502-1-314.
95 Ebd., 13.79.
96 Ebd., 7.91-7.93.
97 Ebd., 7.94-95.
98 Ebd., 13.83.
99 Ebd., 7.96-97, 11.85-86.
100 Ebd., 7, 125, 13.90.
101 Ebd., 13.92.
102 Ebd., 8.4. (leicht gekürzte Wiedergabe); *Gutachten Evans*, 3.2.
103 Ebd., 8.16-36.
104 Ebd., 13.94.
105 Ebd., 9.13.
106 Ebd., 9.13.
107 Ebd., 9.14.
108 Ebd., 9.5.
109 Ebd., 13.103-104.
110 Ebd., 13.106-108, Materialsammlung in 9.6.
111 Ebd., 13.109-116.
112 Ebd., 13.162.
113 Ebd., 13.126.
114 Ebd., 13.128-134; 13.166-167.
115 Ebd., 13.136-138.
116 Ebd., 13.140-142.
117 Ebd., 13.144-144.
118 Ebd., 13.148-151.
119 Ebd., 14.1.

Autorinnen und Autoren

Timothy Kyle Boyd, geboren 1959 in Texas, Studium der Literaturwissenschaft in Hamburg, Promotion zum Thema *Erotik der Dichtung Paul Celans*. Tätigkeit im Internationalen Jugendaustausch, Publikationen über Birgit Pausch für das KLG und in *Das Politische im literarischen Diskurs*. Wiesbaden 1996.

Stephan Braese, Dr. phil. habil, geboren 1961 in Quakenbrück, Studium der Germanistik, Geschichte und Erziehungswissenschaft in Hamburg, 1994 Promotion, 1994/95 Auslandsstipendiat der Kurt-Tucholsky-Stiftung (New York, Tel Aviv/ Jerusalem), 1995-1997 *Postdoc-Fellow* des *Franz Rosenzweig Research Center for German-Jewish Literature and Cultural History* an der Hebräischen Universität Jerusalem, 1997-2000 Lehrbeauftragter an der Universität Bremen, 2000 Habilitation, seither Privatdozent an der Universität Bremen. Veröffentlichungen zuletzt: »Grete Weil's America: A Self-Encounter at the Moment of the Anti-Authoritarian Revolt«, in: *Germanic Review*, Vol. 75 (2000), Nr. 2; »›was *war*, kann ich kaum noch ergreifen‹ – Hanns Mayers ›Die Schiffbruchigen‹ und Jean Améry«, in: Irene Heidelberger-Leonard, Hans Höller (Hg.), *Jean Améry – Der Schriftsteller*. Stuttgart 2000; *Die andere Erinnerung – Jüdische Autoren in der westdeutschen Nachkriegsliteratur* [erscheint Frühjahr 2001].

Christian Dirks, M. A., geb. 1971, Studium der Neueren Geschichte, Politischen Wissenschaft und Soziologie in Münster und Berlin; 1998-2000 wissenschaftlicher Mitarbeiter der Stiftung »Neue Synagoge Berlin – Centrum Judaicum«; Projektkoordinator der Ausstellung »Juden in Berlin 1938-1945«; zurzeit Promotion an der FU Berlin bei Prof. Dr. Peter Steinbach zur Ahndung von NS-Verbrechen in der DDR; Stipendiat des Graduiertenkollegs Rechtsgeschichte an der Universität Frankfurt am Main; Veröffentlichungen u. a.: *»›Greifer‹. Der Fahndungsdienst der Berliner Gestapo«*, in: Beate Meyer, Hermann Simon (Hg.), *Juden in Berlin 1938-1945*. Berlin 2000.

Kathy Laster, Professorin an der juristischen Fakultät der La Trobe University, Victoria, Australien. Veröffentlichungen u. a. zur Rechtssoziologie, zur Geschichte von Verbrechen und Strafe, zum Multikulturalismus und Internationalen Recht. Zu ihren letzten Veröffentlichungen zählen: *The Drama of the Courtroom. A Filmography*. Sydney 2000; *Law as Culture*. Sydney 2001 (zusammen mit K. Brekweg und J. King); *Domestic Violence. Global Perspective* (zusammen mit Edna Erez, im Erscheinen).

Ronny Loewy, geboren 1946. Studium der Soziologie in Frankfurt am Main und Hannover. Mitarbeiter am Deutschen Filmmuseum und freier Mitarbeiter des Fritz Bauer Institutes in Frankfurt am Main. Veröffentlichungen und Fernsehdokumentationen zu Filmexil, jiddischem Kino und Holocaust im Film. Z. Zt. Leitung des Projekts »Cinematographie des Holocaust« und Mitherausgeber der Zeitschrift *Filmexil*.

Peter Longerich, Prof. Dr., geboren 1955, 1983 bis 1989 Mitarbeiter am Institut für Zeitgeschichte München, Professor für Moderne Deutsche Geschichte und Direktor des Forschungszentrums zur Geschichte des Holocaust und des Zwanzigsten Jahrhunderts der Universität von London. Veröffentlichungen zur Geschichte der Weimarer Republik und des »Dritten Reiches«, u. a. *Politik der Vernichtung. Eine Gesamtdarstellung der nationalsozialistischen Judenverfolgung*. München 1998; Herausgeber (zusammen mit Eberhard Jäckel und Julius Schoeps) der deutschen Edition der *Enzyklopädie des Holocaust*. Berlin 1993.

Marc von Miquel, M. A., geboren 1968, Magisterstudium der Geschichte und Slawistik in Bonn, Göttingen und Bochum von 1990 bis 1996. Seit 1999 Stipendiat der VW-Stiftung im Rahmen des Forschungsprojektes: *Ahndung, Verjährung, Amnestie. Studien zur strafrechtlichen Verfolgung von Kriegs- und NS-Verbrechen in Deutschland und Frankreich 1945-1969*, Promotionsvorhaben zum Thema: *Der politische Konflikt um die Strafverfolgung von NS-Verbrechen in der Bundesrepublik, 1956-1969.*

Karin Orth, Dr. phil., geboren 1963, studierte Geschichte, Politologie und Soziologie in Frankfurt am Main und an der Freien Universität Berlin. Anschließend als wissenschaftliche Mitarbeiterin in der KZ-Gedenkstätte Neuengamme, dann der Forschungsstelle für Zeitgeschichte in Hamburg und schließlich des Hamburger Instituts für Sozialgeschichte tätig; seit 1999 wissenschaftliche Assistentin am Lehrstuhl für Neuere und Neueste Geschichte der Universität Freiburg. Publikationen zur Geschichte der städtischen Unterschichten im Kaiserreich, zur *oral history* und zum Nationalsozialismus, insbesondere: *Das System der nationalsozialistischen Konzentrationslager. Eine politische Organisationsgeschichte*. Hamburg 1999; *Die Konzentrationslager-SS. Sozialstrukturelle Analysen und biographische Studien*. Göttingen 2000.

Alice von Plato, Studium von Geschichte und Französisch in Berlin, Hannover, Lille und Zomba, Promotion mit einer Arbeit zum Thema *Geschichte auf Umwegen. Massenpräsentationen, Geschichte und Ethnologie auf den Pariser Weltausstellungen des 19. Jahrhunderts* (erscheint 2001). Tätigkeit als freie Historikerin für das Institut für Geschichte und Biographie der Fernuniversität Hagen mit Sitz in Lüdenscheid, städtische Auftraggeber und Museen. Seit Januar 2000 Wissenschaftliche Mitarbeiterin im Projekt »Stadt und Diktatur« der Universität Hannover. Publikationen zur Afrikanischen Geschichte, zur französischen Museums- und Weltausstellungsgeschichte sowie zur Geschichte des Holocaust, u. a.: »›Prominent‹ people in Theresienstadt«, in: *Historia y Fuente Oral*, erscheint Ende 2000.

Annette Rosskopf, Dr. jur., geboren 1973, Jurastudium in Tübingen und Berlin, 1997 erstes Juristisches Staatsexamen, 1995-99 Mitarbeiterin in einer Berliner Anwaltskanzlei im Bereich Strafrecht, seit 1999 Referendariat in Berlin, 2000 Promotion an der Humboldt-Universität zu Berlin zum Thema: *Friedrich Karl Kaul. Anwalt im geteilten Deutschland (1906-1981).*

Florian Schmaltz, M. A., geboren 1968 in München, Studium der Geschichtswissenschaften, Philosophie und Neueren deutsche Literatur an der Universität Hamburg und der Freien Universität Berlin. 1999 Magisterarbeit über die »*Entstehung des Konzentrationslagers Auschwitz-Monowitz*« an der Freien Universität Berlin. Seit April 2000 Doktorand in der Präsidentenkommission der Max-Planck-Gesellschaft zur Förderung der Wissenschaften »Geschichte der Kaiser-Wilhelm-Gesellschaft im Nationalsozialismus«. Veröffentlichungen: Florian

Schmaltz, Karl Heinz Roth, »Neue Dokumente zur Vorgeschichte des I.G. Farbenwerks Auschwitz-Monowitz. Zugleich eine Stellungnahme zur Kontroverse zwischen Hans Deichmann und Peter Hayes«, in: *1999 – Zeitschrift für Sozialgeschichte des 20. und 21. Jahrhunderts*, 13. Jg. (1998), H. 2, S. 100-116. Hans Frankenthal, *Verweigerte Rückkehr. Erfahrungen nach dem Judenmord*. Unter Mitarbeit von Andreas Plake, Babette Quinkert und Florian Schmaltz. Frankfurt am Main 1999.

Sybille Steinbacher, Dr. phil., geboren 1966, Studium der Neueren und Neuesten Geschichte, Mittelalterlichen Geschichte und Politikwissenschaft in München und Bochum, Mitarbeiterin am Institut für Zeitgeschichte in München, seit 1997 Wissenschaftliche Mitarbeiterin von Norbert Frei an der Ruhr-Universität Bochum. Veröffentlichungen: *Dachau – die Stadt und das Konzentrationslager in der NS-Zeit. Die Untersuchung einer Nachbarschaft*. 2. Auflage Frankfurt u. a. 1994, zuerst 1993; *»Musterstadt« Auschwitz, Germanisierungspolitik und Judenmord in Ostoberschlesien*. München 2000.

Irmtrud Wojak, Dr. phil., geboren 1963, Studium der Geschichte, Sozial- und Wirtschaftsgeschichte und Politikwissenschaft an der Ruhr-Universität Bochum, Promotion 1993. Stellv. Direktorin des Fritz Bauer Instituts. Veröffentlichungen zu Verfolgungen im »Dritten Reich«, zur Exilforschung und Nachkriegsgeschichte, u. a. *Exil in Chile. Die deutsch-jüdische und politische Emigration vor dem Nationalsozialismus 1933-1945*. Berlin 1994; gemeinsam mit Joachim Perels (Hg.), Fritz Bauer, *Die Humanität der Rechtsordnung. Ausgewählte Schriften*. Frankfurt am Main, New York 1998; gemeinsam mit Peter Hayes (Hg. im Auftrag des Fritz Bauer Instituts), *»Arisierung« im Nationalsozialismus. Volksgemeinschaft, Raub und Gedächtnis*. Jahrbuch 2000 zur Geschichte und Wirkung des Holocaust. Frankfurt am Main, New York 2000.

Hanna Yablonka, Ph. D., geboren 1950. Professorin für Israelische Geschichte an der Ben Gurion Universität, Beersheva, Israel. Veröffentlichungen zur Geschichte des Holocaust und der israelischen Gesellschaft, u. a. gemeinsam mit Zvi Zamenet (Hg.), *Israel – The Second Decade*. New York, London 2000; *The History of the Organization of disaibled Nazi Fighters 1945-1995*. Jerusalem 2001; *The State of Israel vs. Adolf Eichmann*. Tel Aviv 2001.